PROTEÇÃO SOCIAL no CAPITALISMO

Dados Internacionais de Catalogação na Publicação (CIP)
(Câmara Brasileira do Livro, SP, Brasil)

Pereira, Camila Potyara
Proteção social no capitalismo : crítica a teorias e ideologias conflitantes / Camila Potyara Pereira. -- São Paulo : Cortez, 2016.

Bibliografia
ISBN 978-85-249-2433-0

1. Capitalismo 2. Desigualdade social 3. Direitos sociais 4. Política social I. Título.

16-02409 CDD-361.25

Índices para catálogo sistemático:

1. Capitalismo e política social 361.25
2. Política social e capitalismo 361.25

Camila Potyara Pereira

PROTEÇÃO SOCIAL no CAPITALISMO

Crítica a teorias e ideologias conflitantes

CORTEZ EDITORA

PROTEÇÃO SOCIAL NO CAPITALISMO: crítica a teorias e ideologias conflitantes
Camila Potyara Pereira

Capa: de Sign Arte Visual
Preparação de originais: Carmen Tereza da Costa
Revisão: Maria de Lourdes de Almeida
Assessoria editorial: Maria Liduina de Oliveira e Silva
Editora-assistente: Priscila F. Augusto
Composição: Linea Editora Ltda.
Coordenação editorial: Danilo A. Q. Morales

CORTEZ EDITORA
Rua Monte Alegre, 1074 – Perdizes
05014-001 – São Paulo – SP
Tel. (11) 3864 0111 Fax: (11) 3864 4290
e-mail: cortez@cortezeditora.com.br
www.cortezeditora.com.br

Impresso no Brasil — maio de 2016

Para minha mãe

SUMÁRIO

PREFÁCIO

O livro de Camila Potyara Pereira, que tenho a alegria de prefaciar, intitulado *Proteção social no capitalismo: crítica a teorias e ideologias conflitantes* foi elaborado originalmente como tese de doutorado defendida no Programa de Pós-graduação em Política Social da Universidade de Brasília em 2013, e já teve importante reconhecimento acadêmico ao receber o Prêmio Tese Capes de 2014. Sua publicação possibilitará ao leitor se deparar com uma análise de grande envergadura acerca das principais concepções teóricas sobre proteção social que, conforme anuncia a autora, se fundamentam em ideologias competitivas e antagônicas que influenciam políticas sociais guiadas por interesses de classes.

O debate sobre proteção social no Brasil ainda é incipiente ou eivado de confusões teórico-metodológicas, e este trabalho, inegavelmente, contribui para superar tanto as lacunas quanto as imprecisões teóricas. São quase inexistentes os estudos de fôlego sobre proteção social. Ouso dizer que este é o primeiro livro brasileiro que tem o seu debate teórico como centro de reflexão crítica. Na miríade de inferências existentes, a proteção social aparece sobretudo como subsidiária no debate das políticas sociais. São diversas as interpretações correntes: algumas confundem ou reduzem a proteção social a políticas específicas; muitas análises abordam a proteção social como aspecto positivo da sociedade capitalista, passível de assegurar o bem comum; outras rechaçam qualquer possibilidade de garantia de proteção social no capitalismo; também não são raras as simplificações que abordam a proteção como temática homogênea e desprovida de interesses antagônicos ou conflitantes.

Nenhum desses caminhos foi o percorrido por Camila Potyara Pereira. Partindo de clássicas abordagens sobre as políticas sociais, mas sem criar "tipologias" rígidas, a autora agrupa as orientações ideopolíticas que orientam a proteção social no capitalismo em três "matrizes" constituídas por afinidades (mas também divergências) teórico-políticas: a) matriz residual; b) matriz social-democrata ou Institucional; e c) matriz socialista. Essas matrizes não encerram apenas interpretações teóricas sobre a proteção social no capitalismo. Elas também constituem orientações que fundamentam sua operacionalização na institucionalização das políticas sociais e dos direitos. A maestria da análise permite que a autora não incorra nem no abstracionismo e nem no pragmatismo empiricista. O caminho percorrido articula formulação teórica, proposição política e particularidade de experiências concretas que ilustram a proteção social movida pelos valores intrínsecos às matrizes discutidas.

Num mundo acadêmico que cada vez mais produz teses empiricistas e positivistas, esta produção de Camila é um bálsamo porque mergulha na pesquisa teórica, no trato rigoroso de categorias que não faz nenhuma concessão a modismos passageiros ou obscuras análises que provocam a "confusão do espírito". Trata-se de análise fincada na tradição marxiana e marxista, que extrai dela os elementos essenciais para desvendar o mito da neutralidade nas ciências e nas abordagens teóricas. A proteção social, diz a autora, "encerra, em si, um ardil ideológico, visto que falseia a sua realidade por se expressar semanticamente como sendo sempre positivo". Proteger, no capitalismo, não significa assegurar igualdade de condições, não implica satisfazer as necessidades sociais, não se traduz em universalização de direitos. Este trabalho se dedica a destruir as interpretações simplificadoras e falseadoras da proteção social, aprisionada ou idealizada por matrizes teóricas que, por vezes, a querem dissimular como campo ou estratégia de cidadania. Este trabalho coloca a proteção social em outro lugar, o lugar dos processos contraditórios, das lutas de classe, da disputa de interesses antagônicos. Coloca a proteção social nos marcos das relações capitalistas de produção.

Prefaciar este livro tem, para mim, duplo significado. O primeiro é do reconhecimento acadêmico de sua importância para o pensamento crítico no campo das políticas sociais capitalistas. Trata daquelas obras que, além de socializar uma densa reflexão crítica que revela a essência de um fenômeno, tem todo potencial para se constituir em bússola segura para as lutas políticas em torno dos direitos sociais. O segundo é o do reconhecimento afetuoso e admirativo da trajetória da autora. Afeto que não impede a análise lúcida e crítica, mas que alimenta a emoção de ver nascer este segundo livro de uma jovem pesquisadora e docente, que conheci antes mesmo de seu ingresso no curso de sociologia da UnB, que esteve em minhas aulas na graduação, no mestrado e no doutorado. Uma trajetória já brilhante e que alimenta a esperança e convicção sobre a possibilidade e necessidade de manter e consolidar a universidade pública como espaço autônomo e crítico de produção de conhecimento.

O leitor tem em mãos, portanto, uma obra de rara qualidade teórica, de impressionante e pertinente pesquisa e diálogo crítico com obras clássicas sobre política social, a maioria indisponível nas bibliotecas brasileiras, de cuidadosa e instigante interpretação dos autores, e, sobretudo, uma obra que ousa seguir na contracorrente do "pensamento único" e corajosamente não abre mão da "arma da crítica" no conhecimento da realidade.

Ivanete Salete Boschetti

Colina, dezembro de 2015.

APRESENTAÇÃO

Este livro, resultado de minha tese de doutorado em Política Social, defendida em dezembro de 2013 na Universidade de Brasília e orientada pela professora doutora Ivanete Boschetti, nasceu da junção de minhas afinidades eletivas com o tema da proteção social com a importância intelectual e política da sua problematização contemporânea. Afinal, sendo a proteção social um processo que sempre esteve presente na história do capitalismo, nada mais justificável do que procurar saber como essa presença ocorreu no passado e se processa no presente, com vista a subsidiar políticas públicas e lutas sociais por direitos.

Com isto em mente, optei por esta proposta de incursão analítica na ampla temática da proteção social no capitalismo, feita não só com o propósito de precisar conceitos e desmitificar noções equivocadas de proteção social; mas, principalmente, com o intuito de prover, a quem se interesse, o entendimento das dinâmicas contraditórias que conformam essa proteção e fazem dela um instrumento político disputado tanto pelo capital quanto pelo trabalho. Além disso, pretendi fornecer aos trabalhadores e seus aliados informações mais consistentes sobre o terreno em que vêm empreendendo suas lutas por melhoria de condições de vida e de cidadania.

Para tanto, parafraseando Oszlak e O'Donnell (1976), no caminho trilhado nesta pesquisa as políticas sociais inclusas no amplo espectro da proteção social funcionaram — junto com modalidades congêneres de proteção social no sistema capitalista — como via de acesso ou ponto de partida para a compreensão de como, historicamente, as demandas e necessidades sociais vêm sendo atendidas pelos poderes públicos e com que finalidade. E, mais: com que respaldo teórico e ideológico.

A opção por este enfoque e pela sua centralidade no capitalismo assentou-se, em primeiro lugar, no reconhecimento de que as medidas de proteção social (incluindo a política social), para além de meras respostas políticas, têm potencial de determinação que exerce influência na configuração das demandas e necessidades sociais. É como afirmam Adelantado, Noguera e Rambla (2000):

> A relação entre política social e estrutura social é bidirecional. Parece óbvio que as políticas sociais podem explicar-se a partir da estrutura social, e que por sua vez produzem determinados impactos sobre essa mesma estrutura social. Contudo, até pouco tempo, eram escassos os estudos que tentavam se aprofundar na mencionada inter-relação como tal. (p. 23-24; tradução nossa)

Em segundo lugar, apoiou-se na consideração de que foi no capitalismo que o termo proteção social provavelmente surgiu e com uma conotação que semanticamente a diferenciasse das anteriores medidas de regulação da pobreza e controle social.

Além disso, é no seio do capitalismo que se observa maior riqueza de variações, multidireções, reestruturações e hibridismos na práxis da proteção social, em função dos diferentes níveis de pressões contraditórias a que essa proteção está sujeita, no tempo e no espaço, e de diferentes valores, ideias e teorias que encobrem a sua real finalidade e competem entre si. Assim, apesar de na base de todos os tipos e variantes de proteção social capitalista residir uma única lógica, essa proteção não se dá de modo uniforme, progressivo e em estado puro.

Isso explica a existência de diferentes regimes de bem-estar[1] no seio do capitalismo, indicados pela literatura especializada, nos quais é possível detectar a coexistência entre eles; assim como também explica constantes regressões ou remissões da proteção social a experiências do passado, especialmente às do século XIX, que confundem proteção com punição.

Em geral, poucos são os estudos que abordam a concepção e a trajetória histórica da proteção social partindo das suas ambiguidades e contradições internas e externas e por uma perspectiva teórica de conjunto. Mesmo entre os estudos que a relacionam à estrutura social e a percebem como parte de uma totalidade contraditória, poucos são os que a veem para além de uma mera resposta política compromissada apenas, ou com o capital ou com o trabalho, e com potencial de exercer influência na estrutura social que a engendra.

Portanto, neste livro, o princípio que presidiu a pesquisa foi o de considerar, no conjunto contraditório da proteção social, seu processamento, tendências, tensões, compromissos, instrumentalidades, práxis políticas e finalidades, para interrogá-las e decifrá-las à luz de um referencial teórico e ideológico disponível.

A realização deste trabalho, desde a elaboração da Tese de doutorado à sua transformação em livro, não teria sido possível sem o apoio de familiares, amigos e instituições. Assim, em primeiro lugar, registro meu agradecimento à minha orientadora, professora doutora Ivanete Boschetti, pela orientação sempre segura e certeira, por ter sido a responsável pela escolha do tema desta pesquisa e pelo seu incentivo constante à publicação deste trabalho. Sou também grata

1. Emprega-se aqui o termo genérico regime de bem-estar (*welfare regime*) na mesma acepção usada por Gough (2003): um conjunto constituído de diferentes arranjos, políticas e práticas institucionais que exerce influência sobre o resultado do bem-estar desenvolvido e sobre os efeitos estratificadores desse resultado. Ou, nas palavras de Alcock, Erskine e May (2002): trata-se de um conceito baseado na premissa de que diferentes arranjos qualitativamente diferentes entre Estado, mercado e família constituem a principal fonte de proteção social. Exemplo: os regimes indicados nas tipologias de bem-estar e de Estados de Bem-Estar tributários dos inauguradas por Titmuss (1976), dentre as quais se destaca a de Esping-Andersen (1990): liberais, conservadores e social-democratas.

ao professor doutor Peter Abrahamson, do Departamento de Sociologia da Universidade de Copenhague/Dinamarca, pela orientação durante meu estágio nessa Universidade no âmbito do Programa de Doutorado Sanduíche no Exterior (PDSE/Capes/MEC) e às professoras componentes das bancas de qualificação do projeto de pesquisa e de defesa da Tese de doutorado Berenice Rojas Couto, Maria Carmelita Yazbek, Rosa Helena Stein, Maria Auxiliadora César e Silvia Cristina Yannoulas, pela leitura atenta e pelas essenciais contribuições que aperfeiçoaram o conjunto deste texto.

Pelo permanente incentivo durante toda a realização do doutorado e pelo indefectível apoio ao meu estágio de Doutorado Sanduíche no Exterior, agradeço ao professor doutor Evilasio Salvador, à Coordenação de Aperfeiçoamento de Pessoal de Nível Superior (Capes/MEC), em especial a Rose Cleide Mendes Monteiro e ao Decanato de Pesquisa e Pós-Graduação (DPP) da Universidade de Brasília (UnB), especialmente à professora doutora Denise Bomtempo Birche de Carvalho e Fernanda Leite.

Aos professores Célia Lessa Kerstenetzky, Bob Jessop, Ngai-Ling Sum, Ramesh Mishra e Christopher Pierson, meu carinho pelo envio de extensa bibliografia sobre o tema estudado, pelos intercâmbios teóricos e pelas conversas estimulantes. Em especial, agradeço ao professor Mishra, também pelo auxílio no processo de busca por um orientador estrangeiro e ao professor Pierson por ter se colocado disponível para me orientar durante o estágio no exterior.

Por toda ajuda na coleta de bibliografia, pelas trocas de conhecimento e pelo constante apoio à pesquisa agradeço aos membros do Núcleo de Estudos e Pesquisas em Política Social (NEPPOS) do Centro de Estudos Avançados Multidisciplinares (CEAM) da Universidade de Brasília (UnB), professor doutor Carlos Alberto Ferreira Lima, Leda del Cairo Paiva, Ieda Rabelo Nasser, Vitória Góis de Araújo, Jurilza Maria Barros de Mendonça, Izabel Lima Pessoa, Elizabeth Sousa Cagliari Hernandes, Albamaria Paulino de Campos Abigalil, Tázya Coelho Sousa, Rafaella Oliveira da Câmara Ferreira, Micheli Reguss Doege, Carolina Sampaio Vaz e Marcello Cavalcanti Barra.

Agradeço aos funcionários técnico-administrativos do Departamento de Serviço Social da UnB, em especial Domingas Carneiro Teixeira e os colegas do Programa de Pós-Graduação em Política Social (PPGPS/SER/IH/UnB), pelas trocas acadêmicas e pelos profícuos debates em sala de aula e fora dela, em especial, Álvaro André Amorim, José Montanha Soares, Cilene Braga Lins, Fabiana Esteves Boaventura, Maísa Miralva da Silva, Adinari Moreira de Sousa, Taís Leite Flores, Maria do Perpétuo Socorro Matos e Vanda Micheli Burginski. Estendo meu agradecimento aos meus alunos de graduação das disciplinas de *Política Habitacional*, *Seguridade Social I* e *Tópicos Especiais em Política Social* por terem sido, durante dois anos (2008-2010), os meus maiores professores. Os frutos de nossas discussões em sala de aula compõem este livro.

Ao amigo Antonio José Pereira, registro minha gratidão pelas essenciais conversas que inspiraram muitas das páginas deste estudo. Pelo sólido apoio em diversas etapas da elaboração e da publicação do presente trabalho, sou também grata a Sandra Melo, Bruna Papaiz Gatti, Márcio Souza Lopes, Marcelo Vinhal Nepomuceno, Diego Lindoso, Waldenice Preusse, Débora Catarina Leite, Fabiana Oliveira, Nira Camelo, Giovana Villa, John Jørgensen, Maria Judith Alves Aires, Camila Souza, Gabriela Alves, Bete Santana dos Santos, Leandro Alves Siqueira, Teresa Alice Alves, Luciana Alves Siqueira, doutor Paulo Campos e doutor Carlos Augusto de Medeiros.

Por fim, pela doação absoluta, registro meu especial agradecimento ao meu pai Nelson Fernando de Freitas Pereira, meu irmão Fernando Luís Demétrio Pereira e meu filho Luis César Siqueira Alves Pereira. Também deixo registrados meu carinho, reconhecimento e gratidão ao meu marido, parceiro profissional e leitor primeiro de cada capítulo desta pesquisa, Marcos César Alves Siqueira, e à minha mãe, primeira professora e referência acadêmica, Potyara A. Pereira-Pereira. Sou grata a ambos pelas rotineiramente longas conversas sobre Política Social, pela leitura imparcial da primeira versão deste trabalho, pelas firmes correções ao texto, pelos sensatos conselhos e pelo exemplo e inspiração constantes.

"Apenas quando a ciência e os trabalhadores, esses polos da sociedade, unirem-se, poderão esmagar todos os obstáculos culturais com seus braços resolutos. Todo o poder do movimento operário moderno reside no conhecimento teórico."

Ferdinand Lassalle

INTRODUÇÃO

Já nos primórdios da humanidade a produção, acumulação e distribuição de bens materiais constituíam uma atividade movida por necessidades e pelo objetivo humano básico de criar reservas protetoras para fazer frente a situações de carências pessoais e coletivas.

Com o gradativo avanço do processo de transformação da natureza, por meio do trabalho humano, e da transformação de homens e mulheres mediante a realização dessa atividade, os objetivos de produção, acumulação e distribuição se ampliaram. A humanidade, então organizada em agrupamentos menos instáveis, queria mais: ansiava por uma vida de conforto e abundância, portanto, isenta de privações materiais. Segundo Rimlinger (1971), este parecia ser o destino de todos os grupos, comunidades e nações; e, por isso, nem de longe se desconfiava que, vencidas as barreiras naturais para a acumulação e o acesso à riqueza, a afluência pudesse coexistir com formas primitivas e ampliadas de pobreza. Mas foi justamente o que aconteceu e se revelou implacável no sistema capitalista, especialmente após a Revolução Industrial, iniciada no século XVIII, a despeito da intensa exploração do trabalho e progressivo avanço tecnológico.

Essa inusitada mudança de rumo e de expectativa constituiu, por assim dizer, o primeiro grande enigma da história das relações sociais que, por falta de explicação teoricamente fundamentada e de intervenções capazes de decifrá-lo, para combatê-lo, inspirou concepções e práticas cada vez mais sofisticadas de proteção social. Isto é, de um tipo de intervenção social que, não obstante seus diferentes patrocinadores (públicos ou privados) e configurações assumidas no espaço e no tempo, visava, em sua versão mais aparente, aliviar e prevenir a privação material de grandes parcelas das sociedades.

Não foi à toa que, ancoradas nessa motivação, várias formas de proteção social se apresentaram e se sucederam na história, em grande parte de inspiração piedosa, tais como a caridade, como virtude cristã; e a beneficência, filantropia e assistência privadas como virtudes altruísticas ou deveres morais de ajuda voluntária e solidária aos desvalidos. Aos que desenvolviam essas formas elementares e indiferenciadas de proteção, e outras mais diferenciadas e específicas,[2] que surgiram posteriormente, parecia que o destino da humanidade seria outro: o de que a riqueza produzida pelo trabalho humano não seria desfrutada por todos, mas por quem detinha os meios de produção e, consequentemente, poderes econômicos e políticos para se apropriar privadamente do produto coletivo desse trabalho. Logo, a divisão da sociedade em classes diferentes, como pré-requisito para a instauração das desigualdades sociais, tornou-se aceitável, quando não defendida, a ponto de contar com ideologias e teorias influentes que a justificavam, como as de cunho (neo)liberal.

Entretanto, essa aparente fatalidade escondia uma contradição intrínseca: as condições objetivas que aprofundavam a pobreza na mesma medida em que aumentavam a riqueza eram as mesmas que criavam oportunidades, sem precedentes, de mobilização dos explorados em torno de lutas por igualdade e direitos de cidadania. Assim,

---

2. Terminologia utilizada com base em Perez e Vida (1998) para os quais os mecanismos de proteção social indiferenciados são aqueles que procuram atender de forma compensatória, espontânea e facultativa situações de necessidades e riscos em geral, podendo ser, inclusive, movidos por sentimentos de solidariedade e altruísmo. Os mecanismos de proteção social diferenciados, por sua vez, se caracterizam por atender situações de necessidades e riscos específicas de maneira planejada e, na maior parte das vezes, referenciadas no direito.

em contraposição à ideia de fatalidade, um novo cenário histórico se impôs, exigindo explicações mais compatíveis com a realidade e intervenções políticas mais radicais. Dentre essas explicações destaca-se a teoria marxiana[3] que, segundo Harnecker, forneceu aos trabalhadores

> as armas conceituais de sua libertação. Fazendo entender como funciona o regime de produção capitalista, que leis o regem e quais são suas contradições internas, [Marx] permite aos trabalhadores organizar sua luta contra a exploração de uma maneira muito mais eficaz. (1999, p. 280; tradução nossa)

Ou, nas palavras de Coggiola (1998):

> Marx deu à classe operária uma análise científica do capitalismo. Não só mostrou sua origem e desenvolvimento, mas também demonstrou que em seu seio amadurecem as condições para o novo regime social, o *comunismo*. (p. 11)

Isso suscitou mudanças na proteção social, particularmente no que se refere ao seu conteúdo e à sua institucionalidade, a qual se tornou mais especializada devido, entre outros motivos, à insuficiência dos mecanismos de proteção indiferenciada diante da insegurança social produzida pelas novas formas de exploração do trabalho industrial, e ao apogeu do movimento operário que pressionava o Estado por melhores condições de vida e de trabalho na perspectiva dos direitos.

Surgiram, assim, as medidas protetoras voltadas para os riscos associados ao trabalho industrial, cujas principais características residem no fato de terem sido obrigatórias, condicionadas a contribuições prévias, de caráter legal e geridas pelo Estado. Foi o caso do

---

3. O termo marxiano refere-se à própria produção de Karl Marx, seja individualmente ou em parceria com Friedrich Engels, com objetivo de diferenciá-la de várias vertentes de teorias marxistas com algumas das quais Marx não se identificava. Daí a sua famosa expressão, proferida durante a Primeira Internacional Comunista: "Tudo que sei é que não sou marxista".

seguro social, originalmente pensado como medida defensiva e reparadora de proteção aos trabalhadores formalmente empregados e cuja integração ao sistema social dominante se fazia necessária por questão de ordem pública; isto é, como um antídoto contra as ideias socialistas que rondavam a Europa (Pierson, 1991).

Essa experiência ganhou notoriedade na Alemanha do século XIX, governada pelo chanceler conservador Otto von Bismarck, porque, embora ela não visasse à solidariedade vertical (entre classes), e nem à redistribuição de renda, inovou ao transformar inseguranças individuais em assunto público, por meio da socialização dos custos da proteção com toda a sociedade (Baldwin, 1992).

Tal fórmula se mostrou bastante eficaz para os objetivos a que se propunha, principalmente depois da ampliação de sua cobertura para outras categorias de trabalhadores, e para outros segmentos sociais, no século XX. Isso porque, ao mesmo tempo em que garantia o atendimento presente e futuro de necessidades sociais básicas, regulava os atendidos e obtinha dividendos financeiros, econômicos e políticos para o sistema que a administrava. Portanto, não é casual que dentre as diferentes espécies de proteção social pública o seguro social seja considerado a sua espinha dorsal.

Essa tendência foi observada até mesmo no período de ouro do chamado Estado de Bem-Estar, entre os anos 1940 e 1970, quando, a partir da Inglaterra e sob a coordenação de William Beveridge, o seguro social foi incorporado a um sistema mais amplo, que, somado ao seguro, atendia inclusive a não trabalhadores, denominado seguridade social. Ou melhor, quando

> a Seguridade ganhou status de direito social, responsabilizando o Estado pela sua garantia e esvaziando a prédica liberal de que a pobreza e a desigualdade eram problemas individuais, gerados pelas próprias pessoas que deles padecem, ou pelos acasos do destino e de circunstâncias imponderáveis. E mais: sua ampla aceitação desbancou o predomínio da cultura filantrópica sempre presente, assim como impediu que a classe trabalhadora se transformasse em um subproletariado. (Pereira-Pereira, 2005, p. 3)

Daí a percepção generalizada de que o sistema de seguridade social, tal como foi concebido e praticado na Inglaterra e em vários países do mundo para os quais serviu de paradigma, constituiu um estágio superior de proteção social (Baldwin, 1992); ou significou a maior e mais bem-sucedida fórmula de segurança social que o mundo capitalista conheceu em sua fase industrial (Rimlinger, 1971).

Segundo Mishra (1995), o Estado de Bem-Estar que se consolidou a partir dos anos 1940 em alguns países da Europa, como uma forma de organização sociopolítica baseada no compromisso do setor público com o pleno emprego (embora masculino); com a cobertura universal de serviços sociais; e com a garantia de um mínimo de renda a todos os cidadãos (trabalhadores ou não trabalhadores), sob a égide dos direitos, deu suporte a esse tipo de proteção.

Contudo, apesar da ampliação da proteção social, especialmente via políticas públicas estatais, Mandel (1982) chama atenção para a "ilusão do Estado Social". De acordo com esse autor, a aparente "consciência" social adquirida pelo aparelho governamental no capitalismo, em sua fase monopolista, mascara a sua real finalidade, qual seja: a autopreservação e a reprodução expansiva desse sistema. Assim,

> em certo sentido [o crescimento da legislação social] tratou-se de uma concessão à crescente luta de classe do proletariado, destinando-se a salvaguardar a dominação do capital de ataques mais radicais por parte dos trabalhadores. Mas ao mesmo tempo correspondeu também aos interesses gerais da reprodução ampliada no modo de produção capitalista, ao assegurar a reconstituição física da força de trabalho onde ela estava ameaçada pela superexploração. A tendência à ampliação da legislação social determinou, por sua vez, uma redistribuição considerável do valor socialmente criado em favor do orçamento público, que tinha de absorver uma percentagem cada vez maior dos rendimentos sociais a fim de proporcionar uma base material adequada à escala ampliada do Estado do capital monopolista. (Mandel, 1982, p. 338-339)

Desse modo, com o propósito de manter o capitalismo a salvo das crises estruturais inatas a esse modo de produção, o Estado de

Bem-Estar adquiriu novo papel que, nos dizeres de Mandel, é tão vital quanto a "sua responsabilidade por um volume enorme de 'condições gerais de produção' ou quanto seus esforços para assegurar uma valorização mais rápida do capital excedente" (ibid., p. 340). Trata-se, em outras palavras, da administração das crises que,

> economicamente falando, inclui todo o arsenal das políticas governamentais anticíclicas, cujo objetivo é evitar, ou pelo menos adiar tanto quanto possível, o retorno de quedas bruscas e catastróficas como a de 1929/32. Socialmente falando, envolve esforço permanente para impedir a crise cada vez mais grave das relações de produção capitalistas por meio de um ataque sistemático à consciência de classe do proletariado. Assim, o Estado desenvolve uma vasta maquinaria de manipulação ideológica para "integrar" o trabalhador à sociedade capitalista tardia como consumidor, "parceiro social" ou "cidadão" (e, *ipso-facto*, sustentáculo da ordem social vigente) etc. (Mandel, 1982, p. 340-341)

Contudo, essa forma de organização sociopolítica — que resultou de um pacto[4] entre Estado, mercado e setores organizados da classe trabalhadora para enfrentar a crise capitalista que se estendia desde 1929; os impactos destrutivos da Segunda Guerra Mundial; e as experiências socialistas e fascistas então verificadas na Europa — também entrou em crise nos anos 1970. E isso ocorreu porque o novo arranjo capitalista, que, a partir dos anos 1940, se formou com base

4. Esse pacto foi denominado keynesiano porque se baseava na teoria econômica de John Maynard Keynes, que previa duas principais condições para o reequilíbrio da economia capitalista em turbulência desde a grande depressão de 1929: uma, interna, no âmbito de cada país, e outra, externa. A primeira se referia à ideia de que, em condições de pleno emprego, a dinâmica econômica permitiria o aumento dos salários reais na mesma medida da produtividade, sempre que houvesse estabilidade na distribuição de renda e, portanto, que os lucros empresariais continuassem crescendo em termos absolutos. Além disso, seria preciso que o gasto público crescesse apenas em termos absolutos e nunca relativos. O Estado funcionaria como intermediário, assegurando mínimos à população e canalizando para o mercado o atendimento das necessidades sociais. Nesse caso, ele seria complementar, e não oponente ao mercado. A segunda condição, dizia respeito à necessidade de ser constituída uma ordem internacional por meio de um livre-comércio sob a hegemonia de um só país — que passou a ser os Estados Unidos (Wenger De La Torre, 1998, p. 83).

na doutrina econômica keynesiana, encontrou seu esgotamento no seio de um novo pico de crise capitalista nos fins da década de 1960.

Em vista disso, e acompanhando as oscilações inerentes ao desenvolvimento capitalista, uma nova mudança de rumos e de expectativas entrou em cena, dessa vez em detrimento dos avanços no campo da proteção social, especialmente no que diz respeito aos direitos conquistados.

Como resultado da crise capitalista estrutural que se explicitou nos anos 1970, ganhou hegemonia um novo modelo socioeconômico, denominado neoliberal, que conseguiu fazer valer a sua lógica e argumentos em escala mundial, ainda que não de maneira uniforme e nem sem resistências. Nitidamente, esse modelo representou uma ruptura com o pacto keynesiano e, consequentemente, com a relação entre capital e trabalho gerida por esse pacto. Mas, em compensação, desde os anos 1980, impôs nova relação entre esses fatores de produção, com vistas a aumentar a taxa de lucro do capital, por meio de uma redistribuição de riqueza favorável a este, e não à proteção social. E, nessa relação, o Estado perdeu o protagonismo da regulação social, dando vez ao mercado, sem haver o descarte das iniciativas privadas não mercantis.

Segundo Abrahamson (2004), essa mudança de protagonismo passou por um estágio na esfera da proteção social, que começou a denominar-se *welfare mix* ou *welfare pluralism* (bem-estar pluralista ou pluralismo de bem-estar). Este, apesar de ter sido pensado originalmente na Europa, teve ampla difusão prática em todo o mundo capitalista. Trata-se, resumidamente, de uma nova modalidade de proteção social, na qual o acordo entre três setores-chave — Estado, mercado e sociedade civil — deixa de se basear em uma relação hierárquica, que tem o Estado como protagonista, e passa a guiar-se pelo princípio da horizontalidade, instituindo parceria e corresponsabilidade entre os três setores na distribuição de bens e serviços sociais (Pereira-Pereira, 2004; Johnson, 1990). Dessa forma, para os pluralistas, o bem-estar total de uma dada sociedade seria o resultado da soma de ações desses três setores, que transferem, de um para outro, responsabilidades referentes à proteção social, a qual não se perderá totalmente caso um dos setores reduza sua participação (Mishra, 1995).[5]

Como é óbvio, sob a égide neoliberal, a proteção social sofreu forte reorientação, pois teve que se pautar não só por novos referenciais teóricos e ideológicos — embora tributários do liberalismo clássico —, mas também pelas novas respostas econômicas e políticas oferecidas à crise de superprodução capitalista, que se apoiaram em dois principais pilares: a) na reorganização do sistema de trabalho, substituindo-se as linhas de montagem e o trabalho repetitivo da produção de escala fordista pelas técnicas adotadas pela empresa japonesa Toyota, denominadas *toyotistas* (ou pós-fordistas, como também passaram a ser chamadas), que visavam ao aumento da produtividade mediante intensificação do trabalho, eliminação dos "tempos mortos", polivalência do empregado, terceirização e, sobretudo, flexibilização da produção, do trabalho e do trabalhador; e b) na adoção de uma nova base tecnológica constituída da eletrônica, da informática e da telemática, reconhecida por muitos como resultado de uma terceira revolução industrial ou revolução tecnológica (Wenger De La Torre, 1998; Navarro, 1997, 1998).

Isso constituiu um recurso primordial para que a economia capitalista deixasse de se preocupar com a produção de grandes quantidades de poucos produtos e dirigisse o seu esforço para a produção de tipos múltiplos de produtos em pequenas quantidades, isto é: de produtos sem durabilidade, na observação de Mészáros (1997), ao se referir ao que chama de "dissipação de riquezas" como uma das necessidades imperiosas do capital.

Com efeito, para Mészáros, o capital, no seu desenvolvimento, precisa dissipar riquezas de diferentes formas como estratégia anticrise.

5. Vale informar que: apesar de a relação de aparente cooperação entre esses setores ser vital para o funcionamento em equilíbrio do capitalismo — e, por este motivo, nunca ter deixado de existir, mesmo em sistemas sociais, políticos e econômicos que pregam a não interferência estatal, como o neoliberal —, a inovação do pluralismo de bem-estar reside no fato de que, neste modelo, ninguém exerce a primazia no atendimento das necessidades sociais (Pereira-Pereira, 2004; Abrahamson, 1995).

Uma delas é o que ele denomina de "taxa decrescente de utilização", isto é, "a tendência dos bens, serviços, maquinaria e força de trabalho, se tornarem supérfluos em proporções crescentes" (ibid., p. 151).[6]

É nesse contexto capitalista altamente avançado, do ponto de vista econômico, e simultaneamente acumulador/dissipador de riquezas, que se explicam as políticas neoliberais de proteção social.

Antes, porém, é preciso lembrar que tais políticas não se deram de maneira pura, unívoca e concomitante em todo o mundo capitalista. Ao mesmo tempo que o neoliberalismo ampliava sua cobertura, nações guiadas por princípios diversos, tal qual a social-democracia, procuravam resistir a essa ofensiva. Os países escandinavos, internacionalmente reconhecidos pela oferta universal de proteção social pública e estatal baseada em direitos de cidadania, sobrevivem à crise estrutural do capital, embora venham sofrendo duros golpes durante suas eclosões sucessivas experimentadas a partir do início dos anos 1970.[7] A redução gradual no valor e na cobertura de benefícios assistenciais e previdenciários, os cortes de políticas sociais, as privatizações e o *welfare pluralism* são exemplos da ingerência do neoliberalismo na Escandinávia.

Assim, apesar da coexistência com outros paradigmas sociais, políticos e econômicos, o credo neoliberal tem ganhado força e espaço em praticamente todos os Estados regidos pelo modo de produção capitalista. Todavia, convém ressaltar que as ações políticas, de qualquer espécie, exercitadas na prática, não são independentes de políticas econômicas, nem tampouco de teorias. No caso neoliberal, as teorias que, nos anos 1980 e 1990, tornaram-se dominantes a partir dos Estados Unidos, foram determinantes para seu desenvolvimento. Foi desse país que se difundiu, no início dos anos 1980, a teoria econômica da oferta que, diferentemente do estímulo keynesiano ao

---

6. Outra estratégia, importantíssima, segundo Mészáros (1997), foi a criação do complexo industrial militar, que não tem um objetivo militar em si, mas, principalmente, o de dissipar riqueza com guerras em grande parte fabricadas.

7. Sobre os impactos da crise nos países nórdicos, ver Abrahamson (2012).

gasto público e à demanda agregada por bens e serviços — para ativar a economia —, estimulava a produção de condições mais favoráveis ao investimento. Dentre essas condições merecem destaque: a primazia do mercado como agente regulador (e não mais do Estado) e a redução dos impostos das camadas sociais economicamente mais abastadas (Jessop, 2002; Jessop e Sum, 2006).

Entretanto, por não ter havido os investimentos esperados, visto que os empresários favorecidos continuaram a contar com a expectativa da demanda, a teoria da oferta foi substituída pela doutrina monetarista que, como o próprio nome indica, privilegia medidas monetárias baseadas nas forças espontâneas do mercado, para manter a estabilidade da economia. Em vista disso, tanto as políticas econômicas mais amplas quanto as sociais foram sacrificadas para dar vez às medidas de raízes puramente monetárias, como: o combate à inflação, por meio do controle do volume da moeda; juros altos; contração da produção e dos investimentos; cortes dos salários e desemprego (Wenger De La Torre, 1998).

O corte nos salários e o desemprego constituíram um difícil revés para a proteção social regida pelo direito; pois, para tanto, as legislações trabalhistas, conquistadas pelos trabalhadores, tiveram que ser alteradas para facilitar às empresas as demissões e o agir com maior independência no processo de contratação e remuneração dos empregados.

Disso resultou um cenário que impôs regressão à proteção social como direito, regressão esta que se tornava maior quanto mais a ofensiva neoliberal adotava propostas que transferiam para os pobres, os desempregados, os jovens, as mães solteiras e todos os segmentos sociais que requeriam proteção do Estado a responsabilidade pela sua autossustentação. E, ironicamente, uma das principais medidas adotadas foi "ativar" os chamados "dependentes da proteção social" para o trabalho. Vale dizer, os programas neoliberais de proteção social que, desde os anos 1990, ocupam lugar prioritário nos discursos e nas agendas políticas dos governos são aqueles que, agora, obrigam os beneficiários a trabalhar (ou a se submeterem a treinamentos para tal) em troca de assistência. Só que o mercado disponível para esse tipo de força de trabalho é geralmente precário, flexível, desprotegido e de baixa remuneração.

Essa nova logística de proteção social — que Theodore e Peck (2000) afirmam ser a mais recente ortodoxia herdada dos Estados Unidos, sob a denominação de *workfare* (por oposição ao *welfare*); e que: na França, Barbier (2008) detecta as suas raízes nos programas de inserção; Gough (2000) considera uma notável mudança nos padrões europeus de proteção social, por privilegiar a assistência e fazer desta um "trampolim" para o trabalho; e Abrahamson (2009) a associa à noção de *flexicurity* (combinação de proteção social com mercado de trabalho flexível) — também não está isenta de controvérsias e justificações teóricas e ideológicas.

É no contexto da discussão teórica que essa nova logística de proteção social tem sido vista como uma política schumpeteriana, ou pró-trabalho, cujos fundamentos econômicos remontam às teorias de Joseph Schumpeter sobre inovação, destruição criadora e empreendedorismo (Jessop, 2002), perfeitamente apropriadas pelo ideário liberal contemporâneo.

Em suma, o problema de pesquisa evidenciado no contexto histórico acima descrito é o que pode ser assim delimitado: trata-se do desafio teórico de entender e identificar, com respaldo histórico, as propriedades particulares do processo denominado *proteção social* com as suas ambiguidades e contradições. A primeira ambiguidade diz respeito ao fato de que o significado semântico desse processo nem sempre coincide com os objetivos que persegue e com os resultados de sua aplicação. Além disso, apesar de ser longevo, persistente e de estar presente em diferentes modos de produção e em todas as etapas do capitalismo, ele não segue um fluxo linear, progressivo e nem assume configuração unívoca. Pelo contrário, a trajetória do chamado processo de proteção social é perceptivelmente irregular, sinuosa, quando não regressiva; e pode apresentar-se sob várias denominações, que indicam diferentes modalidades e complexidades de intervenção. No seu processamento, ela também tem demonstrado grande maleabilidade em termos de cobertura, compromisso e finalidade, o que ressalta o seu caráter dialeticamente contraditório. Assim, dependendo das mudanças estruturais e das correlações de forças políticas em vigência, a proteção social pode ser focalizada ou universal; comprometida com os direitos de cidadania ou com os méritos exigidos pela competitividade econômica; atender necessidades humanas ou as do capital; proteger de fato ou punir; e ser, simultaneamente, positiva ou negativa. Tudo isso indica que o processo de proteção social não é inocente, nem tampouco desprezível, e exerce papel estratégico nas sociedades divididas em classe. Mas também não é maquiavélico. Neste estudo, não cabem, a seu respeito, julgamentos morais. Mesmo porque, as suas ambiguidades e contradições não são características especificamente suas, e sim — tal como a história — da realidade da qual fazem parte.

Dessa forma, constitui o objeto de interesse desta pesquisa, as concepções idealizadas ou pensadas concretamente sobre a proteção social capitalista, contidas em oito teorias e ideologias diferenciadas e competitivas, que as explicam e justificam, bem como influenciam políticas movidas por interesses de classes.

No estudo desse objeto destacam-se:

a) o papel central das teorias, ideologias e políticas referentes ao padrão de proteção social que teve seu auge entre os anos 1945 e 1975, o qual, por ter inaugurado a relação de correspondência entre satisfação de necessidades sociais e direitos, constituirá o termo de avaliação dos retrocessos e avanços da proteção social em seu conjunto; e

b) o papel das determinações econômicas, sociais e políticas, que estão na base das teorias e ideologias a serem estudadas e induzem os tipos diversificados de proteção social nas diferentes fases do capitalismo.

Portanto, embora as medidas de proteção social antecedam o capitalismo, apenas as desenvolvidas nesse modo de produção foram privilegiadas por permitir o conhecimento de suas diferentes modalidades de regulação, com base em uma mesma lógica de dominação e de relação contraditória entre capital *x* trabalho e Estado *x* sociedade.

Mas isso não significa que não foram estudadas e consideradas as formas de proteção social pré-capitalistas, que se configuram como um indispensável introito analítico e referência histórica.

Partindo do pressuposto de que a proteção social no capitalismo não está exclusivamente comprometida com as necessidades sociais, afirma-se, em primeiro lugar, e a título de hipótese, que o termo proteção encerra em si um ardil ideológico, a ser teoricamente desmontado, visto que ele falseia a realidade por se expressar semanticamente como sendo sempre positivo. Na sequência dessa suposição inicial, acredita-se que a proteção social, onde quer que tenha sido empregada, sempre foi alvo de interesses discordantes entre os seus estudiosos, executores e destinatários.

A demarcação inter-relacionada do objeto e da hipótese de trabalho desta pesquisa partiu de um pressuposto contido nas seguintes questões de partida que, conforme Quivy e Campenhoudt (1998), constituem o primeiro fio condutor da investigação:

O que é proteção social? Por que as denominadas medidas de proteção social são longevas e perduram, sob diferentes formas e justificações teóricas, no sistema capitalista se esse sistema conheceu períodos concomitantes de grande abundância e de notórios desperdícios, além de apropriações desiguais? Quais as possibilidades dessas medidas atenderem, de fato, as necessidades sociais para além de seu nível meramente biológico e na perspectiva dos direitos? E como explicar a existência desses arranjos protetivos, inclusive na fase capitalista de hegemonia neoliberal que nega a proteção social pública?

Tendo esses questionamentos como norte, a presente pesquisa procurou desvendar, embasada no desenvolvimento histórico da chamada proteção social capitalista, as concepções e explicações teóricas e ideológicas dessa proteção como direito no contexto da relação dinâmica e contraditória entre desenvolvimento econômico e mudanças sociais e políticas.

Desse objetivo geral, quatro específicos se desdobram:

a) aclarar o significado do termo proteção social mediante a identificação de seus elementos diferenciais relativos a outros termos correlatos como: seguridade social, bem-estar social, estar bem, política social, Estado de Bem-Estar, regimes de bem-estar e regimes de Estado de Bem-Estar;

b) identificar a acepção da proteção social no capitalismo sob diferentes perspectivas teóricas, ideológicas e políticas;

c) descobrir se o termo proteção social constitui um conceito, uma designação nominal ou um constructo, o que exigirá a eleição do termo que mais se coadune com o real processo de atendimento das necessidades sociais na perspectiva dos direitos;

d) fornecer, com base nos achados da pesquisa, informações mais complexas e precisas a respeito do significado de proteção social que, por ser contraditória e não estar exclusivamente comprometida com as necessidades sociais, deverá ser conquistada por meio de lutas políticas referenciadas na cidadania.

O presente livro se divide em quatro capítulos. No capítulo 1, foram apresentadas as oito correntes teóricas e ideológicas selecionadas a partir das tipologias de Vic George e Paul Wilding (1994) e Ramesh Mishra (1981) e as três grandes Matrizes às quais foram agrupadas: *Matriz Residual*, *Matriz Social-Democrata* ou *Institucional* e *Matriz Socialista*. Além disso, foram identificados e diferenciados alguns termos correlatos da proteção social, frequentemente confundidos com ela e, por vezes, tomados um pelo outro. É o caso de Estado de Bem-Estar (*Welfare State*); regimes de bem-estar (*welfare regimes*); bem-estar social (*social welfare*); e estar bem (*wellbeing*). As Matrizes Residual, Social-Democrata e Socialista, juntamente com suas correntes componentes, foram analisadas, individualmente nos capítulos 2, 3 e 4, respectivamente. Por fim, na Conclusão confirma-se a hipótese de trabalho que heuristicamente orientou a pesquisa; e apresentam-se os desafios postos à investigação e à definição de proteção social, decorrentes dos dilemas associados às dificuldades para a sua real conceituação.

CAPÍTULO 1

Sobre o arcabouço teórico ou pano de fundo explicativo

INFORMAÇÕES PRÉVIAS

É fato conhecido que toda pesquisa tem ou deverá ter um arcabouço teórico a sustentá-la. Mesmo aquelas que elegeram o estudo de teorias como o seu principal foco de interesse não fogem a essa regra. E, assim sendo, indicar os pressupostos, categorias e fundamentos que constituem o pano de fundo explicativo de qualquer estudo proposto ou realizado é tarefa indispensável, até porque sem essa indicação prévia não haverá parâmetros claros para se problematizar o objeto da investigação.

No caso particular desta pesquisa, em que as teorias e ideologias da proteção social constituem a matéria-prima da análise, a especificação desse arcabouço básico — que será apresentada no presente capítulo — se justifica pelos motivos expostos a seguir.

A simples indagação do que seja proteção social suscita discussões complexas, que vão do repúdio à sua existência, por denotar paternalismo ou tutela, à sua aceitação como um fenômeno real e historicamente persistente que fornece elementos válidos e instigantes para a análise. Mas, a julgar pela quantidade de vezes que esse termo tem sido empregado no discurso falado ou escrito, especialmente depois dos anos 1970, quando o tema da política social se tornou recorrente, pode-se dizer que ele passou a ser um termo etimologicamente consensual.

Contudo, para além desse consenso vocabular ou meramente nominal, impera o "caos" conceitual. O termo proteção social não expressa um corpo coerente de significados, construído a partir da captação sistemática de evidências e indicadores no mundo real. Em vista disso, parafraseando Romero (1998), tem-se a impressão de que existem tantas definições de proteção social quanto são os autores que falam ou escrevem sobre ela. Ademais, o referido termo possui várias denominações, que lhes são sinônimas; sem falar que ele se sobrepõe, quando não se identifica, com outros termos mais precisos teoricamente, os quais, no geral, possuem vínculos institucionais comuns e perseguem os mesmos objetivos, tais como: seguridade social, bem-estar social, política social, como já indicado. Esses termos, por sua vez, estão associados a outros, que lhes são correlatos, mas que indicam uma qualidade particular. É o caso do Estado de Bem-Estar (*Welfare State*);[1] dos regimes de bem-estar (*welfare regimes*); do bem-estar como objetivo público declarado (*social welfare*); do bem-estar efetivamente sentido e usufruído pelo público-alvo (*wellbeing*), aos quais tanto a proteção social quanto a seguridade, o bem-estar em sentido lato e a política social estão referidos. Trata-se, portanto, esse elenco diversificado

1. Boschetti (2003) ressalta que mesmo o termo Estado de Bem-Estar não carrega significado idêntico ao de outras expressões comumente utilizadas como seus sinônimos. Para a autora, Estado de Bem-Estar (*Welfare State*), Estado Providência (*État Providence*) e Estado Social (*Sozialstaat*), por exemplo, expressam, cada um, a realidade de nações específicas, como Grã-Bretanha, França e Alemanha, respectivamente. Já que dotados de historicidade e especificidade, eles são distintos e "sua simples tradução acaba gerando confusão na explicitação dos fenômenos que pretendem apreender" (ibid., p. 2). Todavia, embora se concorde com a argumentação de Boschetti, optou-se, para fins didáticos, pela utilização do termo Estado de Bem-Estar como vocábulo "genérico" que, em princípio, se refere a "todo esforço do Estado para modificar as condições do mercado e proteger os indivíduos das consequências econômicas e sociais" (Meny e Thoenig apud Boschetti, 2003, p. 7).

de termos, de um conjunto de noções que compõem o universo da proteção social e que, por estarem inter-relacionadas, deverão ser explicitadas à luz de um arcabouço teórico comum. Isso, sem falar de noções prezadas pelo ideário neoliberal como *workfare* (bem-estar em troca de trabalho e de contrapartidas, regido pela meritocracia em contraposição ao direito), do *learnfare* (bem-estar por meio da qualificação educacional ou treinamentos profissionais requeridos pelo mercado, também regido pela meritocracia) e *warfare* (gestão militarizada, policialesca ou criminalizante do bem-estar social).

As questões-chave da pesquisa, que servem de fio condutor às tematizações contidas no arcabouço teórico-conceitual tratado neste capítulo, são: a proteção social poderá ser mais bem definida pelo seu aparato legal, institucional, modos de realização, financiamento, objetivos declarados e efeitos produzidos? Ou será mais elucidativo descobrir se ela é um mero nome, que não representa um conteúdo significativo? Ou, ao contrário: será ela uma categoria, um conceito, que ajuda a diferenciá-la de outras denominações assemelhadas e a orientar, com mais segurança, a sua ação protetora? Será, ainda, que a proteção social é um processo, e o sendo, de que tipo? E quais as suas relações internas e nexos externos com o Estado e a sociedade? De que Estado e sociedade se está falando, quais as suas identidades, fontes e limites? Em que sentido eles formam a esfera pública, cuja noção qualifica uma proteção social de caráter público?

Tais questões remetem a teorias e ideologias, seja da proteção social em sentido geral, seja de noções mais particularizadas ou congêneres, a seguir indicadas.

MATRIZES TEÓRICAS E IDEOLÓGICAS DISCORDANTES E SUAS RESPECTIVAS CLASSIFICAÇÕES SECUNDÁRIAS

Viu-se que uma das marcas características da literatura sobre o tema da proteção social é a presença prolífera de enfoques discordantes. Estudos disponíveis nessa área dão mostras de que por trás de cada obra há uma perspectiva analítica ou viés ideológico particulares que fazem com que as definições comumente veiculadas sobre proteção social e termos vizinhos não coincidam e até se rivalizem.

Um dos fatores que contribuem para essa profusão de abordagens é a utilização de um recurso didático clássico que objetiva a sistematização de temas afins e que se tornou internacionalmente hegemônico nas ciências humanas e sociais: a tipologia.[2] A despeito de suas claras limitações, esta estratégia vem sendo rotineiramente utilizada desde os anos 1960 por reconhecidos pesquisadores da proteção social, responsáveis pela criação de um elenco de modelos.

As tipologias nessa área do conhecimento podem ser concentradas em dois grupos principais: a) as que se referem aos modelos de bem-estar implementados em diferentes nações ao redor do globo, e b) as que abalizam as distintas escolas teóricas e ideológicas que se dedicam ao estudo, investigação e, consequentemente, à conceituação, caracterização e recomendação de padrões específicos de proteção social.

As tentativas de conhecer os variados tipos de Estados de Bem-Estar estabelecidos e compreender suas similitudes e divergências motivaram a divisão do mundo — ao menos no âmbito acadêmico — em modelos ou regimes de proteção social. Diversas têm sido as classificações, embora algumas sejam mais conhecidas. Entre elas encontram-se o trabalho pioneiro de Wilensky e Lebeaux (1965), restrito à análise da proteção social estadunidense, que é dividida em *residual* e *institucional*; o modelo desenvolvido por Titmuss (1968; 1981), ampliado para os Estados de Bem-Estar Social europeus, e que separa a proteção em três tipos: *residual, institucional* e *industrial* (*industrial achievement-performance*); a classificação dos regimes *social-democrata, conservador* e *liberal* de Esping-Andersen (1990) inspirado em Titmuss; e a categorização efetuada por Leibfried (1992) que inclui os três tipos

---

2. Embora a tipologia seja considerada por Baldwin (1992) um dos mais pobres recursos analíticos, por não possuir comensurabilidade comparativa e simplificar realidades complexas, ela vem sendo continuamente usada por falta de um recurso alternativo.

de bem-estar elencados por Esping-Andersen somados aos modelos *católico, latino* e *rudimentar*. Segundo Abrahamson, (2012, p. 8),

> outros autores [...] desenvolveram outros modelos ou regimes, como, por exemplo, [...] o confuciano para o sul e o leste da Ásia (Jones, 1993); o pós-comunista para o leste europeu (Deacon, 1993); o trabalhista para os antípodas. (Castles e Mitchell, 1990) etc.

Importantes para a compreensão da proteção social em sua totalidade complexa, as tipologias do primeiro grupo têm sido, recorrentemente, analisadas e revisitadas. A multiplicidade de esquemas tipológicos encontrada no exame dos sistemas de bem-estar experimentados na prática se reproduz nas classificações do segundo grupo, embora em menor grau. Contudo, o estudo desses esquemas teóricos, sua avaliação crítica e sua atualização histórica, tem se tornado mais escasso ao longo do tempo: a maioria das publicações nesse campo data das décadas de 1970, 1980 ou início de 1990. Além disso, conforme já mencionado, poucas são as iniciativas de investigação da proteção social pelo seu prisma processual, contraditório e dialético.

O reconhecimento de que cada escola do pensamento que compõe os modelos da teoria da proteção social representa o alicerce sobre o qual se erguem Estados e sistemas de Bem-Estar e conjuntos de políticas sociais, é fundamental para o desvendamento pleno de suas ambiguidades interiores e exteriores no seio do capitalismo. Feitas essas considerações, as tipologias do segundo grupo, que constituem o interesse do presente trabalho, foram exploradas e comparadas, com fins à eleição das abordagens teóricas mais relevantes e que mais influenciaram a práxis política e social, para um exame crítico mais aprofundado.

Entre as classificações do segundo grupo, podem ser destacadas: a categorização realizada por Taylor-Gooby e Dale (1981), na qual são mencionados o *individualismo*, o *reformismo* e o *estruturalismo* como abordagens teóricas que agregam a maior parte dos autores do campo da proteção social; a produção de Jens Alber (1987), que separa os estudos sobre proteção social em duas grandes escolas: as *pluralistas* e as *marxistas*, as quais, por sua vez, podem ser subdivididas em *funcionalistas* ou *conflitualistas*; o trabalho de Pinker (1979), que identifica três modelos teóricos centrais utilizados na pesquisa nessa área: a *teoria econômica clássica*, o *marxismo* (incluindo suas variantes socialistas) e a *tradição do coletivismo mercantil*; a tipologia de Graham Room (1979), centrada na divisão política dos enfoques *marxista*, *liberal* e *social-democrata* e o estudo de Gough (1978), que analisa três escolas teóricas não marxistas: as *teorias funcionalistas*, as *teorias econômicas sobre políticas governamentais* e as *teorias pluralistas de tomada de decisão*.[3]

Não obstante, a despeito da inegável importância de cada uma dessas categorizações, duas obras que versam sobre as escolas teóricas e ideológicas no campo da proteção social tornaram-se especialmente célebres, sobretudo por adotarem uma perspectiva totalizante, revelada na criação de tipologias mais completas, e pela adoção de um posicionamento crítico, dialético e politicamente posicionado. Tendo em vista essas características, as classificações apresentadas por ambas as publicações — que serão explicitadas a seguir — foram mescladas e resultaram no esquema teórico adotado neste livro.

A primeira delas é o livro *Society and social policy: theories and practice of Welfare* de Ramesh Mishra (1981). Nessa publicação, que se tornou referência mundial a partir dos anos 1980, Mishra distingue cinco principais abordagens teóricas sobre a natureza e o significado do bem-estar,[4] que podem ser generalizáveis à proteção social, a saber:

---

3. Para uma análise mais detalhada dessas classificações em português, ver os interessantes trabalhos de Coimbra (1987) e Aureliano e Draibe (1989).

4. Mishra (1981) prefere usar, nesse livro, o termo bem-estar social, em vez de política de bem-estar ou política social, por razões que se distanciam de uma preferência estilística. Em primeiro lugar porque bem-estar social é um termo intercambiável com o de política social; e, em segundo lugar, porque nem toda ação voltada para o atendimento de necessidades sociais são políticas, isto é, fazem parte de um padrão deliberado de intervenção governamental, que articula, de forma planejada, meios e fins. Assim, embora ciente de que está abraçando um termo amplo e, talvez, mais vago do que o de política, ele prefere não correr o risco de excluir perspectivas protetoras relevantes que estão presentes em algumas das teorias que se propôs a analisar.

- *Administração Social* ou *Engenharia Social*, entendida como um enfoque reformista e predominantemente empírico e pragmático acerca do bem-estar social. Seu principal interesse não é o de construir conhecimento para subsidiar instituições e políticas de proteção social, mas o de compreender a natureza e dimensão particulares de um fato socialmente problemático, como a pobreza, com vista ao seu enfrentamento. Daí a sua identificação com uma engenharia, já que esse enfoque dá mais importância a fatos, prescrições e ações do que a teorias no campo da proteção social;
- *Teoria da Cidadania* que, diferentemente da Administração Social, apresenta uma visão mais genericamente descritiva do que pontualmente prescritiva e interventiva do bem-estar social, se bem que se restrinja às sociedades capitalistas avançadas do Ocidente. Apesar de a teoria da cidadania contemplar direitos individuais, civis e políticos, além dos sociais, a sua relação com a proteção social se explica pelo fato de ela ter considerado os serviços sociais como direitos e de ter elegido o Estado de Bem-Estar como a instituição responsável pela provisão e garantia destes. Ademais, os direitos civis e políticos guardam relação de reciprocidade, embora conflituosa, com os direitos sociais;
- *Funcionalismo*, baseado em duas premissas centrais: a) a concepção da sociedade como um sistema integrado, tal qual um organismo; e b) a análise e explicação das instituições sociais, por meio de suas funções, isto é, pelas contribuições que cada função oferece linearmente, e em uma totalidade não contraditória, ao conjunto da proteção social;
- *Teoria da Convergência* ou do Determinismo Tecnológico que, ao contrário da Teoria da Cidadania, enfatiza o papel da industrialização na formação e expansão das instituições de bem-estar, dentro de uma concepção evolutiva desse movimento. Assim, além de esse enfoque não privilegiar a distribuição de serviços sociais como núcleo da cidadania social e

nem os países industriais capitalistas do Ocidente, ele tem um caráter espacialmente abrangente e supraideológico. Para ele, onde a industrialização tiver se firmado, não importa se no capitalismo ou socialismo, as políticas de proteção social necessariamente convergirão para esse lugar. Portanto, o determinante fundamental da estrutura de bem-estar nas sociedades industriais não é a ideologia, a luta de classe, a cultura, mas sim o avanço tecnológico. Guarda estreita afinidade com o funcionalismo e, por isso, essa teoria foi tratada, neste livro, como uma de suas variações.

- *Teoria Marxista*, cuja relevância para o estudo do bem-estar reside no fato de se diferenciar das quatro primeiras teorias, tanto do ponto de vista gnosiológico, quanto substantivo e metodológico. Gnosiológico, porque a sua visão de mundo contém princípios, critérios e leis próprios. Substantivo, porque, sendo uma explanação teórica abrangente, dá a conhecer não só a natureza e o desenvolvimento do bem-estar capitalista, mas indica as suas contradições e formas de resolvê-las ou superá-las. E metodológico, porque utiliza um método também próprio, que se amolda à realidade e procura captar as suas relações e movimentos, que não são lineares, bem como as suas dimensões estruturais e históricas dialeticamente interligadas.

Do exposto, depreende-se que, apesar de existirem diversas abordagens a respeito do bem-estar, ou da proteção social, identificadas por Mishra nas cinco principais perspectivas tratadas pela literatura especializada, é possível dizer que, em termos gerais, elas se dividem em três grandes grupos:

- as que se regem pelo paradigma direitista, residual;
- as que se regem pelo paradigma socialista;
- e, intercalando esses dois extremos, a perspectiva que poderá ser chamada de social-democrata.

Embora as diferenças entre as abordagens que compõem os três grupos distintos sejam substanciais, as diferenças percebíveis entre abordagens que compõem o mesmo grupo não são, na maioria dos casos, essenciais ou de fundo, mas de detalhes, graus e ênfases. E, ainda que Mishra não tenha se referido a diferentes abordagens marxistas na área do bem-estar, é válido afirmar que, nessa área, há perspectivas que se diferenciam no varejo, com algumas incorrendo em vícios analíticos próprios dos funcionalistas.

A respeito dos enfoques teóricos e ideológicos diferenciados do bem-estar, George e Wilding (1994) fornecem a segunda contribuição, mundialmente reconhecida, cujos primeiros estudos, contidos no livro *Ideology and the Welfare State* (2008, primeira edição em 1976), servem de base fecunda aos estudos sobre esse tema, desde que relacionados às condições materiais do capitalismo (Gough, 1982). É deles a seguinte classificação do que preferem chamar de ideologias[5] do bem-estar:[6]

- *Ideologia da Nova Direita*, que ganhou força intelectual e política nos anos 1970 como crítica liberal à ação social do Estado, exercendo, desde então, posição de poder em vários países. Seu surgimento decorreu das dificuldades econômicas enfrentadas pelo capitalismo, a partir de 1973, advindas de uma nova onda de crise desse sistema, mas também constituiu

5. Identificadas com valores e crenças, sem as quais ninguém vive. Para eles, "it is difficult to see how individuals can live without some adherence to values and beliefs, that is, to their individual ideology. Individuals may not always live by the beliefs and values which make up their own ideology but, at times, they are also quite prepared to die for them" ["é difícil imaginar como os indivíduos podem viver sem alguma adesão a valores e crenças, isto é, a uma ideologia individual. Os indivíduos nem sempre vivem de acordo com as crenças e valores que elegeram como sua ideologia, mas, às vezes, estão dispostos a morrer por ela"] (George e Widing, 1994, p. 1).

6. Estes autores também preferem utilizar o termo bem-estar em vez de proteção social ou política social. Contudo, na sua classificação, omitem conscientemente o antirracismo, a terceira idade, o nacionalismo, entre outros novos grupos sociais em movimento, não porque os considerem sem importância, ou pouco interessantes, mas porque eles não se enquadram nos seus critérios de delimitação do que sejam as principais ideologias influenciadoras do bem-estar social contemporâneas.

uma reação à rápida expansão dos gastos públicos nos anos 1960 e à regulação social do mercado;

- *Ideologia da Via Média*, que, não obstante a falta de uma definição precisa, envolveu significativo grupo de diferentes pensadores unidos pela convicção de que é possível e necessário criar medidas de bem-estar no capitalismo para, com elas, suavizar a dureza do sistema. Assim, embora considerando o mercado como o melhor caminho para organizar a economia, os adeptos dessa ideologia acreditam na necessidade de gerir muitos de seus efeitos perversos, sem visar à igualdade substantiva;
- *Ideologia do Socialismo Democrático*, cujos adeptos, apesar de discordarem em várias questões, compartilham da crença fundamental de que defendem um sistema de bem-estar superior ao adotado pelo capitalismo. Para eles, o *Welfare State* (Estado de Bem-Estar ou Estado Social) representa um estágio mais avançado no processo de transição do capitalismo do *laissez-faire* para o socialismo, transição esta que deverá ser gradual e pacífica, já que rejeitam qualquer forma violenta de ultrapassagem do capitalismo, por razões pragmáticas e éticas;
- *Ideologia do Marxismo*, cuja grande atração é a análise do *Welfare State* e do sistema de bem-estar que lhe é associado por uma perspectiva que abrange uma série inter-relacionada de premissas teóricas trabalhadas, primeiramente, por Marx e Engels e, subsequentemente, por autores marxistas. Trata-se, no entanto, de um esforço analítico em construção, uma vez que o aproveitamento do corpo teórico marxista clássico (ou marxiano), com vista a explicar criticamente as medidas de bem-estar capitalistas contemporâneas é recente. Todavia, um ponto comum entre os marxistas mais conhecidos, que se dispuseram, desde os anos 1970, a estudar o sistema de proteção social, é o entendimento de que o termo *Welfare State* é uma mistificação, porque se apresenta sob a

capa de uma face benfeitora do capitalismo, distorcendo o seu real significado: o de ser uma forma capitalista de regulação social com as suas contradições. Por essa razão, tais autores preferem usar o termo "capitalismo de bem-estar", por refletir mais claramente as funções contraditórias das atividades do Estado no campo da proteção social.

Além das ideologias destacadas, dois dos chamados novos movimentos sociais (feminismo e ambientalismo) também fazem parte do elenco criado por George e Wilding, dada a sua importante contribuição, a partir dos anos 1970, para a ampliação do debate sobre o bem-estar social e a cidadania, para além do espaço exclusivo das classes sociais. Assim, ao mesmo tempo que, no socialismo e no marxismo, os autores encontraram elementos políticos e doutrinários que se afinam mais com *crenças e valores* do que com a *teoria* do bem-estar, também encontraram nos novos movimentos sociais indicados *crenças e valores* altamente pertinentes à *teoria* da proteção social, tais como: gênero, meio ambiente, família.

Contudo, outras classificações podem ser encontradas na literatura especializada, nas quais avultam elementos não citados por George e Wilding, como a religião, considerada por Manning (1999) um princípio organizador do bem-estar social em vários países, e o antirracismo (ibid.), tido também como novo movimento social de significativa importância.

Assim, a despeito de esta pesquisa partir das categorizações organizadas por Mishra (1981) e George e Wilding (1994), e da crescente visibilidade e notória importância do ambientalismo e do feminismo para uma compreensão totalizante da proteção social no capitalismo, esses dois elementos não foram considerados neste estudo. Essa opção se deu, em primeiro lugar, devido ao entendimento de que ambos, embora possam ser, concomitantemente, ideologias e movimentos sociais, são portadores de um conjunto de crenças e valores heterogêneos e múltiplos, o que se reflete na composição policlassista e, em última instância, plurideológica de cada um deles:

tanto o feminismo quanto o ambientalismo possuem subtipos antagônicos, alguns afinados com correntes políticas e ideológicas críticas de esquerda, outros a serviço das necessidades do capital, peculiaridade que constitui intrincado desafio metodológico para a investigação das contribuições de ambos à proteção social pública. Segundo, dado o reconhecimento da existência de grupos e movimentos sociais outros, igualmente fundamentais no estudo da proteção social, e a impossibilidade de este trabalho abarcar todos os enfoques e elementos constitutivos de classificações não incorporadas no seu referencial.

De qualquer maneira, a indicação dos mesmos serve para demonstrar que a proteção social, identificada como ampla medida de bem-estar, não é um assunto simples, pacífico e de fácil compreensão. Trata-se, ao contrário, de uma questão complexa e ideologicamente contestada, que mobiliza teóricos, políticos, governos, religiosos, ativistas e articula uma variedade de conceitos ou de ideias-chave cujos significados variam de acordo com a teoria ou ideologia que professam.

As categorias de análise centrais que estão presentes em quase todas as teorias e ideologias do bem-estar social podem ser, conforme Manning (1999), agrupados em pares binários, a saber: *necessidades* e *preferências*; *direitos* e *mérito*. Mas, uma questão fundamentalmente particular que perpassa quase todas essas categorias é a *desigualdade*. Ou melhor, é o par formado pelos conceitos binários *igualdade* e *desigualdade* que está no âmago do debate sobre bem-estar social, o qual foi recorrentemente veiculado por todo o século XX e continua em pauta.

Com base no exposto, foi possível demarcar as principais abordagens que constituíram as grandes matrizes distintivas deste estudo, às quais foram agregadas teorias e ideologias particulares dotadas de concepções afins. Entretanto, antes de descrevê-las é indispensável mencionar as limitações presentes nas tipologias realizadas no âmbito das ciências humanas ou sociais que, na tentativa de classificar e agrupar diferentes abordagens ou perspectivas individuais, correm o risco de forçar

> a identificação política de formas de pensamento que não necessariamente se constituem dessa maneira. Isso pode levar a que [...] sejamos induzidos a tratar sob a mesma rubrica formas de conhecer e interpretar a política social substantivamente diferentes. (Coimbra, 1987, p. 72)

Além disso, é certo que nem todos os variados pontos de vista e autores foram abarcados, visto que não se "encaixam" nas abordagens construídas ou em rótulos exclusivos. Ciente de que a tipologia, especialmente nesse caso, pode mais esconder do que revelar (Abrahamson, 1995), optou-se pela sua utilização, neste estudo, como recurso didático, para ordenar as teorias e as ideologias apresentadas nas páginas precedentes em três matrizes distintas, passíveis de análise ancoradas em pesquisas e avaliações confiáveis e disponíveis. Entretanto, esse exercício só tem valor se não for tomado como acabado, definitivo e inquestionável. Trata-se, antes de tudo, de uma tentativa de elencar as principais — *e não todas, dados os limites desta pesquisa* — abordagens que influenciam o estudo e a prática da proteção social no capitalismo. A opção pela junção das teorias enumeradas por Mishra (1981), com as ideologias relacionadas por George e Wilding (1994), para servir de eixo analítico desta pesquisa, deu-se, sobretudo, não por considerá-las indubitáveis, mas porque ambas fornecem uma contribuição, mundialmente reconhecida, que até hoje serve de referência mestra sobre o tema.

Com esse ponto esclarecido, cabe informar que essas abordagens, na visão de Mishra (1981) e George e Wilding (1994), têm caráter ao mesmo tempo explicativo e normativo, posto que não apenas explicam fatos, situações e processos, mas prescrevem mudanças. E foi levando em conta essas características que se conceberam as seguintes matrizes teóricas e ideológicas:

- Matriz Residual, que engloba a Teoria Funcionalista, incluindo a Teoria da Convergência, e a Ideologia da Nova Direita;
- Matriz Social-Democrata ou Institucional, que engloba a Teoria da Cidadania, a Ideologia da Via Média e o enfoque da Administração Social;

- Matriz Socialista, que engloba a Ideologia do Socialismo Democrático e a Teoria e a Ideologia Marxista, incluindo a teoria marxiana, isto é, de Marx.

A representação gráfica desse referencial teórico e ideológico pode ser assim visualizada:

Figura 1. Matrizes Teóricas e Ideológicas da Proteção Social

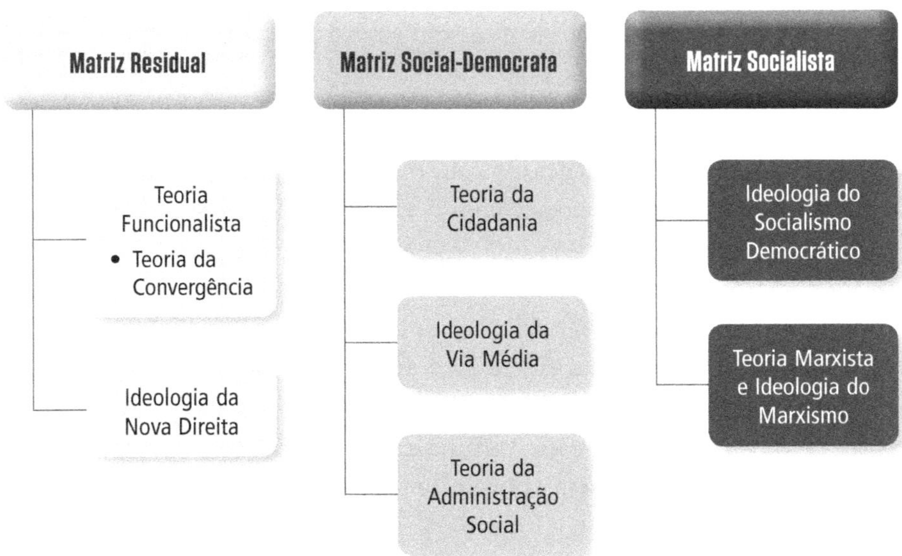

Fonte: Elaboração própria baseada nas tipologias de George e Wilding (1994) e Mishra (1981).

Nesta pesquisa as categorias-chave já indicadas, sob a forma binária, mas dialeticamente inter-relacionadas, são discutidas no contexto das distintas teorias e das ideologias que as interpretam de acordo com a visão de mundo que as orientam. Mas a análise de todas elas (categorias, teorias e ideologias) foi instrumentalizada por uma categoria metodológica central — a contradição dialética — que ocupa papel fundamental no arcabouço mencionado no início deste capítulo. E esse arcabouço serve de pano de fundo explicativo das diferentes teorias e ideologias do bem-estar ou proteção social e do sentido dessa proteção.

É sobre esse arcabouço — considerado eixo fundante e referência analítico-crítica desta pesquisa, além de base para o entendimento da categoria metodológica contradição — que se falará a seguir. Posteriormente, serão explicitadas as categorias teóricas anteriormente indicadas — *necessidades* e *preferências; direito* e *mérito; igualdade* e *desigualdade*, encaradas como processos dialeticamente contraditórios —, bem como os principais conceitos que, contemporaneamente, vêm sendo associados ou identificados com a noção capitalista de proteção social, como: "Estado de Bem-Estar" (*Welfare State*), "regimes de bem-estar" (*welfare regimes*), "bem-estar" (*welfare*), e "estar bem" (*wellbeing*), os quais, contemporaneamente, têm sido alvo de qualificação conceitual mais refinada por parte de estudiosos da política social.

EIXO TEÓRICO-CRÍTICO FUNDANTE DA PROTEÇÃO SOCIAL CAPITALISTA

Partindo-se do princípio de que as teorias e, especialmente, as ideologias não são neutras e inócuas, e, portanto, são determinadas por interesses de classes e grupos sociais particulares, ao mesmo tempo que veiculam e legitimam esses interesses, torna-se importante reiterar que existem divergências e competição entre elas.

Daí decorre, em parte, a desigualdade social, de caráter substantivo, que engendra necessidades sociais fundamentais por meio de uma dinâmica própria da lei[7] geral da acumulação capitalista, assim detectada e formulada por Marx: quanto maior a acumulação de riqueza, por meio da crescente produtividade do trabalho, maiores

7. Lei no sentido de tendência e não de norma, regra ou determinação absoluta.

serão a exploração e a manipulação da força de trabalho como mercadoria especial e, concomitantemente, maiores serão os índices de pobreza e de acumulação de miséria, desemprego e expansão de um exército de reserva de trabalhadores ativos, ou de uma superpopulação relativa, tornada disponível para a constante usurpação privada da mais-valia decorrente da exploração do trabalho socialmente produzido. Por conseguinte, os processos e mecanismos que operam a acumulação cada vez mais ampliada de riqueza são os mesmos que induzem a manutenção e/ou o aprofundamento da pobreza e do suplício do trabalho na sua forma abstrata que se manifesta no valor da troca de mercadorias produzidas pelo labor humano alienado, típico da sociedade burguesa. Ou, nas palavras de Marx:

> Quanto maiores a riqueza social, o capital em funcionamento, o volume e a energia de seu crescimento, portanto também a grandeza absoluta do proletariado e a força produtiva de seu trabalho, tanto maior o exército industrial de reserva. A força de trabalho disponível é desenvolvida pelas mesmas causas que a força expansiva do capital. A grandeza proporcional do exército industrial de reserva cresce, portanto, com as potências da riqueza. Mas, quanto maior esse exército de reserva em relação ao exército ativo de trabalhadores, tanto mais maciça a superpopulação consolidada, cuja miséria está em razão inversa do suplício de seu trabalho. Quanto maior, finalmente, a camada lazarenta da classe trabalhadora e o exército industrial de reserva, tanto maior o pauperismo oficial. (1984, p. 209)

Isso ocorre porque, no capitalismo, o objetivo da produção não é, nunca foi e nunca será, o de satisfazer necessidades e carências humanas por meio de um processo econômico simples vinculado às propriedades utilitárias, qualitativas, de um objeto de consumo que não se mede pelo custo do trabalho humano, pelas relações sociais de produção e nem pelos cálculos da economia política burguesa; mas, ao contrário, tal objetivo consiste, basicamente, em satisfazer as necessidades insaciáveis do capital, quais sejam: de lucros crescentes com base na concorrência entre empresas que instigam um constante progresso técnico, causador da elevação da produtividade do trabalho humano; e uma vez havendo, com ajuda da tecnologia, aumento da produtividade por trabalhador, a oferta de empregos tenderá a se reduzir. Isso explica por que, quanto mais cresce a capacidade produtiva do sistema e a sua possibilidade de atender demandas ampliadas, mais a classe trabalhadora se vê preterida pelo mercado de trabalho e desfalcada do poder de pressão e barganha.

Esta é a dinâmica da simultânea acumulação da riqueza e da pobreza que desafia o capitalismo a encontrar estratégias anticrises, seja no terreno da legitimação, com medidas socialmente protetivas, seja no terreno da reprodução do capital, com medidas que transformam tudo em mercadoria e os cidadãos em massa de consumidores estimulados inclusive por sistema de créditos avalizados pelos próprios governos. Não é à toa que, ao mesmo tempo que fica evidente que o capitalismo não vive sem crises, transparece que esse modo de produção não pode viver sem créditos e sem políticas de bem-estar social. No que diz respeito, especificamente, a essas políticas — que pressupõem a intervenção do Estado —, é bastante ilustrativa, para efeitos desta pesquisa, a seguinte reflexão de Offe:

> O desagradável segredo do Estado Social reside em que, apesar de seu efeito sobre a acumulação capitalista poder muito bem tornar-se destrutivo (como a análise conservadora demonstra tão enfaticamente), a sua eliminação seria evidentemente diruptiva (fato que a crítica conservadora sistematicamente ignora). A contradição consiste em que o capitalismo *não* pode coexistir com o Estado Social *nem* continuar existindo sem ele. É justamente esta a situação a que nos reportamos com o conceito de "contradição". (1991, p. 112)

Contudo, implícita nessa tendência reside uma particularidade do processo de acumulação capitalista, identificada por Marx, que vale a pena destacar, não por seu pioneirismo, mas porque ela poderá evitar a realização de análises mecânicas, aparentes e moralistas. Vale dizer: mesmo que Marx tenha considerado a metáfora bíblica "Acumular, acumular! Essa é a lei de Moisés e dos profetas!" (apud

Bottomore, 1988, p. 1), para dizer que essa frase retrata o imperativo fundamental da sociedade capitalista, ele não associa o ato burguês de acumular a esforços individuais e subjetivos. Por isso, Marx não relaciona a acumulação a uma ética religiosa da parcimônia, austeridade e labor moralmente edificante de cada um, como entendeu Max Weber, ao conferir ao protestantismo essas qualidades e propriedades éticas para explicar o desenvolvimento do capitalismo. Da mesma forma, Marx não atrela o processo capitalista de acumulação à simples poupança, ou a abstinências e postergações de consumo no presente para satisfazer, no futuro, preferências consumistas subjetivas, além de garantir o lucro, tal como sustenta a teoria da utilidade adotada pela economia clássica e neoclássica burguesas.

Mas, partindo das ideias de Thomas Malthus, contidas na sua obra intitulada *Accumulation of capital: the employment of a portion of revenue as capital* (Bress, 1975) — que atrelava a acumulação à poupança de valor moral, mais tarde reiterada por Adam Smith —, esse processo pode ser sintetizado na seguinte expressão: a acumulação é a utilização da mais-valia como capital; ou: a acumulação é a reconversão da mais-valia em capital (Marx, 1984).

Essa constatação, cujo conteúdo básico só vai ganhar foros e porte de teoria com a análise marxiana da sociedade industrial moderna, já havia sido detectada pelo próprio Marx em seus estudos sobre a acumulação primitiva, ou a prévia acumulação, no entendimento de Adam Smith. Só que, nesse estágio preliminar de acumulação, Marx percebeu um processo que, em vez de simples poupança, se caracterizava como expropriação feroz da força de trabalho assalariada pelo proprietário dos meios de produção, que, segundo ele, "ficaria escrita nos Anais da humanidade com traços de sangue e fogo" (Marx, 1984, p. 262). Portanto, a expropriação do trabalhador rural, ou camponês, assim como a expropriação da terra, nos prévios estágios de formação do modo de produção burguês, pode ser considerada o prelúdio do processo de acumulação tratado na lei geral da acumulação capitalista formulada por Marx, ou do processo de reprodução ampliada do capital.

Sendo o capital um valor que expande a si mesmo, a sua acumulação, mediante a apropriação privada cada vez maior da mais-valia, exige — como já salientado — que não apenas esse valor seja preservado por meio da concorrência entre capitalistas individuais, mas reproduzido socialmente, graças à dinâmica sistêmica de transformação da mais-valia, extraída do valor de uso da força de trabalho, em valor de troca. Esta é a condição essencial para o capital continuar existindo de forma ampliada.

Portanto, sem ampliação do capital, não há possibilidade de este existir, o que revela uma estreita e indispensável relação entre a sua produção e a sua reprodução. A reprodução, por sua vez, atua não somente no sentido de "aumentar a massa de capital, mas também de transformar a estrutura qualitativa do estoque de capital, que aumenta constantemente" (Bress, 1975, p. 2). Marx chama esse processo de "transformação da composição orgânica do capital", que está ligado à produtividade e ao crescimento econômico (Marx, 1984; Bress, 1975). E isso, necessariamente, vai implicar aumento de consumo, crescimento material e concentração de capital, afetando diretamente a situação social da classe trabalhadora, já que, conforme Marx,

> [...] a acumulação de riqueza em um polo é, ao mesmo tempo, acumulação de miséria, de tortura laboral, de escravidão, ignorância, embrutecimento e degradação moral no polo oposto, no lado da classe que produz seu próprio produto na forma de capital. (Marx, 1984, p. 210)

Esta é a dinâmica inerente ao processo contraditório da concomitante acumulação da riqueza e da miséria em polos opostos de um mesmo processo de produção, que vai se reproduzir de forma mais intensa e destrutiva com a sua complexificação. Assim, se nas etapas iniciais do desenvolvimento capitalista a acumulação do capital repousava na concentração desse capital, nas etapas posteriores desse desenvolvimento o método privilegiado de organização e do uso de quantidades crescentes de capital acumulado exige a sua centralização. E isso, como já indicado, vai necessariamente requerer a existência de um avançado sistema de crédito e de financiamento do consumo porque, se o objetivo da acumulação do capital é o aumento da produtividade, esta só poderá continuar aumentando em meio a um elevado índice de desemprego. E disso decorrerá uma divergência, presente nos dias atuais, entre duas formas diferenciadas de acumulação: a que resulta da produção e a que é produzida pelo sistema financeiro, criando-se assim a base do surgimento do capital fictício, hoje em alta.

Nesse estágio, as crises do sistema capitalista se intensificam porque a acumulação, ao não mais resultar, preponderantemente, da produção, encontra dificuldades de superar os obstáculos colocados à continuidade da expansão da produção de mais-valia. É como diz Mandel:

> A crise econômica é a interrupção do processo normal de reprodução. A base humana material da reprodução, o volume de mão de obra produtiva e o volume de instrumentos de trabalho efetivamente empregados, se restringe. Daí resulta uma baixa do consumo humano e uma baixa do consumo produtivo, isto é, uma diminuição do trabalho vivo e do trabalho morto que estará à disposição da produção durante o ciclo seguinte. Desse modo a crise se reproduz em forma de espiral. A interrupção do processo normal de reprodução diminui por sua vez a base de partida deste. (Mandel, 1975a, p. 118; tradução nossa)

Além disso, a centralização do capital propicia o desenvolvimento desigual das economias, sociedades e classes sociais, demonstrando que o processo de acumulação capitalista, independentemente de seus diferentes ritmos e velocidades, não se reduz à economia, mas abarca relações sociais em geral. É a centralização do capital acumulado que responde por formas de dominação históricas, como o colonialismo, o imperialismo e os variados tipos de regulação estatal, dentre os quais a denominada proteção social.

Em vista dessa realidade, a análise dessa proteção e de seu real significado, mediada pela discussão das teorias e ideologias que visam explicá-la e direcioná-la politicamente, no contexto dinâmico da produção e reprodução capitalista da desigualdade social, não pode se descolar desse pano de fundo de raízes histórico-ontológicas. Isso porque, como já assinalava Peter Leonard na introdução à edição espanhola de um livro de Ian Gough, publicado pela primeira vez em 1979, que se tornou pioneiro nos estudos do bem-estar baseado nesse pano de fundo,

> [...] um enfoque científico do Estado de Bem-Estar deve incluir uma ênfase considerável acerca da análise econômica e o uso cuidadoso do material histórico. Dessa forma, a compreensão das leis do movimento do capital é o meio pelo qual podemos traçar o desenvolvimento das forças produtivas, a concentração do capital e o estabelecimento de um sistema econômico monopolista mundial que fixa os limites da política social nos países ocidentais. Ademais, é essencial o registro das origens históricas e o crescimento da classe trabalhadora para um entendimento do papel desempenhado pela luta de classes no desenvolvimento da política social e para uma apreciação tática e estratégica de até que ponto o aparato do Estado de Bem-Estar mesmo pode ser considerado hoje como campo de batalha da luta de classes. Porém, mencionar as leis do movimento do capital, por um lado, e a luta de classes, por outro, traz um aspecto essencial na análise marxista: o entendimento da contradição. (1982, p. 41-42; tradução nossa)

É, de fato, a categoria contradição dialética, de filiação materialista histórica, que vai impedir que a análise da proteção social se enrijeça em visões lineares e parciais. Se por contradição dialética, no campo do bem-estar, se entender, como aqui entendido, um processo inserido numa totalidade contraditória cujas tendências refletem as raízes da sociedade capitalista — entre forças produtivas e relações de produção —, ter-se-á em mente que a proteção social exibirá traços positivos e negativos, isto é: ela poderá atender interesses diferenciados, embora esteja estruturalmente comprometida com os interesses dominantes.

Para se entender melhor esse raciocínio, apresenta-se abaixo uma citação de Gough (1982) contendo um exemplo elucidativo, de interesse para o estudo da política social, da contradição dialética que constitui a categoria metodológica por excelência desta pesquisa:

> Ao escrever sobre o impacto da máquina moderna, Marx descobriu como, por uma parte, [esse fato] destrói a divisão tradicional do trabalho, estende o controle dos homens sobre a natureza e cria a necessidade para um desenvolvimento melhor do trabalhador. No entanto, sob o capitalismo, [esse mesmo fato] aumenta realmente a insegurança, reduz o controle do indivíduo sobre o processo de trabalho, fragmenta esse processo e aumenta a divisão do trabalho. (p. 63; tradução nossa)

E desse exemplo pode-se extrair a seguinte inferência a respeito do caráter contraditório das medidas ou políticas de bem-estar ou de proteção social, no transcurso histórico do capitalismo: que essas medidas ou políticas englobam, ao mesmo tempo,

> tendências a aumentar o bem-estar social, o desenvolvimento das capacidades dos indivíduos, o controle social sobre o jogo cego das forças do mercado; e tendências a repressão e controle das pessoas e a exigência de adaptação dos trabalhadores aos requerimentos da economia capitalista. Cada tendência gera contratendências na direção contrária; de fato isso é precisamente o que chamamos de processo contraditório através do tempo. (Gough, 1982, p. 64; tradução nossa)

Em suma, tal processo contraditório, identificado ao mesmo tempo como *unidade* e *luta* dos contrários, faz parte da essência das coisas reais e históricas; e, portanto, faz parte das políticas de proteção social. Nele estão presentes, de forma permanente e dialética, relações de reciprocidade e de oposição que, em vez de se destruírem, produzem mudanças objetivas. Os elementos opostos nessas relações existem juntos, e não apenas coexistem, além de serem intrínsecos às coisas mesmas, na totalidade de suas relações; tais elementos "estão ligados organicamente, se interpenetram e se superpõem um ao outro, o que equivale dizer que estão unidos e representam a unidade dos contrários" (Cheptulin, 1982, p. 287). Entretanto, essa *unidade*, como ressalta Cheptulin (idem), é sempre *relativa*, ao contrário da *luta*, com quem interage, que é *absoluta*. O *relativo* da unidade diz respeito ao fato de ela ser temporária e, por isso, passível de substituição por outra unidade, mais compatível com as novas condições impostas sob a pressão constante da luta dos contrários. Já o *absoluto* da luta refere-se a sua indefectível presença em todos os estágios de desenvolvimento da unidade, servindo de elo entre eles e constituindo a mola propulsora de sua constante transformação.

Não é por outra razão, portanto, que a categoria contradição dialética foi eleita neste livro como o princípio orientador da análise nele contido.

EXPLICITAÇÃO BÁSICA DAS CATEGORIAS TEÓRICAS CENTRAIS

• Necessidades e preferências

No atual contexto histórico da proteção social a alusão às necessidades é essencial frente a qualquer tomada de decisão política. Contudo, sua tradicional imprecisão conceitual, somada às opiniões discordantes acerca de seu conteúdo e particularidade, contribui para que essa discutida categoria seja, ainda hoje, extremamente controversa.

Central para compreensão teórica e execução prática da política social, a opção por determinada definição de necessidades também implica: a definição da natureza; do público-alvo; da modalidade de ação; do investimento; dos critérios de oferta e distribuição de bens e serviços; e do papel do Estado na tentativa de satisfazê-las. A depender da conotação do termo, a ação governamental referente à sua aplicação prática, pode se revelar insuficiente ou até mesmo desastrosa (Pereira-Pereira, 2008a). Por conseguinte, se a conceituação de necessidades for imprecisa ou equivocada, a defesa de um Estado Social com primazia e protagonismo na garantia de direitos será enfraquecida (Liddiard, 1999).

Do exposto, depreende-se que as necessidades não podem ser definidas ou estimadas desvinculadas da noção de direitos; e que essa vinculação, muitas vezes conflituosa, encerra uma das principais polêmicas relativas ao tema, embutida no seguinte questionamento: de quem é a responsabilidade pelo atendimento das necessidades humanas? Será o livre, natural e espontâneo movimento da vida em comunidades consensuais que automaticamente regula a distribuição ou a contenção de recursos a depender da abundância ou escassez destes? Do indivíduo que as padece? Do Estado investido de obrigações cidadãs, de caráter público? Do mercado, como agente privado, cuja lógica incentiva a competição como o principal ingrediente para o alcance individual da autossustentação dos portadores de carências materiais? Ou de outros atores privados não mercantis, como a família e a solidariedade primária de vizinhos, amigos e correligionários?

Priorizando a natureza e as relações sociais espontâneas como satisfadores de necessidades, Boudon e Bourricaud (2001) argumentam em favor de uma prática de atendimento de carecimentos humanos, que só seriam aplicáveis em comunidades precedentes às sociedades de classe:

> Todo ser humano se caracteriza por um certo número de necessidades que exprimem sua dependência em relação ao meio externo [...]. A satisfação das necessidades é mais ou menos fácil. Alimentar-se quando a variedade de alimentos disponíveis está adaptada à demanda dos que têm fome, quando estes alimentos são suficientes, de modo que todos os que os procuram podem prover-se sem retirar de ninguém qualquer fração, por menor que seja, caracteriza uma situação de abundância. Porque a abundância, em vez de ser uma situação natural, é em nossas sociedades, um limite constantemente prometido para nosso esforço, mas sempre distante? (p. 387)

E ao questionarem a capacidade, aparentemente inequívoca, da natureza em satisfazer necessidades humanas, os mesmos autores concluem que a divisão social do trabalho, próprio das sociedades de classe, é uma espécie de acidente que veio alterar a ordem natural das coisas ou desnaturalizá-la: "as necessidades do homem podem ser satisfeitas pela natureza enquanto não forem desnaturadas pela divisão do trabalho. Além disso, as necessidades do homem não são todas de natureza material" (ibid., p. 387).

Diferindo dessa visão pré-histórica das sociedades humanas, mas não necessariamente crítica quanto ao influente papel histórico das classes sociais na reprodução de necessidades sociais não atendidas, mesmo em meio à abundância, outros argumentos relutam em conferir a essas necessidades um trato analítico mais rigoroso. Isso quando tais necessidades não são negadas, como ocorre com a visão que defende o mercado e instituições privadas não mercantis, como o *lócus* privilegiado de sua satisfação na qualidade de preferências individuais.

A ausência de interesse em aprofundar teoricamente as necessidades humanas ou sociais tem afetado tanto visões liberais-conservadoras (ou neoliberais-neoconservadoras) como progressistas, por motivos distintos. Para os progressistas, o interesse por esse tema significaria comprometer o estudioso e as instituições públicas com um parâmetro empobrecedor. Afinal, além de a noção de necessidades automaticamente se remeter a fatos de parco prestígio acadêmico e político — como *carência*, por exemplo —, é também um dos termos, no dizer de Brage (1999), que, no discurso social corrente, mais suscitam adesões espontâneas e acríticas. Daí o seu sentido polissêmico, confuso e pouco prestigiado.

Os partidários de ideologias burguesas, por seu lado, preferem negar a existência de necessidades humanas para não admitirem a possibilidade de elas serem atendidas por políticas públicas. Assim, como já insinuado, identificam essas necessidades, que são sociais, com preferências individuais, quando não com vícios, desejos e sonhos de consumo, cuja satisfação escaparia ao comprometimento do Estado. Dessa forma, as necessidades humanas apresentam caráter subjetivo e relativo, já que não podem ser partilhadas pelo coletivo social; e, ao serem associadas ao consumo, como a única via para satisfazê-las, esse "enfoque privilegia o mercado, como agência-mor de provisão, e o consumidor (e não o cidadão) como alvo de satisfações, inclusive públicas" (Pereira-Pereira, 2008a, p. 41; grifo no original), elegendo, para tanto, o capitalismo como o melhor sistema (ibid., p. 51).

Por conseguinte, se a natureza, "desnaturada pela divisão do trabalho", perde sua capacidade de satisfazer até mesmo necessidades materiais e o mercado só é apto a oferecer soluções para privações associadas a vícios, desejos e preferências individuais, cabe ao Estado o seu inegociável atendimento. É ao Estado que compete sim a satisfação das necessidades humanas, visto que elas constituem a base das políticas públicas e, por consequência, da concretização de direitos sociais conquistados pela sociedade e declarados nas leis (ibid.).

Reconhecer esse insubstituível dever cívico do Estado vem se constituindo um grande passo para o correspondente reconhecimento dessas necessidades como força desencadeadora de conflitos, mas também de conquistas sociais e políticas históricas. Como diz Añon (apud Pisón, 1998, p. 159),

> chegou um momento em que o apelo às necessidades — apesar da "crise" do modelo de Estado de Bem-estar — constitui um *critério de primeira ordem* na tomada de decisões políticas, econômicas, culturais, ideológicas e também jurídicas, porque, ainda que o apelo às necessidades não pressuponha o bem-estar, contribui para o raciocínio sobre o tipo de título que deve satisfazer necessidades. (Grifos nossos; tradução nossa)

Mas, para tanto, as necessidades não podem ser equiparadas a uma simples e naturalizada carência individual, material ou biológica, e sim a direitos que mobilizam uma faculdade que só os seres humanos possuem: a capacidade de agir e exercitar o pensamento crítico contra toda e qualquer forma de opressão, entre as quais a pobreza e a miséria. Afinal,

> é próprio do homem não lutar apenas, como o animal, pela habitual conservação da vida, mas transformar a disposição congênita, radicada no fato da sua inteligência consciente, para um desenvolvimento sempre progressivo e superior, tanto social quanto individual, em força impul-

> sora do progresso histórico. O animal tem apenas *evolução*. O homem, porém, realiza *história* na consciência de si próprio e no esforço por desenvolver todas as potencialidades que nele se encontram, por *realizar-se a si próprio*. (Kofler apud Fleischer, 1978, p. 49; grifo nosso)

É essa conotação de necessidades que obriga o Estado a ser o principal agente de sua satisfação, descartando, por consequência, o mercado (que não tem vocação social) e as instituições privadas sem fins lucrativos (que não garantem direitos) do exercício dessa função.

Adotando essa conotação, compartilhada por este estudo, Doyal e Gough (1991), em seu rigoroso e inventivo intento de fornecer uma teoria das necessidades humanas, advertem que, antes de se determinar quem deve proporcionar os meios para a sua satisfação, é imprescindível identificar quais são as necessidades humanas básicas e qual o seu escopo e propriedades particulares. Nesse sentido, em oposição às concepções que reduzem tais necessidades a desejos e preferências individuais, subjetivos e relativos, regulados pelo mercado, os autores sustentam que as necessidades humanas são históricas, mas também *objetivas* e *universais*. Objetivas, "porque a sua especificação teórica e empírica independe de preferências individuais" (Pereira-Pereira, 2008a, p. 67); e universais, porque "todos os seres humanos, em todos os tempos, em todos os lugares e em todas as culturas, têm necessidades básicas comuns" (ibid., p. 66). Portanto, como assinala Cabrero (1994), junto com o caráter histórico (construído socialmente) e objetivo (por oposição ao subjetivismo) das necessidades humanas, os autores ressaltam a sua característica mais profunda: a universalidade.

> Tal universalidade não implica a generalização etnocentrista das necessidades a partir do centro para as periferias, das sociedades industriais para as sociedades subdesenvolvidas, mas um debate que defina o conjunto das necessidades no âmbito de todos os mundos existentes. Estamos diante de uma proposta de universalidade por trás da qual reside um profundo sentido de redistribuição de recursos em escala mundial e de organização de modos de satisfação de necessidades

> que não suponham [qualquer tipo de] exploração. (Ibid., p. 15; tradução nossa)

Ademais, a universalidade das necessidades humanas básicas repousa na convicção teórica de Doyal e Gough (1991) de que, se essas necessidades não forem satisfeitas, ocorrerão, objetivamente, sérios prejuízos à vida humana, assim especificados: degeneração física, com repercussões não meramente biológicas, sobre o próprio direito elementar de viver, e impedimento à participação social bem-sucedida. Disso decorre que, sendo o homem um ser social cujo desenvolvimento depende da convivência com outros homens, a sua participação na sociedade, livre de limitações arbitrárias, é um direito fundamental de todas as pessoas.

Com base nesses pressupostos, necessidades humanas básicas são definidas como aquelas precondições universais que, uma vez atendidas, possibilitam a participação social no sentido democrático. Essas precondições são identificadas como *saúde física* e *autonomia*. A primeira, porque, sem a sua satisfação para além de um mínimo biologicamente estabelecido, ninguém é capaz de agir e participar como um ser humano de fato. E a segunda, porque o ser humano também tem necessidade de exercer a sua autonomia de *agência* (capacidade de agir, informado *sobre* o que deve ser feito e *como* proceder para fazer) e de *crítica*, em um nível mais elevado de participação, isto é, de poder crescer como ser social e sociável, criticar o mundo em que vive e, se necessário, agir para mudá-lo. Este é o mais importante tipo de autonomia a que todas as pessoas devem ter acesso, porque é ele que constitui o pré-requisito essencial à inovação e à livre criatividade, tão necessárias às transformações. Ou nas palavras de Lavinas:

> são necessidades básicas, cujo quantum deve ser sempre o ótimo, a *saúde* e a *autonomia*. Sem saúde, não há como assegurar uma participação social plena e consequente. Sem autonomia para agir, as escolhas sobre o que fazer e como fazer tornam-se escassas e impossibilitam atingir metas e objetivos ao longo da vida. (Lavinas, 2002 p. 31; grifos nossos)

De onde se depreende que Doyal e Gough não se limitam à definição de necessidades humanas *básicas*. Considerando que estas são meios (pré-requisitos instrumentais) e não fins em si mesmas, assim como estão associadas a direitos morais que podem ser transformados em direitos sociais a serem concretizados por meio de políticas públicas, os referidos autores também identificam: *necessidades intermediárias*, que mediatizam as *básicas* em uma multiplicidade de diferentes caminhos, e *satisfadores universais* de ambas, com vistas à obtenção de um atendimento *ótimo* e não apenas *básico* das necessidades sociais. As necessidades intermediárias — que extrapolam os limites das necessidades básicas — e seus indicadores universais de satisfação baseiam-se em conhecimentos científicos. Mas, como esse conhecimento se modifica e se expande, através dos tempos, o conceito de necessidades humanas se torna historicamente aberto a esses contínuos movimentos (Gough e McGregor, 2008).

O básico a ser satisfeito, portanto, não é tudo, apesar de não ser sinônimo de mínimo; é apenas o patamar fundamental a ser alcançado em direção a patamares mais elevados de vida humana digna que, na opinião desta pesquisadora, não poderá ser usufruída em sua inteireza, e por todos, nas sociedades capitalistas.

Mas, é o par categorial "necessidades e preferências", tal como acima definido, que constituirá o parâmetro pelo qual se analisará a maior ou menor relação de correspondência entre proteção social e cidadania e a maior ou menor consistência protetora das medidas criadas para esse fim.

• Direitos e mérito

Em tese, uma das principais atribuições das políticas públicas é a concretização dos direitos sociais conquistados pela sociedade e amparados legalmente (Pereira-Pereira, 2008b). Contudo, a relação imbricada entre direitos sociais e políticas públicas vai além do estabelecimento de finalidades: o surgimento dos direitos sociais, que, de acordo com T. H. Marshall, se deu no século XX, só foi possível por meio da implantação de um Estado Social forte e atuante no mesmo período. Essa modalidade de direitos, por conseguinte, deve estar referenciada em valores e princípios inerentes à proteção social pública, tais como equidade e justiça social, e garantida ou regulada pelo Estado. Em outras palavras, os direitos sociais reclamam a interferência e a participação do Estado na sociedade e a proteção pública contra inseguranças sociais (ibid.). Como tais, eles não se reduzem a um mero sistema institucional de garantias de prevenção e de assistência, como sinônimo de compensação de falhas do mercado ou de ações governamentais, mas devem legitimar e dar cobertura legal às políticas sociais universais mediante as quais eles se materializam.

Contudo, com a supremacia da ideologia neoliberal — que menospreza os valores supracitados —, os direitos sociais vêm sendo duramente desmontados e substituídos pela lógica *meritocrática*; isto é, pela lógica de governar, ou de dirigir, privilegiando o esforço, a inteligência e a capacidade individual ou grupal de inovar e contribuir, diferenciadamente, para o sucesso da ordem social prevalecente. E essa ordem, por se pautar pelos princípios da hierarquia e da competição, considera estar isenta de qualquer associação a privilégios, hereditariedades e discriminações, já que cria mecanismos próprios, e supostamente neutros, de seleção de pessoas ao acesso a posições ou direitos — a despeito da procedência, trajetórias individuais e condições sociais delas.

Melhor dizendo, a palavra meritocracia (que, na verdade, é uma conjunção dos termos *mereo*, do latim, que significa merecer, obter, alcançar, e *kratía*, do grego, que significa força, poder, autoridade, soberania) (Cruz Filho et al., 2006) tem a ver, evidentemente, com a noção corrente de *mérito*. E mérito denota, em termos gerais, a obtenção merecida, por alguém, de algo, sob a regência de regras válidas para todos.

Entretanto, essa noção tem se prestado a várias interpretações, sem perder o seu significado primordial: o de *merecimento* ligado a algum critério seletivo. Para alguns, o mérito é um incentivo essencial para a produção individual em prol da sociedade e para impedir que os improdutivos se beneficiem do produto do esforço dos produtivos. Para outros, ao contrário, as regras ou critérios estabelecidos pelo *mainstream* (corrente dominante de pensamento) para regular o mérito são vistos como mecanismos de "exclusão" e reprodução de desigualdades (Manning, 1999).

Além disso, o mérito possui vários significados. Na ciência do direito, seu emprego, por oposição à noção de *demérito*, apresenta-se como uma questão de fato ou de *júris*, constituindo-se no principal objeto da lide jurídica; e na exposição ou análise de uma matéria, escrita ou oral, o mérito consiste no seu conteúdo fundamental. Em ambos os casos, o mérito tem conotação positiva, prestigiosa. Contudo, nas políticas públicas, e em especial na política social, o mérito pode vincular-se a um merecimento não relacionado a um fato elogioso ou louvável; o louvável, nesse caso, residirá no critério seletivo da atenção social, que determina quem de fato é suficientemente pobre e, por conseguinte, destituído de meios para se autossustentar, para ser merecedor da proteção social, que muitas vezes é punitiva. Exemplo: pela ótica focalizada e seletiva da doutrina liberal (clássica ou contemporânea), o merecedor da proteção social deve ser o mais pobre dentre os pobres; vale dizer, deve ser aquele que comprove não possuir os pré-requisitos básicos para uma existência verdadeiramente humana, além de demonstrar idoneidade moral: não fraudar o sistema e oferecer contrapartidas.

Isso explica o estigma provocado pelas classificações contidas nos programas de assistência aos desvalidos, que remontam ao século XVII (como a Lei dos Pobres inglesa, de 1601,[8] que dividia os pobres

8. Até o século XIV o cuidado dos miseráveis ingleses ficava a cargo da Igreja e da filantropia de grêmios, sociedades, fraternidades e demais grupos privados. A partir da década de 1350, diversas legislações estatais voltadas para a regulação do atendimento às classes empobrecidas começaram a ser criadas em todo o Reino Unido. Entretanto, em vista de seus fracassos na contenção e controle da massa marginalizada, em 1601, durante o reinado da rainha Elizabeth I, foi realizada uma codificação das legislações existentes, que ficou conhecida como *Poor Law Act*. Esta Lei inovou ao categorizar os pobres em uma tipologia social (pobres incapazes

em *merecedores* e *não merecedores*, com base em carências reais), e que se sofisticaram no século XIX, com a última Lei dos Pobres, de 1834[9] (*Poor Law Amendment Act*), conhecida por rebaixar as necessidades humanas, merecedoras de atendimento, em um nível animalesco.

Dada a sua falta de homogeneidade semântica ou conceitual, Barbosa (2003) percebe a meritocracia como dotada de uma dimensão *negativa* e de outra, *afirmativa*. A primeira é assim considerada por rejeitar qualquer tipo de privilégio ou discriminação que ponha em dúvida o seu caráter imparcial, bastante cultivado e veiculado pelo discurso ideológico e político. Nessa sua representação, a meritocracia é pautada por uma avaliação cega, isto é, centrada exclusivamente no desempenho das pessoas submetidas a competições, independentemente de aspectos sociais relacionados à origem, parentesco, posição social e poder político dessas pessoas. Como tal, ela constitui um consenso e, até mesmo, uma virtude a ser preservada. "Todos veem nela um sistema sedutor, uma aristocracia de talentos que parece fazer uma distinção radical entre sociedades baseadas no privilégio hereditário e as democracias atuais" (ibid., p. 22). Porém, por outro lado, a meritocracia é *afirmativa* quando elege como critério básico de organização social exatamente o desempenho pessoal decorrente do talento, iniciativa, esforço, habilidade, ambição de cada

para o trabalho, pobres capazes para o trabalho e pobres capazes para o trabalho, mas que se recusavam a fazê-lo) e ao oferecer atendimento institucional para os desfavorecidos. Essa assistência pública era financiada pelos habitantes de cada Paróquia que centralizava suas ações nos seus nativos. Ao exigir o respeito aos critérios de *naturalidade* e *residência*, acreditava-se coibir a mobilidade de pobres para Paróquias mais desenvolvidas e garantia-se o domínio dos proprietários de terra sobre potenciais trabalhadores. Após a *Poor Law Act* de 1601, outras legislações voltadas aos pobres surgiram, compondo com esta um sistema de proteção social nacional. As mais famosas são o *Settlement Act* (1662), que impedia a migração de pobres para outras Paróquias; a *Speenhamland Law* (1795), considerada a primeira legislação de transferência de renda conhecida; e *Poor Relief Act* ou *Gilbert's Act* (1792), que estimulou a assistência externa às instituições para os pobres capazes de trabalhar (Pereira-Pereira, 2011a).

9. A *Poor Law Amendment Act* ou Nova Lei dos Pobres foi a mais dura das legislações de alívio da pobreza implementada no Reino Unido e um retrocesso aos avanços sociais conquistados até então. Fundamentada no *laissez-faire* puro, baseava-se na premissa principal de que os pobres aptos ao trabalho não deveriam receber nenhum tipo de assistência pública ou privada. Essa lei será melhor explicitada no capítulo 3 deste trabalho.

um. Nesse particular, ela perde o consenso para comportar dissensos ou discordâncias variadas em torno

> das interpretações acerca de como avaliar o desempenho, do que realmente entra no seu cômputo, do que sejam talento e esforço, de quais são as origens das desigualdades naturais, da relação entre responsabilidade individual e/ou social e desempenho, da existência de igualdade de oportunidades para todos, da possibilidade concreta de mensuração do desempenho individual etc. Ou seja, ela levanta questões acerca de filosofia política, de filosofia do direito, de justiça social etc. (ibid., p. 22),

que extrapolam o terreno da moralidade. E são essas discordâncias que põem em xeque a pertinência do comprometimento das políticas sociais públicas com o mérito, em detrimento dos direitos inegociáveis e indisponíveis dos cidadãos, pois,

> ao pleitear o governo a gestão ou o reconhecimento público e formal da proeminência dos melhores, a meritocracia suscita paradoxos e dilemas que em muitos casos terminam por transformá-la de tradicional instrumento de luta contra a discriminação social em critério de discriminação social das sociedades modernas. (Ibid., p. 22)

Até no âmbito da educação, em que o mérito é difícil de ser contestado, porque se identifica com a dimensão negativa da meritocracia que visa estimular o desenvolvimento de empreendimentos, talentos e competências individuais, de caráter seletivo e de alta valoração pela sociedade, observam-se limitações que afrontam direitos e acalentam prestígios. De onde se infere que o governo dos capazes inscrito no sentido afirmativo de meritocracia pauta-se, desde as suas formas mais antigas, e nos mais diferentes âmbitos das relações sociais, mais pelas performances superestruturais dos indivíduos submetidos a seleções do que pelos determinantes estruturais dessas performances. Em outras palavras, até no âmbito da educação a meritocracia dificilmente leva em conta os direitos sociais, que devem ser concretizados por políticas públicas, tendo como premissa a justiça social em associação direta com a concepção de igualdade substantiva. Como dizem Cruz Filho et al.,

> os primeiros indícios do uso prático da meritocracia, enquanto mecanismo de governo, podem ser percebidos desde a Antiguidade clássica, quando era forma de seleção dos funcionários estatais de acordo com a sua capacidade. Daí à contemporaneidade se passou a um uso mais habitual de elementos de análise de méritos para seleções e ascensões de função, inclusive através de concursos públicos e exames de avaliação. Dessa forma, a meritocracia determina as posições e colocações conseguidas por mérito pessoal conforme seus progressos e consecuções individuais. Em geral, percebe-se que a maioria dos governos utiliza essa prática embora não se perceba a exclusividade de seu uso; ela está, por vezes, associada a outras formas de avaliação, como por exemplo, o *status* familiar e financeiro, o tempo de serviço etc. (2006, p. 35-36)

A meritocracia, portanto, não se pauta por uma avaliação que atenda os interesses da maioria. Além disso, tendo em mente o aumento contemporâneo da desigualdade social em todo o mundo, assim como da expansão de mecanismos de proliferação de individualismos e de separatismos sociais, étnicos e religiosos, a ideologia do mérito pautada em desigualdades aceitáveis pelo sistema ou estimuladoras de competições acirradas carece de credibilidade. Isto porque, diante de uma realidade acossada por graves iniquidades sociais, tal ideologia soa irreal, quando não se assemelha a um pesadelo, para usar as palavras de Rosanvallon,[10] em entrevista recente. Isso porque o mérito, da mesma forma que não aceita a igualdade substantiva, não comporta diferenças entre os desiguais, principalmente se essas diferenças exigirem melhor tratamento, por significarem uma condição inferior na arena da competitividade

---

10. Entrevista concedida a Eduardo Febbro, em Paris, e publicada no site da revista *Carta Maior* em 27/11/2012.

entre desiguais. Afinal a meritocracia apoia-se na premissa de que as vitórias ou fracassos são responsabilidade exclusivamente individual e de que o mérito é um eficaz mecanismo seletor entre os "melhores" e o resto. Sendo assim, ela fica imune à crítica social e passa a ser uma unanimidade automática e pouco consciente de suas contradições.

Dada essa circunstância, para que o indivíduo se torne merecedor de um mínimo de proteção social pública precisará provar a sua derrota e incapacidade de superá-la via empenho próprio. E, ao proceder dessa maneira, os direitos sociais arduamente conquistados perdem seu caráter civilizador, transformando-se em ajuda ou favor ofertado não aos que têm acesso à cidadania, mas aos que provam estar à margem dela. Nesse caso, o mérito é o da necessidade, da privação. E, segundo Telles (2001, p. 26), é

> o Estado que cria a figura do necessitado, que faz da pobreza um estigma pela evidência do fracasso do indivíduo em lidar com os azares da vida e que transforma a ajuda numa espécie de celebração pública de sua inferioridade, já que o acesso depende do indivíduo provar que seus filhos estão subnutridos, que ele próprio é um incapacitado para a vida em sociedade e que a desgraça é grande o suficiente para merecer a ajuda estatal.

Assim, seja reforçando as discriminações e/ou parcialidades que supostamente condena — por ignorar que a competição entre desiguais é sempre desigual e injusta —, seja aprisionando desvalidos na estigmatizante situação de miséria pessoal, a categoria mérito, abordada sempre na sua inter-relação com os direitos, subsidiará a análise de diferentes concepções de proteção social no curso da história; e, adicionalmente, de sua capacidade ou incapacidade de provimento das necessidades humanas básicas. É essa relação que está implícita na discussão sobre igualdade *versus* desigualdade, tratadas a seguir, que constituem as categorias de fundo que perpassam as já explicitadas.

• Igualdade e desigualdade

A ideia de igualdade e do seu contrário — *desigualdade* — reside no coração da proteção social capitalista; e dificilmente poderá ser analisada dissociada do que se convencionou chamar de *liberdade positiva*, que requer políticas públicas, por oposição à *liberdade negativa* que renega essas políticas. Todavia, como já assinalado, ao capitalismo não interessa extinguir a desigualdade social, pois é dela que ele se alimenta e se reproduz.

Esse desinteresse faz parte da própria essência desigual do capitalismo, a qual resiste a todo e qualquer intento de humanizá-lo ou democratizá-lo. Mesmo nos períodos históricos em que a proteção social contou com o respaldo dos direitos sociais, tanto ela como estes e os demais direitos de cidadania (civis e políticos) não existiram sem tensões. Ironicamente, como diz Manning (1999), recorrendo a Marshall,

> o desenvolvimento dos direitos de cidadania ocorreu paralelamente ao capitalismo e às suas correspondentes desigualdades. Em particular, a limitação dos direitos políticos ao exercício formal do direito ao voto resultou na justaposição de múltiplas desigualdades na economia e na vida familiar, com intervenções políticas que tentaram minimizar essas desigualdades por meio de políticas sociais e outras. (p. 53; tradução nossa)

Realmente, foi em meio a essas tensões que as sociedades industriais experimentaram considerável progresso em relativo clima de paz. E isso não teria sido possível sem a regulação, pelo Estado burguês, de um equilíbrio (instável) entre economia de mercado e política pública. Afinal, em longo prazo, uma liberdade econômica incontrolada poderia minar a estabilidade da economia capitalista, devido à sua perda de legitimidade política e ao colapso da reprodução social; porém, por outro lado, demasiadas intervenções sociais, por meio de políticas públicas, concretizadoras de direitos, poderiam sufocar a dinâmica do crescimento econômico do qual, no capitalismo, tudo passa a depender.

Esta é a lógica contraditória que subjaz na relação de correspondência entre desenvolvimento da economia capitalista, desigualdade e política social, mas que também produz conflitos de classe e lutas sociais por maiores ganhos relacionados à ideia de igualdade. Eis por que essa ideia se tornou recorrente no discurso ideológico do sistema capitalista, apesar de, substantivamente, ela não ser por ele aceita e perseguida. Na verdade, a igualdade que o capitalismo cultiva e propala é um simulacro do conceito genuíno, pois consiste em um indicador exclusivamente funcional à persistência da dominação do trabalho pelo capital.

Esse raciocínio desnuda o processo capitalista de exploração da força de trabalho que Marx identificou a partir do contraste entre igualdade (associada à liberdade negativa) na esfera ruidosa do mercado e desigualdade/coerção na oculta e silenciosa esfera da produção. Nesta, onde as relações coercitivas entre capital e trabalho se processam de forma crua, não há, para o trabalhador, a possibilidade de insurgências individuais contra o mando do patrão e nem de apropriação privada igualitária do produto coletivo do trabalho. Da mesma forma, na esfera da troca, a igualdade ligada à liberdade negativa é ilusória porque o trabalhador é obrigado, por necessidade, a vender a sua força de trabalho como mercadoria, sob condições impostas pelo empregador e sem a observância de equivalência entre o aporte efetivo do trabalho e a sua remuneração.

Fora dessa azeitada e perversa engrenagem, as alternativas disponíveis, no interior do capitalismo, são a miséria, o trabalho por conta própria, ou a proteção social restauradora da relação entre trabalho e capital, que reforçam desigualdades. Mas também é nesse contexto passível de gerar situações anárquicas indesejáveis para o sistema que o Estado comparece como o agente representativo do "interesse comum" ou "universal", dando a impressão de possuir existência separada da economia. Esta é uma aparência que, segundo Gough (1982), contém uma verdade parcial no que concerne à serventia da liberdade política e da igualdade simplificada para a reprodução do sistema: ambas são condições necessárias para o funcionamento da livre compra da força de trabalho como mercadoria, o que vai suscitar a primazia, no seio do próprio sistema, de uma liberdade e igualdade perante a lei. Com isso, paradoxalmente, o trabalhador, agora assalariado, e, portanto, livre das constrições escravistas e feudais que antecederam o capitalismo, contribuirá para o prevalecimento de outra forma, mais sofisticada, ou fetichizada, de exploração de sua força de trabalho: aquela que, mediada pelo discurso da liberdade e igualdade formais, oferece as justificativas sobre as quais a estrutura da desigualdade se mantém e se reproduz.

Contribuindo para a consolidação da desigualdade real, encoberta pela retórica da igualdade formal, impera, no plano da superestrutura política, a defesa capitalista da democracia representativa, dada a correspondência do significado desta com o de liberdade e igualdade privilegiadas pela economia de mercado. O poder hegemônico desse significado, que é avalizado tanto pelos mecanismos econômicos quanto políticos de dominação burguesa, faz com que a democracia representativa se transforme em uma ideologia poderosa, de decisiva influência sobre o Estado e as políticas públicas. Não é trivial o fato de a chamada "democracia liberal" ter se espalhado por quase o mundo todo e imprimido a sua marca individualista, focalizadora e privatista em detrimento do interesse público e da satisfação otimizada das necessidades sociais.

Disso só poderia resultar uma igualdade artificial, que se realiza no marco do "possível" permitido pelo sistema desigual do capital, a qual recebe denominações que não expressam um igualitarismo substantivo, tais como: igualdade formal/jurídica, de *status* ou de oportunidades, que privilegiam a lei, a distinção e o mérito — todas definidas pela ideologia dominante e de acordo com os seus mandamentos. E, obviamente, esse privilegiamento não tem impedido que as desigualdades se aprofundem, como vem acontecendo. Pelo contrário; visto que, no capitalismo, a desigualdade pode ter função estimuladora do progresso individual em benefício do sistema, e a liberdade é identificada com a ausência de obstáculo à competição econômica, não deve causar surpresa o fato de a desigualdade vir, continuamente, aumentando; e, mais que isso, mundializando-se, multiplicando-se e naturalizando-se. Trata-se, essa tendência,

> de um fenômeno espetacular. Nos últimos 20 anos, as diferenças entre os países se reduziram. Os lucros médios na China, Brasil ou Argentina foram se aproximando aos da Europa. Entretanto, em cada um destes países as desigualdades aumentaram. O exemplo mais espetacular é a China. Ao mesmo tempo em que a China se desenvolvia, as desigualdades se multiplicaram de forma vertiginosa. Este problema diz respeito ao conjunto dos países. A Europa é o caso mais emblemático, porque o aumento da desigualdade aparece depois de um século de redução das desigualdades. Entre a Primeira Guerra Mundial e a primeira crise do petróleo, nos anos 70, na Europa e nos Estados Unidos houve uma redução espetacular das desigualdades. Podemos dizer que, para a Europa, o século XX foi o século da redução das desigualdades. Agora estamos no século da multiplicação das desigualdades. (Rosanvallon, 2012, p. 1)

Tal processo, que tem na pobreza a sua face empírica mais cruel, faz parte da mesma dinâmica de abastardamento da democracia que, nas palavras de Chaui (2012, p. 1), se restringiu a um

> regime político eficaz, baseado na ideia de cidadania organizada em partidos políticos, e se manifesta no processo eleitoral de escolha dos representantes, na rotatividade dos governantes e nas soluções técnicas para os problemas econômicos e sociais.

Este é, sem dúvida, um dos grandes problemas da sociedade capitalista atual, porque o divórcio entre as dimensões política e social da democracia, dos direitos e dos valores humanos, não apenas põe em risco as conquistas políticas, mas relega à insignificância ou ao reino da fantasia tudo o que é *público*, *social* e *universal*. Por isso, nessa sociedade, não há lugar para a prática verdadeiramente democrática cujo conteúdo ultrapasse "a definição liberal de democracia como regime da lei e da ordem para a garantia das liberdades individuais" (Chaui, 2012, p. 1); e nem dos seguintes sentidos de igualdade, inspirados em Chaui (id.):

a) De *isonomia* (igualdade dos cidadãos perante a lei), mas associada à *isegoria* (igualdade do direito de opinião e da possibilidade de se ver discutida, aceita ou recusada coletivamente) e à garantia de não submissão do indivíduo ao poder de outro, em consonância com o princípio da isonomia;

b) De processo histórico que reconhece a legitimidade e a necessidade dos conflitos e, por isso, se constrói e se reconstrói trabalhando-os, beneficiando-se das mediações institucionais que esses conflitos induzem e dos veios de mudanças que produzem. Dessa perspectiva, a igualdade não se realiza no seio de uma democracia identificada com um regime de consenso;

c) De princípio imbricado à liberdade, tendo como referência a desigualdade realmente existente, sendo que esta só poderá ser efetivamente combatida num regime democrático que: aceite a legitimidade dos conflitos, das contradições e dos direitos sociais como conquistas capazes de criar e ampliar espaços públicos por meio dos quais os desiguais adquirem contrapoderes sociais e políticos;

d) De contribuição à práxis das alterações temporais necessárias à realização da democracia não só como um regime político, mas, principalmente, como uma forma histórica de sociedade constantemente aberta às mudanças, ao novo e às transformações. Nesse sentido, a igualdade constitutiva da democracia é também constituída de uma dinâmica que a impede de se identificar com cristalizações formais e normativas;

e) De meio e fim da democracia. No primeiro caso, como *suporte* à substituição das liberdades negativas, de feição liberal — que se definem apenas pela ausência de obstáculos a sua ação —, pelas liberdades positivas, que se definem pelo usufruto de autonomia de agência e de crítica por parte dos sujeitos sociais e políticos. E, no último caso, como *resultado* da luta subsidiada por esse tipo de autonomia identificado como igualdade de *fato* ou *substantiva*, que se coloca como alternativa à igualdade formal ou jurídica e de oportunidades, assim entendida por Mészáros: "como princípio orientador fundamental da *política de transição* em direção à ordem social alternativa" (2007, p. 237; grifos no original), considerando que o objetivo dessa política de transição é a transferência de decisão (em todos os níveis de controle político, econômico e cultural) aos "produtores associados" para que estes se transformem em "produtores *livremente* associados" (ibid.; grifo no original). E só assim a igualdade deixará de ser um simulacro ou uma mistificação ideológica;

f) De produto da luta das classes populares, visto que somente estas almejam a universalidade da igualdade como princípio básico da transformação da democracia liberal em democracia social.

Estes são os principais traços da igualdade que consubstancia o conteúdo das categorias de análise desta pesquisa, a qual pode ser definida como *substantiva* dado o seu caráter de premissa e corolário do projeto de construção de uma sociedade realmente protetiva e justa.

CATEGORIAS CORRELATAS EM TORNO DO BEM-ESTAR SOCIAL

O tema do bem-estar tem levantado constantes questões nas ciências sociais, na ética e na filosofia. E o denominador comum dessas questões — a despeito das particularidades dos sujeitos que as suscitam — consiste no fato elementar de que os seres humanos são criaturas sociais dotadas de necessidades que geram estados de dependência. Quando essa dependência não pode ser equacionada pelos que estão a ela submetidos e ameaça causar transtornos à coesão social ou à ordem social constituída, algo sempre é providenciado de forma coletiva.

Dentre as medidas institucionalizadas mais importantes de controle dessa ameaça destaca-se a ação social estatal, a qual, dependendo da correlação de forças entre Estado e setores organizados da sociedade, pode ser mais ou menos protetora. Antes da Segunda Guerra Mundial, tal ação mais punia e estigmatizava do que protegia e dignificava os que sofriam as penas da pobreza produzida pela acumulação da riqueza provinda da exploração do trabalho. Mas, no final do segundo pós-guerra, em decorrência de profundas mudanças na organização do capitalismo, particularmente nos países industrializados do Ocidente, e do aumento do poder político da classe trabalhadora, a ação social do Estado se transformou. Pela primeira vez na história da proteção social praticada em sociedades de classe, o Estado capitalista assumiu uma configuração que contrariava os partidários do *laissez-faire*, até então hegemônica: *revelou-se uma instituição que, sem renegar o capitalismo, objetivava formalmente zelar pelo bem-estar humano, seja garantindo direitos sociais, seja implementando políticas sociais abrangentes, como saúde, educação, emprego, moradia.*

Esse duplo compromisso do Estado de Bem-Estar — assumido, em grande parte, em função dos perigos macroeconômicos herdados da crise capitalista de 1929-1933, e graças ao *boom* econômico, sem precedentes, do pós-guerra — teve como sustentáculo doutrinário argumentos keynesianos favoráveis ao aumento da importância do papel do Estado (Gough, 1982). E foi a partir desse paradigma de bem-estar referenciado num Estado com funções sociais extensivas e distributivas, que combinava elevados gastos sociais com pleno emprego e produzia efeitos anticíclicos na economia, que outras noções de bem-estar se impuseram, exigindo especificação. Isso porque a falta de apropriada distinção entre elas tem frequentemente gerado confusão no que concerne à análise de seus significados e alcances particulares no processo complexo de produção, realização e resultados do que se convencionou chamar genericamente de bem-estar. O que se segue constitui um esforço nessa direção. Serão brevemente discutidos os conceitos de Estado de Bem-Estar (*Welfare State*), Política Social (*Social Policy*), Regimes de Estado de Bem-Estar (*Welfare State Regimes*), Regimes de Bem-estar (*Welfare Regimes*), Bem-estar social (*Social Welfare*) e Estar bem (*Wellbeing*).

• Estado de Bem-Estar

Partindo da definição esboçada acima, por *Estado de Bem-Estar* entende-se o poder institucionalizado e legitimado pela sociedade, exercido pelo Estado capitalista para regular as forças de mercado e garantir a todos, como direito, o acesso a bens e serviços que reduzam a insegurança social — sem, contudo, alterar a condição de classe dos cidadãos (Alcock, Erskine e May, 2002).

Em sua versão keynesiana, que constitui o paradigma desse esforço de definição, ele tem sido um meio institucional e histórico de combinar a melhoria do *status* de cidadania de grande parte da população com a economia de mercado. Em essência, seu objetivo não é abolir o capitalismo (ibid.), mas evitar que este se torne autofágico e, consequentemente, possa progredir graças à associação virtuosa de medidas monetárias e fiscais capazes de assegurar a demanda propiciada pelo aumento do consumo das camadas mais pobres, inclusive dos que não estão inseridos no mercado de trabalho. Com esse objetivo, ele desenvolve atividades que reproduzem a força de trabalho empregada e mantém no circuito da sociedade capitalista os impedidos de trabalhar, visando à coesão social.

Para tanto, o Estado de Bem-Estar realiza várias formas de intervenção que, segundo Gough (1982), compreendem a criação de sistemas de impostos e de seguridade social; subsídios à aquisição de valores de uso, como alimentação e moradia; ou a provisão direta, gratuita ou subsidiada, de serviços como saúde e educação. Em todas essas formas "o Estado de Bem-Estar controla cada vez mais o nível, a distribuição e o modelo de consumo na sociedade capitalista" (ibid., p. 113; tradução nossa).

Porém, ele persegue algo mais no desempenho de seu papel reprodutor da força de trabalho presente e futura. Como a exploração do trabalho na sociedade capitalista não é direta e óbvia, como a do modo de produção escravista e feudal, o Estado de Bem-Estar lança mão de expedientes ativadores de seus demandantes para o mercado de trabalho e de consumo, tais como: capacitação, motivação, autodisciplina, competição, que funcionam como elementos qualitativos de socialização de condutas e comportamentos funcionais ao sistema. Tal dinâmica, que engloba os que não fazem parte da força de trabalho, mas que poderão compô-la futuramente (crianças) ou funcionar como consumidores (receptores de rendas e subsídios), transcende o limite do Estado e abarca o mercado, a família e estruturas mais amplas de parentesco e amizades.

É por isso que se pode afirmar que o Estado de Bem-Estar nunca funcionou sozinho, pois sempre teve na sua retaguarda instituições privadas — mercantis e não mercantis — que o ajudam na reprodução da força de trabalho e de consumidores necessários ao desenvolvimento do modo capitalista de produção. E esse processo, por ser histórico e internamente contraditório, não só se adapta às mudanças na organização e funcionamento desse modo de produção, mas também procura fazer frente às pressões dirigidas ao Estado em busca de ganhos sociais e políticos.

Este é, em linhas gerais, os traços definidores do Estado de Bem-Estar, inaugurado no segundo pós-guerra, que a partir do final dos anos 1970 vem perdendo, para o mercado, o protagonismo da regulação social compatível com a linguagem dos direitos.

• Política social

Embora muitos confundam Estado de Bem-Estar com *política social* e não façam distinção entre ambos, esta pesquisa não compartilha desse entendimento. Concordando com Mishra (1995) e Pereira-Pereira (2008a), entende-se que enquanto o Estado de Bem-Estar tem um marco histórico (o segundo pós-guerra) e institucional (o receituário keynesiano dotado de objetivos e políticas que contemplavam o pleno emprego) específicos, a política social não. Esta possui historicidade e institucionalidade mais genéricas e antigas, embora tenha sido sob a égide do keynesianismo que ela ganhou foros de direito. Por isso, é com esse perfil que ela será aqui definida.

Política social refere-se ao processo de desenvolvimento e implementação de medidas geridas pelo Estado e demandadas pela sociedade como direitos devidos para suprir necessidades sociais e promover o bem-estar dos cidadãos — seja prevenindo contingências associadas ao trabalho e a inseguranças sociais, seja combatendo-as quando instaladas. Sua razão de ser tem a ver com a existência de desigualdades produzidas estruturalmente por um sistema social dividido em classes e reproduzido historicamente por meio de relações de poder constantemente renovadas.

Vista dessa perspectiva, a política social (assim como o Estado de Bem-Estar) não constitui "uma 'coisa' claramente objetivada, que tenha surgido como resultado de causas mecânicas claramente delimitadas" (Adelantado, Nogueira e Rambla, 2000, p. 26), mas caracteriza-se como um processo político imbricado a estruturas sociais preexistentes, ambos "dotados de enorme complexidade e atravessados por contradições internas que um modelo de análise 'objetivante' e unívoco não é capaz de refletir" (ibid.; tradução nossa).

Porém, a política social é também considerada *produto* de decisões coletivas e *disciplina/estudo acadêmico* das ações por ela mesma desenvolvidas no amplo espectro social de sua atuação. No primeiro caso, ela tem conotação empírica e apresenta-se como resultado de decisões geralmente conflitantes, que na prática é aplicado pelos governos sob a forma de diferentes provisões, dentre as quais se destacam: benefícios, serviços, subsídios, isenções fiscais, incentivos, treinamentos, programas de ativação para o trabalho etc., que fazem parte das atividades do Estado e, particularmente, do Estado de Bem-Estar.

No exercício dessas ações a política social confunde-se muitas vezes com a política econômica, seja porque necessita desta como um meio para atingir fins sociais, seja porque ela (a política social) tem sido usada como instrumento para a rentabilidade econômica privada ou para a valorização do capital. Seja como for, política social e política econômica possuem particularidades que precisam ser demarcadas, independentemente do uso político a que são submetidas. Um esforço de definição útil, nesse sentido, foi o realizado por Gough

(2003), no qual a política social é considerada uma forma de intervenção pública na esfera da reprodução da força de trabalho e da família, enquanto a política econômica é outra forma de intervenção pública que incide na esfera da produção. E como produção e reprodução são duas faces da mesma moeda capitalista, a política social e a econômica também participam dessa composição, contribuindo para o funcionamento do todo de forma unitária.

Quanto à política social como *disciplina/estudo acadêmico*, Alcock, Erskine e May (1998) e Dean (2006) desenvolvem reflexões esclarecedoras, das quais se fez uso privilegiado nesta pesquisa. Para ambos os autores ingleses, a política social também é um ramo de conhecimento científico, estudado em universidades e informado por pesquisas; e, diferentemente do enfoque da administração social, com o qual por muito tempo foi identificada, ela tem apreço pela teoria. Em vista disso, Dean (ibid.), quando se refere a essa dimensão da política social, a escreve com letras maiúsculas (Política Social). Seu objeto de interesse envolve vários processos, relações, sistemas e políticas no campo do bem-estar humano, que levam Alcock (ibid.) a afirmar ser ela objeto de si mesma.

Com efeito, a política social em maiúsculo é um ramo de conhecimento interdisciplinar. Interessa-se preponderantemente por conhecer e explicar de forma crítica o bem-estar para o qual empiricamente ela deve estar a serviço, os fatores determinantes da necessidade de bem-estar, as relações estabelecidas para o alcance deste, os sistemas por meio dos quais o bem-estar é perseguido, entre tantas outras questões que fazem parte do universo complexo e conflituoso desse estudo acadêmico. Enfim, essa dimensão da política social deve, na consideração de Dean (ibid.), estar engajada na dinâmica e no debate dessas questões para refletir, com propriedade teórica, sobre o escopo e o limite do sentido e da busca de bem-estar nos diferentes tipos de sociedade. Trata-se, além disso, de uma ciência social que, por também ser uma política de ação intencional, possui um implícito elemento de *criatividade*, isto é, de compromissos, empatia e sensibilidade com os fatos humanos com os quais se envolve, os quais transcendem o terreno um tanto frio da ciência, e vai encontrar acolhida na arte.

Esta pesquisa, eminentemente preocupada com teoria, não deixa de refletir essa dimensão acadêmica da política social.

• Regime de Estado de Bem-Estar e Regime de Bem-Estar

De acordo com Krasner, citado por Gough, "'regime' refere-se a um conjunto de regras, instituições e interesses estruturados que constrangem os indivíduos por meio de procedimentos de conformidade" (Krasner apud Gough, 2006, p. 22; tradução nossa).

Com base nessa definição, Gough afirma que:

> Analiticamente falando essas regras e normas podem ser impostas de cima usando as formas de poder político, ou elas podem "emergir informalmente" fora de uma interação face a face regular. Empiricamente há uma interação entre os dois — regimes são sempre relacionados às questões de poder, conflito, dominação e acomodação. (O'Connor, Orloff e Shaver, 1999). Regimes tendem a reproduzir-se através dos tempos como resultado do caminho pelo qual os interesses são definidos e estruturados. Em situações de rápidas mudanças, disrupção ou crise, os regimes podem acabar, ser substituídos por um regime diferente ou pela concorrência de regimes, ou por um colapso institucional. (2006, p. 22-23; tradução nossa)

Um *regime de Estado de Bem-Estar,* prossegue Gough (ibid.), "é, em um nível mais geral, uma matriz institucional de formas de Estado, mercado e família que geram resultados de bem-estar" (tradução nossa). Para Gough, este é o conceito central nas análises comparativas de Esping-Andersen (1991) sobre o bem-estar capitalista, o qual se baseia na seguinte compreensão: de que existem diferentes arranjos de bem-estar praticados pelo Estado, pelo mercado e pela família, tidas essas instituições como as principais fontes de produção e distribuição de proteção social nos Estados de Bem-Estar modernos. Logo, na visão de Gough, o regime de Estado de Bem-Estar difere do regime de bem-estar porque este último é um termo ainda mais genérico do que o primeiro, por sinal só mencionado por Esping-Andersen nas suas produções posteriores.[11]

Assim, enquanto o regime de Estado de Bem-Estar é um fato que se restringe aos países do capitalismo central da Europa Ocidental — mesmo com imensas diferenças entre eles —, o regime de bem-estar refere-se a todo o conjunto de arranjos institucionais, políticas e práticas que influem nos resultados do bem-estar e nos efeitos estratificadores da proteção social em diversos contextos socioculturais, incluindo os países do capitalismo periférico.

Contudo, mesmo centrado nos regimes de Estado de Bem-Estar — que diferem do Estado de Bem-Estar, da política social e dos regimes de bem-estar —, Esping-Andersen introduziu uma novidade nos estudos da proteção social: levou em conta não o grau ou o nível de bem-estar alcançado num dado lugar, mas "a forma combinada e interdependente em que o bem-estar é produzido e situado entre o Estado, mercado e família" (Esping-Andersen, 1991), cuja configuração específica permite agrupar diferentes países em torno de distintos regimes (Alcock, Erskine e May, 2002) — se bem que nos países do capitalismo central.

Dessa forma, Esping-Andersen identificou três regimes de Estados de Bem-Estar, cujos resultados variam em termos de *desmercadorização* (maior ou menor uso da proteção como assunto de direito) e de *estratificação social* (que dá lugar a diferentes alianças de classes definidoras do caráter da proteção), deixando clara a conexão entre esses regimes e a estrutura social, no sentido de que as estruturas institucionais existentes determinam fortemente e às vezes sobrede-

---

11. Gough informa que, no clássico livro de Esping-Adersen — *The Three Worlds of Welfare capitalism* (1990) —, há referência clara aos regimes de Estados de Bem-Estar. Mas, na publicação de 1999, desse mesmo autor, intitulada *Social foundations of postindustrial economies*, observa-se que houve uma mudança silenciosa para os regimes de bem-estar (ibid.).

terminam as trajetórias nacionais. Tais regimes de Estados de Bem-Estar social são: *liberal*, no qual o mercado assume a primazia, o indivíduo é responsável pelo seu bem-estar e o grau desmercadorização é mínimo. Exemplo: os Estados Unidos; o *conservador*, que privilegia a família e preserva o *status quo*, a hierarquia, as diferenças de classe e o grau de desmercadorização é alto para o chefe de família. Exemplo: Alemanha e Itália; e o *social-democrata*, em que o Estado tem papel central como agente de provisão e de garantia de direitos, as políticas sociais são universais e o grau de desmercadorização é máximo. Exemplo: Suécia.

Essa categorização, por ter como referência básica o Estado, difere dos regimes de bem-estar que, por se referirem ao *como* as ações sociais se realizam com o fito de propiciar bem-estar, têm como parâmetro analítico a possibilidade de esses objetivos se concretizarem. No próximo item tais regimes serão retomados quando da definição das categorias *bem-estar social* e *estar bem*.

• Bem-estar social (*Social Welfare*)

Durante muito tempo a categoria *bem-estar social* esteve subsumida na ideia de Estado de Bem-Estar ou pensada como sinônimo de política social. Todavia, a necessidade de explicitação dessas categorias, com base em suas intenções institucionais e efeitos reais, mostrou que nem sempre o Estado de Bem-Estar e a política social visam ou proporcionam efetivo bem-estar a quem necessita. Em vista disso, saber a respeito da *maneira* como são organizados e perseguidos os objetivos de bem-estar por meio do Estado e dos vários agentes que com este formam um consórcio de atores mobilizados em torno da política social constituiu a matéria-prima da definição do bem-estar social. E, por outro lado, essa definição constitui a própria substância da política social.

Com o propósito de tornar essa explicação mais compreensível, Dean (2006, p. 1) desenvolve didaticamente o seguinte raciocínio:

> Pense por um momento sobre as coisas que você precisa para tornar a vida válida: serviços essenciais, como cuidados de saúde e educação; meios de subsistência, como trabalho e dinheiro; coisas vitais, mas intangíveis, como amor e segurança. Agora pense sobre as maneiras como essas coisas podem ser organizadas: por parte do governo e organismos oficiais; através de empresas, grupos sociais, instituições de caridade, associações e igrejas locais; através de vizinhos, famílias e entes queridos. Entender essas coisas é a substância da política social. (Tradução nossa)

Ou melhor, entender essas coisas é captar o intuito, a característica, o sentido e o alcance do bem-estar produzido pelos diferentes arranjos de regimes de bem-estar, que podem extrapolar as fronteiras dos países desenvolvidos. Isso quer dizer que o bem-estar social concebido nos seus mais variados arranjos existentes, nos quais nem sempre o Estado tem o protagonismo — como vem acontecendo sob a égide do *pluralismo do bem-estar* ou *welfare mix*[12] —, não é só positivo, o que o diferencia do *wellbeing*, que será mais adiante explicitado.

É por isso que Gough (2006), ao não mais ficar preso às fronteiras do chamado mundo desenvolvido, prefere falar de três regimes em voga no campo da proteção social capitalista, que têm como referência real ou simbólica o bem-estar social: um identificado com o regime de Estado de Bem-Estar, já discutido; outro, denominado regime de seguridade informal; e um terceiro, chamado de regime de inseguridade. No primeiro ele associa os regimes de bem-estar aos regimes de Estados de Bem-Estar, já que, via de regra, aqueles são resultados deste; e faz menção aos dois últimos pelo fato de que

---

12. Face à chamada crise do Estado de Bem-Estar do segundo pós-guerra surgiu, na Europa, um movimento favorável à substituição desse Estado (dotado do recurso de poder) na liderança da provisão do bem-estar, por outros atores, como o mercado, o voluntariado e a família, dotados, respectivamente, dos recursos de capital e de solidariedade. Nesse arranjo plural de atores e recursos, denominado de pluralismo de bem-estar ou *welfare mix*, o Estado deixaria também de exercer papel regulador da proteção social para ser a principal fonte de financiamento das provisões protagonizadas pelos demais atores (Johnson, 1990; Abrahamson, 1995).

ambos existem no universo pouco explorado de uma proteção social abrangente, em que o Estado tem pouco ou quase nulo papel provedor, mas que, mesmo assim, usa o termo bem-estar para nomear suas ações sociais.

Para Gough (2006), portanto, um regime de Estado de Bem-Estar reflete um conjunto de condições, no qual as pessoas podem razoavelmente esperar: satisfazer suas necessidades de segurança social, por meio de sua participação nos mercados de trabalho, de consumo e de créditos e nas regras de proteção social instituídas como responsabilidade do Estado de Bem-Estar. Esse tipo de regime tem como pressuposto a existência de economias estáveis, mercados formais de trabalho, Estados relativamente autônomos e instituições democráticas firmes; e é financiado por elevados impostos, cobrados dos contribuintes, que revertem aos cidadãos sob a forma de provisões públicas, garantidas como direitos. Esse regime tem mitigado a inseguridade econômica e diminuído a pobreza em vários graus. Também tem reforçado diferentes coalizões de classe e de grupos de interesses que reproduzem políticas sociais através do tempo de maneira quase que automática.

Já um *regime de seguridade informal* reflete um conjunto de condições no qual as pessoas não contam muito com o Estado e, por isso, não confiam tanto no seu papel de provedor e de *garante* de direitos sociais. Em compensação, confiam mais nas relações estabelecidas na comunidade e na família que se colocam, em graus muito variados, como as principais provedoras de suas demandas e necessidades. Entretanto, essas relações são usualmente hierárquicas e assimétricas, além de não garantirem direitos. Disso resulta uma atenção social problemática ou adversa, visto que as pessoas mais pobres transformam um atendimento em curto prazo em favor e dependência em longo prazo. A subjacente relação provedor/cliente é reforçada e pode gerar ou reforçar consideráveis resistências às pressões da sociedade civil com vista ao comprometimento do Estado com o bem-estar dos cidadãos.

Por último, um *regime de inseguridade* reflete um conjunto de condições que gera insegurança elementar e bloqueia a emergência de mecanismos informais estáveis que funcionem para mitigar e (embora muito menos) corrigir essas condições. Esse tipo de regime ocorre em regiões do mundo submetidas ao domínio de poderosos agentes externos que interatuam com submissos agentes internos para gerar conflito e instabilidade política favoráveis às forças e interesses externos. Segundo Gough (2006), um tal regime raramente se circunscreve às fronteiras nacionais. A imprevisibilidade do cenário que cerca a vida dos países a ele submetidos favorece o estabelecimento de padrões estáveis de clientelismo e prerrogativas informais definidas nas comunidades, que podem destruir mecanismos de defesa familiares. Em face do poder informal dos grupos dominantes locais e de seus seguidores, o governo perde a capacidade de exercer a governança e de garantir segurança social para a população, especialmente para os mais pobres. O resultado é um círculo vicioso de insegurança, necessidades não atendidas e sofrimento quase que generalizado. Impera, conforme Dean (2006), uma anárquica competição pela sobrevivência. Porém, uma pequena elite reforça o regime clientelístico. Os que necessitam "dependem [basicamente] de proteção oferecida por líderes locais, senhores de guerra, caciques políticos, chefes de máfia, funcionários corruptos e trabalhadores humanitários" (ibid., p. 32; tradução nossa).

• Estar bem (*Wellbeing*)

Segundo Gough e McGregor (2008), esse termo, que não é recente, foi ressuscitado e está na ordem do dia. Pode ser encontrado nos suplementos de revistas e jornais que falam de estilo de vida; nas lojas de venda de produtos que prometem a prevenção ou a cura de doenças, por meio de exercícios físicos e alimentação saudável; nas agências de ajuda e tratamento espiritual; e, como não poderia deixar de ser, nas propostas de ações governamentais. Trata-se, ainda, de um termo que não se aplica só ao ser humano, mas também aos animais. Dada a sua ampla utilização, para uns ele se tornou atraente, por significar coisas boas; mas, para outros, ele se revela "confuso, impreciso e conceitualmente perigoso" (ibid., p. XXI; tradução nossa).

Seja como for, as ciências sociais e, particularmente, a política social não devem negligenciá-lo — até porque ele vem sendo bastante usado na legislação e no discurso de políticos e governos dos países do capitalismo central que, ao lado de termos como *empowerment* (empoderamento), prometem bem-estar genuíno para quem o merecer. Nos países do capitalismo periférico, dizem Gough e McGregor (2008), esse termo é ainda pouco utilizado, por parecer um luxo. Contudo, mesmo nesses países, ele serve de referência para que se possa aquilatar o nível de condições criadas pelos poderes públicos para que as pessoas em todo o mundo possam desfrutar de um efetivo bem-estar. Mas, o que esse termo realmente significa?

Como tudo na área social, ele não possui precisão matemática e tem variado através dos tempos. De sinônimo de felicidade e prosperidade no século XIV, passou a ser fenômeno associado ao fornecimento de bens e serviços pelo Estado de Bem-Estar, no século XX. Todavia, desde as últimas décadas desse século, ele foi brindado por um novo discurso sobre ação, participação e visões multidimensionais de carecimentos que reinventou uma velha noção de *wellbeing* concebida por Aristóteles: a *de boa vida* (Dean, 2006; Gough, 2006), qual seja:

> o homem só pode alcançar a felicidade usando todas as suas habilidades e capacidades. Aristóteles defendia que existem três formas de felicidade. A primeira [...] é uma vida de prazer e diversão. A segunda [...] é uma vida como cidadão livre e responsável. A terceira [...] é uma vida como um pensador e filósofo. Aristóteles, em seguida, enfatizava que todos os três critérios devem estar presentes para o homem encontrar a felicidade e a realização. (Gaarder, 1996, apud Dean, 2006, p. 9; tradução nossa)

Com efeito, a despeito de Aristóteles se referir apenas ao homem, em desmedro da mulher, ele conseguiu imprimir uma visão de bem-estar, denominada por Dean (2006) de neoaristotélica, a qual, abstraindo a discriminação feminina, é atualmente detectada em influentes pensamentos. Amartya Sen (2000), por exemplo, uma das grandes referências dos Relatórios de Desenvolvimento Humano das Nações Unidas, usa o termo capacidade para se referir não simplesmente ao que as pessoas são capazes de fazer, mas também à liberdade de escolha dessas pessoas, que devem estar calcadas em condições sociais que lhes permitam levar uma vida com sentido. Isso sugere que a noção corrente de *wellbing* funciona como um grande guarda-chuva que abarca tanto o "viver bem" em sentido subjetivo quanto objetivo. Isso sem falar da associação direta da "boa vida" com hedonismo (*wellbeing* como prazer), de fundo psicológico, e com desejo (*wellbeing* como realização de preferências individuais), de fundo econômico/consumista, tão ao gosto do ideário liberal, porém de difícil precisão conceitual e programática. Para prover o significado de *wellbeing* de consistência e objetividade, além de possibilidade de medição, é importante estabelecer um ou mais parâmetros pelos quais o seu estudo deva se guiar. E nessa pesquisa os parâmetros são: "igualdade substantiva" mediada pelas categorias "necessidades humanas" e "direitos", tal como destacados e definidos neste capítulo, sabendo-se de antemão que eles só terão viabilidade prática em uma sociedade sem divisões de classe.

Por conseguinte, assim como o verdadeiro *social wellbeing* (bem--estar realmente vivenciado em decorrência da emancipação humana do jugo de um sistema econômico, social e politicamente opressor) não se coaduna com o *bem-estar* capitalista, da mesma forma não se coadunará com as noções capitalistas correntes, de *worfare, learnfare* e *warfare,* também aqui já mencionadas, que legitimam a concepção de proteção social burguesa.

Por fim, vale mencionar a afinidade conceitual das categorias *autonomia*, associada aos *direitos sociais* e à *igualdade substantiva* — que constituem as balizas desta pesquisa — com a concepção de *emancipação humana*, adotada por Marx (s/d.), cujo conteúdo significa: "a passagem do reino das necessidades para o reino da liberdade" (Engels, 2005, p. 92-93), entendida esta não como "liberdade do homem como uma mônada isolada, recolhida dentro de si mesma"

(Marx, s/d., p. 31), típica do mundo burguês egoísta; mas como abolição da alienação e da garantia do livre desenvolvimento humano, no qual a liberdade de cada um se torne a condição para a liberdade de todos (Marx e Engels, 1985, p. 54).

Esta é uma concepção que não tem no seu horizonte a mera *emancipação política* (Marx, s/d.) e nem tampouco uma sociedade ideal, desgarrada da realidade. No primeiro caso porque, embora a emancipação política seja importante, ela não liberta, de fato, o homem de suas amarras burguesas; estas continuam separando os homens entre si no usufruto limitado de uma liberdade que consiste em fazer tudo o que não conflite com a liberdade do outro, inclusive (e principalmente) a de possuir direito à propriedade privada. E, no segundo caso, porque a liberdade nas relações sociais reside na potencialidade do homem de se associar, não apenas com seus semelhantes, mas também com a natureza, com vista ao controle da satisfação de suas necessidades em condições verdadeiramente humanas e de trabalho emancipado do jugo do capital (Marx, 1978).

Eis as concepções de fundo que servirão de parâmetro à análise crítica a ser empreendida nos próximos capítulos. A seguir, será realizada a análise da Matriz Residual.

CAPÍTULO 2

Matriz Residual

A escolha do termo *residual* para qualificar a Matriz que será discutida neste capítulo não é inocente e nem despida de significado. Esse vocábulo, já utilizado por expoentes do campo da Política Social, como Richard Titmuss e Gøsta Esping-Andersen, para indicar um perfil politicamente avarento de proteção social pública, tem a propriedade de agregar tendências que, ao mesmo tempo, reforçam as correntes teóricas e ideológicas componentes da referida Matriz e são balizadas por elas.

Tal termo alude, mais especificamente, a um padrão de proteção social mínima, focalizada nos extremamente pobres, descolada do *status* de direito e que se constrói e desenvolve com relutância por parte de governos, legisladores, gestores e executores dos países onde ela se processa. Países estes que, como não poderia deixar de ser, constituem os principais lócus de reprodução da ideologia burguesa e de rejeição a toda e qualquer medida pública de restrição à liberdade do mercado e ao direito individual de propriedade privada; e, ainda, onde o atendimento das necessidades de lucro incessante do capital tornou-se imperativo meritório, que destrói qualquer veleidade de satisfação de necessidades humanas como questão de direito socialmente legitimado.

Essas correntes (*Funcionalismo*, incluindo sua variante *Teoria da Convergência*; e *Nova Direita*, que representa a fusão do neoliberalismo com o neoconservadorismo) não são apenas afinadas com as características típicas do residualismo na proteção social, mas, até certo ponto, são também suas idealizadoras e propagadoras primárias. De fato, o Funcionalismo e a Nova Direita, embora tenham se constituído como abordagens no século XIX e nos anos 1940 respectivamente, tornaram-se forças políticas que influenciaram diretamente governos e pautaram ações protetivas em diversas nações ao redor do globo, especialmente a partir dos anos 1970.

Hoje seus postulados estão mais presentes do que nunca em quase todas as regiões do mundo, e "convertem" culturas, economias tradicionais e regimes políticos diversos. Além disso, penetram nas esferas formadoras de opinião e de valores, como escolas, universidades, igrejas, veículos de comunicação e artes no geral, corrompendo suas premissas anticompetitivas originais, que passam a ser substituídas por princípios regidos pela lógica antissocial do capital. Esse processo encontra oposições e não se dá sem lutas e resistências. Contudo, as correntes componentes da Matriz Residual conquistam cada vez mais espaço e defensores, até mesmo entre os oprimidos pelos grilhões socioeconômicos sustentados e validados pelo ideário dessa Matriz. A legitimidade ampliada concedida ao Funcionalismo e à Nova Direita só pôde ser conquistada pelo uso generalizado da manipulação, da mistificação, do logro, do fetiche, que distorcem a realidade capitalista, ocultam sua essência, mascaram seu *modus operandi* e transformam, na aparência, crimes, brutalidades e explorações em banalidade.

Este é o cerne do conteúdo apresentado a seguir, no bojo da análise de ambas as correntes acima citadas e das principais variantes que as compõem. Como ilustração, será apresentado um caso paradigmático de aplicação prática residual de proteção social: o peculiar modelo protetivo estadunidense.

TEORIA FUNCIONALISTA[1]

Por se tratar de uma abordagem ampla e diversificada, que não se detém em questões específicas, a teoria funcionalista ou funcionalismo perpassa diferentes áreas do conhecimento, adquirindo, em cada uma delas, configurações distintas, embora sem perder suas características essenciais. Fala-se, por exemplo, de funcionalismo na linguística, na qual esse enfoque centra-se no "fato de ser a estrutura da gramática explicada como resultado de funções de outras esferas, especialmente os níveis cognitivos e comunicativos" (Macedo, 1998, p. 73). Mesmo dentro desse campo, o funcionalismo se subdivide em cinco tipos: função como interdependência; função como propósito; função no contexto; função como relação; e função e significado (ibid.).

A abordagem funcionalista está igualmente presente na psicologia, no âmbito da psicologia funcional, que pressupõe o estudo das funções mentais e seus impactos práticos na vida concreta dos indivíduos. Importante ressaltar que a psicologia funcional contemplou diferentes explicações e metodologias, assumindo formas variadas a depender do teórico ou pensador que a investiga. Além disso, esse campo funde-se a outros que possuem, da mesma forma, vertentes funcionalistas. A Filosofia da Mente, por exemplo, em sua variante funcional, baseia-se na suposição de que os estados mentais são reais, não são redutíveis a estados físicos e são "definidos e caracterizados pelo papel funcional que ocupam no caminho entre o input (dados

1. Mishra, entre outros autores, utiliza o termo *teoria* para qualificar o funcionalismo, embora deixe claro, em seus estudos, as deficiências teóricas inerentes a essa escola sociológica. No presente trabalho, parte-se da convicção de que, ainda que se abstenha de um sistema explicativo coeso, articulado de maneira lógica, centrado em questões específicas e metodologicamente complexo, o funcionalismo pode ser considerado uma teoria sociológica em seu sentido mais literal. Mesmo com fortes limitações nesse campo (que serão apresentadas ao longo deste tópico), o paradigma funcionalista constitui uma abordagem capaz de formular hipóteses pautadas por fatos reais, testá-las e incorporá-las à teoria sociológica geral (conquanto seus resultados possam e devam ser questionados); e, ainda que seus principais pensadores não tenham produzido observações criteriosas específicas a respeito da proteção social, suas apreciações têm influenciado, de maneira contundente, políticos, gestores e pesquisadores.

de entrada) e o output (dados de saída) de um organismo ou sistema" (Teixeira apud Filho, 2005, p. 76). Nessa especialidade, o funcionalismo encontra três outros sentidos: funcionalismo decomposicional simples; funcionalismo de computação-representação; e funcionalismo metafísico (Filho, 2005).

No direito, em especial no direito penal, o funcionalismo surge para afiançar que este "deve ser estruturado, interpretado, aplicado e executado tendo em vista a sua função e, em última análise, as finalidades das suas penas ou medidas alternativas" (Robaldo, 2008, p. 39). Subdivide-se, por seu turno, em funcionalismo sistêmico e funcionalismo teleológico. Nas artes, na arquitetura, na medicina, na matemática, na comunicação e em diversas outras disciplinas do conhecimento, a abordagem funcionalista encontra espaço, adaptando-se às normas e aos códigos teóricos e metodológicos de cada área.

Enfim, não há *um* funcionalismo, mas vários funcionalismos que, não obstante permaneçam, de alguma forma, conectados aos pressupostos sociológicos originais, ultrapassaram os domínios da sociologia e expandiram-se, ganhando novos formatos. Todavia, mesmo dentro das ciências humanas e sociais, campo de interesse deste livro, essa teoria ganhou, ao longo da história do pensamento acadêmico, significados múltiplos. Surgiram, assim, predicados ao termo, cada qual munido de especificidade: funcionalismo estrutural ou estrutural funcionalismo; funcionalismo tradicional; funcionalismo formal; funcionalismo absoluto, para citar os mais conhecidos. Em outras palavras,

> "funcionalismo" tem algo de um termo genérico. Tem havido várias maneiras de usar a palavra para clarificar o que se quer dizer numa aplicação específica. Embora o enfoque mais comum seja usar funcionalismo como o nome de uma teoria, vários híbridos têm surgido. (Skidmore, 1976, p. 172)

Essa multiplicidade de sentidos e entendimentos acerca de uma mesma terminologia e a sua fragmentação constante em subtipos variados gera dificuldades conceituais. Entre elas, a persistente confusão entre funcionalismo e abordagens análogas, que resulta, ora na fusão destas em uma única miscelânea teórica, ora na tomada de uma pela outra, com a consequente supressão de uma delas. Para ilustrar, cita-se a usual associação entre positivismo e funcionalismo (e, consequentemente, a classificação de Augusto Comte, "idealizador" do paradigma positivista, como funcionalista, e de Émile Durkheim, "pai" do funcionalismo, como positivista), abordagens sociológicas que, apesar de compartilharem semelhanças significativas, são distintas.

Outra dificuldade repousa na incorreta identificação dos representantes teóricos do funcionalismo. Skidmore (1976) aponta os desafios dessa questão ao ressaltar a prática da classificação indiscriminada de indivíduos ou coletividades como sendo adeptos dessa abordagem: "alguns sociólogos [diz ele] têm sido incluídos no grupo dos funcionalistas que realmente não chamam seu próprio trabalho por esse nome" (ibid., p. 173).

É comum a "rotulação" genérica de autores e pesquisadores filiados a tradições teóricas diversas — algumas, inclusive, antagônicas entre si, e outras absolutamente avessas à abordagem funcionalista — como afins ao funcionalismo. Por vezes essa vinculação de autores se dá de forma aleatória, imprudente ou mal-intencionada, fruto de ignorâncias teóricas, precipitações analíticas ou perseguições intelectuais. Com relativa frequência, esse enquadramento equivocado de autores parte da simples identificação, em seus trabalhos acadêmicos e científicos, de vocábulos comumente empregados por funcionalistas famosos. A utilização de palavras como *função, sistema, orgânico, latente, manifesta*, entre outras — a despeito de não terem sido cunhadas por funcionalistas; de seu uso ser recorrente em obras de autores partidários de teorias diversas (como Marx, por exemplo); e de, amiúde, figurarem desprovidas de conexão metodológica, doutrinária e política com o funcionalismo —, tornou-se tabu com fins de evitar o julgamento de sentinelas ideológicas.

Em outras situações, pensadores adeptos de correntes ideologicamente adversas a essa teoria são a ela associados, em razão de vícios funcionalistas presentes em suas metodologias de análise, por exemplo, quando desconsideram as relações contraditórias da política social com as classes antagônicas — burguesia e proletariado. Assim, importantes teóricos marxistas, como Louis Althusser e, por vezes, Nicos Poulantzas, também têm sido encarados como partidários do funcionalismo; e, não raro, um ou outro pensador social acaba sendo taxado de funcionalista e engrossando o rol dessa categorização.

Em vista disso, e perante os obstáculos intrínsecos à seleção dos adeptos dessa abordagem teórica, optou-se, tal como Fernandes (1959, p. 199), por não tratar

> de todos os autores que lançaram mão do conceito de "função" em suas investigações sociológicas ou que se preocuparam com as *vantagens* ou as *insuficiências* do "funcionalismo". Mas *somente daqueles cujas contribuições possuem evidente significação teórica, a ponto de servirem como autoridades representativas, para fins de exposição e de crítica.* (Grifos no original)

Todavia, a despeito dessa cuidadosa decisão metodológica, os problemas de classificação não foram esgotados. Conquanto alguns autores possam ser indiscutivelmente identificados com o funcionalismo (tais como Durkheim, Talcott Parsons e Robert K. Merton), há discordâncias sobre a classificação de outros pensadores como representantes dessa abordagem teórica. A título de ilustração, Herbert Spencer — que não só integra o rol de funcionalistas de Mishra (1981), mas é por este elencado como um de seus membros clássicos — é considerado, por outras fontes, um teórico positivista; ou melhor, um positivista que, como Comte, influenciou a criação e o desenvolvimento do funcionalismo, especialmente mediante o fornecimento de argumentos que justificavam a analogia entre biologia e sociologia[2] (Cabral, 2004), a qual será explicitada neste capítulo.

---

2. Um dos teóricos que classificam Spencer como positivista é Gouldner (1970). Segundo ele, Herbert Spencer, com sua visão evolucionista, se identificava com o positivismo, que prezava o *evolucionismo social* e a ideologia do *atraso cultural*, ambos minimizados por Durkheim. E foi justamente a declinação dessas duas categorias analíticas, por parte do funcionalismo, que

Destarte, várias são as classificações das "autoridades representativas" do funcionalismo. Com vistas a manter a coesão ideológica e metodológica do presente trabalho, elegeu-se a classificação de Mishra, um dos pensadores que embasa os estudos deste livro. Em sua obra *Society and Social Policy* (1981), o autor trata do funcionalismo sob a ótica do bem-estar social e, em vista disso, elege os principais autores funcionalistas com base na contribuição de cada um à referida temática. Mishra os divide em dois grupos: a) os ortodoxos e pioneiros, entre os quais destaca Spencer (1820-1903) e Durkheim (1858-1927); e b) os não ortodoxos e modernos, composto, em especial, por Parsons (1902-1979), Merton (1910-2003) e Neil Smelser (1930-), colaborador de Parsons. Antes desses pensadores, todavia, Mishra (1981) ressalta a importância da influência de Montesquieu (1689-1755) e Comte (1798-1857) para a construção dessa abordagem teórica.

Conforme se pode notar, cada um desses pensadores desenvolveu seus estudos num tempo histórico específico, servindo tais estudos de base e/ou referência ao intelectual que o sucedeu. Assim, pelo menos quatro importantes sociologias funcionalistas coexistem, cada qual com particularidades que representam um "progresso contínuo" (Fernandes, 1959) em relação à anterior. No entanto, apesar de o funcionalismo, como teoria, conter em seu interior ramificações variadas,

---

diferenciou essa corrente teórica do positivismo. Talvez o ponto central dessa diferença, na percepção de Gouldner, diga respeito ao fato de Comte (pai do positivismo) ter apresentado uma postura ambivalente em relação ao passado: quanto mais se apegava a este, ao contrário de Durkheim, mais o temia. Assim, enquanto Comte tinha medo dos efeitos dos restos arcaicos do passado, sobre a nova sociedade positivista, julgada uma etapa superior da evolução da humanidade, Durkheim não. Por ter vivido em uma realidade histórica industrialmente mais avançada, ele moldou a sua compreensão de sociedade de modo a não superestimar os restos poderosos do pretérito. E assim procedendo, seu temor não era tanto do passado, mas do presente, da falta de controle da anomia em uma sociedade que se complexificava. Entretanto, isso não quer dizer que o passado não o inquietasse, mas sim que apenas não o encarava como uma ameaça importante. Importante salientar que, nessa tese, as tipologias estudadas não foram encaradas como classificações rígidas e isoladas. Ao contrário, é possível um mesmo autor "compor" duas ou mais correntes teóricas, sem, com isso, prejudicar a coerência de seus postulados teóricos e ideológicos. Assim, embora para Gouldner essas características de Spencer o identifiquem com o positivismo, outras, que serão aprofundadas neste capítulo, reforçam sua afinidade com o funcionalismo.

possui postulados centrais e comuns a todos os seus teóricos. Para compreender sua metodologia de explicação e de investigação da realidade e, consequentemente, o significado e finalidade da proteção social no capitalismo, analisados pela sua lente, torna-se imprescindível considerar os princípios pelos quais se orientaram para, só então, pontuar as diferenças entre seus principais expoentes. A seguir, serão apresentadas as características comuns às vertentes do funcionalismo, para, na sequência, se proceder à análise dos seus pontos divergentes, especificamente no que se refere à proteção social.

Em primeiro lugar, figurando como preceito cardeal a uma teoria que se pretende universal, está a concepção sistêmica da realidade; ou seja, o entendimento de que a sociedade é um sistema integrado, constituído por partes ou elementos interconectados, que atuam em conjunto e se relacionam entre si e com a sociedade como um todo. Conforme Burke (2012) e Mishra (1981), a análise funcional não se preocupa com indivíduos, intenções humanas, países particulares ou tipos específicos de sociedade, mas com a sociedade em seu conjunto, entendida por eles como algo maior do que a mera soma das partes. Émile Durkheim e seus seguidores compreendiam a sociedade como a mais elevada forma de coletividade, dotada do poder de controlar e conduzir as ações individuais. Por não privilegiar particularismos, mas, ao contrário, considerar somente o *todo* unificado, em detrimento da investigação das motivações ou intencionalidades individualistas, o paradigma funcionalista passou a ser amplamente identificado com o *holismo*.

Em segundo lugar, as partes componentes da sociedade são explicadas pela *função*[3] que exercem nesse todo, o papel desempenhado

3. É preciso frisar que Durkheim não aprovava a substituição do termo função por qualquer outro vocábulo. De acordo com o ele, "se escolhemos este termo [o de função], foi porque qualquer outro seria inexato ou equívoco. Não podemos empregar o termo fim ou objetivo e falar da finalidade da divisão do trabalho, porque isto seria supor que a divisão do trabalho existe *em vista de resultados* que iremos determinar. O termo resultado ou efeito não nos satisfaria mais, porque ele não desperta nenhuma ideia de correspondência. Ao contrário, a palavra *papel* ou *função* tem a grande vantagem de implicar esta ideia, mas sem prejulgar nada sobre a questão de saber como esta correspondência se estabeleceu, se ela resulta de uma adaptação

para que o sistema continue operando corretamente e, assim, seja mantido (Mishra, 1981). O termo função é definido, segundo Durkheim (1978, p. 23), como a "relação de correspondência que existe entre os movimentos [vitais] e algumas necessidades do organismo". Portanto, é determinada pelas demandas e exigências do todo e não pode ser avaliada de maneira isolada. Da mesma maneira, por referirem-se a uma coletividade complexa, as funções das partes, para os funcionalistas, não são estáticas, maquinais e simplistas, mas, ao contrário, igualmente complexas. Para exemplificar, Bruyne et al. (1977, p. 143) afirmam que uma mesma parte pode desempenhar diversas funções e uma mesma função pode ser desempenhada por mais de uma parte — processo que ficou conhecido como *alternativa funcional* —, ou seja,

> nos limites colocados pela interdependência dos elementos numa mesma estrutura, existem equivalentes ou substitutos funcionais. Por outro lado, uma instituição não é obrigatoriamente funcional para a sociedade global: pode ser para uma parte e não para outra. Essa possibilidade requer a especificação explícita da "unidade orgânica" cujo elemento mantém ou não o equilíbrio. (Ibid., p. 143)

A falta de equilíbrio é resultante de outro conceito central da teoria funcionalista, o de *disfunção* ou *anomia*, isto é, quando um ou mais elementos não cumprem devidamente suas funções sociais e perturbam, ainda segundo Bruyne et al. (1977), "a adaptação ou o ajustamento de um sistema". A anomia representa a crise, a destruição das normas coletivas e a inefetividade funcional ou, segundo Merton (1968), um vazio derivado do lapso entre as normas e metas individuais culturalmente criadas e endossadas e as possibilidades concretas de agir de acordo com elas ou de alcançá-las. A consequência

intencional e preconcebida ou de um ajustamento repentino. Ora, o que nos importa é saber se ela existe e em que consiste, não se foi pressentida de antemão nem mesmo se foi sentida ulteriormente" (Durkheim, 1978, p. 23; grifos no original).

dessa "incapacidade de atingir os fins culturais" (ibid.) é a conduta desviante, a decadência total da sociedade, o crime.[4]

Disto decorre o terceiro postulado comum aos pensadores funcionalistas, de maneira geral, e que serviu de alicerce — sempre revisitado e repensado — sobre o qual se ergueu e desenvolveu o funcionalismo moderno: a *analogia orgânica*, ou seja, a comparação dos sistemas sociais aos organismos vivos, biológicos. Assim, se cada parte (órgão) da sociedade (organismo) desempenhar adequadamente suas funções, a harmonia (saúde) do sistema é garantida. A alteração de um elemento desse sistema integrado e naturalmente harmônico afetará, necessariamente, todo o corpo social, podendo gerar disfunções. Isso explica por que o conflito, comumente subestimado nas análises funcionalistas, foi interpretado pelos funcionalistas clássicos e alguns modernos como fenômeno anômico, patologia social a ser curada. Existem, para esses teóricos, "leis sociais naturais" que devem ser respeitadas com vistas a manter o sistema em funcionamento.

Esse organicismo justifica, de certa forma, o poder holístico da sociedade sobre as partes que a compõem. Segundo Durkheim, esse poder se dá mediante a exigência coercitiva, universal e exterior à consciência individual dos membros da sociedade, do cumprimento de normas, conhecidas como *fatos sociais*. Em um de seus mais importantes livros, *As regras do método sociológico*, o referido autor assim exemplifica os fatos sociais e elucida suas características:

> Quando desempenho meus deveres de irmão, de esposo ou de cidadão, quando me desincumbo de encargos que contraí, pratico deveres que estão definidos fora de mim e de meus atos, no direito e nos costumes. Mesmo estando de acordo com sentimentos que me são próprios, sentindo-lhes interiormente a realidade, esta não deixa de ser objetiva; pois

---

4. Merton, ainda, faz uma distinção entre a "anomia simples" e a "anomia aguda". Para ele, a primeira "se refere a um estado de confusão num grupo ou sociedade que está sujeito a conflito entre esquemas de valor, resultando em algum grau de mal-estar e num senso de separação do grupo". Por outro lado, "a anomia aguda é a deterioração e, no caso extremo, a desintegração dos sistemas de valor, o que resulta em profundas angústias" (1968, p. 237).

> não fui eu quem os criou, mas recebi-os através da educação. Contudo, quantas vezes não ignoramos o detalhe das obrigações que nos incumbe desempenhar, e precisamos, para sabê-lo, consultar o Código e seus intérpretes autorizados! Assim também o devoto, ao nascer, encontra prontas as crenças e as práticas da vida religiosa; existindo antes dele, é porque existem fora dele. O sistema de sinais de que me sirvo para exprimir pensamentos, o sistema de moedas que emprego para pagar as dívidas, os instrumentos de crédito que utilizo nas relações comerciais, as práticas seguidas na profissão etc. etc., funcionam independentemente do uso que delas faço. Tais afirmações podem ser estendidas a cada um dos membros de que é composta uma sociedade, tomados uns após outros. Estamos, pois, diante de maneiras de agir, de pensar e de sentir que apresentam a propriedade marcante de existir fora das consciências individuais. (Durkheim, 1974, p. 1-2)

Dessa maneira, esse elemento-chave na análise funcional — o fato social — pressupõe a valorização do grupo à custa do indivíduo ou, em outras palavras, a subjugação do particular ao coletivo. Sendo portador dos três atributos explicitados por Durkheim, quais sejam: a coercitividade, a exterioridade e a generalidade, o fato social deve ser tratado como "coisa"; ou seja, como algo concreto e externo aos indivíduos que a estes se impõe. Portanto, precisa ser universalmente cumprido, ficando, quem não o respeita, sujeito ao controle social (do Estado sobre o indivíduo) e à punição.

Em suma, a integração, a coesão social e a ordem constituem o *leitmotiv* do funcionalismo (Mishra, 1981); e não apenas como o objetivo primeiro, mas também como o meio pelo qual se torna possível a organização harmônica da sociedade e o saudável relacionamento sistêmico entre o todo/partes e partes entre si. Contudo, na medida em que as sociedades se complexificam, as estruturas sociais que as compõem se multiplicam: surgem coletividades variadas na forma de firmas comerciais, indústrias, forças armadas, comunidades étnicas e de gênero, entre outras (ibid.), cada qual com o poder de "manter ou enfraquecer o equilíbrio social" (Brym et al., 2010, p. 14). Essa crescente especialização e diferenciação de estruturas — e, consequentemente, de funções — traz, em seu bojo, desafios para a manutenção estável do organismo social.

Segundo Durkheim (1978), os desafios colocados à integração podem ser atenuados ou agravados por um fato social presente em todas as sociedades e comum a todos os seus membros: a solidariedade social. Entendida pelo autor como "um tipo de cimento moral: valores e crenças compartilhados que mantêm as pessoas juntas" (Brym et al., 2010, p. 15), a solidariedade social pode se apresentar de duas formas, a depender do nível de organização que predomina em dada sociedade: a) mecânica ou por similitude, frequente nas sociedades menos complexas onde a divisão do trabalho é pequena ou inexistente, e b) orgânica ou devida à divisão do trabalho, fruto das sociedades mais complexas, industriais, na qual a especialização e a diferenciação das partes são agudas.

Para entendê-las em sua essência, é preciso relacioná-las ao conceito de consciência coletiva ou comum — em oposição à consciência individual — que representa o conjunto de valores, crenças e opiniões compartilhados pelos membros de uma sociedade. Nas sociedades de organização mais simples, o forte senso de pertencimento e a baixa divisão social do trabalho fazem com que a ligação dos indivíduos com a coletividade se dê de modo mais intenso. Destarte, suas ações cotidianas visam, em primeiro lugar, aos interesses do grupo; sua consciência individual confunde-se com a consciência coletiva, que rege cada ser social em prol e de acordo com as normas, os códigos e as condutas do todo. A semelhança entre os indivíduos e a assimilação, no âmbito particular, dos imperativos e necessidades da coletividade consolidam o vínculo social.

A solidariedade mecânica, proveniente desse tipo de relação entre as consciências individuais e a coletiva, influencia positivamente a harmonia do sistema a depender da sua capacidade de abranger uma maior ou menor "extensão da vida social que a consciência comum compreende e regulamenta" (Durkheim, 1978, p. 57). Assim, "quanto mais existem relações diversas em que esta última [a consciência coletiva] faz sentir sua ação, mais também ela cria elos que ligam o indivíduo ao grupo" (ibid., p. 57), fortalecendo a solidariedade social do tipo mecânico e a coesão do todo. Mas, ao contrário, quanto menor for o alcance da consciência comum, menor será a solidariedade social e menores serão os níveis de integração e harmonia do sistema e de suas partes.

Em contrapartida, o aumento crescente de funções, relações e serviços especializados, ou, em outras palavras, a divisão social do trabalho, inerente ao processo de desenvolvimento das sociedades capitalistas, derivou na expansão da consciência individual. Por conseguinte, a obediência e a aceitação das regras e obrigações impostas pela consciência comum se tornam mais frouxas, abrindo espaço para o desenvolvimento de personalidades distintas, a criação de esferas de ação específicas e a representação de papéis variados. Embora a preservação e a estabilidade saudável do sistema não deixem de constituir o intuito máximo, o individualismo, na condição de valor moral essencial ao capitalismo, passa a ser apreciado. Daí resulta a solidariedade orgânica, na qual, de acordo com Durkheim (1978), a coesão é sólida, graças à profunda dependência resultante da intensa especialização das partes. Ou seja, cada indivíduo constitui uma diferente peça componente da máquina social e a solidariedade entre elas configura o lubrificante que mantém a engrenagem em correto funcionamento. Aqui, verifica-se a distinção dos indivíduos, das instituições e de suas funções que, por meio da interdependência consequente, materializa o vínculo social.

Entretanto, para os funcionalistas, o risco de anomia em sociedades desse tipo é maior. Com a crescente diferenciação e especialização estrutural — e a complexificação da vida social resultante desta —, a relação entre a multiplicidade de arranjos e funções institucionais e individuais torna-se igualmente mais intricada. De acordo com Mishra (1981, p. 56),

> no curso do desenvolvimento social, uma estrutura institucional multifuncional se divide em várias estruturas, cada uma com uma função mais especializada. Essa diferenciação de estruturas deriva em variados

> desequilíbrios e desarmonias, uma condição que exige novas formas de integração. (Tradução nossa)

Em outras palavras, a desordem, a disfunção, a falta de coesão social, advindas do processo de diferenciação das coletividades complexas e, portanto, inerentes às sociedades capitalistas, exigem a criação de alternativas de funcionamento, de novas instituições capazes de resgatar o equilíbrio perdido. Daí se justifiquem, para a maioria dos funcionalistas sob análise, as ações e intervenções estatais. Conforme Smelser (apud Mishra, 1981, p. 56),

> a separação da produção da estrutura de parentesco imediatamente cria problemas de integração. Como a informação referente a oportunidades de emprego poderá ser transmitida às pessoas aptas ao trabalho? Como os interesses das famílias poderão ser integrados aos interesses das firmas? Como as famílias serão protegidas das flutuações do mercado? Considerando que estas exigências integrativas foram enfrentadas por famílias, vizinhanças e grupos de caridade locais em contextos pré-modernos, o desenvolvimento traz em seu bojo dezenas de instituições e organizações voltadas para estes novos problemas integrativos — agências de recrutamento e intercâmbio de trabalhadores, sindicatos, órgãos governamentais de regulação do trabalho, arranjos de bem-estar e de alívio da pobreza, sociedades de cooperação e instituições de poupança. (Tradução nossa)

Contudo, nem todas as "autoridades representativas" do funcionalismo concordam com essas alternativas. Herbert Spencer, por exemplo, ficou conhecido pela sua ferrenha oposição a qualquer tipo de proteção social estatal aos pobres e pela defesa do *laissez-faire*. Sendo um dos mais influentes pensadores organicistas a contribuir com a construção teórica do funcionalismo, Spencer acreditava que os problemas sociais e econômicos poderiam ser abordados sob a luz da analogia organismo-sociedade: os grupamentos humanos, entendidos como entidades vivas, dependeriam do correto funcionamento de cada uma de suas partes e das adequadas relações entre elas para manterem-se saudáveis. Estas, por sua vez, experimentariam uma dependência mútua estrita, tal qual experimentam os órgãos do corpo humano, e a falência de uma das partes componentes da sociedade poderia acarretar a falência de todo o organismo social.

Influenciado pelas descobertas científicas de Charles Darwin acerca da evolução biológica e da seleção natural, reveladas no livro *A origem das espécies*, de 1859, e pela teoria elaborada pelo economista inglês Thomas Robert Malthus (1766-1834), que previa uma escassez crônica de alimentos em função do crescimento desproporcional de pessoas (que supostamente se daria em progressão geométrica: 1, 2, 4, 8, 16, 32 ...), em relação ao de comida (que aumentava em progressão aritmética: 1, 2, 3, 4, 5, 6 ...),[5] Spencer concebeu sua teoria, identificada com o que ficou conhecido como *darwinismo social*.[6]

Dessa feita, partindo de suas crenças particulares e das influências teóricas e ideológicas citadas, esse teórico compreendeu que a proteção social pública, regulada e ofertada pelo Estado, contribuiria para a dependência dos beneficiários e os prejudicaria em longo prazo ao diminuir suas capacidades próprias de adaptação ao meio ambiente. Ademais, configuraria ofensa à sua noção de justiça, já que penalizaria os "aptos", habituados às dificuldades inerentes à vida social e que venceram os obstáculos por meio de sua capacidade individual, sem auxílio do governo e de suas esferas. Sendo assim, diante das defesas então em curso de mecanismos protetivos aos mais pobres financiados por toda a sociedade (mediante o pagamento de taxas e impostos), sua oposição se tornou mais combativa (Offer, 2006).

5. Além disso, "prevendo a situação de extrema privação que a humanidade deveria enfrentar no futuro, Malthus defendia que os pobres fossem educados para refrear seus impulsos sexuais, do contrário deveriam ser deixados à própria sorte, para que o equilíbrio fosse restabelecido de maneira natural" (Pereira, 2009, p. 29).

6. Embora esse termo nunca tenha sido utilizado por Spencer, esse pensador ficou mundialmente conhecido como Pai do Darwinismo Social, devido ao teor político, social e moral de suas obras. De acordo com essa teoria, que se difundiu a partir do século XIX e que transporta os preceitos da seleção natural aos grupamentos humanos, os indivíduos mais adaptados — em geral, os ricos e economicamente bem-sucedidos — sobrevivem em detrimento dos mais fracos — os pobres. É de Spencer a expressão "sobrevivência dos mais aptos" ("*survival of the fittest*"), utilizada, pela primeira vez, em seu livro *Princípios de biologia*, de 1864.

O *laissez-faire*, para ele, seria ao mesmo tempo justo e coerente com a evolução natural rumo ao progresso.

No entanto, se a proteção estatal feria o processo evolutivo natural, a filantropia, ao ver de Spencer, em especial no âmbito familiar e comunitário, poderia reforçar a solidariedade orgânica nas coletividades complexas. Dessa maneira, em face da pobreza, doença, deficiência incapacitante, fome, ele posicionou-se favorável à caridade privada, exercida, em primeiro lugar, pelo(a) cônjuge e filhos. O altruísmo spenceriano seria uma espécie de "ornamento agradável para a vida social" (Mishra, 1981, p. 52, tradução nossa).

Durkheim, por seu turno, não se coloca contra a intervenção estatal ou a proteção social pública. De acordo com Mishra (1981), esse autor reconhece que, com o avanço das sociedades e com a complexificação da vida social, haveria uma tendência ao desenvolvimento de um órgão central, responsável pela administração da nova multiplicidade de funções. A educação, a saúde, as comunicações e o transporte, essenciais para qualquer grupamento humano de maior porte, demandariam gestão e execução organizada; e a ascensão do governo como agente coordenador e interventor seria, para ele, parte do processo natural do desenvolvimento das sociedades. O altruísmo, um ornamento para Spencer, seria, para Durkheim, a base da vida social, gerada pela existência da solidariedade por ele definida. O Estado desempenharia, também, o papel de lembrar os cidadãos do sentimento de solidariedade comum.

Apesar disso, a proteção social para Durkheim não visaria à equidade ou à emancipação política e muito menos a humana. Ao contrário, desempenharia a função de restaurar e manter a ordem, a coesão, a harmonia social, deterioradas pela propensão das coletividades complexas à anomia. Por isso, a ação estatal não deveria se preocupar com a satisfação das necessidades ou desejos dos membros da sociedade, mas com a sua contenção, restrição e eliminação. Portanto, o grande problema, para ele, "não era a pobreza, mas a insatisfação com a pobreza" (Mishra, 1981, p. 53, tradução nossa). Nas palavras de Brym et al.,

> o funcionalismo sugere que o restabelecimento do equilíbrio social é a melhor solução para os problemas da sociedade. Durkheim escreveu que a estabilidade social poderia ser restaurada na Europa do fim do século XIX por meio da criação de novas associações de patrões e empregados que poderiam, por sua vez, diminuir as expectativas dos trabalhadores em relação ao que podiam esperar da vida. Para Durkheim, se mais pessoas desejassem menos, então a solidariedade social aumentaria e haveria menos greves e taxas de suicídio menores. (2010, p. 15)

A aversão ao conflito e seu entendimento como fenômeno patológico fortaleceu a percepção durkheimiana dos "desenvolvimentos de distintas políticas como se fossem resposta passiva a estas forças [os processos que se dão no interior das sociedades] sociais ou não sociais" (Gough, 1982, p. 57, tradução nossa). Na sua teoria, a ação de homens e mulheres e sua capacidade de transformar a natureza e de romper revolucionariamente com processos e relações reais são desconsideradas já que, para ele, as sociedades são regidas por leis naturais, que independem da vontade, intenções e atos humanos. Sendo assim, a proteção social desponta de maneira natural, espontânea e fatal, com a missão "congênita" de reconstituir a harmonia abalada pelos processos intrínsecos à evolução e ao progresso. Seus propósitos se restringem a essa reconstituição harmônica, não visando, por conseguinte, ao atendimento de demandas populares, garantias de melhores condições de vida aos cidadãos ou transformações sociais. Ao contrário, para Durkheim, a proteção social deve existir para conservar, manter, integrar.

A preservação do *status quo* é, cabe frisar, um dos pontos comuns entre o positivismo e o funcionalismo. Löwy (1985, p. 39) ressalta que Marx, em uma nota de rodapé de sua célebre obra *O capital*, ironizou a crença nas leis naturais e imutáveis, encontrada em ambas as abordagens, afirmando: "Augusto Comte e sua escola procuram demonstrar a necessidade eterna dos senhores do capital. Eles poderiam, com os mesmos argumentos, demonstrar a necessidade eterna dos senhores feudais". A opção pela conformação e aceitação do capitalismo como fim da história — e, consequentemente, de seus inerentes efeitos destrutivos como naturais — pode ser reconhecida em Durkheim no prefácio da primeira edição do livro *As regras do método sociológico*:

> O nosso método não tem, portanto, nada de revolucionário. É até, num certo sentido, essencialmente conservador, uma vez que considera os fatos sociais como coisas cuja natureza, por mais elástica e maleável que seja, não é, no entanto, modificável à nossa vontade (Durkheim, 1978, p. 74).

Assim, a existência da desigualdade social, das regalias de poucos e da pobreza de muitos encontram justificações no conservadorismo funcionalista. Löwy (1985, p. 53) lembra que, em resposta à pergunta formulada pelo próprio Durkheim em sua obra *Da divisão do trabalho social* (1978), qual seja, "Por que certos órgãos do corpo social são privilegiados?", o sociólogo respondeu que,

> da mesma maneira que em um corpo vivo certos órgãos recebem mais sangue, mais nutrição — por exemplo, o sistema encefálico é mais irrigado porque as suas funções são mais importantes —, certas camadas que recebem o papel de cérebros da sociedade são privilegiadas, portanto, isso é um fenômeno natural, necessário. A desigualdade social se explica naturalmente.

Esta é uma noção que fez escola, conquanto funcionalistas modernos, como Parsons e Merton, tenham oferecido novas e mais fecundas contribuições ao funcionalismo clássico. Parsons, por exemplo, reproduz o entendimento de que o conflito seria "uma espécie de doença, ao mesmo tempo endêmico e evitável" (Domingues, 2012, p. 55). No entanto, esse pensador reconheceu a influência e a capacidade de transformação da ação humana sobre a sociedade e defendeu que a sobrevivência desta dependeria diretamente da harmonia ou, em outras palavras, da ausência de conflitos em seus subsistemas componentes. Desse reconhecimento deriva o que Parsons chamou de "Sistema de Ação", entendido por ele como o maior e mais importante dos sistemas, englobando as ações e relações humanas em várias esferas, inseridas em um ambiente físico e biológico. O sistema de ação divide-se em quatro subsistemas — o social, o cultural, o de personalidade e o comportamental — e cada um deles desempenha uma função primária específica que os diferencia entre si: o subsistema social tem função integrativa; o cultural, função de manutenção latente de padrões; o de personalidade, função de alcance de metas; e o comportamental, função de adaptação (Parsons, 1974).[7]

Cada subsistema e sua função primária dependeriam da transposição de um obstáculo integrativo: a "coordenação de suas unidades constitutivas, ou seja, em primeiro lugar, os seres humanos" (Parsons, 1974, p. 14; tradução nossa). Dessa maneira, todos eles partem do ser humano e valorizam sua ação e habilidades pessoais. O subsistema de personalidade, por exemplo, tem por função o alcance da meta de "compensação ou satisfação ótima das personalidades" dos indivíduos (ibid., p. 14, tradução nossa) e se dá no interior da sociedade, da esfera política e dos governos. O subsistema comportamental tem por função a adaptação e a relação saudável do ser humano com o ambiente físico no qual está inserido e se desenvolve por meio da economia. O subsistema cultural desempenha a função de manutenção latente dos padrões de complexos significados simbólicos, preservados e propagados pela ação humana em instituições sociais, como as escolas e a família. Por fim, os sistemas sociais "se organizam embasados primordialmente na constituição de relações sociais" (ibid., p. 14, tradução nossa) e constituem "o núcleo de uma sociedade como sistema" (ibid., p. 21, tradução nossa). Nessa esfera, denominada por Parsons de "comunidade societária", se articulam as normas que garantem a coesão e a ordem.

Para o autor, é neste último subsistema que se insere a proteção social. Sua existência é aceita na medida em que serve para garantir a ordem, azeitar a relação entre as — cada vez mais — diferenciadas partes das sociedades complexas (instituições, indivíduos ou

7. Este modelo ficou conhecido como Paradigma AGIL, sigla que se refere às letras iniciais das funções primárias dos subsistemas: A = *adaptation*/adaptação; G = *goal attainment*/alcance de metas; I = *integration*/integração; e L = *latency*/manutenção latente de padrões.

coletividades) e reduzir, na impossibilidade de eliminar, conflitos entre grupos sociais antagônicos; ou seja, reforçar o sentimento de lealdade e compromisso moral com o sistema e a coletividade fragmentada. Portanto, acima das necessidades humanas, Parsons e os demais funcionalistas assentam a necessidade de integração social do sistema.

Parsons foi um defensor do *New Deal* de Roosevelt (tema que será aprofundado neste capítulo) e, portanto, defensor da proteção social pública ofertada pelo Estado. Contudo, sua visão funcionalista do mundo assentava-se na manutenção do sistema, na preservação radical do capitalismo. Daí segue-se a perpetuação do pensamento não revolucionário admitido por Durkheim e a aversão de ambos (e também de Spencer e de Smelser — discípulo de Parsons) à esquerda e às teorias do conflito.[8] Conforme Domingues (2012, p. 14),

> se Parsons aceitou não apenas os planos civil e político da cidadania, porém também seu aspecto social (logo, a necessidade do Estado de Bem-Estar Social), é ainda dentro dos parâmetros de uma concepção liberal de mundo (com os Estados Unidos vistos como um país de oportunidades abertas e estratificação social fluida) que ele se manteria.

Merton segue a mesma trilha, porém, ao detectar problemas teóricos e metodológicos nas obras dos funcionalistas que o precederam, refinou sua argumentação procurando corrigir possíveis equívocos. A primeira contribuição de Merton que merece destaque é a constatação de que nem sempre as partes ou elementos de um todo desempenham funções positivas[9] ao sistema ao qual pertencem. Na

8. Não se pode esquecer que a ascensão da teoria funcionalista parsoniana corresponde ao período em que o marxismo ganhava espaço intelectual e geográfico mundial e embasava revoluções, como a soviética e, posteriormente, a chinesa; isso sem falar da grande depressão econômica de 1929. Um de seus grandes intentos, segundo Gouldner (1970), era, diante das disrupções da ordem capitalista, produzidas por essas mudanças, oferecer um corpo conceitual que informasse a reintegração da sociedade sem que fosse preciso redistribuir riqueza e poder.

9. Isso destoa, frontalmente, do positivismo, cuja terminologia contém em si o sentido de *positivo* como referente, de um lado, ao que é certo, ao "conhecimento certificado pela ciência";

verdade, uma mesma parte pode, simultaneamente, ser funcional e disfuncional; contribuir para a integração ou gerar desintegrações; ou, ainda, ser funcional para certos grupos, instituições ou indivíduos e disfuncional para outros. Esse raciocínio abriu portas para a compreensão da sociedade como uma arena de conflitos de interesses, não admitida pelas "autoridades representativas" do funcionalismo discutidas anteriormente, que erguiam suas argumentações teóricas sobre os princípios da unidade, do holismo, da evolução natural e da dependência solidária entre as partes. Sem abandonar a ideia de integração, de sistemas e de equilíbrio, Merton incorporou em sua análise, em algum grau, a categoria contradição e defendeu a superação da busca pela "harmonia num esqueleto ossificado de convenção social" (Skidmore, 1976, p. 198).

Disto decorre sua segunda contribuição: a diferenciação entre *motivo* e *função*. Merton analisa a correspondência entre a ação subjetiva da intenção, do motivo, com a ação objetiva da consequência. As funções esperadas, compreendidas e desejadas, que trazem benefícios à coesão do sistema ou à sua adaptação perante mudanças estruturais, são denominadas por Merton de *funções manifestas*. Já as funções inesperadas, incompreendidas e não intencionadas, são chamadas de *funções latentes*. Estas podem ser funcionais, caso colaborem com a integração do todo, ou disfuncionais, caso perturbem o seu equilíbrio (Merton, 1968). A principal consequência dessa assertiva, positiva, de acordo com Mishra (1981, p. 60), é o enfraquecimento da definição de política social — ou de proteção social — apoiada apenas na sua suposta função de integração.

Como terceira contribuição, Merton apresenta seu conceito de alternativa funcional, já explicitado neste capítulo. Com a recognição de que uma mesma parte pode desempenhar várias funções distintas e de que uma mesma função pode ser desempenhada por diversas partes, a defesa funcionalista clássica da existência de níveis

---

e, por outro lado, ao que é oposto ao "negativo", isto é, às teorias negativistas, críticas, destrutivas provenientes da revolução francesa (Gouldner, 1970, p. 111).

de desenvolvimento social (evolução social) regulados, majoritariamente, por uma única instituição, como o Estado de Bem-Estar no período do capitalismo industrial, cai por terra (Mishra, 1981). Essa ideia, por sinal, foi bastante trabalhada pela Teoria da Convergência, uma ramificação da abordagem funcionalista que será aprofundada a seguir.

• Teoria da Convergência (ou Determinismo Tecnológico)

A Teoria da Convergência, cujas raízes remontam ao funcionalismo, parte do preceito de que sociedades com as mesmas características e o mesmo nível de desenvolvimento industrial e econômico produzirão, inevitavelmente, tipos similares de proteção social. Assim, segundo essa corrente teórica, o processo de industrialização foi determinante para a formação e o progresso do Estado de Bem-Estar e de políticas públicas mais efetivas e complexas. Com isso, é deixada em segundo plano a influência direta de instituições específicas e de valores morais, conjuntos de crenças culturais e princípios políticos na evolução das formas socialmente protetivas, de tal modo que, para os adeptos dessa abordagem, segundo Mishra (1981), padrões estruturais idênticos podem ser encontrados em sociedades socialistas e capitalistas que apresentem a mesma condição industrial.

E mais, de acordo com os partidários dessa corrente, os governos são impelidos coercitivamente pelas próprias circunstâncias contextuais ou, em outras palavras, pelas forças sociais oriundas das funções que atuam no sentido de satisfazer as necessidades integrativas da sociedade, a criar e gerir mecanismos de proteção social. Conforme Midgley (1997, p. 100), "esses *imperativos funcionais*, desta maneira, transcendem preferências políticas e ideológicas" (grifos no original; tradução nossa). Porém, mais do que isso, para eles, as instituições e os valores culturais, políticos e ideológicos, tal qual a proteção social, tendem a convergir na mesma direção em sociedades economicamente análogas, mesmo em países com tradições históricas e culturais diversas. Daniel Bell (apud Midgley, 1997, p. 101), um dos representantes do neoconservadorismo estadunidense, chegou a afirmar que "o conflito ideológico no mundo moderno está desaparecendo" (tradução nossa), ideia essa que foi retomada por Francis Fukuyama, também simpático ao neoconservadorismo e globalmente conhecido pela defesa do "fim da história" ao se referir à perenidade do capitalismo.

Esse determinismo tecnológico advém da premissa durkheimiana, já abordada neste capítulo, de que a complexificação dos sistemas sociais gera a multiplicação de funções, a especialização do trabalho e dos indivíduos e aumenta a tendência à anomia. A transformação de pequenos comerciantes, agricultores ou autônomos em proletários e os problemas intrínsecos aos grupamentos urbanos capitalistas e industriais de grande porte (por exemplo, o déficit habitacional, o crime e a violência, a insalubridade, a precariedade dos serviços de transporte, a pobreza etc.), vistos como naturais ao processo civilizatório, exigem intervenções estatais corretivas ou preventivas mais elaboradas. Assim, o Estado, também encarado como natural e necessário, não tem opção a não ser seguir o fluxo convergente das sociedades industriais avançadas. Em suma, "a industrialização cria as condições para um crescimento substancial de agências especializadas ou 'estruturalmente diferenciadas' de bem-estar" (Mishra, 1981, p. 40-41, tradução nossa).

O padrão institucional e de bem-estar procedente da convergência industrial e econômica é analisado pelos adeptos dessa teoria de maneira abstrata, como tipos-ideais. Para eles, o tipo-ideal de proteção social seria aquele com características mistas, pluralista, um meio-termo entre o *laissez-faire* e o coletivismo/intervencionismo total, a provisão governamental mínima de bens e serviços, associada a outros tipos protetivos — como a caridade e a proteção privada. Assim, com um Estado presente, mas que partilhasse o seu protagonismo com outros atores não públicos, as sociedades e suas instituições preservariam certo grau de liberdade e autonomia teoricamente necessárias para promover a inovação e a eficiência.

Ao mesmo tempo, com o amparo (social, político e econômico) e a regulação estatal, a conservação do sistema e sua harmonia, coesão, integração e ordem estariam igualmente garantidas. A função primeira do Estado é, também para a Teoria da Convergência, a integrativa (Mishra, 1981).

Entre os parceiros da esfera estatal na provisão de bem-estar, um, em particular, se destaca para os adeptos da Convergência: a empresa. Partindo da concepção do trabalho assalariado — e dos processos de produção de bens e serviços que dele resultam — como central na sociedade capitalista e industrial, a empresa passa a ocupar, também, posição de prestígio. Isto reflete uma intenção teórica não declarada de fortalecer o setor privado e a esfera mercantil, em detrimento da pública, e assegurar as condições necessárias para a reprodução do capital. Por outro lado, as empresas, ao assumirem que uma mão de obra eficiente e produtiva é peça-chave nesse processo, colocam-se como responsáveis pelo papel de fornecedoras diretas de proteção social. Dessa forma, só por meio do trabalho assalariado ou rentável os trabalhadores adquirem *status* de cidadão e passam a ser merecedores dos direitos exclusivamente decorrentes dessa inserção laboral.[10] A esse respeito, e em tom crítico, Santos conclui, tendo em mente o Brasil:

> a cidadania está embutida na profissão e os direitos do cidadão restringem-se aos direitos do lugar que ocupa no processo produtivo, tal como reconhecido por lei [...]. É a carteira profissional, que se torna, em realidade, mais do que uma evidência trabalhista, uma certidão de nascimento cívico. (1979, p. 76)

Contudo, embora a maioria dos adeptos da Teoria da Convergência creia na existência de uma tendência naturalmente coativa rumo à instituição de um modelo protetivo misto no qual o mercado e outros atores privados não mercantis afiancem, em parceria com o

---

10. Para uma análise mais aprofundada sobre esse tema, especialmente no caso brasileiro, ver Boschetti (2006).

Estado, um bem-estar mínimo às populações, Rimlinger (1971), considerado um dos autores simpáticos a essa abordagem, apresenta as seguintes ressalvas. Para ele, a despeito da tendência natural das sociedades industriais avançadas de criar políticas de bem-estar, nações com tradições culturais e regimes políticos diversos apresentam variações no modelo de proteção adotado. A Alemanha, por exemplo, onde a industrialização se deu por grupos dinásticos, tende a ofertar proteção social com caráter paternalista. Os Estados Unidos, onde a classe média forte e influente deu partida ao processo de industrialização, desenvolveram formas mais residuais e individualistas de proteção. Já na Rússia comunista, a industrialização impulsionada pelo Estado gerou formas protetivas mais coletivistas e universais. Portanto, de acordo com Rimlinger (1971), as elites dominantes possuem função de relevo nesse processo. Todavia, esse autor também reconhece que as reivindicações e demandas de classes sem poder político, ou melhor, o conflito gerado entre forças sociais contraditórias exerce pressões que podem reorientar os comportamentos governamentais em face das determinações da industrialização.

Em suma, a Teoria da Convergência

> tenta explicar as diferentes políticas sociais nos estágios iniciais de industrialização, principalmente, em termos da natureza das elites dominantes ou classes sociais e suas ideologias. Em estágios mais avançados da industrialização, no entanto, acredita que as necessidades funcionais do industrialismo impõem políticas semelhantes em todas as sociedades. [...] A ideologia não termina, mas há um enfraquecimento das ideologias e instituições extremistas — um amadurecimento que empurra para o centro. (Mishra, 1981, p. 44, tradução nossa)

É possível, de imediato, notar as limitações teóricas dessa abordagem. Em primeiro lugar, as experiências práticas de proteção social ao redor do globo não sustentam a relação considerada indissociável entre o processo de industrialização e a oferta estatal de formas mais especializadas de bem-estar. Para se ter uma ideia da inconsistência dessa teoria, Midgley (1997) informa que a Alemanha e a Inglaterra introduziram seus respectivos Estado Social e Estado de Bem-Estar muito tempo depois do estabelecimento de grandes indústrias em seus territórios. A Nova Zelândia criou políticas protetivas no século XIX, antes de entrar em sua era industrial. Além disso, conforme poderá ser observado ao longo deste livro, países capitalistas centrais desenvolveram práticas políticas e sociais muito diversas, que variavam de acordo com as condições objetivas e subjetivas de sua realidade particular que contempla, diferenciadamente, relações contraditórias e mutuamente influentes entre economia e política. Como será visto mais adiante, a proteção social desenvolvida nos Estados Unidos teve origens e desenvolvimento diferentes dos da proteção social inglesa ou escandinava.

Mishra (1981, p. 45) acentua que um dos principais problemas da Teoria da Convergência reside em seu determinismo e excessiva generalização. Embora essa teoria possua ponto positivo, como o caráter estrutural de sua análise, peca por desprezar alternativas e ignorar o poder de decisão e de escolha. Para ele,

> a alegação de que tudo já está decidido de antemão pela natureza da tecnologia moderna e da economia nega a possibilidade de uma "política" sobre qualquer coisa, social ou de outra forma, já que a política pressupõe o ato de deliberação e escolha. (Tradução nossa)

Ademais, segundo Mishra (1981), a supervalorização do avanço industrial e econômico conduz à desconsideração da influência de qualquer outro fator político, cultural e social. A luta de classes, os valores morais, as tradições históricas, o *lobby* político e o imperialismo cultural são, no geral, menosprezados pela maioria de seus adeptos. No entanto, não obstante o determinismo tecnológico e a tendência à generalização radical devam ser criticados, é preciso cuidado para não desconsiderar por completo a influência — real — da industrialização no desenvolvimento da proteção social. Apenas é preciso ter consciência de que essa influência não é preponderante e não foi maior do que a influência de outros fatores nesse processo.

• Funcionalismo: "quão válido e útil é como perspectiva?"

Com a indagação em epígrafe, Mishra (1981, p. 58) insinua que a teoria funcionalista é útil apenas para a preservação do capitalismo. Este, tomado como sistema dado, natural, inevitável e insuperável, depende diretamente da harmonia e da ausência de conflitos — ou do controle e gestão de conflitos — para asseverar sua perpetuação. Dessa feita, ocorre um processo quase de deificação da ordem, como condição primeira para a existência da própria humanidade organizada em sociedade: se não há ordem, não há sociedade (capitalista, como se deve inferir) e, consequentemente, não há vida social.

Porém, embora a substituição do capitalismo não seja uma alternativa aceita pelos funcionalistas, algumas das "autoridades representativas" dessa abordagem teórica, como Parsons e Merton, reconhecem que há, em seu seio, uma tendência à mudança. Contudo, engana-se quem interpretar essa declaração como recognição de sua natureza contraditória. Na verdade, a mudança, para os que advogam nesse sentido, é fruto da evolução natural das coisas e corresponde ao amadurecimento, especialização e complexificação inerentes ao processo. De fato, para os funcionalistas, não há mudanças, mas adaptações.

A opção pela neutralidade — fruto da influência positivista e observada, sobretudo, na centralidade ocupada pelo conceito de *integração* — é uma opção politicamente posicionada: conservadora, a favor das classes e grupos dominantes (Mishra, 1981). Dessa maneira, o tipo de proteção social admitido pelos teóricos dessa abordagem, a despeito das opiniões extremistas (como o *laissez-faire* de Spencer), é o que melhor contribui para a manutenção do *status quo* e, desde que cumpram sua função primária de integração social, pouco interessam as características específicas dos modelos protetivos implementados.

Ao privilegiar tipos residuais de proteção que, em vez de satisfazerem necessidades humanas, rebaixam as expectativas de vida da classe trabalhadora, essa teoria não é capaz de explicitar a diferença real entre a Lei dos Pobres inglesa e as formas modernas de política social pública. E a despeito de conseguir elencar suas diferenças administrativas e as consequências ou impactos de cada uma delas na vida cotidiana e na saúde do sistema, a teoria funcionalista não consegue chegar à essência, à substância das formas de proteção; e nem ao *porquê* da existência de um tipo em detrimento de outro, já que, para isso, teria que admitir a ingerência dos interesses de classe e das lutas sociais antagônicas. No entanto, apesar de suas limitações teóricas e metodológicas, a teoria funcionalista, devido às características apresentadas, tornou-se um dos alicerces sobre os quais foi erguida a proteção social residual presente, sobretudo, nos Estados Unidos,[11] como será visto na próxima seção deste capítulo.

IDEOLOGIA DA NOVA DIREITA

É fato conhecido que o modelo universal de proteção social, guiado pelo critério das necessidades sociais e pelos princípios da igualdade de resultados, equidade e justiça distributiva, vem sendo contestado e esvaziado desde o final dos anos 1970, no rastro do grave período de recessão que afligiu as principais economias capitalistas mundiais. Em seu lugar, ganharam destaque ideologias, valores e práticas que, em nome da administração de recursos hipoteticamente escassos e do predomínio do mérito individual sobre direitos sociais, impõem às políticas públicas limites à concretização desses direitos em benefício de todos.

---

11. Segundo Gough (2000), a legitimidade, nos Estados Unidos, das políticas sociais residuais ancora-se no conceito de *exclusão social*, de forte vinculação com o pensamento republicano francês e de Durkheim. E teoricamente isso tem significado uma clara mudança de foco no discurso em torno das categorias *classe social*, de tradição marxista, e *status*, de tradição weberiana, para a categoria *anomia-integração*. É calcado nesse binômio categorial, de filiação funcionalista, que o termo *underclass* (subclasse) vem sendo usado pela "nova direita" dominante norte-americana (e influenciando países como a Inglaterra), para designar os demandantes de assistência pública.

Nesse contexto, emergiu a Ideologia da Nova Direita, intrinsecamente plural (BOBBIO, 1995), mas coesa em seus preceitos e crenças centrais. Ainda hoje carente de uma definição precisa e definitiva, mais especificamente no que se refere às escolas do pensamento ou correntes ideológicas que a compõe, a Nova Direita vem sendo alvo de diferentes entendimentos ao longo das últimas décadas. De acordo com Alves (2000a, p. 189),

> o rótulo "nova direita" tem sido empregado genericamente para se referir a partidos políticos, políticas públicas, movimentos culturais e círculos de debates acadêmicos. Algumas das vertentes desse mosaico da direita renovada são *La Nouvelle Droite* — a nova direita francesa — (Taguieff, 1990 e 1993-94), *The New Right* — a nova direita norte-americana — (Hunter, 1991; Mouffe, 1981), *The New Christian Right* — a nova direita cristã nos Estados Unidos — (Hunter, op. cit.; Smith, 1992), o neoconservadorismo (Habermas, 1989; Giddens, 1994), o neoliberalismo (Anderson, op. cit.; Giddens, op. cit.) e a extrema direita (Ignazzi, op. cit.; Ignazi & Ysmal, 1992; Mudde, 1995, Jackman & Volpert, 1996). As fronteiras entre elas nem sempre são muito bem definidas, pois as vertentes da nova direita se inspiram umas nas outras, reagem umas sobre as outras, misturam-se, mas também se afastam.

De fato, a busca coletiva por soluções à suposta crise do Estado de Bem-Estar forneceu os subsídios necessários para a construção de uma variedade de ideologias contrárias à equidade e à universalidade na proteção social que, a despeito de suas oposições e variações teóricas, se uniram em torno de um ideal comum: a crítica ao modelo intervencionista posto em prática nas democracias capitalistas a partir do segundo pós-guerra.

Embora alguns autores — como os citados por Alves (2000a) — tendam a reunir sob o guarda-chuva conceitual da "nova direita" uma relevante multiplicidade de abordagens, optou-se, neste livro, por seguir o posicionamento de acadêmicos como Miller (1999) e Afonso (1998; 1999; 2000; 2007), segundo os quais a Ideologia da Nova Direita representa "uma espécie de *melting pot* político, econômico e cultural que se traduziu na fusão (conjuntural) de valores e interesses contraditórios, de origem (neo)liberal e (neo)conservadora"[12] (Afonso, 2007, p. 13).

Este é o atributo que diferencia a Nova Direita de outras concepções anteriores, também orientadas pela direita política. Da influência de duas ideologias conflitantes derivou uma nova prática política, econômica, social e cultural pautada pelo neoliberalismo *econômico* e o neoconservadorismo *social* e *político*. Assim, a defesa neoliberal do livre mercado; do indivíduo; da liberdade negativa;[13] da autorresponsabilização e da proteção mínima aliou-se à argumentação neoconservadora em favor da autoridade do Estado (ou governo forte); da disciplina e da ordem; da hierarquia; da subordinação e do resgate de valores tradicionais, como família patriarcal, propriedade privada, patriotismo, bons costumes e moral (Afonso, 1999; Miller, 1999; Gamble, 1994). A Nova Direita, por conseguinte, combinou, desde a sua origem, posições incongruentes, a saber:

> decisões não intervencionistas e descentralizadoras passaram a coexistir com outras altamente intervencionistas e centralizadoras, revelando a ambiguidade inerente a essa articulação política que fez com que a *nova direita* pudesse parecer "sucessivamente libertária e autoritária, populista e elitista". (Gamble apud Afonso, 1999, p. 141; grifo no original)

O saldo dessa mescla neoliberal-neoconservadora foi a instituição de um Estado socialmente limitado, não garantidor de direitos sociais, provedor de políticas de proteção social residuais, contingenciais e estigmatizantes, por um lado, embora forte, centralizador e controlador, por outro. A tensão constante entre as duas componentes

---

12. Esse também é o entendimento de Pierson (1991), para quem "a Nova Direita não define um único conjunto de prescrições para o bem-estar. Na verdade, é possível identificar, pelo menos, duas 'vertentes' distintas no pensamento da Nova Direita: 'uma tendência liberal que defende uma economia mais livre, mais aberta, e mais competitiva, e uma tendência conservadora mais interessada em restaurar a autoridade social e política em toda a sociedade'" (p. 41).

13. Que nega a interferência do Estado na vida privada.

ideológicas centrais da Nova Direita fez com que nesta inexistisse pureza no *laissez-faire* neoliberal e na economia de livre-mercado, ou na autoridade e poder estatais e na nova ordem moral neoconservadora. Na realidade, não obstante essa relação conflituosa ser aparentemente desvantajosa para o neoliberalismo — já que, a princípio, o limita mais do que o fortalece —, a força do Estado tem se mostrado essencial para a sua preservação: as práticas políticas neoliberais dependem diretamente da coerção estatal; do seu pulso firme na proteção às grandes corporações, às elites, ao empresariado e aos *think tanks*[14] conservadores; da oferta de garantias políticas, econômicas, militares e policiais; e da defesa partidária dessa instituição aos direitos individuais como propriedade privada e liberdades negativas (Harvey, 2008).

Em síntese, conforme Pierson (1991), ambos os componentes da Nova Direita — neoliberais e neoconservadores — são hostis à intervenção do Estado na esfera da proteção social, porque, para eles, os métodos burocráticos e administrativos estatais são ineficientes, se comparados à lógica do mercado; o protagonismo do Estado na proteção social é moralmente censurável, tanto no que diz respeito ao provedor quanto ao receptor de benefícios e serviços sociais; o Estado nega ao consumidor dos serviços de bem-estar qualquer possibilidade de escolha; e, a despeito de o Estado empregar enormes recursos nas suas ações sociais, ele é perdulário: falha tanto no intento de combater a pobreza, quanto de erradicar oportunidades desiguais.

Todavia, para além dessas críticas à intervenção social do Estado e dos paradoxos da Nova Direita em relação a essa intervenção, é fato que a interferência estatal sempre foi e continuará sendo indispensável ao modelo econômico capitalista de uma maneira geral. Sobre isto, Mészáros (1997, p. 150) chegou a afirmar que "o sistema capitalista não sobrevive um dia sequer sem uma das múltiplas formas de intervenção massiva do Estado".

---

14. Instituições ou organismos dedicados a construir e difundir conhecimento político, econômico, social, cultural ou científico.

Portanto, embora a teoria neoliberal clássica apregoe a liberdade absoluta dos indivíduos perante o autoritarismo estatal, a pragmática da Nova Direita seguiu caminho inverso, já que o "Estado tem-se tornado mais poderoso sob as políticas neoliberais de mercado" (Peters apud Afonso, 1999, p. 141). A união entre o neoliberalismo — que, segundo Outhwaite e Bottomore (1996, p. 526), "de todas as doutrinas da Nova Direita, tem sido, de longe, a mais influente nos governos" — e o neoconservadorismo reforçou a nova práxis direitista presente em praticamente todo o mundo ocidental, desde os anos 1980, incluindo a proteção social.

A prevalência dessa tendência, que foi politicamente impulsionada pelos governos liberais-conservadores de Margareth Thatcher, a partir da Grã-Bretanha, em 1979; Ronald Reagan, dos Estados Unidos, nos anos 1980; Helmut Khol, da Alemanha, em 1982; e Poul Schlüter, da Dinamarca, no mesmo ano — após um insólito começo no Chile, durante o governo ditatorial de Pinochet, segundo Perry Anderson (1995) —, possui determinações estruturais e históricas: o fim da prosperidade econômica do segundo pós-guerra, que durou trinta anos[15] nas sociedades industrializadas do Ocidente. Esse fato deu início ao que ficou conhecido como crise fiscal do Estado de Bem-Estar e ao consequente ressurgimento triunfante da ideologia liberal, então denominada neoliberal, que reagia à expansão crescente da proteção social gerida por Estados de Bem-Estar em várias nações europeias.

No rastro dessa tendência, mecanismos e práticas sociais liberais clássicos e conservadores — tributários da reforma radical que instituiu a punitiva Lei dos Pobres inglesa, de 1834 (*Poor Law Amendment Act*), e que, segundo Polanyi (1988), ajudou a maximizar o sofrimento dos pobres, antes relativamente protegidos por um sistema de abono conhecido como *Speenhamland*[16] — recrudesceram. Só que esse

15. "Gloriosos", no dizer do francês Jean Fourastié, segundo Robin (1993).

16. Conforme Polanyi (1988), a *Speenhamland* foi um sistema (mais tarde tornado lei) de proteção social, criado na Inglaterra, em 1795, que instituiu pela primeira vez um abono em

recrudescimento ocorreu em um momento histórico em que a mesma economia de mercado, que no século XIX empurrava todas as pessoas com capacidade laboral para o assalariamento, passou a desfiliar, como diz Castel (1998), grande parcela de trabalhadores da condição salarial; e, por consequência, do acesso aos direitos associados ao trabalho estável.

A influência teórica do neoliberalismo e do neoconservadorismo nas práticas políticas, econômicas e sociais foi devastadora. Entretanto, ambas as correntes de pensamento, unidas sob a nomenclatura "Nova Direita", configuram um corpo ideológico firme e coeso que conta com um número de defensores considerável, apesar de suas origens distintas em períodos históricos diferentes.

• Neoliberalismo

Perry Anderson, em seu instrutivo texto "Balanço do neoliberalismo" (1995), reconstitui a procedência dessa ideologia, elencando seus principais pensadores, atores e marcos históricos. Segundo ele, foi a partir do livro *Caminho da servidão*, escrito em 1944 por Friedrich von Hayek, como um enérgico ataque ao Partido Trabalhista inglês, que concorria (e venceria) às eleições gerais de 1945, que o neoliberalismo se organizou ideológica e politicamente. O argumento central dessa obra — que se tornou um dos postulados básicos da ideologia neoliberal — é a total rejeição a qualquer tipo de interferência limitante proveniente do Estado sobre os mecanismos mercantis, considerados, pelos seus adeptos, mais eficientes e mais justos, sob todos os pontos de vista. A ação estatal direta na economia e na esfera social, praticada, por exemplo, por governos social-democratas, foi percebida por eles como uma medida tão nociva que Hayek chegou a escrever:

---

dinheiro aos pobres, adicionado ao salário, de acordo com uma tabela que dependeria do preço do pão. Foi considerada a primeira legislação de transferência de renda na história da proteção social.

"apesar de suas boas intenções, a social-democracia moderada inglesa conduz ao mesmo desastre que o nazismo alemão — uma servidão moderna" (apud Anderson, 1995, p. 9).

Três anos após essa publicação, Hayek reuniu, em Mont Pèlerin, na Suíça, um pequeno, mas influente grupo de seguidores,[17] que militavam contra o avanço do Estado de Bem-Estar — personificado no *New Deal* americano[18] e no keynesianismo de maneira geral. Nessa ocasião, Hayek planejou discutir os rumos do Estado e a importância do liberalismo clássico no resguardo da economia capitalista ante os supostos efeitos deletérios da interferência governamental. Qualificada por Anderson (1995) de "franco-maçonaria neoliberal", a Sociedade de Mont Pèlerin, como ficou conhecida, passou a se reunir com frequência e a receber apoio político e financeiro de empresários, membros da elite, acadêmicos e corporações privadas. Em consequência, expandiu, gradualmente, seu número de adeptos,[19] que se uniram sob as seguintes ideias-base, constantes da Declaração de Objetivos redigida na fundação da referida Sociedade, em 8 de abril de 1947:

> Os valores centrais da civilização estão em perigo. Sobre grandes extensões da superfície da Terra, as condições essenciais da dignidade

---

17. Nessa primeira reunião estavam presentes 36 estudiosos das áreas das ciências humanas e sociais. Dentre eles: Milton Friedman, Karl Popper, Michael Polanyi, Walter Lipman e Ludwig von Mises.

18. O *New Deal* refere-se a um conjunto de programas postos em prática nos Estados Unidos entre 1933 e 1937, pelo então presidente Franklin Delano Roosevelt, com o objetivo primordial de reconstruir a economia norte-americana, drasticamente afetada pelos efeitos da crise de 1929. As principais ações foram: criação e implementação de um sistema de Previdência Social amparado por um salário mínimo; incentivos aos sindicatos e organizações trabalhistas; investimentos em obras públicas, em pequenos produtores rurais e no mercado consumidor.

19. A Sociedade de Mont Pèlerin existe ainda hoje e, desde 1947, organizou 32 reuniões gerais e 27 regionais, em diversos países ao redor do mundo. Atualmente, conta com mais de quinhentos seguidores de mais de quarenta nacionalidades diferentes. Os princípios que a inspiraram em sua fundação permanecem, tal como pode ser comprovado no acesso à página inicial do *site* dessa sociedade na qual constam os seguintes dizeres: "eles [os membros da Sociedade] veem perigo na expansão do governo, sobretudo por meio do Estado de Bem-Estar Social, do poder dos sindicatos e do monopólio de negócios, e na realidade e permanente ameaça da inflação". Disponível em: <https://www.montpelerin.org/montpelerin/home.html>. Acesso em: 18 dez. 2012.

> humana e da liberdade já desapareceram. Em outras, encontram-se sob constante ameaça do desenvolvimento das tendências políticas atuais. As posições do indivíduo e do grupo de voluntários são progressivamente minadas pelo avanço do poder arbitrário. Mesmo o mais precioso bem do homem ocidental, a liberdade de pensamento e de expressão, está ameaçado pela propagação de credos que, reivindicando o privilégio da tolerância quando em posição minoritária, procuram apenas alcançar uma posição de poder na qual possam suprimir e aplacar todos os pontos de vista, que não o seu.
>
> O grupo [a Sociedade de Mont Pèlerin] sustenta que esses desenvolvimentos têm sido fomentados pelo crescimento de uma visão da história que nega todos os padrões morais absolutos e de teorias que questionam a conveniência da existência do regime de direito. Ele sustenta ainda que esses desenvolvimentos foram incentivados por um declínio da crença na propriedade privada e do mercado competitivo, pois, sem a iniciativa e o poder difusos associados a essas instituições, é difícil imaginar uma sociedade em que a liberdade possa ser efetivamente preservada. (Tradução nossa)[20]

Em outras palavras, os membros da Sociedade de Mont Pèlerin defendem que os aparentes benefícios trazidos pela atuação do Estado de Bem-Estar eram, na verdade, prejudiciais à coletividade e ao próprio sistema, já que, em tese, enfraqueciam a competitividade, a propriedade privada e a liberdade individual, consideradas imprescindíveis para o alcance da felicidade nas sociedades ocidentais. Além disso, Hayek fortaleceu a ideia de que a desigualdade, como valor, era indispensável, transformando-a, dessa forma, em algo positivo que deveria ser perseguido por todos. Contudo, a despeito da "novidade" contida nesses ideais, aperfeiçoados e divulgados por personalidades de grande expressão intelectual, o neoliberalismo tardou a inspirar verossimilhança. Com a experiência de um crescimento sem precedentes em quase todos os países capitalistas centrais, embalada pela intervenção ativa do Estado na economia e no campo social, que

---

20. Trecho retirado do endereço virtual:<https://www.montpelerin.org/montpelerin/home.html>. Acesso em: 18 dez. 2012.

declaradamente buscava a equidade, os anunciados perigos da regulação estatal permaneceram desacreditados por mais de vinte anos (Anderson, 1995).

Assim, apesar de gestado no imediato segundo pós-guerra, na Europa e nos Estados Unidos — regiões que, não obstante suas reformas sociais inspiradas no keynesianismo, eram e ainda são capitalisticamente dominantes —, o neoliberalismo só ganhou força e difusão em escala planetária na década de 1970, após a chamada "crise" do Estado de Bem-Estar Social.

A profunda recessão econômica que nocauteou as nações capitalistas com altos índices de inflação, desemprego e taxas de crescimento excessivamente baixas foi determinante para a virada neoliberal. De acordo com Hayek e seus seguidores, as causas da crise residiram

> no poder excessivo e nefasto dos sindicatos e, de maneira mais geral, do movimento operário, que havia corroído as bases da acumulação capitalista com suas pressões reivindicativas sobre os salários e com sua pressão parasitária para que o Estado aumentasse cada vez mais os gastos sociais. (Anderson, 1995, p. 10)

A solução apresentada para a superação da condição de recessão seria a manutenção de um Estado forte, porém apenas na "capacidade de romper o poder dos sindicatos e no controle do dinheiro" (Anderson, 1995, p. 11). Esse Estado deveria manter-se "parco em todos os gastos sociais e nas intervenções econômicas" (ibid., p. 11).

Hayek defendia, portanto, que a "meta suprema de qualquer governo" (Anderson, 1995, p. 11) deveria ser a estabilidade monetária, alcançada somente por meio da implementação de uma "disciplina orçamentária, com a contenção dos gastos com bem-estar, e a reestruturação da taxa 'natural' de desemprego, ou seja, a criação de um exército industrial de reserva de trabalho para quebrar os sindicatos" (ibid., p. 11). Com todas essas providências tomadas, os adeptos do neoliberalismo argumentavam que "uma nova e saudável desigualdade iria voltar a dinamizar as economias avançadas, então às voltas com uma estagflação, resultado direto dos legados combinados de Keynes e Beveridge [...] os quais haviam tão desastrosamente deformado o curso normal da acumulação e do livre mercado" (ibid., p. 11).

Com a mudança no contexto histórico, político e econômico a partir dos anos 1970, os ideais neoliberais ganharam espaço e legitimação. Inspirados na Sociedade de Mont Pèlerin, outros grupos se organizaram em torno dos mesmos ideais, como o londrino Institute of Economic Affairs e a Heritage Foundation, de Washington, e renomadas universidades como a de Chicago, onde Milton Friedman era professor. A concessão do Prêmio Nobel em Ciências Econômicas a Hayek, em 1974, e a Friedman, dois anos depois, foi decisiva para a respeitabilidade adquirida pelo neoliberalismo nas décadas seguintes (Harvey, 2008). Desde então, mais seis membros da Sociedade de Mont Pèlerin receberam o Nobel de Economia.[21]

A "II Guerra Fria", como ficou conhecida a fase de "paz armada" entre Estados Unidos e União Soviética, desencadeada, em 1978, pela invasão desta última no Afeganistão, polarizou, mais uma vez, o mundo entre "comunistas", membros do chamado "império do mal", e anticomunistas; e entre estes figuravam os neoliberais e neoconservadores, representando os heróis que libertariam o planeta da opressão e da servidão soviética. Convocados a posicionarem-se em um dos dois lados possíveis, as nações ocidentais, em sua maioria, acederam ao chamado estadunidense. Ao final dos anos 1980, praticamente todos os países europeus, com exceção da Suécia e da Áustria, eram dirigidos por governos afinados com a ideologia neoliberal (Anderson, 1995).

21. George Stigler, membro fundador da Sociedade de Mont Pèlerin (vencedor do Prêmio Nobel em 1982); James M. Buchanan (vencedor em 1986); Maurice Allais, também membro fundador da referida Sociedade (vencedor em 1988); Ronald Coase (vencedor em 1991); Gary Becker (vencedor em 1992) e Vernon Smith (vencedor em 2002).

• Neoconservadorismo

Paralelamente ao nascimento e fortalecimento do neoliberalismo, despontou, nos Estados Unidos, a ideologia neoconservadora, cuja influência mundial também foi significativa. Não obstante sua organização teórica ter se firmado apenas nos anos 1960/1970 e sua ingerência prática nos governos ter, tal qual o neoliberalismo, se dado no início dos anos 1980, suas raízes começaram a ser fincadas em meados da década de 1930, com o início da vida acadêmica de seus principais representantes.

Durante os anos de estudos no City College de Nova York, Irving Kristol, considerado o pai do neoconservadorismo, e seus colegas Irving Howe, Nathan Glazer e Daniel Bell (todos notáveis partidários desta ideologia) costumavam se reunir em uma cafeteria da universidade para compor um grupo de trotskistas radicais. A aliança da Alcove #1 (alcova número 1), como ficou conhecida, era formada por dissidentes anti-stalinistas da Alcove #2, grupo maior e defensor incondicional da União Soviética (URSS). Obrigados a dominar densas bibliografias das ciências humanas e sociais, e estimulados a defender argumentações em conflituosos debates, esses intelectuais reconheceram que foi durante os anos como jovens trotskistas que aprenderam a pensar e teorizar, dois atributos que se tornaram indispensáveis aos adeptos do neoconservadorismo, defensores da teorização para explicação e solução dos problemas sociais.

Essa experiência, igualmente, marcou a primeira de muitas dissidências teóricas e ideológicas que viriam a caracterizar os pensadores neoconservadores. Desiludidos com a esquerda intelectual, os membros da Alcove #1 tornaram-se seus opositores e aderiram ao liberalismo do pós-Segunda Guerra Mundial[22] que se encontrava

---

22. *Liberalismo* representa uma doutrina econômica que se originou por volta do século XVIII influenciada por correntes variadas, muitas vezes antagônicas e adversárias (como os preceitos platônicos e aristotélicos acerca da justiça, da propriedade e do Estado, o utilitarismo e a doutrina do direito natural). Sua evolução ao longo dos séculos promoveu o nascimento de outros *liberalismos* modificados, fator que contribuiu para a confusão conceitual que permeia

fragmentado desde a morte de Franklin Delano Roosevelt — idealizador do *New Deal* estadunidense: de um lado os liberais simpáticos ao socialismo e às medidas socialmente protetivas do Estado de Bem-Estar; de outro, os hostis à esquerda política, representada então pela URSS. Estes últimos — dentre eles Kristol e seus colegas do City College, agora contrários ao modelo soviético —, temerosos dos perigos dos ideais comunistas para o liberalismo, integraram-se ao Partido Democrata dos Estados Unidos e apoiaram a eleição de Harry S. Truman,[23] presidente que sucedeu Roosevelt (Ehrman, 2011).

Os liberais estadunidenses desse período e sua organização representante, a independente *Americans for Democratic Action* (Americanos pela Ação Democrata), fundada por Eleanor Roosevelt (esposa do presidente Roosevelt), John Kenneth Galbraith, Walter Reuther, Arthur Schlesinger e Reinhold Niebuhr, tornaram-se, em peso, apoiadores das políticas de Truman. Dessa organização faziam parte Irving Kristol, Daniel Bell, Nathan Glazer e outros intelectuais nova-iorquinos que também viriam a se tornar importantes neoconservadores, como Jeane Kirkpatrick (anticomunista radical e conselheira de política externa no governo Reagan, foi a primeira mulher a ocupar o cargo de embaixadora dos Estados Unidos nas Nações Unidas) e Daniel Patrick Moynihan (senador estadunidense de 1976 a 1994 e embaixador dos Estados Unidos e da Índia nas Nações Unidas) (Ehrman, 2011).

---

esse termo. Embora ramificado, é possível, contudo, identificar alguns pilares teóricos comuns a todas as suas variantes, desde o liberalismo clássico ao neoliberalismo atual. São eles: defesa, sobre todas as coisas, do direito à propriedade privada; crença na virtude do trabalho e da autorresponsabilização dos indivíduos; busca pelo lucro e pela acumulação de riquezas; exaltação das liberdades negativas, da igualdade formal/jurídica; naturalização das desigualdades sociais e a defesa do modo de produção capitalista e da economia de mercado. Sobre isto ver Siqueira (2012).

23. O governo Truman ficou mundialmente conhecido, entre outras medidas, pelo bombardeamento nuclear das cidades japonesas de Hiroshima e Nagasaki; pela criação das Nações Unidas e da Organização do Tratado do Atlântico Norte (OTAN); pela Doutrina Truman, que tinha como objetivo a defesa do "mundo livre" face à "ameaça socialista" e que acabou por dar início à Guerra Fria; e pelo Plano Marshall de reconstrução da Europa, depois da Segunda Guerra Mundial.

Conquanto antipatizantes do socialismo, os liberais americanos do pós-Segunda Guerra Mundial não se opunham a algumas medidas de proteção social e reformas políticas e econômicas. Ao contrário, o que caracterizou os intelectuais desse período foi a luta pela introdução da análise científica dos problemas sociais, o que permitiu que a avaliação das causas desses problemas servisse de base para o seu certeiro diagnóstico e para a busca por possíveis soluções ou formas de alívio, geralmente cobradas dos governos. Assim, acreditavam romper com a tradição do uso da intuição ou da ideologia no trato das problemáticas nacionais, substituindo-a, a partir de então, pelos métodos e técnicas das ciências sociais. O estímulo liberal a programas educacionais, habitacionais e antipobreza — embora de caráter gerencialista, tecnocrático e focalista — marcou os anos 1950 e 1960.

Todavia, o caos na política urbana; o desemprego e a insatisfação no trabalho, que geraram pesadas greves; e a conservação da pobreza extrema e do hiato social entre ricos e pobres, fizeram com que os crescentes custos com o bem-estar se tornassem malvistos pela população estadunidense de maneira geral. Além disso, a insurgência de movimentos populares, especialmente os contrários ao racismo, ao anticomunismo e à belicosa política externa dos Estados Unidos,[24] demonstraram o fracasso das reformas governamentais implementadas (Ehrman, 2011).

De acordo com Ehrman (2011), esses fatores levaram alguns liberais, como Kristol, Bell, Glazer e Moynihan, a questionarem o papel, a competência e a habilidade do Estado, das instituições públicas e da autoridade tradicional no atendimento das demandas sociais. O ceticismo na resolução dos problemas societários, mediante interferência estatal e fórmulas técnicas, assim como o incômodo gerado pela expansão de coletividades revolucionárias a bradar contra a

24. Os mais famosos movimentos de contracultura foram o *hippie*, o *beatnik*, o *punk* e os movimentos estudantis de maneira geral. Os grupos antirracistas mais conhecidos foram o *Movimento pelos Direitos Civis*, o *Black Powers* e os *Panteras Negras*. As lutas concentravam-se, em sua maioria, no combate ao "sonho americano" inaugurado no pós-Segunda Guerra, marcadamente racista, sexista, consumista, anticomunista, tradicionalista e nacionalista.

religião, a família tradicional e o papel reservado à mulher e aos negros, fez com que, no final dos anos 1960 e início dos 1970, Irving e seus seguidores abandonassem o liberalismo. Representando uma reação ao *defining deviancy down* (Moynihan, 1993), isto é, ao "desvio para baixo"; à naturalização de uma suposta imoralidade que, segundo eles, corroeu a família patriarcal e os valores tradicionais, gerando o crime, a barbárie, os vícios e a miséria, surgiu uma nova abordagem ideológica que mesclou o individualismo, o anticomunismo e a economia de mercado com o conservadorismo[25] tradicional, especialmente em seus postulados morais, instituições e comportamento.

A trajetória teórica e política desses pensadores e os novos ideais por eles disseminados fizeram com que, em 1973, o líder socialista Michael Harrington popularizasse o termo "neoconservador" para designá-los. Seu intuito era conferir um vocábulo pejorativo a esse grupo de ex-socialistas e ex-liberais, que traíram seus ideais virando-se cada vez mais para a direita. Entretanto, em 1979, Irving Kristol publicou um artigo intitulado "Confessions of a True, Self-Confessed 'Neoconservative'" ("Confissões de um Verdadeiro, Confesso 'Neoconservador'") assumindo o rótulo, que passou a nomear oficialmente a corrente nascente. E, com humor, chegou a afirmar: "se você puder, aceite as alcunhas que as pessoas te dão e lide com isso. Ademais, o fato de ter sido chamado de 'Irving' me deixou relativamente indiferente aos caprichos batismais" (Kristol apud Murray, 2009. Tradução nossa). Dessa feita, Kristol não apenas acatou a qualificação, mas atribuiu a ela um predicado que se tornou clássico; para ele, neoconservador, ou simplesmente "neocon", seria "um liberal assaltado pela realidade" (*a liberal mugged by reality*) (ibid.).

---

25. O termo *conservadorismo* tem sido utilizado para identificar correntes políticas e filosóficas amparadas pelo tradicionalismo e pela resistência a mudanças. No entanto, sua origem como corrente ideológica remonta ao século XVIII, tendo nascido como oposição aos ideais propalados pela Revolução Francesa. Desde então, a propagação dessa corrente por diversas nações ao redor do globo suscitou o surgimento de variantes de conservadorismo, não obstante todas compartilharem postulados comuns, tais como: o respeito às tradições, aos hábitos e aos costumes, a apologia de valores morais rígidos e a valorização de instituições tradicionais como a Igreja, a família e o mercado.

O percurso marcado por pelo menos duas expressivas decepções teóricas (primeiro com o socialismo, depois com a doutrina liberal) mostrou-se basilar para o estabelecimento do corpo ideológico do neoconservadorismo. Em seu artigo, Ehrman (2011) alega que pelo menos quatro atributos podem ser considerados determinantes para essa abordagem. Em primeiro lugar, apesar da decepção com as reformas conduzidas nas décadas anteriores, a maioria delas embasada em orientações científicas, os neoconservadores continuaram a adotar a linguagem e a metodologia das ciências sociais, porém de forma mais rigorosa e cuidadosa. Por meio de estudos, pesquisas e leituras específicas, esses intelectuais empenharam-se na identificação das problemáticas sociais e concluíram que estas não poderiam ser "curadas", mas aliviadas ou diminuídas. Traumatizados com a interferência massiva, embora relativamente ineficaz do Estado sobre a desordem, o crime e a pobreza nos anos 1950 e 1960, os neoconservadores passaram a rejeitar novas e grandiosas políticas nacionais.

Disto deriva sua segunda propriedade: a aceitação da desigualdade social e econômica como natural e insuperável. Para eles, "uma sociedade de iguais seria complicada e impraticável" (Etzioni apud Ehrman, 2011; tradução nossa). O mais viável, e hipoteticamente mais saudável, seria a construção coletiva de uma igualdade de oportunidades real e a responsabilização dos indivíduos por seus erros e acertos, acompanhada da respectiva punição ou recompensa.

Contudo, os neoconservadores não se opõem à existência de proteção social pública e estatal. Não há, como ressalta Ehrman (2011), uma intenção de suprimir o Estado de Bem-Estar ou de reverter as políticas já implementadas, como a assistência médica gratuita aos pobres e idosos ou a previdência social — embora políticas amplas e generosas não sejam benquistas. Há, no entanto, uma resistência à criação de novos programas ou benefícios, em especial os universais e os nacionais, consequentemente mais onerosos aos cofres públicos, o que configura a terceira característica dessa ideologia. A estratégia é melhorar as políticas existentes, tornando-as efetivas, e maximizar as opções para os indivíduos, incentivando-os a fazerem escolhas que estimulem a competição entre proteção pública e proteção privada. A proteção social estatal, embora aceita, deve ser focalizada nos mais necessitados, temporária e comprometida com o mínimo, permitindo, segundo eles, que os beneficiários possam reerguer-se com suas próprias forças. A criação de uma "rede de proteção social" (*safety net*) voltada para os miseráveis e que leve em conta essas propriedades é admitida, e o *workfare* (bem-estar em troca de trabalho), considerado ideal.

Por fim, atrelado à sua radical objeção ao socialismo, a ideologia neoconservadora assumiu um posicionamento estrito no que concerne à política externa de seu país de origem, os Estados Unidos. A defesa incondicional da "democracia" ocidental (e dos Estados Unidos, seu líder e representante mais legítimo de acordo com os neocons) é resultado direto do sentimento de patriotismo exacerbado, exigido e cobrado de todo e qualquer cidadão estadunidense. Esse nacionalismo que se transfigura em prova de lealdade ao país, à cultura e aos valores dos Estados Unidos — classificados, em geral, como mais civilizados por número significativo de seus habitantes nativos —, todavia, não pressupõe o isolamento da nação; ao contrário, os neoconservadores visam ao internacionalismo, porém sem distanciar-se do aspecto nacional. Dessa mescla resulta a globalização pelo alto, imperialista, com a disseminação do modo de vida estadunidense (*american way of life*) por todo o orbe.

De fato, a crença neodireitista ou, mais especificamente, neoconservadora, na superioridade moral e intelectual da sociedade estadunidense, aperfeiçoou-se em um racismo generalizado e no afã de dominação em escala mundial; ambos, mascarados pelo rótulo legitimado do "amor à pátria", do altruístico ato de educar e civilizar povos "bárbaros", presente nessa sociedade desde o início de sua formação política e econômica. O pôster criado e divulgado pelo Partido Republicano durante a campanha para as eleições presidenciais de 1900 ilustra esse preceito *mainstream*. No centro do cartaz aparecem as gravuras do presidente William McKinley e seu vice Theodore

Roosevelt. À esquerda, sob a qualificação de "com os Democratas", verifica-se a representação dos Estados Unidos como industrial e economicamente falidos, e Cuba, aprisionada pelo domínio espanhol. Do lado direito, em um país gerido pelos Republicanos, as indústrias e o sistema bancário mostram-se em funcionamento efetivo; e Cuba, "positivamente" transformada pela educação e pelas regras estadunidenses. Em destaque, a frase dita por McKinley em 12 de julho de 1900, e que já resumia o moderno ideal neodireitista: "a bandeira americana não foi fincada em solo estrangeiro para adquirir mais território, mas sim pelo bem da humanidade".

Figura 2. Pôster do Partido Republicano dos Estados Unidos para as eleições presidenciais de 1900

Fonte: Documentário "Escolarizando o Mundo: o último fardo do homem branco" (título original: *Schooling the World: the white man's last burden*), dirigido por Carol Black e produzido por Neal Marlens, Jim Hurst e Mark Grossan. Cor, 65 min, 2010.

Esse posicionamento político, contudo, se tornou mais evidente durante a Guerra Fria. Nesse período, era debatido o papel dos Estados Unidos no contexto mundial e sua estratégia de ação após o fim do referido conflito. Contestando os demais grupos influentes, que endossavam a redução da presença internacional dos Estados Unidos, os neoconservadores defendiam o oposto: o avanço estadunidense em escala mundial, a fim de que essa nação se tornasse não apenas uma referência, um modelo para as demais, mas uma superpotência a liderar o planeta. Além disso, com a predominância dos Estados Unidos nas questões externas, seus interesses seriam preservados e seus valores disseminados (Teixeira, 2007). A ideia central dos neoconservadores no que se refere à política externa pode ser resumida na seguinte frase proferida por Kristol (apud Teixeira, 2007, p. 83): "os Estados Unidos deveriam perseguir uma política de ação em vez de reação". Teixeira frisa que em 2000, um ano antes do ataque ao World Trade Center, Kristol passou a semear a ideia de ação como mecanismo de prevenção contraofensivas diretas provenientes de outras nações e contra a sua possível perda de influência e controle. Após o ataque ao World Trade Center em 11 de setembro de 2001, essa estratégia foi amplamente adotada pelo governo George W. Bush (presidente neoconservador) e legitimada pela população norte-americana e seus principais aliados europeus.

Outra característica da política externa efetivada em governos afinados com a ideologia neoconservadora provém do fato, pessoal, mas categórico, de que a maioria de seus teóricos e adeptos é judia. O confronto histórico da esquerda mundial com Israel e a consequente defesa da Palestina livre são tratados, pelos neoconservadores, como antissemitismo, e, por isso, duramente repudiados (Ehrman, 2011). Contudo, com a parceria estabelecida entre Israel e os Estados Unidos, este último passou a apoiar e salvaguardar as ações políticas, econômicas e sociais do primeiro.

O neoconservadorismo, dissidente da esquerda trotskista, em um primeiro momento, e, posteriormente, do liberalismo democrata do segundo pós-guerra, passou a compor o partido Republicano e a apoiar as medidas de Ronald Reagan (presidente dos Estados Unidos entre 1981 e 1989), de George H. W. Bush (ou Bush pai, como ficou conhecido, presidente entre 1989 e 1993) e de George W. Bush (ou Bush Filho, que exerceu o mandato entre 2001 e 2009). Sintonizada com os ideais republicanos e com as transformações políticas iniciadas, pioneiramente, na década de 1980, na Inglaterra de Margareth Thatcher, a ideologia neoconservadora aproximou-se, como já mencionado, do neoliberalismo, compondo com este a Nova Direita, corrente que, nas décadas seguintes, se tornaria hegemônica em âmbito global.[26]

• Postulados teóricos e ideológicos da Nova Direita

Do exposto, entende-se que a concepção da Nova Direita, além de produto direto das dificuldades econômicas geradas pelas crises pós-Segunda Guerra Mundial, foi uma reação ao contínuo aumento dos gastos sociais com bem-estar; reação esta que teve forte embasamento no pensamento liberal e conservador, reinterpretado em novas ideologias supostamente mais afinadas com as questões políticas e sociais contemporâneas — neoliberalismo e neoconservadorismo.

De acordo com George e Wilding (1994, p. 15), a Nova Direita é

> uma poderosa — às vezes até mesmo estridente — crítica com uma firme base ideológica. Ela colocou um claro desafio ideológico para a sabedoria convencional e forçou uma série de questões importantes e negligenciadas de volta a um lugar central na análise do papel do Estado no bem-estar. (Tradução nossa)

26. Após as vitórias na Inglaterra, Estados Unidos, Alemanha e Dinamarca, a Nova Direita invadiu a Europa socialista (extinta em 1989) e a América Latina (com a eleição de Alberto Fujimori no Peru, Carlos Menem na Argentina, Carlos Salinas no México e os presidentes Fernando Collor e Fernando Henrique Cardoso no Brasil). Mesmo países cujos governos não sigam à risca a cartilha da Nova Direita são diretamente afetados pelas perversas consequências do neoliberalismo e do neoconservadorismo.

Esta crítica neodireitista ao Estado de Bem-Estar e ao tipo de proteção social disseminada a partir dele assenta-se, ainda segundo George e Wilding (1994), em pelo menos seis postulados essenciais que, na visão dos adeptos da Nova Direita, caracterizam a instituição protetiva e seus defensores. São eles: a impossibilidade de criação de um Estado de Bem-Estar completo e abrangente; a visão equivocada sobre a natureza humana e a ordem social; as ideias erradas sobre o próprio Estado de Bem-Estar; a ameaça que o Estado de Bem-Estar representa para a liberdade; a ineficiência e ineficácia desse tipo de instituição; e, finalmente, os seus caracteres economicamente, socialmente e politicamente danosos.

A despeito de, em geral, não se posicionar de forma radicalmente contrária à proteção social, a Nova Direita repudia e desacredita a ideia de universalidade. A certeza da impossibilidade de construção de um Estado de Bem-Estar abrangente, completo e universal repousa, de acordo com George e Wilding (1994), em três argumentos centrais. Em primeiro lugar, por defenderem que a busca pela universalidade da proteção social ignora a natureza da *ordem espontânea* que hipoteticamente rege todas as coisas, ou seja, de

> uma ordem que surge não da vontade de um legislador central para atingir seus objetivos predeterminados, mas uma ordem que, embora surgindo da interação não coordenada dos agentes sociais buscando apenas seus objetivos particulares, acaba por criar regras gerais e estáveis de interação entre os agentes que passam a valer para toda uma sociedade. (Fiani, 2002, p. 10-11)

Segundo, por essa busca partir da convicção, considerada errada, de que a cobertura protetiva total pode ser alcançada por meio de planejamento racional. Por fim, em terceiro lugar, porque, ao se almejar essa abrangência, deixa-se subentendida a possibilidade de satisfação de interesses ou objetivos comuns a toda a sociedade, alegação considerada absurda para os novos direitistas.

A crença — quase religiosa — em uma ordenação natural, produto da *atividade humana*, mas independente do *desígnio humano*, isto é, dos atos conscientes e intencionais de planificação (Hayek apud Pisón, 1998; George e Wilding, 1994), está no cerne da crítica da Nova Direita à proteção social pública universal. A ordem espontânea, vista como saldo de um processo evolutivo, dirige a vida em sociedade, as instituições, o mercado; e para compreendê-la não se necessita da razão e da compreensão real da práxis humana, mas sim do conhecimento tácito, dos costumes e dos hábitos que naturalizam os acontecimentos sociais e as relações estabelecidas entre eles. Assim, conforme George e Wilding, para a Nova Direita "a ordem espontânea é um milagre de um sistema autogerado e autorrenovado" (1994, p. 21; tradução nossa). Porém, também é "uma planta de grande delicadeza. Seu funcionamento pode ser facilmente interrompido. Tentativas de 'construir' um Estado de Bem-Estar provavelmente farão isso e o resultado será o desastre" (Hayek apud George e Wilding, 1994, p. 21; tradução nossa).

Desse modo, para os partidários da Nova Direita, a interferência intencional no *status quo* — especialmente na esfera social — por meio do planejamento racional, além de ser impraticável, poderá ser nociva à estrutura, naturalmente organizada. Tal argumentação gira em torno da incapacidade humana de conhecer todos os fatores necessários para a implementação de políticas universais, em face da crescente complexidade da vida social. Essa complexidade, típica de conjuntos heterogêneos e multifacetados, explica, em tese, a descrença dos novos direitistas no estabelecimento de benefícios, programas e projetos verdadeiramente públicos e, portanto, de todos. Para eles, o acordo entre grupos de interesses distintos, essencial para a provisão de proteção social global, só é exequível quando relativo aos meios; os fins jamais poderão ser consensuais (George e Wilding, 1994).

Ademais, os adeptos da Nova Direita concluem que, mesmo que fosse possível identificar objetivos comuns a toda a sociedade, o imperativo de instituir um Estado de Bem-Estar para alcançá-los subestima a capacidade de unificação, cooperação e solidariedade inerente ao mercado. Na esteira dessa conclusão, Novak, segundo George e Wilding (1994, p. 17), defende que o "mercado é moralmente superior ao socialismo e à provisão estatal porque ele convoca as pessoas para o intercâmbio razoável, civil, voluntário com seus pares e promove a associação e a comunidade" (tradução nossa). Ou, em outras palavras, "os mercados unem as pessoas. Eles ajudam a criar e sustentar comunidades" (Willets apud George e Wilding, 1994, p. 17; tradução nossa). E essa "união" resulta da já citada "ordem espontânea" e do "saudável" processo de competição e descoberta, que oferece produtos e serviços de alta qualidade, condizentes com as necessidades equivalentes a preferências e desejos dos consumidores.

De fato, para os novos direitistas, o desenvolvimento do Estado de Bem-Estar se deu em meio a uma série de enganos e distorções teóricas e práticas no que diz respeito à compreensão da vida social, política e econômica. E esses equívocos foram cruciais para o "fracasso" da proteção social pública no seu embate com a pobreza e demais males sociais. O primeiro grande engano propalado, segundo eles, pelos defensores do Estado de Bem-Estar, é a crença, considerada utópica, de que para cada problema social há uma política (Glazer apud George e Wilding, 1994). A falha, de acordo com os preceitos da ideologia da Nova Direita, reside na ignorância de que, no capitalismo, os problemas sociais são inerentes à vida em sociedade e nem todos precisam de conserto ou alívio; há de se lidar com eles, assumindo que são males necessários ao alcance da felicidade geral, vista como proporcionada, em sua plenitude, exclusivamente pelo peculiar modo de produção capitalista.

Essa crença, para os adeptos da Nova Direita, gera outro erro, igualmente grave: se todos os problemas sociais podem ser superados por meio da atuação prática de políticas igualmente sociais, o campo econômico fica em segundo plano. A priorização do "social" pressupõe que "o econômico", sozinho, dará conta de si mesmo; e a consequência imediata dessa priorização seria o "enfraquecimento do potencial produtivo da economia" (George e Wilding, 1994, p. 18; tradução nossa). Um dos mais citados argumentos contrários ao Estado de Bem-Estar é que o seu crescimento e expansão se deu, historicamente, sem a devida atenção aos impactos negativos do gasto social sobre a economia das nações. Daí a conclusão neodireitista de que "os defensores do Estado de Bem-Estar são lamentavelmente ignorantes em economia" (George e Wilding, 1994, p. 18; tradução nossa).

A suposta supervalorização "do social", atribuída aos defensores da proteção social universal, contamina, segundo os neodireitistas, a própria compreensão e interpretação de conceitos-chave, que precisam de definição clara e inequívoca para que sejam corretamente perseguidos ou aplicados na prática cotidiana da vida em comunidade. Como exemplo, citam os conceitos de *liberdade*, *justiça social*, *direitos sociais*, *necessidades* e *problemas sociais*, que, "deturpados", demandam políticas específicas e, consequentemente, incorretas.

A Nova Direita entende *liberdade* simplesmente como ausência de coerção (liberdade negativa).[27] Os defensores da proteção social universal, por outro lado, creem que a *liberdade*, nesse campo, está mais relacionada à capacidade concreta de realizar algo do que meramente ser livre para fazê-lo. Essa percepção implica que sejam oferecidas a todos os membros de dada sociedade oportunidades sólidas (que podem significar provisão de recursos, serviços, benefícios) para que exerçam a sua liberdade de modo pleno (George e Wilding, 1994).

O conceito de *justiça social*, por sua vez, é visto pelos neodireitistas como eminentemente desprovido de sentido. Para eles, onde os resultados das ações políticas, econômicas e sociais não são planejados racionalmente ou munidos de intencionalidade, é impossível falar de justiça ou injustiça. A partir da noção de "ordem espontânea", afirmam eles, assumir que existe o imperativo de intervenção global no social pressupõe a ideia de que a natureza, o acaso, é injusto. E, em

27. E, consequentemente, refere-se, de forma privilegiada, à liberdade do mercado e ao direito à propriedade privada. Resgatando a ideia de "mão invisível", preconizada por Adam Smith, Hayek criou um neologismo, que recebeu o nome de "catallaxy", para descrever uma espécie de ordem espontânea produzida pelo mercado, que não caberia ao Estado cercear. É nesse sentido que ele concebe a liberdade como uma condição na qual todos estariam autorizados a utilizar seus conhecimentos na busca de seus fins, tendo como limites apenas as regras de justa conduta, de aplicação universal (Pierson, 1991, p. 43).

decorrência da atuação coercitiva na vida particular dos indivíduos, toda intervenção, por bem ou por mal, termina por privá-los de "liberdade", tal qual a entendem. Rawls (1997, p. 109) deixa claro esse equívoco. Para ele a "distribuição natural não é justa nem injusta; nem é injusto que as pessoas nasçam em alguma determinada posição particular na sociedade. Esses são simplesmente fatos naturais". E se não há justiça ou injustiça, a ideia de direitos é, em decorrência, igualmente vazia de significado.

Para atender a diversidade social — vista como natural — em todas as suas facetas, o mercado desponta isoladamente. Considerado o melhor mecanismo capaz de descobrir e organizar necessidades, desejos e preferências múltiplos e dispersos, o mercado passou a ser glorificado pelos seus atributos "únicos" e habilidade privilegiada de prover uma vasta variedade de opções para serem *escolhidas* por grupos heterogêneos. A escolha, por sinal, como afiançam George e Wilding (1994, p. 36), é, para a Nova Direita, "um constituinte crucial da dignidade humana" (tradução nossa); por isso, para essa ideologia, quanto mais opções proporcionadas aos indivíduos, maiores as chances de que alcancem a satisfação integral de suas necessidades e, por conseguinte, a felicidade. Daí a confiança neodireitista na aptidão mercantil em unir, agregar, cooperar e se solidarizar com os povos.

Diante do exposto, fica clara a resistência da Nova Direita à concepção de necessidades sociais propagada pelos defensores do Estado de Bem-Estar. Primeiro porque, como já mencionado, os novos direitistas não admitem a existência de necessidades coletivas e muito menos de meios universalmente efetivos de atendê-las. Segundo porque repudiam o papel concedido ao Estado, considerado inapto, de identificador de necessidades e provedor de recursos, bens ou serviços que permitam a sua satisfação. Terceiro por acreditarem que a intervenção de instituições públicas na vida privada dos indivíduos e na independente e espontaneamente ordenada existência mercantil é uma intrusão autoritária que caracteriza ameaça à liberdade e pode descambar para excessos e abusos de poder (Pereira-Pereira, 2008a).

Da mesma maneira, a definição de *problema social* é qualificada como politicamente perigosa. Os defensores da proteção social pública e universal entendem que problemas sociais possuem causas estruturais complexas que exigem atenção séria e busca por soluções. Para os adeptos da Nova Direita, contudo, grande parte dos "fenômenos" ou "fatos" que são rotulados como *problemas* são naturais, inerentes ao sistema e essenciais para o seu correto funcionamento. Assim, não é necessário preocupar-se com correções, visto que, sem eles, o capitalismo não seria executável. Ademais, alegam os neodireitistas, não é adequado ir contra a natureza, a já tão citada ordem espontânea, que organiza a vida social e sua multiplicidade de elementos da forma mais correta possível. O que não é *problema natural* é considerado falha individual. Os erros e fracassos são encarados como de responsabilidade exclusiva de sujeitos inabilidosos ou com severos vícios de caráter: preguiça, vadiagem, acomodação.

Em suma, para a Nova Direita, os equívocos e mal-entendidos em torno de conceitos que se tornaram pilares na defesa da proteção social pública e de sua instituição gestora e executora, o Estado de Bem-Estar, foram determinantes para que a própria proteção se desse de maneira prejudicial à liberdade, à ordem natural, à autonomia e ao poder de superação individual. Sobre isto, Hayek afirma que

> qualquer atuação do poder público em nome da justiça destinada a aliviar a privação ou as necessidades de um indivíduo supõe uma alteração da sociedade livre e uma ingerência no âmbito da liberdade dos indivíduos, especialmente quando aquela supõe tirar de uns para dar a outros. As posições sociais, a riqueza, o bem-estar tem que ser distribuído de forma espontânea pelo mercado [...] e quando um indivíduo não é capaz de satisfazer suas necessidades por meio de seus mecanismos, então deve confiar na bondade dos demais, em sua caridade, enquanto o poder político deve abster-se de toda intervenção. (Hayek apud Pisón, 1998, p. 189)

De acordo com a Nova Direita, contudo, os enganos dos defensores do Estado de Bem-Estar não se limitam à compreensão de conceitos. A natureza humana, da mesma maneira, é, para eles, interpretada erroneamente de forma otimista como sendo inatamente boa, produtiva, responsável, solidária e comprometida com o trabalho e com a coletividade. Discordando dessa percepção, a ideologia neodireitista concebe o ser humano como naturalmente egoísta e pautado pela busca de ganhos pessoais por meio de procedimentos e práticas, que raramente visam à felicidade do outro e ao bem-estar coletivo. Sendo assim, o ser humano egoísta precisa ser elogiado quando é bem-sucedido e punido quando fracassa, já que, para essa ideologia, tais fracassos não decorrem de fatores exclusivamente sociais. "O risco", dizem eles, assim como "a incerteza e o perigo real de fracasso são necessários para o funcionamento humano e social" (George e Wilding, 1994, p. 23; tradução nossa).

Daí por que a proteção social se afigura inconveniente, pois vai de encontro aos princípios básicos do homem e do sistema do capital. "A tentativa do Estado de Bem-Estar [...] de negar, suprimir e afastar os perigos e incertezas de nossas vidas — de domesticar o desconhecido inevitável — viola não só o espírito do capitalismo, mas também a natureza do homem" (ibid., p. 23; tradução nossa). A "socialização de conceitos" importantes (como os já identificados: *justiça social*, *necessidades*, *direitos*, *liberdade* e *problemas sociais*) que, para os neodireitistas, não possuem caráter social ou sequer razão de ser é grave, pois se mostra incompatível, também, com o individualismo e o egocentrismo naturais à espécie humana.

Mas não terminam aí as críticas da Nova Direita. Para além dos alegados erros conceituais e na forma de avaliação da natureza humana, existem, segundo os seus adeptos, incorreções agudas na própria concepção do que é bem-estar e no entendimento da maneira como esse bem-estar é realizado e garantido.

Aos defensores da proteção social pública, os neodireitistas atribuem uma visão estreita, que associa a provisão de bem-estar exclusivamente ao Estado, desconsiderando, como já salientado, o papel do mercado, do voluntariado e da família nessa provisão. O Estado, por sua vez, tende a privilegiar o fornecimento de serviços sociais em detrimento de transferências monetárias diretas, as quais, segundo a Nova Direita, proporcionariam ao beneficiário poder de escolha entre qual serviço comprar e de qual fornecedor. A opção pelos serviços sociais representa, assim, a falha em reconhecer a importância do "empoderamento" (*empowerment*) dos indivíduos, impedindo que invistam suas próprias energias no desenvolvimento de suas aptidões pessoais, de sua liberdade, de seu livre-arbítrio e de sua responsabilidade, todos atributos estimulados pelo exercício da escolha. A ênfase na oferta de serviços sociais pressupõe, ademais, que o Estado sabe melhor do que a pessoa beneficiada, o que é melhor para ela.

Tal procedimento implica, no entender dos neodireitistas, a desresponsabilização do indivíduo em relação ao seu próprio bem-estar; significa a ênfase no *direito* em prejuízo das *obrigações*; ou, em outros termos, significa para o beneficiário o estímulo ao seguinte entendimento: que "o realce [na proteção] é totalmente focado no que o meu país pode fazer por mim, em vez de em o que eu posso fazer pelo meu país" (George e Wilding, 1994, p. 25; tradução nossa). Entretanto, mesmo as transferências de renda direta, a princípio aceitas pela maioria dos neodireitistas contemporâneos (à exceção dos mais radicais, que são contrários a qualquer forma de proteção social), devem, segundo eles, ser acompanhadas da exigência de contrapartidas dos beneficiários, com o intuito de lembrá-los de seus deveres e desestimular previsíveis acomodações, para a Nova Direita, inerentes ao ser humano.

A desresponsabilização dos indivíduos pela sua autossustentação, de acordo com a Nova Direita, é também fruto da visão otimista, nutrida pelos defensores do Estado de Bem-Estar, sobre a natureza humana, as relações sociais e o próprio papel desempenhado pelos governos na vida comunitária. Para estes, a proteção social pública tem potencial de transformação, elevando a sociedade a níveis mais justos por meio da satisfação de necessidades humanas, aniquilamento da pobreza extrema e redução da desigualdade social. Ou seja, da construção coletiva de um *éthos* socialmente comprometido (George e Wilding, 1994). Por isso, a preocupação primeira da maioria dos defensores da proteção social pública e universal é com o alcance da equidade, que, por sua vez, demanda redistribuição de renda. Para os neodireitistas, no entanto, nessa relação o crescimento econômico e a geração de riquezas — considerados os mais eficazes mecanismos de promoção de uma sociedade mais equânime — ficam em segundo plano. Além do mais, acreditam que o verdadeiro propósito dos governos deveria ser o alívio da pobreza e não a busca, ilusória, por equidade ou justiça social.

Conforme exposto anteriormente, a *liberdade* como ausência de coerção ou liberdade negativa é o valor central para a Nova Direita; e tudo que hipoteticamente a contrarie é visto como imoral e antiético. Destarte, a redistribuição de renda e a equidade promovida por ações humanas intencionais são veementemente repudiadas por essa ideologia, em primeiro lugar porque isso implicaria exigências coercitivas não consentidas por vários membros da sociedade. De acordo com os novos direitistas, "para ser moralmente defensável, tal esquema requereria acordo virtualmente universal" (George e Wilding, 1994, p. 27; tradução nossa), o que é praticamente impossível. Em segundo lugar porque, para eles, "a única sociedade livre é aquela sem nenhum propósito, pois esta é a única forma de sociedade que não coage ninguém" (ibid., p. 27; tradução nossa). Diante da evidência de que não há, na atualidade, nenhum exemplo de sociedade sem objetivos, segue-se, em terceiro lugar, o repúdio às ações de busca pela equidade devido ao fato de que os propósitos de cada sociedade são estabelecidos pelo Estado a partir de necessidades coletivas, ideia imediatamente descartada pelos neodireitistas por causa da suposta impossibilidade de mensurar, objetivamente, quais seriam as necessidades universais. Ademais, se o governo é o responsável pela formulação de objetivos comuns, inevitavelmente ele se expandirá e ocupará espaço central crescente, o que, para a Nova Direita, traduz-se em "menos liberdade" e menos efetividade.

George e Wilding (1994) informam ainda que, para os neodireitistas, em virtude da falta de competitividade e, consequentemente, da ausência de incentivos à inovação e ao aprimoramento, a esfera pública associa-se diretamente à precariedade, à ineficiência, à ineficácia, à decadência. Assim, afirmam eles, os serviços oferecidos, em geral, no seio de programas monopolistas são de péssima qualidade, burocratizados e executados por profissionais desmotivados e desqualificados. Conforme acreditam, essas características negativas são materializadas, pragmaticamente, na insuficiência de provisões — ou, em outro extremo, no excesso de oferta de produtos e serviços para os quais não existe público suficiente —; nos imódicos gastos sociais com indivíduos não necessitados, o que é diagnosticado como "má focalização" da proteção social; na abolição do sistema — considerado imprescindível para o crescimento econômico — de punição/recompensa dos respectivos fracassos e sucessos pessoais, o que, supostamente, destrói a responsabilidade individual; na transformação do trabalho em "opção", gerando uma "cultura da dependência", já que é teoricamente possível sobreviver com os benefícios e serviços governamentais; na promoção, mediante políticas sociais, de comportamentos contra os quais o próprio Estado de Bem-Estar se predispõe a combater: "a provisão de benefícios para o desempregado aumenta o desemprego; a prestação de benefícios para famílias monoparentais aumenta a ruptura familiar" (George e Wilding, 1994, p. 33; tradução nossa). Com base nesses preceitos, a reflexão neodireitista conclui que, ao proporcionar proteção social com tais características, os governos assumem responsabilidade, cada vez maior, por ações fadadas ao insucesso que, contraditoriamente, contribuirão para a diminuição da legitimidade e do poder estatal. Assim, atestam eles, o Estado de Bem-Estar é "economicamente distorcido, ideologicamente perverso e politicamente incontrolável" (Alcock, 1996, p. 129; tradução nossa); ou, em poucas palavras, "privado é melhor" (*private is better*).[28]

Entretanto, como observa Alcock (1996), não obstante as incisivas críticas ideológicas desferidas à proteção social, os neodireitistas no

28. Alcock (1996, p. 128) informa que Rhodes Boyson, membro do Parlamento inglês e político conservador, chegou a afirmar em seu livro *Down with the poor*, de 1971, que o "Estado de Bem-Estar Social solapa a fibra moral coletiva do nosso povo, como nação".

geral (com exceção dos mais radicais) reconhecem, com relutância, a sua utilidade para a manutenção do sistema capitalista. Assim sendo, os governos, as instituições e os organismos internacionais (especialmente o Banco Mundial[29]) de filiação neodireitista recomendam e implementam formas específicas de proteção social, formuladas e geridas de acordo com os princípios ideológicos do neoliberalismo e/ou do neoconservadorismo.

Segundo Siqueira (2012), o marco da mudança nos paradigmas protecionistas presentes até 1970 na maioria dos países capitalistas ocidentais foi a alteração, restritiva e limitante, do significado do conceito de pobreza que inaugurou

> a era da "pobretologia",[30] isto é, da introdução do seu estudo como uma ciência exata, germe do economicismo reinante após este marco e

---

29. A influência do Banco Mundial como caixa de ressonância das ideias neodireitistas não deve, de forma alguma, ser subestimada. As ideias de estudiosos como Hollis Chenery (ex-professor de Stanford e Harvard e ex-economista chefe do Banco Mundial) e Amartya Sen (consultor especial do Banco desde 1980 e Nobel de Economia) constituem clássicos da produção teórica neodireitista. Ambos defenderam que a proteção social deveria ser focalizada na pobreza absoluta, e operar estimulando as capacidades produtivas e de "autoalavancagem" para fora da condição de miséria dos indivíduos atendidos. Além disso, deveria ser associada à beneme-rência e ofertada sob o protagonismo do mercado. Chenery, organizador da obra *Redistribution with Growth* (1974), advogou em favor da "cruzada contra a pobreza", empreendida pelo Banco Mundial a partir da década de 1970. Nela pregou a limitação da atuação estatal, e a distinção entre os conceitos de *pobreza absoluta e pobreza relativa* serviu sobremaneira a esse intento. Por seu turno, Sen, autor de obras como *Sobre ética e economia* (1999) e *Desigualdade reexaminada* (2001), representou um marco na produção teórica neodireitista ao revisitar a definição de pobreza e ampliá-la para além da mera ausência de rendimentos. Para ele, o não acesso a serviços básicos — como educação e saúde — e a "carência de capacidades" — imbuídas do poder de garantir aos indivíduos o direito de liberdade de escolha de estilos de vida — devem passar a compor o conceito de pobreza. Contudo, apesar do avanço teórico, Sen ainda defende a existência de desigualdades sociais como sendo naturais e relativiza o significado de proteção social, na medida em que, para ele, cada indivíduo possui uma forma particular de reagir à privação, uns adaptando-se a ela, outros demandando respostas governamentais. Para uma análise mais aprofundada sobre a influência dos organismos internacionais multilaterais nas políticas públicas, ver Mason e Asher (1973), Baer e Lichtensztejn (1987), Kapur et al. (1997), Finnemore (1997), Vilas (1997), Barros (2005), Kay (2006), Woods (2006), Davis (2006), Castro (2009), Pereira (2010) e Siqueira (2012).

30. Termo cunhado por Cristóbal Kay (2006).

> no qual a pobreza significava apenas ausência de capacidades produtivas e de inserção na virtuosa roda do crescimento econômico. A pobreza [...] desmembrou-se em conceitos como *produtividade*, *custo-benefício*, *renda*, *ativos* e *crédito*, em detrimento de conceitos-chave como *exploração* e *luta de classes*. (Siqueira, 2012, p. 107; grifos nossos)

A consequência imediata dessa nova acepção de pobreza foi a efetivação de medidas práticas, sociais e políticas, afinadas com ela; e, por consequência, essencialmente focalizadas nos mais pobres dentre os pobres; pautadas pela lógica meritocrática e da "compensação" de falhas do mercado; de curto prazo; executadas e controladas por parcerias público-privadas (*welfare pluralism* ou pluralismo de bem-estar) e, "principalmente, [centradas] em iniciativas que desenvolvessem as capacidades produtivas dos beneficiários" (Siqueira, 2012, p. 108).

Em respeito à cartilha ideológica do neoliberalismo e do neoconservadorismo, o tipo de proteção social aceito, atualmente, pela Nova Direita é o que se organiza em redes (*nets*), conhecido como *redes de proteção social* (*safety nets*). Nesse modelo, diferentes programas, benefícios e projetos são reunidos em torno de um mesmo agente coordenador — em geral, o Estado — que, por meio de parcerias com outros componentes da rede, oferece proteção social imediata a grupos, famílias e indivíduos em "situação de vulnerabilidade".[31] O referido modelo foi adotado em diversos países, inclusive no Brasil. Como exemplo da operacionalização dessa política neodireitista no país — que segue diretriz internacional —, cita-se a publicação da Secretaria de Direitos Humanos da Presidência da República sobre o tema, segundo a qual as principais redes parceiras são identificadas da seguinte forma:

31. Para a Secretaria de Direitos Humanos da Presidência da República do Brasil, a "vulnerabilidade pode ser decorrente da insuficiência ou ausência de renda, desemprego, trabalhos informais, doenças etc., dificuldades de acesso aos serviços das diferentes políticas públicas, ruptura ou fragilização dos vínculos de pertencimento aos grupos sociais e familiares" (SDH, 2010, p. 14).

a) Rede social espontânea, que se localiza no espaço doméstico e inclui a família, os amigos, os vizinhos;

b) Rede sociocomunitária, situada no espaço comunitário, da qual fazem parte as agremiações, os grupos religiosos, a vizinhança. Essa rede se diferencia da primeira pelo "grau de organização" que, nesta, atende demandas coletivas e, naquela, demandas mais individuais ou que dizem respeito a grupos específicos. Em outras palavras, "o que garante identidade [à rede sociocomunitária] é a relação comunitária cidadã, solidária no acolhimento das demandas emergentes que resultam da inexistência ou insuficiência das políticas sociais públicas" (SHD, 2010, p. 24);

c) Rede de serviços privados, localizada no espaço privado e composta pelo mercado, que disponibiliza serviços a serem comprados pelos interessados — ou necessitados. A argumentação favorável à parceria com essa rede e à sua existência no planejamento e provisão de proteção social assenta-se, essencialmente, nas seguintes convicções:

> Embora a rede privada seja acessível somente a parcelas restritas da população, ela oferece serviços mais especializados e de cobertura ampla. Pequenos serviços e negócios nas comunidades mais populares são pagos pela população que tem dificuldade de acesso aos serviços públicos. Essa rede costuma ser estendida também aos trabalhadores do mercado formal, via convênio, possibilitando assim, a uma camada da população de baixa renda, o acesso a outras opções de atendimento.
>
> Não necessariamente articuladas em rede, mas coexistindo com diversos serviços públicos disponibilizados por redes locais, há uma gama de serviços, os quais, embora de natureza privada, constituem, nos microterritórios, uma oferta diversificada de serviços voltados à população de baixo poder aquisitivo. Entre essas, destacam-se os serviços oferecidos na educação, cultura e esportes, tais como unidades de educação infantil, por exemplo: creches, escolinhas de esportes, de música, de informática etc. São serviços oferecidos a custos mais acessíveis, utilizados pela população quando ela não encontra ou não acessa os de natureza pública. (SDH, 2010, p. 27).

d) Rede social movimentalista, que permeia e une todas as anteriores, inclusive a de serviços públicos institucionais, procedente do espaço governamental (SDH, 2010). Essa rede engaja-se na luta por direitos e, mediante o controle democrático, procura corrigir e melhorar as políticas sociais existentes.

A representação gráfica das redes de proteção social seria, segundo a Secretaria de Direitos Humanos da Presidência da República, da seguinte forma:

Figura 3. Espaços e redes de proteção

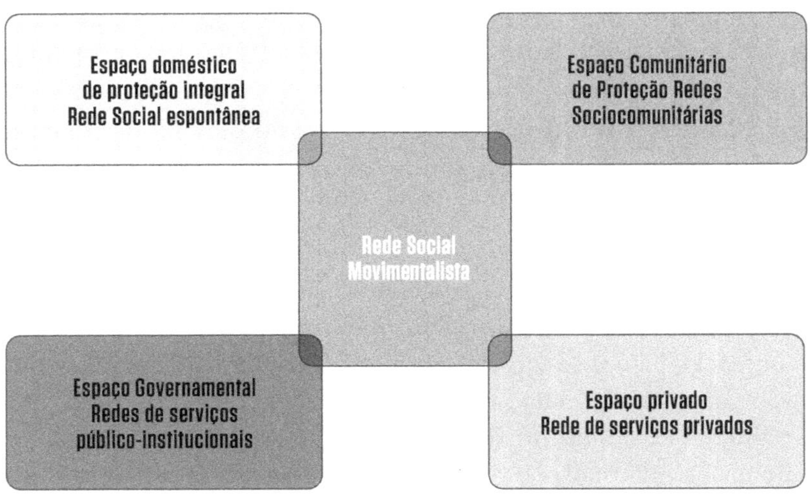

Fonte: Figura extraída de SDH, 2010, p. 22.

Enfim, as redes de proteção social, ocupando, cada uma, espaço próprio e igualmente importante, ao associarem-se solidariamente, seriam capazes de: a) "resgatar" indivíduos, famílias e grupos miseráveis e elevá-los a patamares *mínimos* de sobrevivência e b) impedir que conjuntos de pessoas "vulneráveis", mas ainda em situação melhor do que os primeiros, "caiam" em situações de precariedade absoluta ou destituição total. A principal finalidade das redes seria *compensar* os indivíduos pelos danos sofridos em decorrência dos (des)ajustes estruturais[32] (Conway e Norton, 2002). E ao mesclarem ações preventivas e corretivas compensatórias, de natureza pública e privada, as redes ganharam legitimidade como estratégias plurais de proteção social.

Mas, não obstante isso, um novo discurso e uma nova prática referentes à proteção social emergiram a partir dos anos 2000. Estudos regionais realizados por cientistas sociais e economistas[33] chegaram à conclusão de que grupos em situação de "vulnerabilidade", em especial de extrema pobreza, procuram administrar os "riscos" a que estão expostos por meio de estratégias informais que, frequentemente, terminam por lhes causar danos, além de serem, no geral, ineficazes em longo prazo (ibid.). Conway e Norton (2002, p. 534), pesquisadores do *Overseas Development Institute* (ODI), um dos principais *think tanks* no campo do Desenvolvimento Internacional e das questões humanitárias no Reino Unido, afirmam que

> famílias cujo padrão de vida já está abaixo da linha da pobreza não podem suportar um grande retrocesso, e assim, muitas vezes — embora não sempre —, escolhem gerenciar os vários aspectos de suas existências (decisões abrangentes de produção, escolhas de consumo e relações sociais), de modo a minimizar sua exposição ao risco nos maus momentos, mesmo que isto resulte em menores retornos durante os

---

32. Em linhas gerais, os chamados ajustes estruturais foram o conjunto de receitas impostas principalmente pelo FMI e Banco Mundial às nações tomadoras de empréstimos junto a esses organismos. Esse receituário orienta-se pelas seguintes determinações: ajuste fiscal (principalmente corte em políticas de proteção social); política de privatizações; abertura ao mercado e capital externo, com a quebra de barreiras protetivas; desregulamentação econômica; alteração do regime cambial; alteração de política de patentes; desregulamentação do mercado de trabalho, entre outras medidas (Chossudovsky, 1999). A esse respeito e sobre os efeitos perversos desses ajustes, também conhecidos como "desajustes estruturais", ler importante estudo sobre o caso brasileiro e da América Latina elaborado por Soares (1999, 2000).

33. Membros de organismos ou institutos internacionais como Banco Mundial, Organização das Nações Unidas, Fundo Monetário Internacional, *Overseas Development Institute*, Sociedade de Mont Pèlerin, entre outros.

> "tempos bons". Quando ocorrem crises, os pobres são forçados a tomar medidas drásticas — desde reduzir a qualidade e o número de refeições, a tirar as crianças da escola de modo que elas possam ajudar com os rendimentos familiares [...] — o que irá tornar mais difícil para eles a manutenção ou o aprimoramento de suas condições de vida em longo prazo. (Tradução nossa)

Dessa afirmação é possível extrair duas novidades: a) a adoção de um novo conceito (de *risco*) para caracterizar — e banalizar — as brutais agressões do sistema capitalista à maioria da população mundial, e b) a inauguração de uma nova modalidade de "empoderamento": o enfrentamento por parte do pobre dos infortúnios sociais que o atingem, mediante o rebaixamento de suas necessidades e das formas de satisfazê-las. O trágico é considerar que essas estratégias de sobrevivência constituam *escolhas* diante de *riscos*, tidos como naturais e inevitáveis.

De fato, o setor de Proteção Social do Banco Mundial, responsável por "proteger as pessoas, especialmente as mais pobres, *para que elas possam lidar com riscos e pobreza e acessar oportunidades*" (disponível no endereço virtual do Banco Mundial;[34] grifo nosso; tradução nossa), defende, em seu relatório de 2000-2001 e em publicações próprias, a alteração do conceito de proteção social para um que abarque a categoria risco e suas novas formas de gestão — incluindo as realizadas pelas organizações não governamentais, a família, a comunidade, o governo e o mercado — e ressalte a responsabilidade individual na administração, superação e/ou aprimoramento de sua condição social particular. Assim, o conceito de proteção social do Banco Mundial passou a ser definido, amplamente, da seguinte forma: "Proteção Social consiste em intervenções públicas i) para auxiliar indivíduos, famílias e comunidades a melhor gerir riscos e ii) prestar apoio aos criticamente pobres" (Holzmann e Jørgensen, 2000, p. 9).

---

34. Disponível em: <http://web.worldbank.org/>. Acesso em: 13 mar. 2013.

Dessa maneira, o Banco Mundial unificou as antigas ações de proteção, como a assistência social focalizada e condicional (transferências de renda, subvenções sociais); os seguros sociais contributivos (aposentadorias, pensões, seguro-desemprego); e os programas ativos para inserção no mercado de trabalho (capacitações e formações profissionalizantes, agências públicas de emprego), sob um mesmo objetivo e uma mesma estratégia de ação: a Gestão dos Riscos Sociais (*Social Risk Management* — SEM). Ademais, Holzmann e Jørgensen (2000) — respectivamente ex-diretor e ex-gerente do Setor de Proteção Social do Banco Mundial — indicam a existência de políticas sociais que, com o foco na gestão de riscos, reduzam os efeitos nefastos da seca ou de alagamentos e enchentes, além de políticas econômicas, capazes de controlar a inflação e minorar as consequências das crises, as quais passam a ocupar lugar de destaque, já que, com elas, passa-se, preponderantemente, a administrar riscos sociais.

As fontes de riscos sociais elencadas por Holzmann e Jørgensen possuem filiação diversa: naturais, nas quais se localizam furacões, terremotos e erupções vulcânicas; sociais, como violência, convulsões sociais; econômicas, incluindo desemprego, falências; e políticas, como golpes de Estado, terrorismo. Os riscos podem, ademais, ser idiossincráticos (pessoais ou íntimos às pessoas) ou covariáveis (que possuem múltiplas variáveis), a depender do número de indivíduos ou grupos atingidos. Essa classificação pode ser observada no Quadro 1, a seguir, elaborado pelos referidos autores.

Quadro 1. Principais fontes de risco

	Micro (idiossincrático)	Meso	Macro (covariável)
Natural		Chuvas Deslizamentos de terra Erupções vulcânicas	Terremotos Enchentes Seca Furacões
Saúde	Doenças Ferimentos Deficiência	Epidemia	
Ciclo de vida	Nascimento Velhice Morte		
Social	Crime Violência Doméstica	Terrorismo Gangues	Conflitos civis Guerra Convulsões sociais
Econômico	Falências	Desemprego Reassentamentos Quebra de safra	Crise financeira, da moeda ou da balança de pagamentos Tecnologia — ou comércio — termos decorrentes de crises comerciais
Político		Discriminação étnica Tumultos/motins	Defeitos em programas sociais Golpe de Estado
Ambiental		Poluição Desmatamento Desastres nucleares	

Fonte: Quadro extraído de Holzmann e Jørgensen (2000, p. 12; tradução nossa).

Para gerir esses riscos o Banco Mundial apresenta três estratégias específicas: 1) *preventivas*, que reduzem a probabilidade dos riscos, 2) *de mitigação*, que diminuem o potencial destrutivo de um futuro risco e 3) *de enfrentamento*, que aliviam o impacto de um risco quando este já tiver ocorrido. Cada uma dessas estratégias pode ser executada em diferentes níveis de formalidade, desde o mais informal (casais, famílias, vizinhos), passando pelos acordos mercantis (serviços privados, bancos) até os regimes públicos, governamentais (assistência social, seguros e serviços públicos). De acordo com Holzmann e Jørgensen (2000, p. 17), a administração dos riscos sociais, levando em conta a variedade de estratégias e os níveis de gestão, apresenta-se na Tabela 1, na página seguinte.

Desse modo, ações individuais podem prevenir, mitigar e enfrentar riscos sociais, especialmente por meio de: associações entre pessoas, grupos e famílias; ajustes comportamentais, como adoção de práticas de higiene e alimentação adequada ou maior dedicação ao trabalho (acúmulo de empregos ou funções profissionais); investimentos pessoais em "capital social";[35] pedidos de ajuda a familiares, cônjuges ou companheiros e vizinhos; e sacrifícios privados, como o corte de gastos em "capital humano",[36] incentivo ao trabalho dos filhos, migração e venda de bens. O mercado, por seu turno, oferece, mediante pagamento ou contratação, serviços privados, seguros, pensões, empréstimos e financiamentos. Aos governos cabe a atuação social interventora mediante a qual, se o setor privado falhar ou não tiver condições de, sozinho, operar, serão providenciados: a criação e o controle de normas/dispositivos legais; o auxílio aos incapacitados para o trabalho (pessoas com deficiência, pessoas idosas e crianças);

35. Conceito utilizado pela Nova Direita para definir a relação de confiança, reciprocidade e cooperação entre diferentes atores sociais.

36. O conceito de capital humano aqui empregado, embora trabalhado por muitos autores no âmbito político e econômico (como Adam Smith e Marx), é o desenvolvido a partir da década de 1950, mais especificamente após as contribuições teóricas de Jacob Mincer (1958), Gary Becker (1964) e Theodore William Schultz (1973). Com efeito, a partir desse período esse conceito adquiriu uma nova dimensão, menos politizada e mais apropriada aos intentos da Nova Direita, qual seja, conceber a proteção social não como um meio de salvaguarda contra o mercado, mas a favor deste. Sendo assim, políticas de educação seriam importantes veículos para promover a ampliação de capacidades produtivas individuais e, por consequência, de toda a economia de um país. Para os que advogam em favor dessa ideia, não importa o conteúdo educativo e o que se faz com o aprendizado adquirido, desde que isso se traduza em benefícios produtivos — posto que são nada além do que meros "bens econômicos" (Bendfeldt, 1994).

Tabela 1. Estratégias e Arranjos de Gestão dos Riscos Sociais (Exemplos)

Estratégia \ Arranjo		Informal	Mercantil	Pública
Estratégia de prevenção		— Produção menos arriscada — Migração — Práticas adequadas de alimentação e amamentação — Adoção de práticas de higiene e outras atividades que previnam doenças	— Treinamento contínuo — Noções básicas sobre o mercado financeiro — Normas trabalhistas empresariais e orientadas pelo mercado	— Boas políticas macroeconômicas — Treinamento e formação pré-emprego — Políticas de mercado de trabalho — Normas e legislações trabalhistas — Redução do trabalho infantil — Políticas para pessoas com deficiência — Prevenção de AIDS e outras doenças
Estratégia de mitigação	Portfólio	— Múltiplos empregos — Investimento em recursos humanos e físicos — Investimento em capital social (rituais, ajuda mútua)	— Investimento em múltiplos recursos financeiros — Microfinança	— Sistemas de pensões — Transferências de renda — Proteção contra a pobreza (em especial para mulheres) — Apoio para extensão do mercado financeiro para os pobres
	Seguro	— Casamento/família — Arranjos comunitários — Locação habitacional compartilhada — Cooperativas	— Pensão para pessoas idosas — Seguro para deficiências, acidentes e outros tipos (ex.: seguro de colheitas agrícolas)	— Provisão de seguros para desemprego, velhice, invalidez, sobrevivência, doença etc.
	Cobertura	— Família estendida — Contratos de trabalho	—	—
Estratégia de enfrentamento		— Venda de ativos reais — Fazer empréstimos com os vizinhos — Caridade/transferências intracomunitárias — Envio dos filhos para o trabalho — Desinvestimento em capital humano — Migração sazonal/temporária	— Venda de ativos financeiros — Fazer empréstimos com bancos	— TAjuda em situação de catástrofes ou emergência — Subsídios — Obras públicas

Fonte: Quadro retirado de Holzmann e Jørgensen (2000, p. 17; tradução nossa).

a execução de obras públicas e de infraestrutura; as transferências monetárias aos mais necessitados e, mais importante, a permissão facilitada para a atuação do mercado e a garantia de protegê-lo durante crises ou choques econômicos.

No entanto, embora não figurem na tabela, os autores informam que organismos internacionais, como o Fundo Monetário Internacional (FMI), o Grupo Banco Mundial, a Organização Internacional do Trabalho (OIT), a Organização das Nações Unidas (ONU), entre outros, têm importância na gestão dos riscos sociais. Para os autores, ainda, programas específicos em áreas como meio ambiente, saúde, habitação e assistência social, além de empréstimos em momentos de crise econômica e socorro financeiro após catástrofes ou desastres naturais, são mecanismos fundamentais de prevenção, mitigação e enfrentamento de riscos.

Desses sujeitos, porém, um em especial é o mais responsabilizado pela gestão efetiva dos riscos sociais: o indivíduo. Mesmo atuações mercantis ou público-estatais visam capacitar os indivíduos para o cuidado próprio, para permitir e criar condições necessárias para que assumam o controle de sua vida pessoal e administrem os riscos sociais que os ameaçam com habilidade. Em outras palavras, o papel central dos demais atores da proteção social — entendida, tal qual a concebem os organismos internacionais, como sinônimo de gestão de riscos — é "empoderar" os indivíduos, termo, aliás, apropriado pelos neodireitistas e que vem ocupando espaço no âmbito teórico e prático da proteção social.

Nas palavras de Dean (2006, p. 119), "isso implica uma forma avançada de governo liberal destinada a promover o autoprovisionamento, o prudencialismo[37] e uma ética individualista de autorresponsabilidade" (tradução nossa). Ou melhor, "trata-se [...] da privatização do cuidado que passa a ocorrer numa ampla gama de cenários

37. Esse conceito "está relacionado com uma ideia de governo onde a regulação dos indivíduos através da gestão dos riscos coletivos é substituída pela atribuição ao indivíduo da responsabilidade pela gestão dos seus próprios riscos" (Carvalho, 2012, p. 7).

e situações onde o indivíduo deve conduzir a própria vida de modo a evitar os perigos e gerir a incerteza, a pluralidade e a própria ansiedade" (Carvalho, 2012, p. 7).

A privatização (mercantil e não mercantil) da proteção social e a responsabilização dos indivíduos pela sua situação de penúria econômico-financeira ou de "risco social" são, conforme já visto neste capítulo, alguns dos postulados basilares da Nova Direita. A estratégia de gestão desses riscos, defendida e incentivada pelos organismos internacionais, materializa essas premissas ideológicas e vai além, naturalizando as barbáries e opressões capitalistas ao transformá-las em *riscos* espontâneos, involuntários, inerentes ao sistema e, de certa forma, inevitáveis — tais quais furacões, tsunamis e terremotos —; e, também, em "preço a ser pago" pelas mistificadas benesses disponibilizadas, de acordo com a crença neodireitista, exclusivamente por esse modo de produção.

A incorporação da categoria *risco* ao universo da proteção social vem transformando-a em mera técnica administrativa, da qual constam formas esquemáticas de prevenir, mitigar ou enfrentar riscos e não necessidades de fato. Embora geralmente passe despercebido, por trás desse rebaixamento da proteção social à pura função gerencial reside uma intenção não explícita de supressão de termos básicos, associados ao processo de exploração capitalista, como *justiça social*, *direitos* e *necessidades*, os quais, ao contrário do termo *risco*, carregam em si o imperativo de oferecer respostas a demandas reais (Gough e McGregor, 2008). Assim, se existem necessidades sociais produzidas pelo sistema, é preciso buscar soluções que incumbam ao Estado o comprometimento de atendê-las. O risco, por outro lado, é natural, permanente, atinge todos indiscriminadamente — não obstante o reconhecimento neodireitista de que os indivíduos ou grupos mais abastados encontrem táticas mais efetivas, rápidas e certas de evitá-lo. Em síntese, parafraseando Alcock (1996), pode-se afirmar que o termo *necessidade* é prescritivo (exige respostas políticas), enquanto o termo *risco* é mais descritivo de um fenômeno que não incita resolução.

Mesmo a mitigação e o enfrentamento de riscos já concretizados em calamidades, desastres, crises ou destituições de qualquer sorte se dão apenas no plano superficial de seus efeitos. Ao assumir que os riscos são inexoráveis (conquanto passíveis de alívio e redução), determina-se que as razões que os engendram não podem ser consertadas ou suprimidas. Se essas razões, sobretudo, derivarem do processo "natural" de funcionamento do sistema capitalista, a sua correção/superação não é apenas considerada inviável ou impossível para os adeptos da Nova Direita, mas absolutamente indesejável. Assim, a proteção social como simples gestão de riscos sociais será capaz apenas de, por meio de parcerias privadas mercantis ou não, tentar postergar a incidência dos riscos, remediar as suas consequências nocivas quando estes ocorrerem e, principalmente, oferecer condições para que os indivíduos, famílias e comunidades sejam capazes de lidar com eles por conta própria.

Para os neodireitistas, ao Estado cabe a obrigação de fornecer proteção *mínima* contra esses riscos, desde que os recursos financeiros e administrativos disponíveis o permitam. E é aí que o conceito de *direito social*, repudiado pela Nova Direita, aparece distorcido e limitado, no discurso dos *think tanks* mundiais. Aos pobres, destituídos, vulneráveis, deve ser garantido o "*direito legal* de trabalhar", o *direito* de "participar de regimes de serviços públicos", de ser empregado ou cadastrado em agências de trabalho. Para os neodireitistas, os pobres, mediante esforço individual consolidado no trabalho assalariado hostil à emancipação humana, poderão precaver-se contra os riscos variados (Conway e Norton, 2002).

Os que "compraram" proteção social via seguros, contribuições ou pagamento direto por serviços, também devem ter *direito* de recebê-la. Apenas aos que já se encontram em situações de extrema pobreza ou destituição total é concedido o *direito* de serem socialmente assistidos, mas, preferivelmente, por meio de transferências diretas de renda. Uma vez beneficiários, devem, no entanto, cumprir condicionalidades e receber incentivos governamentais constantes para que "libertem-se da tutela estatal", (abandonando o programa). Esses incentivos, por seu turno, concentram-se na hoje festejada política de ativação para empregos, geralmente mal remunerados e precários.

Em defesa dessa ideia tem prevalecido um discurso travestido de preocupações com a emancipação dos demandantes de assistência dos programas sociais *passivos*, considerados *reféns* do Estado. Seguindo essa direção, até mesmo a expressão *redes de segurança* ou *redes de proteção* (*safety nets*) está sendo substituída por outra, com conteúdo socialmente mais atraente: trampolins (*trampolines*). De acordo com Holzmann e Jørgensen, a proteção social deve ser apresentada não só

> como uma *rede de segurança*, mas também como um *trampolim* para os pobres. Embora uma rede de segurança para todos deva existir, os programas também devem fornecer aos pobres a capacidade de saltar para fora da pobreza, ou pelo menos retomar o trabalho remunerado. (2000, p. 3; grifo nosso, tradução nossa)

Os trampolins, além de mecanismos de impulso, de alavancagem para fora da condição de "vulnerabilidade" e de exposição aguda a riscos, servem, igualmente, para permitir que os pobres sejam capazes de, protegidos contra danos severos provenientes de riscos sociais, se expor a riscos calculados, mediante os quais investiriam em "capitais" variados como "capital humano" e "capital financeiro". O antigo conceito de rede de proteção (analogia ao mecanismo circense que impede que o trapezista, em queda, atinja o chão), que proporciona o *mínimo* necessário para evitar uma "queda social", é substituído por *trampolins*; pois estes alavancarão não somente o indivíduo "protegido", mas também a economia local, o mercado de trabalho, a "solidariedade entre classes".

Para tanto, a proteção social aceita pela Nova Direita se dá em frentes de atuação variadas, embora, como dito anteriormente, não escondam uma clara predileção pelas políticas de transferência de renda, direta ou indireta. Estas, e praticamente todas as demais ações sociais ofertadas, apoiam-se na utilização de duas ferramentas cardinais, amplamente legitimadas pelos adeptos dessa ideologia, quais sejam: a focalização nos mais necessitados e a exigência de contrapartidas destes.

Por meio da focalização, os defensores desse tipo de proteção acreditam estar garantindo a mais eficaz alocação dos pretensamente escassos recursos públicos, racionalizando os gastos sociais e atendendo, com justiça, os que mais precisam. Com as condicionalidades, creem estimular os favorecidos a desenvolver suas potencialidades mediante a inserção obrigatória em outros programas governamentais (geralmente relacionados à saúde, educação e trabalho), a lembrar da importância de assumir responsabilidade por seus atos e a superar sua condição de privação; e, não menos importante, a oferecer retorno à sociedade, ao governo e à economia pelo "investimento" recebido. Esse entendimento, compartilhado pelos organismos internacionais, é expresso da seguinte forma, em publicação da Comissão Econômica para a América Latina e o Caribe (Cepal):

> As três justificações principais para a introdução de condicionalidades nos programas que preveem transferências de renda são: i) a alegada miopia dos pais de famílias pobres, que não investem o suficiente no desenvolvimento humano de seus filhos, o que torna necessário incentivá-los para enviar as crianças à escola e aos controles de saúde, ii) a necessidade de reforçar o exercício dos direitos à educação e à saúde, e iii) o argumento da política econômica, segundo o qual a introdução de condicionalidades permite o alcance de maiores apoios às transferências por parte dos cidadãos que as financiam com seus impostos, assim como das organizações provedoras. (Cecchini e Madariaga, 2011, p. 87-88; tradução nossa)

A cobrança de condicionalidades, portanto, parte da premissa de que os adultos pobres são incapazes de cuidar de si mesmos e de suas famílias, precisando não de apoio legítimo das instituições públicas competentes, mas de coerção e incisiva interferência estatal em suas vidas e decisões privadas; coerção e interferências estas que, conforme visto ao longo deste capítulo, representam, contraditoriamente, para os neodireitistas, atentado contra a "liberdade" e ao poder de escolha individual. Disso se conclui que esse arcabouço teórico não é coerente.

O segundo argumento favorável às contrapartidas, embora travestido de boa-fé, pode ser considerado perverso por dois motivos principais. Primeiro porque é fruto da convicção equivocada de que os pobres não exercitam os seus direitos por desinteresse e/ou incompetência, necessitando, para tanto, de monitoria. Tem-se aí a infantilização ou "burrificação" do pobre que denota preconceito e insensibilidade social graves, fruto de desconhecimento da realidade social e política da maioria das nações capitalistas, que, rendidas às instruções "protetivas" da Nova Direita, aniquilaram e sucatearam serviços públicos, corromperam recursos financeiros e humanos e desqualificaram profissionais responsáveis pelo atendimento de variadas demandas populares. Disto decorre a segunda perversidade, que repousa no julgamento elitista de que os focalizados, beneficiários por mérito moral, por destituição, devem ser obrigados a se sujeitar às péssimas condições estruturais de hospitais, escolas e subempregos disponíveis; e convencerem-se de que estão exercendo seus direitos e recebendo tudo o que lhes é devido.

Por fim, no último argumento, tornam-se manifestas as reais disposições neodireitistas referentes à implementação de proteção social, mesmo que residual e mínima: a compensação, por parte dos beneficiários, à sociedade, da qual recebem a negação de pertencimento integral e que se sente por eles ameaçada. Para justificar o gasto do Estado e das elites com proteção social pública focalizada, é preciso que os beneficiários provem sua inocência, seu afastamento das *classes perigosas*,[38] mediante a frequência induzida à escola, à submissão ao trabalho flexível e precário (considerado "dignificante" e "corretivo"), à exposição ao sofrimento nos degradantes ou inexistentes atendimentos hospitalares disponibilizados para esse público.

Em suma, embora os adeptos da ideologia da Nova Direita, no geral, rejeitem a proteção social pública, a maioria deles reconhece a

38. Termo utilizado para se referir aos pobres, considerados criminosos em potencial, preguiçosos, doentes e adeptos de vícios. Para discussão mais aprofundada sobre essa expressão, ver Chalhoub (2006) e Valladares (1990).

sua importância e, mesmo, sua utilidade como forma de legitimação do modo capitalista de produção. Por isso, aceitam que os mais pobres entre os pobres recebam algum tipo de *auxílio* governamental, desde que esse auxílio seja, de preferência, transferência de rendimentos mínimos, muito bem focalizado (para evitar o suposto desperdício de recursos públicos), condicional (e não um direito), emergencial e com prazo limitado (e não vitalício). Aos demais indivíduos em situação de pobreza, mas que não estejam no limite da sobrevivência física, a Nova Direita recomenda a parceria entre governo, empresas, instituições mercantis, organizações não governamentais, famílias e comunidade, em um esforço plural, ou misto, "porém não público" (Viana, 2012) de "prevenção", "mitigação" ou "enfrentamento" dos riscos sociais ditos naturais.

Além disso, é preciso que a proteção social não seja referenciada por valores "progressistas" como direitos sociais, justiça, equidade e redistribuição. Entendida como mera gestora de riscos sociais, ela não pode visar à construção de "um mundo melhor" via superação do *modus operandi* capitalista. Da mesma forma, não pode buscar equidade ou justiça social, tendo em vista que os riscos atingem todos, sem exceção. Apesar de a capacidade de evitá-los ou vencê-los ser diretamente proporcional ao nível de renda, *status* ou poder possuído, a Nova Direita defende que os pobres e destituídos podem enfrentá-los de forma efetiva se forem incentivados e capacitados para tanto. Sentindo-se seguros e amparados agora por *trampolins*, os pobres poderão envolver-se em atividades mais arriscadas, contribuir mais para o crescimento da economia por meio de maior consumo e evitar o conflito direto, a revolta e o crime.

A proteção social neodireitista, portanto, deve ser residual, ínfima, capaz de "permitir" em vez de "proporcionar", ou seja, deve ter por finalidade capacitar os indivíduos para que encontrem formas de autoproteção, mesmo que, para isso, o Estado precise ajudá-los minimamente, por meio de transferências monetárias diretas ou facilitando a atuação do voluntariado e do mercado (George e Wilding, 1994). O Estado, por sinal, deve ser o mais distante possível, cedendo espaço, sempre, a outros atores sociais, de natureza privada. Sua atuação só é incentivada quando servir aos interesses do mercado, protegendo-o, salvando-o nas crises e facilitando suas transações e expansões. No campo da proteção social, sua intervenção só é permitida quando o mercado falhar. A regra geral, aceita pela totalidade neodireitista, é "mais mercado, menos Estado e um Estado diferente" (George e Wilding, 1994, p. 39); ou seja, um Estado com feições híbridas: forte na defesa do capitalismo e de seus pilares e fraco como estrutura política autônoma e na proteção social condigna.

A EXPERIÊNCIA NORTE-AMERICANA DE PROTEÇÃO SOCIAL RESIDUAL: UM CASO PARADIGMÁTICO

A proteção social norte-americana teve seu início institucional formal a partir do final dos anos 1920 e início dos anos 1930, com a crise econômica que assolou o país nesse período. Contudo, suas raízes remontam à segunda metade do século XIX, inspiradas nas legislações elisabetanas de combate à pobreza, implementadas no Reino Unido sob o nome de *Poor Laws*.

Da mesma forma que as primeiras *Poor Laws*,[39] a ajuda aos desamparados nos Estados Unidos não era nacionalmente articulada e gerida e nem tampouco de exclusiva responsabilidade do Estado. Embora fosse acessada em agências estatais locais, sua prática, frequentemente, ficava a cargo das comunidades regionais, das igrejas e das famílias; e em cada estado se dava de maneira diferente. Destarte, tal como no Reino Unido, um dos mais rígidos critérios para que um indivíduo tivesse acesso à ajuda pública era a comprovação de *residência*. DiNitto e Cummins (2007) afirmam que aos "forasteiros" eram oferecidas duas possibilidades: o *warning out*, segundo o qual

39. Mais especificamente as legislações executadas entre os séculos XIV e XVII, a *Poor Law Act*, de 1601, e o *Settlement Act*, de 1662.

os pobres migrantes recém-chegados eram obrigados a seguir viagem para outras cidades, e o *passing on*, que se caracterizava por uma escolta do pobre de volta à sua cidade de origem.

Ainda de acordo com a referida autora, aos pobres locais eram oferecidas quatro formas de cuidado público:

a) Por meio do leilão dos pobres. Nesse tipo de leilão, os indivíduos que não tinham recursos para manter a si mesmos e às suas famílias eram vendidos, por tempo determinado (geralmente durante um ano), aos licitantes dispostos a oferecer-lhes abrigo e alimentação pelo menor preço possível; em troca, o pobre recém-comprado era obrigado a trabalhar. Essa estratégia de "alívio" da pobreza diferiu da escravidão (em voga nos Estados Unidos até 1863) apenas pelo fato de o pobre ter sua liberdade garantida após o fim do período de um ano. Seu bem-estar e sua segurança ficavam à mercê de seus "donos", que poderiam maltratá-los e agredi-los;

b) Mediante um sistema de contratos. Com estabelecimento de contrato formal, membros da comunidade se responsabilizavam pelo "cuidado" de pessoas ou grupos pauperizados, novamente, com menor custo possível. Assim, da mesma maneira que os leilões, os pobres eram obrigados a trabalhar em troca de refúgio, comida e demais cuidados básicos, ficando expostos a maus-tratos;

c) Cuidado externo (*outdoor relief*), que poderia ser na forma de doação de alimentos, roupas, dinheiro ou tratamentos médicos;

d) Abrigo institucional em *poorhouses* (às vezes identificadas como *poorfarms*, *almshouses* ou *workhouses*), que seguiam, no geral, as mesmas funestas características das matrizes inglesas. Além dos pobres *incapazes* (idosos, crianças e pessoas doentes ou com deficiência), esses estabelecimentos acolhiam indivíduos que solicitavam auxílio comunitário e pessoas punidas por cometimento de crimes, como pedir esmolas.[40]

---

40. As *poorhouses* foram tão presentes nos Estados Unidos que uma expressão idiomática se tornou usual e ainda hoje é muito utilizada nesse país: *"you are driving me to the poorhouse!"*, que, em tradução literal, significa "você está me levando à *poorhouse*".

Essas práticas, surgidas no período colonial estadunidense, persistiram durante todo o século XIX. Contudo, após a comprovação de que se gastava mais do que o desejado com o "alívio da pobreza" e, mesmo assim, o número de pobres — especialmente de pobres "não merecedores" (os aptos ao trabalho, mas que se recusavam a fazê-lo, como as prostitutas, os "viciados", os ladrões, os pedintes etc.) — não diminuía de maneira significativa, novas estratégias de amparo aos desvalidos foram perseguidas.

Em 1869, a *Charity Organization Society* (COS — que pode ser livremente traduzida como Sociedade de Organização da Caridade) foi criada, em Londres, com o objetivo declarado de reunir as diversas organizações de caridade existentes no Reino Unido, evitando, assim, a competição entre elas e a sobreposição de ações. Influenciada pelos ideais liberais vigentes, no período, a COS defendia a assistência mínima focalizada nos pobres, já que atribuía aos próprios indivíduos a culpa pela sua situação de penúria social e econômica. Para subsidiar suas ações, delimitar seu público-alvo e aplicar os recursos financeiros com eficiência, utilizou-se da pesquisa científica e da prática do registro e monitoramento dos requerentes da ajuda pública. A partir de 1870, a versão estadunidense da COS passou a desenvolver esse tipo de regulação social, que ficou conhecida como caridade científica.

Seguindo essa metodologia, os membros da COS estadunidense estudavam a pobreza na tentativa de compreender suas causas e oferecer soluções mais efetivas para seu alívio ou superação. Entretanto, inspirados pelo calvinismo[41] e pelo darwinismo social de Spencer e Malthus — que acreditavam, respectivamente, no perecimento dos

41. Doutrina religiosa protestante e ideologia sociocultural iniciada por João Calvino no século XVI. Os calvinistas creem na predestinação, ou seja, acreditam que Deus tem conhecimento prévio de tudo que irá acontecer, inclusive quem será salvo ou não. A salvação, portanto, não depende das ações dos homens; é uma decisão divina e só pode ser modificada por meio de Sua intervenção. Uma das formas de saber se foi escolhido é agir como um bom cristão, o que significa trabalhar arduamente e acumular riquezas (considerada uma consequência natural do sucesso profissional). Alguns autores, como Max Weber, atribuem ao calvinismo e seus postulados e práticas o desenvolvimento acelerado do capitalismo.

mais fracos e no aumento da população em proporções superiores ao aumento de alimentos —, houve cortes nos gastos com o alívio da pobreza, a suspensão da proteção aos pobres aptos ao trabalho, a desresponsabilização estatal na provisão de proteção aos pobres e a reforma moral individual, mediante a imposição de disciplina religiosa a ser aplicada pela caridade privada. Antes, porém, da ajuda filantrópica, alguns dos principais partidários das COS — como a líder e fundadora dessa sociedade em Nova York, Josephine Lowell — defendiam que os pobres deveriam passar por testes de trabalho para comprovar sua incapacidade, sendo mais comuns as atividades de quebrar rochas ou cortar lenha (Myers-Lipton, 2006).

Vistos como atores racionais que agiam livremente, de acordo com seus interesses pessoais, e, por isso, responsáveis pela sua própria situação social e econômica, os pobres sadios ou aptos ao trabalho, nos Estados Unidos, encontraram mais resistências do que seus pares no Reino Unido, berço das punitivas Leis dos Pobres. Bruno (1969) afirma que a intensa imigração para os Estados Unidos, na década de 1830, incitada pela industrialização do país, foi um dos fatores que contribuíram para essa particularidade. Diante de uma miscelânea cultural — na qual coexistiam indivíduos que não se habituavam ao *modus vivendi* dos Estados Unidos e não tinham suas necessidades compreendidas, além de outros que forçavam uma adaptação imediata —, barreiras foram erigidas, apartando os que obtinham sucesso dos que fracassavam. Os talentos, aptidões e empenhos individuais foram apontados como os fatores de vitória, ao passo que os vícios, a ociosidade, os desvios de caráter e a "malandragem" pareciam ser as causas da pobreza e do desemprego.

Ademais, a intensa imigração trouxe consigo outros problemas que foram além da difícil convivência entre culturas diversas. A rápida urbanização ocasionou o inchaço dos centros urbanos, que se tornaram insalubres, redutos de propagação de doenças; o acirramento da pobreza, fruto do desemprego e das extremamente precárias e deletérias condições de trabalho; a diminuição, ainda mais, dos já baixos salários e o aumento da violência e do crime.

A expansão do número de pobres, doentes e desempregados exigiu a ampliação da oferta de medidas de bem-estar que, em face da nova problemática urbana e da influência da ideologia do *laissez-faire* hegemônica no período, ocorreu de maneira pontual, descoordenada e ineficaz (Weinberger, 1969). As COS se multiplicaram pelo país e, no final do século XIX, já podiam ser encontradas em praticamente todas as principais cidades, divulgando o que Alcock (1996) chamou de explicação patológica da pobreza.[42] De acordo com Weinberger,

> os voluntários que realizavam visitas às famílias necessitadas ofertavam não apenas assistência financeira, mas também, conselho amigo, sugestões para que pudessem encontrar trabalho, e entregavam livros motivacionais, elaborados para fortalecer a fibra moral dos indigentes e encorajá-los a se autossustentarem. (1969, p. 60; tradução nossa)

Na mesma direção, personalidades influentes no período não hesitaram em tornar públicas as suas concepções de auxílio aos pobres:

> Seth Low, em 1879, disse que "os pobres devem aprender a ajudar a si mesmos" e, na mesma reunião, outro orador em assembleia legislativa afirmou que o alívio deve ser ofertado apenas nas *almshouses*, onde os pobres poderiam ser segregados e, assim, a propagação de pobres seria interrompida naquele ponto. Theodore Roosevelt declarou (1877) que "vagabundos e indigentes sãos devem trabalhar"', e o professor Francis Wayland, de Yale, no mesmo ano, advertiu que o recebimento de assistência pública viria a ser encarado como um direito e que os beneficiários passariam a acreditar que eles estariam vivendo de forma "decente". Charles R. Henderson, em seguida, em

42. Para Alcock (1996), duas correntes principais ofereceram explicações para as causas da pobreza. A primeira delas, conhecida como explicação patológica da pobreza, creditava aos próprios pobres seus infortúnios, produtos diretos de falhas comportamentais individuais como o vício, o ócio e doenças psicológicas. A segunda, por outro lado, considera que a pobreza possui causas estruturais, resultado de embates entre forças contrárias como o capital e o trabalho.

> Detroit, afirmou (1891) que o cuidado externo público tende a diminuir os salários e excita a hostilidade contra o Estado, uma vez que o pobre não pode ser satisfeito, não importa o quanto o Estado lhe dê de alívio, e tanta insatisfação os conduz ao crime. Outro orador anterior (1880) [expressou que] permitiria ao Estado a oferta de um alívio temporário, e vários compartilharam seu ponto de vista, mas depois ele diria ao homem tão ajudado: "nós o ajudamos durante esta dificuldade; agora, se você não trabalhar, não vai comer". (Bruno, 1969, p. 64; tradução nossa)

No entanto, a partir da década de 1890, estudiosos e pesquisadores sociais perceberam que, em sociedades complexas, o indivíduo não era tão independente quanto imaginavam. Suas ações individuais não eram garantia certa de prosperidade ou infortúnio e a estrutura socioeconômica vigente era capaz de provocar e acentuar a miséria das massas. A Guerra Civil Americana[43] (1861-1865) e as constantes crises capitalistas (como o Pânico de 1873[44] e o Pânico de 1893[45]) geraram viúvas, órfãos, desempregados e famintos, que demandavam formas mais elaboradas de proteção social. De acordo com Bremner (1969a, p. 74), um ano antes do Pânico de 1893, E. B. Andrew, da Brown University, concluiu:

> Muitos homens são pobres, sem o menor demérito econômico. Eles são pessoas que fazem o melhor que podem, e sempre o fizeram... Ainda assim, eles continuam pobres, frequentemente muito pobres, e nunca libertos do medo da necessidade. (Tradução nossa)

---

43. Também chamada de Guerra entre Estados (*War between States*) ou simplesmente Guerra Civil (*Civil War*), foi uma guerra entre os Estados Unidos (União ou Norte) e estados escravistas do Sul que declararam a separação do país e compuseram o que ficou conhecido como Estados Confederados da América (*Confederate States of America*, ou apenas Sul).

44. Foi uma grave crise financeira que assolou os Estados Unidos e a Europa e perdurou até 1979. Ficou conhecida como Grande Depressão até a crise de 1929 ou Longa Depressão, em alusão à sua persistência.

45. Similar ao Pânico de 1873, foi a pior depressão econômica experimentada pelos Estados Unidos até então, ocasionando a falência de mais de seiscentos bancos e 15 mil empresas. Em alguns estados o desemprego ultrapassou a marca dos 40%.

Ainda segundo Bremner (ibid.), a própria Josephine Lowell, defensora dos testes de trabalho antes da prestação da caridade privada, afirmou que "as causas de seu sofrimento [dos desempregados, vítimas da crise de 1893] foram muito além de seu poder para evitá-las, como se tivessem sido calamidades naturais de incêndio, inundações ou tempestades" (tradução nossa).

A partir desse período, os Estados Unidos experimentaram alguns anos de relativa paz e progresso. Os resultados obtidos na Primeira Guerra Mundial (1914-1918) transformaram os Estados Unidos na maior potência econômica do planeta. Apesar da acentuada desigualdade social — segundo Brener (1998, p. 121), "em 1929, 90% da riqueza do país estava nas mãos de 13% dos estadunidenses" — as dívidas externas desse país estavam quitadas, o mercado interno em alta, os níveis de desemprego controlados e um em cada seis cidadãos estadunidenses possuíam automóvel no ano de 1929. Na Europa, esse número era de um carro a cada 84 indivíduos (ibid.).

No terreno da proteção social, várias mudanças tiveram início, especialmente na forma de compreender as mazelas sociais e os mecanismos eleitos para aliviá-las. Após a realização de pesquisas sobre a pobreza — atrelando-a a causas estruturais —, passaram a surgir em todo o território estadunidense campanhas por melhores condições de trabalho e de moradia; saúde e educação públicas; regulação do trabalho feminino e infantil; seguros contra acidentes, doenças e velhice, entre outras, como um projeto mais amplo de combate à pobreza (Bremner, 1969b).

Apesar de a proteção social nos Estados Unidos ter, em sua origem, se espelhado nas legislações britânicas, a partir do final do século XIX e início do século XX, os dois países se distanciaram: enquanto as medidas protetivas se ampliaram na Inglaterra, os Estados Unidos permaneceram estagnados e, mesmo após as conquistas dos movimentos trabalhistas, ainda são considerados retardatários na provisão de bem-estar (*welfare laggard*) (Wilensky, 1975). Os estadunidenses reconheciam esse atraso, tanto que um *cartoon* de 1919, veiculado pela "Associação pela Legislação Trabalhista" (*Association for Labor Legislation* — ALL) ilustrou esse fato. Nele figuram dois operários segurando um guarda-chuva: um é inglês e o outro, estadunidense. No guarda-chuva do trabalhador inglês estão registrados, da esquerda para a direita, os seguintes dizeres: Pensões para pessoas idosas, seguros para pessoas com deficiência, seguros de saúde, seguros para acidentes de trabalho nas indústrias e seguros-desemprego. Já o trabalhador estadunidense carrega um guarda-chuva com apenas uma aba na qual está escrito: seguros para acidentes de trabalho nas indústrias. Abaixo da imagem, a pergunta: "Por que a proteção não é igual? Proteção social do trabalhador americano comparada com a proteção de um trabalhador inglês".

Figura 4. Charge representando a proteção social oferecida aos trabalhadores estadunidenses e ingleses

Fonte: Orloff e Skocpol (1984, p. 727).

Essa desigualdade protetiva em duas nações que sempre foram muito próximas serviu como mais um estímulo para a organização dos cidadãos estadunidenses em movimentos sociais pró-proteção social. Em lutas coletivas, associações, grupos organizados da sociedade e, em especial — conforme Bremner (1969b) —, os assistentes sociais[46] pressionaram o Estado por reformas sociais. Assim, segundo Chambers (1969) e DiNitto e Cummins (2007), algumas das medidas de proteção estabelecidas antes da grande crise de 1929 e reflexo direto dessas pressões sociais foram: pensões para viúvas, mães solteiras e crianças; implantação de educação compulsória para crianças e legislações que coibiam o trabalho infantil; estabelecimento de jornada de trabalho máxima e salário mínimo para mulheres; e o sufrágio feminino.

Com a Grande Depressão (crise de superprodução que estourou em 1929 e durou cerca de uma década), a prosperidade norte-americana sofreu um duro golpe. Katz (1996) afirma que o desemprego estadunidense subiu de 3,2%, em 1929, para 24,9%, em 1933, atingindo níveis críticos em cidades específicas como Cleveland (50%), Akron (60%) e Toledo (80%). Segundo Brener,

> quem visitasse Nova York, digamos, no início de 1932, veria um cenário de filme de horror. As fábricas de automóveis, que no começo de 1929 operavam a 100% de sua capacidade, agora se arrastavam com 20% da produção dos bons tempos. Um em cada quatro norte-americanos estava sem trabalho: 1 milhão de sem emprego apenas em Nova York [...] Para completar, três secas terríveis — em 1930, 1934 e 1936 — na região agrícola do Meio-Oeste geraram uma legião de lavradores que vagavam pelo país em busca de trabalho. Qualquer trabalho. (1998, p. 121-122)

---

46. Nas palavras de Bremner (1969b, p. 88; tradução nossa), "o impulso inicial para a batalha contra a pobreza veio da nova profissão de Serviço Social. Sindicatos, clubes de mulheres, organizações religiosas e acadêmicas, e várias associações civis, todos ofereceram contribuições extremamente importantes para o movimento de reforma, mas nenhum desses grupos foi mais consistentemente ativo na promoção de ações para a melhoria da comunidade do que os assistentes sociais. Suas tarefas diárias os conduziram a um contato frequente e regular com os membros da sociedade menos afortunados; sua ocupação principal era a de identificar e aliviar necessidades; todas as suas atividades eram diretamente relacionadas ao bem-estar humano".

O então presidente dos Estados Unidos, Herbert Hoover (que exerceu mandato entre 1929 e 1933), era radicalmente contrário às ações governamentais de proteção social aos pobres. Após o colapso econômico iniciado em sua gestão, permitiu que programas de trabalho para construção de edificações públicas (como escolas e hospitais, rodovias e represas) fossem instituídos. Contudo, essas medidas pontuais, mesmo contando com a parceria da caridade privada, não foram capazes de reverter a situação de precariedade social de praticamente 6 milhões de estadunidenses (entre eles, cerca de 20 mil veteranos da Primeira Guerra Mundial) que, em 1932, estavam desempregados, e outros milhões que perderam suas casas ou fazendas. A estratégia de enfrentamento da crise executada pelo governo Hoover centralizou-se no aumento de impostos e na construção de obras públicas, o que lhe impediu a reeleição.

Durante o mandato do presidente Hoover, o então próximo presidente dos Estados Unidos, Franklin Delano Roosevelt, atuou como governador de Nova York (1929-1932), um dos estados que optou por enfrentar a crise[47] e que se tornou reconhecidamente o que mais ofereceu alternativas à população empobrecida: em seu governo, os gastos públicos e privados com alívio da pobreza subiram de US$ 4 milhões em 1929 para US$ 15 milhões em 1931. Em setembro de 1931, Roosevelt criou a Associação Temporária de Alívio Emergencial — TERA (*Temporary Emergency Relief Association*), o que levou Nova York a se tornar o primeiro estado do país a ter um programa desse tipo (Katz, 1996). Planejado para durar dez meses e contabilizar um gasto total de US$ 20 milhões, esse programa permaneceu ativo até 1937 e utilizou cerca de US$ 50 milhões (ibid.). Graças ao seu posicionamento político atuante, Roosevelt, entre 1933 e 1945, assumiu a presidência dos Estados Unidos com o desafio de recuperar o país.

Se desde o final do século XIX a visão coletiva sobre a pobreza e as formas de combatê-la passavam por mudanças, após a constatação

47. De acordo com Katz (1996), alguns estados dos EUA seguiram uma "posição reacionária" e não "fizeram nada" para responder às emergências crescentes.

de que milhões de pessoas poderiam ser súbita e inevitavelmente condenadas a sobreviver na miséria, essa visão assumiu configurações inéditas. Movimentos de tendências políticas variadas despontaram em toda a nação, ameaçando o *establishment* socioeconômico e exigindo saídas para a crise e proteção social à população em sua totalidade. O governo Roosevelt respondeu criando o "New Deal", que, de acordo com Van Voorhis (2007, p. 220), "marcou o início de apoio federal significativo para o bem-estar social nos Estados Unidos — o nascimento do Estado de Bem-Estar americano" (tradução nossa).

Entre os principais programas, serviços e benefícios estabelecidos no período inicial do *New Deal*, Van Voorhis (2007) elenca as transferências de renda para crianças (*Aid to Dependent Children*), idosos (*Aid to the Eldery*) e cegos (*Aid to the Blind*); os seguros desemprego e saúde; os programas de habitação popular; a educação e a saúde públicas. No que se refere às legislações, o Ato de Seguridade Social (*Social Security Act*), de 1935, é citado como a pedra angular da proteção social estadunidense, já que, por meio dele, foram formalizados e estabelecidos em Lei os seguros sociais universais, o Seguro para Pessoas Idosas e com Deficiência (*Old Age Survivors and Disability Insurance* — OASDI) e as transferências de renda direta focalizadas nas famílias pobres com crianças e nas pessoas idosas, cegas e com deficiência.

Entretanto, conforme Eveline Burns, no final dos anos 1940 (apud Katz, 1996), o *New Deal*, embora inovador e progressista, foi um conjunto, relativamente desorganizado, de programas improvisados, que não possuíam um plano racional de unificação, avaliação e controle, e que eram executados repentinamente sob motivações humanitárias — e não pela ótica dos direitos. Roosevelt, segundo DiNitto (2007), acreditava que as vítimas da Grande Depressão mereciam compaixão e humanidade governamental.

Apesar da aparente política intervencionista e socialmente engajada e dos notórios avanços no campo da proteção social pública, a estratégia do governo Roosevelt de enfrentamento da crise, por meio de alívio estatal e incentivo à ingerência privada, nesse particular, se concentrou no que ficou conhecido como *work relief*,[48] ou alívio por meio do trabalho. O TERA, de Nova York, provou ser um programa quase exclusivo de ativação para o trabalho e, mesmo assim, ainda ineficaz. Katz (1996) demonstra que, embora em 1932 cerca de 32 mil nova-iorquinos estivessem inseridos em programas de *work relief*, aproximadamente 88 mil dos considerados aptos ao trabalho ainda aguardavam auxílio governamental ou privado. Além disso, com a ênfase dada ao TERA, as demais políticas, como saúde, educação, cultura e lazer, sofreram duros cortes.

Na presidência do país, Roosevelt ampliou o TERA para o âmbito federal. Esse programa, agora conhecido como FERA (*Federal Emergency Relief Administration*), foi, tal qual sua versão estadual, o primeiro programa federal dessa natureza a ser implementado nos Estados Unidos. Sua previsão de gasto inicial foi de US$ 500 milhões a serem empregados da seguinte forma: US$ 250 milhões deveriam ser repassados para os estados e US$ 250 milhões seriam alocados pelo governo federal "onde as necessidades fossem maiores" (Katz, 1996, p. 226). Contudo, segundo Katz (ibid.), entre seu início, em maio de 1933, e sua extinção, em junho de 1936, o FERA gastou mais de US$ 3 bilhões, empregou mais de 120 mil funcionários e conduziu mais de 15 milhões de pessoas ao trabalho. Sem embargo, a inexperiência governamental dos Estados Unidos na organização de programas de ativação para o trabalho, aliada às dificuldades na criação de postos de trabalhos reais — em oposição aos usuais "trabalhos inventados", tais como quebrar pedras, cortar madeira ou construir e, em seguida, derrubar muros ou calçadas construídas — e na provisão de emprego adequado para trabalhadores de "colarinho branco",[49] fizeram com que o número de desempregados continuasse alto.

---

48. Que certamente continha o germe das atuais e festejadas políticas de ativação para o trabalho, por meio da assistência social.

49. Profissionais não braçais, qualificados e que, geralmente, trabalham em escritórios (bancários, administradores, contadores, empresários etc.). O termo *white collar workers* (trabalhadores de colarinho branco) faz oposição ao termo *blue collar workers* (trabalhadores de colarinho azul), que se refere aos uniformes utilizados por trabalhadores braçais, comuns no início do século XX nos Estados Unidos.

Assim, órgãos públicos e outros programas complementares ao FERA foram estabelecidos. Entre os principais estão o *Work Progress Administration* (WPA, 1935-1943), maior órgão governamental voltado para a oferta de trabalho para profissionais de diversas áreas, mas com enfoque na construção de obras públicas; o *Public Works Administration* (PWA, 1933-1943), que tinha as mesmas funções e objetivos do WPA; o *Civilian Conservation Corps* (CCC, 1933-1942), que enviava jovens do sexo masculino para campos de trabalho braçal; e o temporário *Civil Works Administration* (CWA, 1933-1934), que tinha como meta empregar o maior número possível de trabalhadores durante o inverno de 1933. Este último programa, segundo Katz (1996, p. 233), "não era alívio ou benefício. Ao contrário, ele refletiu a maior prioridade do governo [Roosevelt]: colocar os desempregados de volta ao trabalho" (tradução nossa).

É preciso reconhecer que, com o *New Deal*, o governo estadunidense assumiu, pela primeira vez em sua história, a responsabilidade pela segurança econômica e social de sua população e que as reformas postas em prática pela gestão Roosevelt foram inéditas estratégias de proteção, que romperam com o legitimado *laissez-faire* anterior. Todavia, é comum encontrar, mesmo na literatura especializada, referências equivocadas em relação ao *New Deal* como tendo sido um modelo revolucionário de garantia de bem-estar universal e socialmente comprometido e que "salvou" os Estados Unidos da Grande Depressão.

Na verdade, Roosevelt não teve intenção de reformular as estruturas do sistema econômico com vista à proteção social dos habitantes dos Estados Unidos. Seu intento, ao contrário, era salvar o próprio capitalismo, que acabou sendo salvo não pelo *New Deal* — embora tenha se beneficiado dele —, mas, conforme Katz (1996, p. 215), pelos "exércitos de Hitler e pelas bombas japonesas", que, ao destruírem parte da Europa, permitiram que os Estados Unidos se recuperassem economicamente ao assumir a reconstrução desse continente.

Quanto à proteção social, esta foi pensada por Roosevelt, desde o início, como medida emergencial e temporária, já que, de acordo com ele, "a contínua dependência das políticas de alívio induz à desintegração moral e espiritual, fundamentalmente destrutiva para a fibra nacional. Distribuir alívio, dessa forma, é administrar um narcótico, um destruidor sutil do espírito humano" (Roosevelt apud Katz, 1996, p. 234; tradução nossa).

Assim, com o objetivo de reduzir os hipotéticos efeitos negativos do auxílio público, a gestão Roosevelt optou por atender, por meio dos programas de alívio da pobreza e do desemprego, de nível federal, apenas os aptos ao trabalho, vítimas da Depressão nacional. Os demais — entre eles crianças, pessoas idosas, com deficiência ou doenças incapacitantes — deveriam ser responsabilidade estadual. Com isso, o governo pretendia proteger indivíduos e famílias prejudicados por causas nacionais (a crise, em especial) e evitar a dependência de pobres vítimas de suas próprias ações, de seu próprio caráter (preguiçoso, indolente, avesso ao trabalho) ou de problemas socioeconômicos locais.

O modelo de proteção social inaugurado por Roosevelt, com o *New Deal*, tornou-se referência e serviu de base sobre a qual se erigiu o sistema protetivo estadunidense posterior. Embora a criação do *New Deal* tenha sido interpretada como a concepção do Estado de Bem-Estar estadunidense, após análise mais aprofundada da essência desse conjunto de programas, conclui-se, concordando com Katz (1996), que: os Estados Unidos, em 1940, adquiriram um semi Estado de Bem-Estar ou um *semiwelfare state*, insatisfatório, incapaz de efetivamente proteger a população desse país, estigmatizante, comprometido com as necessidades do mercado e que, injustamente, selecionava entre os necessitados, os que "mereceriam" suporte governamental. Trata-se do que a literatura internacional da política social chama de *Welfare State* "relutante", compatível com o sempre cultivado e renovado caráter liberal e conservador dos Estados Unidos.

O governo Roosevelt, mediante o *New Deal*, portanto,

> modificou, mas não eliminou distinções arcaicas entre pobres merecedores e não merecedores ou [entre] capazes e impotentes; ele construiu barreiras entre a segurança social e a assistência pública que preservou

> distinções de classes e reforçou o estigma associado à provisão de alívio ou bem-estar; de nenhuma maneira ele redistribuiu renda ou interferiu mediante políticas de bem-estar na regulação do mercado de trabalho e na preservação da ordem social. (Katz, 1996, p. 255; tradução nossa)

Sobre essa fundação, ergueu-se o modelo de proteção social estadunidense, fragmentado, em sintonia com os desejos e necessidades do mercado, funcional à preservação e propagação do capitalismo e comprometido com o alívio (*relief*) e melhoria ou compensação (*amelioration*) dos males sociais e não com a sua superação.

Os programas, benefícios e projetos governamentais e o gasto social público ampliaram-se significativamente durante os governos que sucederam a gestão Roosevelt, em especial o de John Fitzgerald Kennedy (1961-1963) e de Lyndon B. Johnson (1963-1969). Importante ressaltar, todavia, que essa ampliação se deu em face da forte pressão popular e da organização coletiva em movimentos sociais de peso (como os combativos movimentos pelos direitos civis dos negros estadunidenses e a Organização Nacional pelos Direitos de Bem-Estar ou *National Welfare Rights Organization* — NWRO); porém, as características acima explicitadas foram mantidas, o que, consequentemente, não resultou em uma sociedade mais justa e equânime e nem contribuiu para a diminuição do hiato entre ricos e pobres.

Não obstante isso, e levando-se em conta o caráter dialético e internamente contraditório dos processos sociais e humanos, no bojo da "semi" proteção social dos Estados Unidos, despontaram importantes avanços e evidências concretas, mostrando que o investimento em proteção social não é incompatível com o crescimento econômico da nação e nem desincentiva a submissão dos beneficiários ao mercado de trabalho capitalista.[50]

---

50. Katz (1996, p. 278) afirma que a proporção de estadunidenses vivendo em situação de pobreza reduziu em cerca de 60% entre 1960 e 1980, graças aos programas e benefícios governamentais. Além disso, durante o período de expansão da proteção social nos Estados Unidos, o desemprego aumentou em ritmo lento, enquanto o número de empregados subiu aceleradamente, mais rápido do que durante períodos em que a proteção social não foi tão significativa. Para mais informações a esse respeito, ver Katz (1996).

Além do mais, apesar de insuficiente, emergencial e residual, essa proteção social pela metade foi, segundo Katz (1996), capaz de proporcionar empregos, alimentação e serviços de saúde minimamente adequados a uma população historicamente abandonada pelos poderes públicos: os negros. A luta coletiva das minorias sociais por melhores condições de vida e cidadania, estimulada pela demonstração de responsabilidade estatal no trato dessas questões, deu visibilidade à precariedade e ao desamparo de comunidades inteiras e alterou a relação entre Estado e sociedade. Aquele passou a ser a principal fonte de atenção e socorro desta, ocupando o lugar deixado pela caridade privada. Mas, acima de tudo, a adoção de medidas de proteção social nos Estados Unidos provou que o Estado dispõe da capacidade administrativa e dos recursos necessários para realizar reformas sociais expressivas em curto, médio e longo prazo. Se não o faz, é devido, única e exclusivamente, à falta de vontade política (Katz, 1996).

Esses pontos, segundo Katz (1996, p. 281), representaram "uma pequena alegria nos dias escuros" e o saldo positivo de um período que ficou conhecido como "guerra contra a pobreza". Entretanto, a partir da década de 1980, notadamente após a eleição de Ronald Reagan à presidência dos Estados Unidos, em 1981, esse país assistiu ao desmonte dos direitos arduamente conquistados mediante notória história de luta e pressão popular. Conquanto o conjunto dos governos estadunidenses tenham sempre assumido a defesa integral do sistema capitalista e o compromisso com o mercado, a guinada (mais) à direita iniciada na gestão Reagan (1981-1989) produziu danos irreparáveis, com sérios impactos no âmbito mundial. De acordo com Jesse Jackson, do jornal estadunidense *Philadelphia Inquirer*, em 15 de dezembro de 1985,

> meio milhão a mais de pessoas vive abaixo da linha de pobreza do que em 1965, quando o então presidente Lyndon B. Johnson lançou a "Guerra contra a Pobreza", e há mais 4,4 milhões de pessoas pobres hoje do que quando o presidente Reagan assumiu o cargo. As políticas da atual administração efetivamente desencadearam uma guerra contra os pobres. (Apud Katz, 1996, p. 283; tradução nossa)

Com efeito, a gestão Reagan deu início a uma verdadeira guerra contra a proteção social e contra a população beneficiária e elegível ao semi Estado de Bem-Estar erguido nos Estados Unidos nas décadas precedentes. Observou-se, a partir daí, de maneira mais explícita, o retorno de ideais e práticas usuais nos séculos XVIII e XIX, como a tipificação dos pobres em duas categorias, os merecedores, incapazes de trabalhar, *versus* os não merecedores, aptos ao trabalho. Os não merecedores, taxados agora de subclasse (*underclass*), se subdividiam em quatro outras classificações: a) os pobres passivos (*passive poor*), em sua maioria beneficiários de longo prazo dos programas públicos; b) os pobres hostis (*hostiles*), entre os quais os criminosos e drogaditos, com tendência a práticas delituosas; c) os trapaceiros ou vigaristas (*hustlers*), que, tal como os hostis, viveriam no submundo das ruas, angariando seus recursos financeiros por meio de atividades ilegais ou clandestinas, mas raramente envolvidos em crimes violentos; e d) os traumatizados (*traumatized*), alcoolistas, pedintes, andarilhos e pessoas com doenças ou transtornos mentais (Auletta apud Katz, 1996, p. 286). Estimava-se que, na década de 1980, cerca de um terço dos estadunidenses oficialmente qualificados como pobres pertencia a essa "subclasse" (ibid.).

Essa ordenação da população pobre — que, de formas variadas, ainda persevera nos dias atuais — carrega efeitos secundários que vão além da mera seleção meritocrática às avessas — meritocracia por destituição. De acordo com Katz (1996), a construção da falácia persuasiva de que existe uma linha divisória tênue entre as pessoas "de bem", virtuosas, embora pobres, e os indivíduos viciosos é útil ao capitalismo. Por meio dela os que se encontram do lado "correto" da linha são constantemente lembrados de que devem se submeter, sem questionamentos, a qualquer tipo de emprego, sob qualquer condição e mediante o pagamento de qualquer salário. Do contrário cruzarão os limites e se somarão à subclasse, indigna de qualquer proteção. Em tempos mais recentes, outras "categorias" de pobres voltaram a compor o grupo dos não merecedores: os adultos aptos ao trabalho, mas desempregados, e os imigrantes, no país há pouco tempo.

De fato, as razões para a legitimidade conquistada pelo governo Reagan (expressa em sua reeleição em 1985 e na vitória nas urnas de seu vice, George H. W. Bush, em 1989) podem ser parcialmente explicadas pela manipulação ideológica que disseminou o falso princípio de que o sucesso ou o fracasso social dependem do comportamento, das escolhas e das tendências individuais. Com isso, dois preceitos neodireitistas são alcançados: a autorresponsabilização dos indivíduos e o esvaziamento do significado e da importância de conceitos naturalmente politizados como justiça social, liberdade, equidade, direitos sociais, necessidades e problemas sociais.

O embasamento dessas teses da Nova Direita, resgatadas e efetivadas por Reagan, se assenta na crença radical de que a natureza humana é egoísta, acomodada, dependente de incentivos e correções punitivas para que se aperfeiçoe e evolua. Contudo, conforme Katz (1996, p. 289), essa regra foi adaptada pelos neodireitistas, já que, para eles, "pessoas de diferentes classes sociais possuem naturezas humanas diferentes e, portanto, diferentes motivações básicas" (tradução nossa). Os ricos, tidos como saudavelmente ambiciosos, produtivos e ousados, responderiam bem a recompensas — em especial o lucro e os ganhos materiais —; enquanto os pobres, tidos como responsáveis por esta sua condição, por sua própria inaptidão, preguiça ou vício, apenas reagiriam mediante punições e castigos, cujo o mais efetivo deles seria a insegurança econômica e social em que vivem. Essa lógica perversa justificou o corte de impostos para as elites e de proteção social para as classes subalternizadas (Katz, 1996). Entretanto, para evitar rebeliões e manter a ordem, o governo Reagan (e, em regra geral, os que o sucederam) prometeu que os "realmente necessitados seriam apaziguados por uma rede de proteção social. A rede de proteção, contudo, provou ser mais uma ilusão retórica do que uma política" (ibid., p. 295; tradução nossa).

Percebe-se, concordando com Arcary (2013, p. n/d.), que, embora o argumento da Nova Direita parta da certeza determinista de que a natureza humana é imutavelmente regida pela ganância, cobiça, rivalidade e ostentação,

> para desqualificar os princípios mais elementares de justiça e solidariedade, a ganância foi validada como ambição legítima. A cobiça foi promovida a aspiração de aquisitividade. A rivalidade ganhou ares respeitosos como competição pela eficiência. E a ostentação foi reconhecida como exibição da prosperidade.

Daí se justifica a barbárie, a exploração do homem pelo homem e o darwinismo social. Não admira que, dessa inversão de valores, tenham brotado preconceitos de toda sorte, como os racismos, o machismo e as segregações sociais. Em um plano macro, os países "bem-sucedidos" ganham a "autorização" de tiranizar, ficando legalizada a dominação de umas nações sobre muitas outras, a opressão de continentes inteiros, o massacre massivo de povos e culturas milenares (Arcary, 2013).

Mesmo diante dessas excrescências sociais e políticas perduram, hegemonicamente, "as premissas anti-históricas criacionistas de uma natureza humana invariável, e ainda por cima cruel, sinistra e malvada" (Arcary, 2013, p. n/d.). Essa visão, alienada da reflexão crítica sobre o poder de transformação da história e sobre seus variados contextos políticos, sociais e econômicos, despreza os processos de adaptação e readaptação; os avanços e retrocessos; as espirais dialéticas que marcaram a trajetória percorrida pela humanidade ao longo dos séculos ou, conforme Arcary (2013, p. n/d.), despreza a aquisição humana da

> capacidade de amar e odiar, confiar e temer, identificar e repudiar, desejar e rejeitar, admirar e querer, sorrir e desprezar, invejar e imitar, ou seja, todo um repertório de ações e reações dos homens uns com os outros — colaboração e conflito — impulsionadas pela necessidade de sobrevivência na natureza, que resultaram em experiências históricas, e se concretizaram em relações sociais.

Os resultados imediatos da gestão Reagan, assentada nos ideais neodireitistas descritos, reproduziram em solo estadunidense o "efeito Mateus", termo utilizado pelo sociólogo espanhol, Luís Moreno (2000), em referência aos versículos 10 a 14 do Evangelho de Mateus:

"Pois a todo aquele que já tem será dado ainda mais, e ficará na abundância; mas daquele que nada tem será tirado até mesmo o que tem". Durante os doze anos nos quais Reagan e Bush estiveram à frente da presidência dos Estados Unidos, os pobres ficaram cada vez mais pobres, os ricos cada vez mais ricos e a proteção social cada vez mais residual.

A drástica mudança nos valores e práticas político-sociais, efetuada, conforme já mencionado, com a guinada (mais) à direita a partir da década de 1980, se deu em várias frentes. Van Voorhis (2007) afirma que essas transformações ocorreram de maneira mais profunda em pelo menos seis áreas (ilustradas no Quadro 2, a saber: ideologia, economia, migração, trabalho, ajustamento demográfico e estrutura familiar), e representaram desafios e novas demandas ao bem-estar social que requereram adaptações na forma de garanti-lo.

Quadro 2. Transição da Era Industrial para Era do Capitalismo Avançado, que gerou novas demandas para o bem-estar social e adaptações

	Era industrial (1940-1985)	**Capitalismo avançado (1980 tardio ao presente)**
Ideologia	— Provisão Social oferecida pelo governo — Bem-Estar (*Welfare*) — Direitos — Assistência categórica mais expansiva	— Provisão Social pelo mercado e "quasi-market" (privatização) — *Workfare* — Ênfase em direitos e responsabilidades — Focalização
Economia	— Doméstica — Autônoma — Competição entre comando e ideologia de mercado	— Economia globalizada — Interconectividade — Predominância da economia de mercado
Migração	— Rural para urbano — Migração não capacitada	— Internacional — Imigração de mão de obra qualificada
Trabalho	— Força de trabalho masculina	— Aumento da participação feminina — Trabalho em tempo parcial
Ajustamento Demográfico	— Expansão da população	— Diminuição da taxa de fertilidade — Aumento da expectativa de vida
Estrutura Familiar	— Estável e nuclear	— Divórcio e monogamia serial — Famílias monoparentais

Fonte: Quadro retirado de Van Voorhis (2007, p. 225; tradução nossa).

No tocante à proteção social, esta se tornou focalizada nos mais pobres entre os pobres e sua oferta esvaziou-se do *status* de direito, ficando condicionada à adesão obrigatória dos beneficiários a contratos governamentais que preveem a oferta de compensações e contrapartidas pela "ajuda" pública. A privatização em massa das instituições públicas estendeu-se ao planejamento e à distribuição dos serviços sociais; e as parcerias entre governos e empresas ou organizações privadas, mercantis e não mercantis, passaram a dominar as políticas sociais em todas as suas fases. Os critérios de elegibilidade para o acesso aos benefícios e programas públicos tornaram-se cada vez mais rígidos e restritivos; e a busca incessante por "portas de saída" da mínima atenção do Estado contribuiu para a oferta pontual, emergencial e contingencial de benefícios e serviços sociais precários, por um período cada vez menor e insuficiente para viabilizar a mínima transformação na vida dos beneficiários ou suas famílias. Os conceitos de "pessoa com deficiência", "velhice", "pobre", "extremamente pobre", "desempregado", entre outros, limitaram-se a tal ponto que se tornaram caricaturas da realidade social e econômica concreta: nos dias atuais é difícil encontrar indivíduos elegíveis à proteção social focalizada na pobreza extrema, por exemplo, não porque a miséria tenha sido limada do planeta, mas porque a definição do que é ser "extremamente pobre" é tão restrita que poucos se encaixam nesse padrão desumano.

Com isso, é possível perceber, de forma clara, a presença hegemônica das ideologias neoconservadora e neoliberal: não há, conforme mencionado em tópicos anteriores neste capítulo, rejeição absoluta à proteção social, mas esta deve se dar de forma pontual, temporária, bem focalizada e ínfima. A ideia de "redes, escadas, cordas ou trampolins sociais", por seu turno, é majoritariamente abraçada, pois ela é consistente com o egoísmo intrínseco do *éthos* burguês que responsabiliza os próprios beneficiários por sua desgraça e os incentiva a buscar soluções para sua situação, sem provocar revoltas contra a ordem e desigualdades sociais existentes, consideradas naturais. O Estado e os governos de maneira geral surgem como meros ajudantes nesse processo individual e podem contribuir mais se oferecerem dados, estatísticas, informações científicas, frutos de pesquisas e estudos sociais "oficiais", que apontarão, teoricamente, as causas das desventuras humanas, o perfil dos que as padecem e locais onde podem ser encontrados. Tal Estado, contudo, deve ser interventor e ágil na proteção às elites, às grandes corporações, às empresas e bancos; e também na liderança moral das nações, orientando povos espalhados por todo o globo a seguirem o modelo estadunidense de "democracia" e de valores como "lealdade patriótica", "família nuclear patriarcal", "responsabilidade cívica" e "adesão ao trabalho assalariado", em evidente imperialismo cultural.

O posicionamento assumido pelos Estados Unidos perante o mundo, alternando papéis extremos entre condutor máximo e vítima primeira (especialmente de atos de terrorismo dentro e fora de suas fronteiras), é, igualmente, reflexo do comprometimento neodireitista com os interesses do capital; isso, na medida em que justifica o exorbitante gasto militar e a espionagem internacional (pois "é preciso se defender") e os consequentes cortes no orçamento público destinado à proteção social (já que não podem faltar recursos que movimentem a economia armamentista).[51]

As históricas crises de superprodução que marcaram os Estados Unidos e o planeta como um todo, notadamente a crise estrutural que teve seu pico em 2007/2008, durante o governo do presidente George W. Bush (à frente do país entre 2001 e 2009), e que ainda não se arrefeceu, funcionam, também, como justificativa dos cortes e omissões no provimento de bem-estar à população. De acordo com Harvey (2008, p. 165),

> uma crise financeira global provocada em parte por suas [do governo George W. Bush] próprias políticas irresponsáveis, permitiria que o governo dos Estados Unidos finalmente se livrasse de toda e qualquer obrigação de prover o bem-estar dos cidadãos a não ser no sentido de mobilizar o poder militar e policial capaz de conter a revolta social e impor a disciplina global.

---

51. Para uma análise mais aprofundada, ver Dantas (2007).

Os Estados Unidos, citados corriqueiramente como exemplo de sucesso econômico (país das oportunidades sob o domínio de um "capitalismo saudável e estimulante") e político (regidos por uma "democracia exemplar"), escondem as estratégias utilizadas para alcançar esse destaque internacional. Uma das mais perversas dessas estratégias é a acumulação por espoliação que, segundo Harvey (2005; 2008), revela-se por vários fatores, sendo os mais usuais a privatização e a mercadificação, a financialização e a administração e manipulação de crises, todos viabilizados mediante o apoio e a proteção estatal.

A privatização e a mercadificação, embora sejam processos ativamente presentes em toda a história capitalista, assumiram, sob a égide da Nova Direita, proporções inimagináveis. Tudo o que é público e pode gerar lucratividade foi (ou possivelmente será, caso essa ideologia não seja contida) engolido pelo mercado e seus mecanismos de extração do lucro. Harvey (2005, 2008) cita como exemplos dessa expropriação mercantil desde os bens comuns, como a água, o ar e a terra, até os serviços de abastecimento de água, esgoto, telefonia e transportes; as políticas e benefícios sociais de habitação, seguridade, educação, saúde; a propriedade intelectual, patentes, história, cultura, criações de povos e grupos sociais (por meio do turismo, da indústria fonográfica, editorial e acadêmica); o próprio corpo humano e o material genético de todos os seres vivos.

No bojo das privatizações e mercadificações, desenvolveu-se a financialização ou financeirização de todas as coisas que, a partir dos anos 1980 e, de forma mais notória, após os anos 2000, tornaram-se cada vez mais agressivas e inescrupulosas. De fato, "a desregulação permitiu que o sistema financeiro se tornasse um dos principais centros de atividade redistributiva por meio da especulação, da predação, da fraude e da roubalheira" (Harvey, 2008, p. 173-174). O "capitalismo-cassino", para utilizar a expressão do sociólogo Robert Kurz, provou ser o mecanismo mais eficiente de espoliação e destruição de ativos, seja por meio das transações na bolsa de valores, seja mediante a inflação, os juros ou, nas palavras de Harvey (id.), a "escravidão creditícia", seja pela desvalorização de títulos e ações, corrupções, manipulações de comissões, seja pelos roubos aos fundos de pensões e às poupanças.

Esse capitalismo-cassino descobriu que as crises poderiam ser "orquestradas, administradas e controladas", conforme Harvey (2005, p. 125), em benefício próprio, funcionando como uma "sofisticada arte de redistribuição deliberada de riqueza de países pobres para países ricos" (Harvey, 2008, p. 175). Essas crises, que podem ser restritas a setores específicos da economia e a regiões pré-eleitas ou globais, além de justificarem os cortes nos recursos destinados à proteção social, como já visto, servem para transferir renda, poder, propriedades e crédito às grandes corporações e às elites. Basta recordar os vultosos auxílios financeiros doados pelo governo dos Estados Unidos às financeiras e aos bancos na atual crise, enquanto milhões de trabalhadores perderam seus empregos, suas habitações e seu poder de compra.

Com a presença interventora maciça do Estado foram implementadas políticas redistributivas em âmbito global, contudo, às avessas: a transferência de riquezas e poder se dá de forma regressiva: das classes trabalhadoras às classes dominantes. De acordo com Harvey (2008, p. 177), o Estado, ao recorrer às desvalorizações de importantes ativos, às privatizações, às revisões de códigos tributários, ao estabelecimento de juros e taxas, às isenções fiscais para grandes empresas, aos subsídios corporativos, assume papel indispensável no processo de neodireitização, o qual, desde a década de 1980, tem contaminado o planeta.

Os governos neodireitistas, desde então, têm afirmado e reafirmado sua defesa incondicional da liberdade e dos direitos humanos. Contudo, conforme Mandel (1995, p. 116),

> na realidade, dadas as inevitáveis reações de massa contra suas políticas antissociais, os governos neoconservadores [e neoliberais] crescentemente minam e atacam as liberdades democráticas: de organização sindical, de imprensa, de ir e vir, de abortar. Assim, eles criam o clima apropriado para o desenvolvimento de tendências de extrema direita, do racismo e xenofobia, quando não do neofascismo explícito.

E conclui afirmando que a hegemonia neodireitista tem colocado em risco não apenas o planeta como um todo, mas a "própria sobrevivência física da espécie humana" (ibid., p. 116).

CONCLUINDO

A influência das correntes componentes da Matriz Residual (Teoria Funcionalista e Ideologia da Nova Direita) transformou, ao longo das últimas décadas, a teoria e a prática da proteção social. Hoje, vive-se uma situação de crise no campo da proteção social que, de uma forma ou de outra, repercute dos intentos capitalistas prioritários de perseguir o crescimento econômico e a ampliação do consumo como precondição do bem-estar social.

Conforme tratado neste capítulo, dentre os mecanismos e práticas sociais presentes nas políticas sociais contemporâneas de corte residual, que exercem decisiva influência nos circuitos decisórios da política social, destacam-se aqueles que, já no século XIX, receberam a seguinte denominação: critério da menor elegibilidade; testes de meios; e focalização na pobreza extrema. E associados a eles encontram-se medidas de controle do paternalismo e de desvios dos objetivos emancipatórios que só pela via do trabalho assalariado deveriam ser alcançados, quais sejam: as condicionalidades ou contrapartidas e a substituição do *welfare* (bem-estar como direito) pelo *workfare* (bem-estar em troca de trabalho).

Todos esses mecanismos e práticas trazem implícito em seu funcionamento o prévio reconhecimento de que a proteção social requerida pelos que não tiveram sucesso na obtenção de bens e serviços pelos seus próprios méritos deverá ser mínima, controlada institucionalmente e sem a conotação de direito. Isso porque, além de um mínimo, a proteção social competiria com a remuneração obtida pelo trabalho, considerado fator de produção por excelência no capitalismo; e, sob o signo do direito, tal proteção tornaria o Estado refém de grupos sociais que, de acordo com as correntes componentes da

Matriz Residual, em especial a Nova Direita, não se esforçaram suficientemente para assumir a sua autossustentação.

O critério da menor elegibilidade consiste num mecanismo de regulação da miséria, e não da sua superação, segundo o qual o benefício a ser distribuído pelos poderes públicos tem que ser menor do que o pior salário. Com isso, são evitadas pelo menos duas situações politicamente constrangedoras e de possível impacto negativo sobre a opinião pública: a de deixar os extremamente pobres à sua própria sorte, criando transtornos à ordem social; e de o Estado parecer magnânimo com quem não trabalha, criando indiretamente um incentivo à ociosidade.

Os testes de meios ou comprovação da pobreza são mecanismos que estão diretamente relacionados ao critério da menor elegibilidade, pois obrigam os demandantes da proteção social a se submeterem ao crivo das instituições protetoras e, consequentemente, a se sujeitarem a investigações arbitrárias sobre a sua situação socioeconômica. Segundo Alcock (1997), o motor que move esses testes é o da suspeição ou "fraudemania", e não da empatia ou da proteção, gerando gradualmente uma defasagem entre os métodos de atendimento ao pobre, que são autoritários, e os objetivos da política social, que deveriam ser democráticos, por se regerem pelos direitos. Consequentemente, além do estigma e do constrangimento impostos por esses métodos, uma das contradições mais evidentes de sua prática é o que se convencionou chamar de armadilha da pobreza (*poverty trap*), ou seja, os testes de meios estimulam os demandantes a viverem na destituição para fazerem jus ao benefício, o que confere às políticas sociais o seguinte efeito perverso: em vez de libertarem o pobre da pobreza, o mantêm nela.

A focalização na pobreza extrema parte do princípio neodireitista de que, sendo os recursos governamentais insuficientes para atender uma pobreza crescente, heterogênea e de difícil precisão, o mais racional é atender os segmentos sobre os quais não pairam dúvidas a respeito de seu estado de privação. Porém, esses segmentos têm que ser institucionalmente controlados para garantir a eficácia da ação. Com isso, minimizam-se efeitos de erros e desvios dos objetivos políticos inicialmente propostos e evita-se que setores não tão necessitados sejam atendidos (Rocha, 2003).

As condicionalidades, decorrentes da aplicação desses mecanismos e práticas, partem do pressuposto, de acordo com Standing (2007), de que os atendidos pelas políticas focalizadas são alienados e incapazes de conhecer as suas necessidades duradouras — como saúde, educação e trabalho — ou desprovidos de qualquer tipo de informação vital. Além disso, assinala o autor, condicionar a obtenção de proteção social à frequência a escolas e a postos de saúde constitui um contrassenso em países do capitalismo periférico, já que, nestes, os serviços sociais básicos são frequentemente escassos e de baixa qualidade. Isso sem mencionar o fato de que cobrar contrapartida de vítimas históricas de dívidas sociais acumuladas por governos negligentes é esquecer, como esclarece Pisón (1998), que os pobres são credores dessas dívidas.

A substituição do *welfare* pelo *workfare* faz parte de um procedimento recente que coloca o segundo termo como opositor do primeiro, ou uma alternativa a este, e que, no dizer de Gough (2003), minimiza a importância do direito implícito na noção de bem-estar incondicional. Assim, enquanto o *welfare* associa as políticas sociais aos direitos sociais que exigem o comprometimento do Estado com a oferta de empregos e de serviços sociais básicos aos cidadãos, o *workfare* se refere a políticas que obrigam os cidadãos a trabalhar como condição para receber um benefício social. Em termos ideais, isto implicaria uma dupla obrigação: por um lado, o dever do Estado de providenciar a inserção no mercado de trabalho das pessoas desempregadas e, por outro lado, o dever dessas pessoas de aceitarem qualquer trabalho. Entretanto, não tem sido esta a realidade da substituição do *welfare* pelo *workfare*. Segundo Nuti (1999) e Abrahamson (2009), a obrigação de trabalhar numa sociedade com poucas chances de emprego tornou-se uma imposição inconsistente, pois o Estado não cumpre essa obrigação e nem a aceita como um dever de cidadania.

Assim, as modalidades de proteção social afinadas com a Matriz Residual não só não protegem seu público-alvo, como mantêm e reproduzem a pobreza; rebaixam os níveis de vida e de cidadania de seus demandantes; destroem as potencialidades de expansão da democracia; e oneram muito mais os cofres públicos do que se a pobreza tivesse sido prevenida. Se se acrescentar a isso o fato de que tais políticas geralmente são pensadas e postas em prática de forma vertical — do Estado para a sociedade, sem incorporar as legítimas demandas dos grupos envolvidos —, ter-se-á que é comum elas serem desconsideradas por vários segmentos pobres, por se colocarem além das possibilidades de esses segmentos usufruí-las.

Os adeptos das correntes componentes da Matriz Residual, defensores incondicionais do capitalismo, da economia de mercado, das desigualdades — naturais, segundo eles —, da manutenção da ordem por meio da força e da coerção, da solidariedade como mero agente integrativo, da ascendência cultural imperialista do Ocidente sobre o Oriente, das tradições patriarcais, da dominação social pelo incitamento do medo, das fobias, do ódio contra o diferente, o *outsider*, temem o desmoronamento de seus valores e do *status quo*. Consequentemente, os valores morais neoconservadores em sintonia com os preceitos socioeconômicos do neoliberalismo e o utilitarismo funcionalista geraram um tipo humano particular, assim descrito por Pierucci:

> Seu tique mais evidente é sentirem-se ameaçados pelos outros. Pelos delinquentes e criminosos, pelas crianças abandonadas, pelos migrantes mais recentes, em especial os nordestinos (às vezes, dependendo do bairro, por certos imigrados asiáticos também recentes, como é o caso dos coreanos), pelas mulheres liberadas, pelos homossexuais (particularmente os travestis), pela droga, pela indústria pornográfica, mas também pela permissividade em "geral", pelos jovens, cujo comportamento e estilo de vida não estão suficientemente contidos nas convenções com o seu lugar na hierarquia das idades, pela legião de subproletários e mendigos que, tal como a revolução socialista no imaginário de tempos idos, enfrenta-se a eles em cada esquina da metrópole, e assim vai. Eles têm medo. Abandonados e desorientados em meio a uma crise complexa, geral, persistente, que além de econômica e política é cultural, eles se crispam sobre o que resta de sua identidade em perdição, e tudo se passa como se tivesse decidido jogar

> todos os trunfos na autodefesa. "Legítima defesa" é, assim, um termo-chave em seu vocabulário. Esta autodefesa, que é *prima facie* a proteção de suas vidas, de suas casas e bens, da vida e da honra de seus filhos (suas filhas!), sua família, é também a defesa de seus valores enquanto defesa de si. (Pierucci, 1987, p. 26)

A proteção social, portanto, é também utilizada pelos residualistas, como instrumento de defesa pessoal contra os efeitos do capitalismo, sejam eles "anômicos", frutos de disfunções que geram desequilíbrios, sejam naturais, inerentes a esse sistema e absolutamente inevitáveis, como são as tempestades e os furacões. Daí a aceitação relutante da presença de um Estado interventor que, mesmo que lhes tire um pouco da liberdade (negativa), garantirá os direitos burgueses e a manutenção da supremacia do capital. Conforme Harvey,

> o rigor científico de sua economia neoclássica não é facilmente compatível com seu compromisso político com ideais de liberdade individual, nem sua suposta desconfiança com respeito a todo poder estatal o é com a necessidade de um Estado forte e, se necessário, coercitivo, que defenda os direitos à propriedade privada, às liberdades individuais e às liberdades de empreendimento. (2008, p. 30)

Por fim, vale dizer que o projeto ideológico e político neodireitista, aliado à metodologia funcionalista, apesar de não ter se detido com profundidade no conhecimento e na proposição prática de formas de proteção social aceitáveis (para os seus padrões), tornou-se mundialmente hegemônico (Anderson, 1995). Mesmo os fracassos sociais e econômicos, que aprofundaram a miséria e a desigualdade sem, no entanto, trazer compensações reais significativas ao avanço e à revitalização do capitalismo, não enfraqueceram seu poder fetichizante de parecer inevitável, infalível e insubstituível. Essa mistificação atingiu níveis tais que uma sigla, cunhada e exaustivamente repetida pela ex-primeira-ministra britânica Margareth Thatcher, espalhou-se pelo globo como preceito incontestável: TINA ou *There Is No Alternative* (em tradução literal: não há alternativa).

CAPÍTULO 3

Matriz Social-Democrata ou institucional

Surgida no século XIX como uma alternativa à conquista do socialismo via revolução, a ideologia política conhecida como social-democracia tinha como lema central a superação gradual do sistema capitalista pelo caminho da democracia parlamentar e do reformismo político. Com a divisão do continente europeu em dois blocos ideológicos distintos, durante a Segunda Guerra Mundial, e o fortalecimento, especialmente no Norte da Europa, dos partidos de "esquerda", a social-democracia ganhou espaço, conquistando a numerosa classe trabalhadora belga e inglesa e os pequenos agricultores rurais escandinavos. Esse movimento inaugurou partidos comprometidos com as massas e sindicatos fortes, o que garantiu rápido crescimento dessa ideologia, ilustrado nos embates eleitorais em todos esses países a partir da segunda metade do século XX (Anderson, 1995).

Contudo, analisando seu desenvolvimento, é possível observar uma paulatina mudança de princípios em seu paradigma central. Antes reconhecida pelo apoio às ideias socialistas, portanto transformadoras, a social-democracia passou a aceitar a prevalência do modo de produção capitalista, atuando apenas sobre as falhas desse sistema, por meio da provisão de proteção social estatal garantida. Nas palavras de Anderson,

> espremida entre uma base social cambiante e um horizonte político em contração, a social-democracia parece ter perdido sua bússola. Em condições tão alternadas, tenderá ela a sofrer uma nova mutação? Houve época, nos primeiros anos da Segunda Internacional, em que ela orientou sua ação para a superação do capitalismo. Empenhou-se depois por reformas parciais, consideradas passos gradativos rumo ao socialismo. Finalmente, contentou-se com o bem-estar social e o pleno emprego dentro do capitalismo. Se ela admitir agora uma diminuição do bem-estar e desistir do pleno emprego, em que tipo de movimento vai se transformar? (1996, p. 23-24)

Detentora de uma trajetória questionadora e permeada por mudanças e contradições, a social-democracia tornou-se múltipla e diversificada. Em seu seio, emergiram outras correntes teóricas e ideológicas, que se diferenciam entre si mais pelas suas estratégias de intervenção e orientações metodológicas do que pela sua essência. Dessa forma, apesar de não se poder falar em uma única social-democracia ou de uma social-democracia pura, é possível reunir abordagens semelhantes sob seu guarda-chuva epistemológico.

Assim, afastando-se das grandes coordenadas teóricas e doutrinárias da Matriz Residual, discutida no capítulo anterior, a *Teoria da Cidadania*, a *Ideologia da Via Média* e a *Administração Social*, componentes da Matriz Social-Democrata, embasam-se, substancialmente, na convicção de que existe compatibilidade de existência do sistema capitalista com medidas ampliadas de proteção social como direito; embora seus defensores discordem quanto ao tipo, nível e cobertura das provisões, bem como da natureza da regulação estatal e das espécies de benefícios e serviços socialmente disponibilizados. Aliás, pode-se afirmar que, na atualidade, mais do que convicção na referida compatibilidade, a social-democracia reconhece a essencialidade da proteção social; assim como reconhece a importância do Estado de Bem-Estar Social como principal agente provedor dessa proteção e da reprodução do modo de produção capitalista, considerado este a organização política e econômica ideal, que não deve, em absoluto, ser superada.

Apesar de suas ramificações e divergências internas, comuns a todo e qualquer coletivo social, os partidários da social-democracia valorizam o consenso como a mais eficaz forma de solução de conflitos, e dão ao consenso crédito especial pelo desenvolvimento do Estado de Bem-Estar no último século. Isso significa que, não obstante compartilharem a crença na eficácia do capitalismo e do livre mercado para o crescimento econômico, admitem que a persecução dessa eficácia deva ser controlada, já que, se deixada à mercê da livre e espontânea competição privada, poderá gerar irremediáveis consequências que podem ser nocivas à esfera social. Como forma de oferecer compensações aos efeitos socialmente indesejáveis do capitalismo, os social-democratas mostram-se favoráveis à intervenção estatal e à oferta pública de bens e serviços sociais consensualmente concedidos por governos e grupos parceiros. Por conseguinte, o próprio Estado de Bem-Estar Social não é visto, pelos adeptos da social-democracia, como uma conquista de lutas empreendidas por movimentos sociais, pela classe trabalhadora ou por partidários do socialismo, mas, sobretudo, como fruto de concessões; e, como tal, é igualmente defendido por grupos conservadores. Essa forma de intervenção, contudo, tem sido alvo de constantes críticas, e sua aplicação prática é distintamente aceita por apoiadores de correntes variadas dessa Matriz de pensamento.

Neste capítulo serão apresentadas as principais características e antagonismos de três dessas correntes (a Teoria da Cidadania, a Ideologia da Via Média e a Administração Social) e discutidas a concepção de proteção social e sua aplicabilidade em cada uma delas. Por fim, a proteção social nórdica, considerada a experiência social-democrata de maior sucesso na prática, será descrita e criticamente debatida.

TEORIA DA CIDADANIA

Desde a sua origem na antiga filosofia grega e nas produções intelectuais de Platão e Aristóteles, assim como na dramaturgia trágica de Sófocles, a cidadania veio se constituindo em tema relevante no pensamento social e político, que se estendeu por todo o Ocidente. Devido à sua progressiva tematização, as clássicas abordagens sobre democracia, em contraposição à tirania, e sobre a natureza da política e dos limites do poder do Estado permanecem fundamentais ao entendimento do ser humano como "animal político", na famosa formulação aristotélica.

Entretanto, conforme Roche (1992), a conotação moderna e republicana de governo representativo e de cidadania democrática praticamente inexistia na concepção grega antiga de cidadania (que, por sua vez, já admitia a democracia direta, mas com exclusão dos estrangeiros, mulheres e escravos). Tal conotação também inexistia na tradição romana medieval transmitida pela teoria e prática do feudalismo, na qual a servidão era incompatível com os "princípios cristãos da dignidade igual dos homens perante Deus" (Vieira, 1997, p. 28). E isso se explica pelo fato de que a emergência do moderno entendimento de cidadania como *direitos a ter direitos* generalizáveis e abrangentes só ocorreu no mundo ocidental com o advento do capitalismo e dos Estados-nação, entre os séculos XVI e XVII.

A partir desse momento histórico a cidadania constituiu-se em um conceito amplamente influente, em especial nos séculos XVII e XVIII, graças à ocorrência de eventos mundiais de grande impacto civilizatório, como a Revolução Inglesa, de 1640; a Norte-Americana, de 1776; e a Francesa, de 1789. Foi nessas revoluções políticas que os "direitos naturais" e os "Direitos do Homem" foram anunciados e difundidos em associação direta com os pleitos por "liberdade, igualdade e fraternidade" e com as primeiras tentativas de fundar, constitucionalmente, um Estado-nação moderno alicerçado na vontade popular.

Portanto, muito da história do século XX expressa a história das lutas travadas por cidadania, seja em torno da defesa dos direitos conquistados contra governos tirânicos, seja em busca da extensão desses direitos para outros estratos sociais; seja, ainda, com o objetivo de fortalecer os primeiros direitos oficialmente instituídos (civis e políticos).

Todavia, uma ironia merecedora de destaque, que projetou mundialmente o nome do sociólogo britânico Thomas Humphrey Marshall — ou simplesmente T. H. Marshall, como passou a ser conhecido a partir do final dos anos 1940 —, foi que, a despeito de sua importância, a cidadania, como informa Roche (1992), esteve ausente na teoria social e política em quase toda a primeira metade do século XX. Em outras palavras, a cidadania não se tornou um tema forte na moderna teoria social até que T. H. Marshall a colocasse em discussão por meio de seu clássico texto *Cidadania, classe social e status* (1967), elaborado em 1949 e publicado em 1950, e, nessa discussão, relativamente breve, ele lograsse construir uma das mais originais, claras e sugestivas abordagens (embora polêmica) das razões históricas e sociais da consolidação do *Welfare State* no segundo pós-guerra e das justificações morais e políticas dessa instituição.

Em vista disso, pode-se afirmar, com base em Roche (1992), que o que tem sido teoricamente construído sobre cidadania, desde 1950 até os dias de hoje, partiu do pensamento de Marshall sobre essa matéria.

De fato, T. H. Marshall (1967) apresenta, em seu já mencionado ensaio, criterioso estudo sobre o desenvolvimento histórico dos direitos de cidadania, na Inglaterra, e de seu impacto sobre a ausência de liberdade e a desigualdade social até a metade do século XX; nesse ensaio, o conceito de cidadania se tornou referência mestra para pesquisadores do tema. Apesar de ter se limitado ao caso inglês, que, segundo Bendix (apud Souki, 2006), é exceção e não regra, a teoria apresentada por T. H. Marshall foi generalizada e ainda é amplamente aceita como válida — embora seja alvo constante de críticas — e largamente utilizada em estudos comparativos entre nações. Além disso, passados mais de sessenta anos após sua primeira publicação em 1950, essa teoria continua exercendo grande influência nas análises sobre políticas sociais, Estados de Bem-Estar e proteção social nas democracias ocidentais. Dada a sua importância, essa abordagem entrou no rol das teorias de bem-estar investigadas por Mishra (1981) e será detalhada neste livro, já que constitui importante contraponto às ideias defendidas pelas correntes das Matrizes Residual e Socialista.

T. H. Marshall fundamenta sua teoria a partir de um conceito de cidadania que, embora vago e subjetivo, serve de base útil para sua análise sobre o processo pelo qual os direitos de cidadania foram e podem ser alcançados e ampliados. Definindo cidadania como um *status* adquirido por toda pessoa que participa integralmente da comunidade ou sociedade à qual pertence, esse pensador parece indicar a necessidade de maior precisão do que caracterizaria um membro completo dos sistemas sociais e da forma como essa participação absoluta se tornaria possível. Em vista disso, detém-se no exame do desenvolvimento de "um código uniforme de direitos e deveres" ao qual todos — ricos e pobres, governantes e governados — deveriam respeitar e seguir, concretizando, assim, a sua participação plena. Esse código, carregado de historicidade, confere ao Estado papel primordial, já que é nessa esfera que se dá o reconhecimento e a garantia dos direitos a todos os participantes efetivos da sociedade — ou, no entendimento de T. H. Marshall, os cidadãos; e é, também, esta a esfera privilegiada à qual se devem obrigações e contrapartidas. Destarte, ele parte do princípio de que, para além do mero cumprimento de deveres, o estabelecimento de direitos legais é a única forma de assegurar a participação total universal — e, consequentemente, materializar a cidadania. Segue-se daí sua classificação da cidadania em três "elementos" — ou direitos —, baseada em sua observação histórica: o civil, o político e o social.

O elemento civil, consolidado em primeiro lugar, no século XVIII, e institucionalizado por meio de tribunais de justiça, é representado pelos direitos civis e está intimamente relacionado às liberdades individuais — ou *liberdades negativas*, que negam ao Estado a interferência sobre elas. São exemplos de direitos individuais, de natureza civil, a liberdade de expressão, de pensamento, de imprensa e de fé; o direito de ir e vir; de associação e reunião; à propriedade privada; à celebração de contratos válidos; ao trabalho; e à defesa e afirmação de todos os direitos anteriores, ou, em outras palavras, o direito à justiça. Segundo T. H. Marshall, o desenvolvimento dos direitos civis caracterizou-se pela criação e inclusão de novos direitos a um *status* já legitimado, experimentado por todos os membros adultos de uma dada sociedade; e foi a partir da solidez desse *status* que os direitos políticos puderam ser reivindicados. Por isso, ao longo dos séculos XVIII e XIX, esses últimos direitos eram comumente encarados como "produto secundário dos direitos civis" (Marshall, 1967, p. 70).

Surgido em segundo lugar, no século XIX, o elemento político, institucionalizado pelos parlamentos e organismos do governo local, comporta os direitos que garantem a participação social no poder político comunitário, permitindo que os cidadãos atuem como eleitores, ou se tornem elegíveis aos cargos públicos. Seu processo de formação e estabelecimento diferencia-se do elemento civil, pois, em vez da ampliação da quantidade de direitos sobre uma base já firmada e compartilhada universalmente, os direitos políticos existentes passaram a cobrir uma quantidade crescente de membros da comunidade cívica. Ou seja, o elemento político não se desenvolveu mediante a criação de novos direitos políticos com o passar do tempo, "para enriquecer o *status* já gozado por todos" (Marshall, 1967, p. 69), mas por meio da expansão de direitos criados em anos anteriores a novos setores populacionais. T. H. Marshall afirma, contudo, que os direitos políticos e os sociais — que avançaram em seguida, no século XX — possuem alto nível de entrelaçamento, o que dificulta a sua categorização em períodos históricos bem delimitados. Sobre os direitos políticos, por exemplo, Marshall afirma que, apesar de o sufrágio universal ter se dado na Inglaterra apenas em 1918,[1] a propagação do

1. Apesar de afirmar que utiliza o termo "'universal' deliberadamente para dar ênfase ao grande significado dessa reforma independentemente da segunda, e não menos importante, reforma levada a efeito ao mesmo tempo, principalmente o direito de voto da mulher" (Marshall, 1967, p. 70), é importante frisar que o real sufrágio universal se deu na Inglaterra apenas em

poder político a novos estratos sociais marcou o século XIX — o que justifica o seu entendimento de que nesse século se deu "o período de formação da vida" do elemento político.

Da mesma forma, o elemento social, no qual figuram os direitos sociais, esteve presente em diferentes períodos na história da humanidade; mas, segundo Marshall, após quase desaparecerem no século XVIII e início do século XIX, restabeleceram-se com o avanço da educação primária pública e igualaram-se, em *status*, aos outros direitos de cidadania anteriores — os civis e políticos — no século XX. Não obstante serem mais abstratos, os direitos sociais foram qualificados por T. H. Marshall como

> tudo o que vai desde o direito a um mínimo de bem-estar econômico e segurança ao direito de participar por completo na herança social e levar uma vida de um ser civilizado de acordo com os padrões que prevalecem na sociedade. (1967, p. 63-64)

E por serem coletivos e prioritariamente efetivados pelo sistema educacional e os serviços sociais, conforme Marshall, tais direitos regem-se mais pelo princípio da igualdade do que da liberdade ao qual se vinculam os direitos individuais. Sendo assim, eles requerem do Estado ações positivas no sentido de prover e garantir:

> o direito ao trabalho; o direito a salário igual para trabalho de igual valor; o direito à previdência social em caso de doença, velhice, morte do arrimo de família e desemprego involuntário; o direito a uma renda

---

1928, quando todos os membros da sociedade (homens e mulheres) maiores de 21 anos puderam votar. A lei *Representation of the People Act* de 1918 conferiu o direito ao voto a todos os homens maiores de 21 anos e às mulheres maiores de 30 anos e que possuíssem qualificações mínimas referentes à posse de propriedades. A utilização indiscriminada do termo *sufrágio universal* por T. H. Marshall se torna mais grave após seguir ignorando a importância do voto feminino na seguinte citação, localizada no mesmo parágrafo: "Mas a Lei de 1918 não estabeleceu, por completo, a igualdade política de todos em termos de direitos de cidadania. Subsistiram alguns remanescentes de uma desigualdade com base em diferenças de substrato econômico" (ibid., p. 70).

condizente com uma vida digna; o direito aos repouso e lazer (incluindo o direito a férias remuneradas) e o direito à educação. (MacPherson, 1991, p. 38-39)

Apesar de a categorização dos direitos de cidadania, realizada por T. H. Marshall, ser linear e evolutiva e, consequentemente, não prever contradições dialéticas, possui o crédito "não só de delimitar essas três determinações 'modernas' da cidadania (civil, política e social), mas também de insistir na dimensão histórica, processual, do conceito e da prática da cidadania na modernidade" (Coutinho, 1999, p. 45).

Além disso, ele valoriza e defende direitos em detrimento de concessões por prestígio, mérito, necessidade ou favor e, o que é particularmente interessante aos propósitos desta pesquisa, dá relativo destaque ao debate sobre o Estado de Bem-Estar e as políticas sociais. Outro ponto positivo da análise realizada por T. H. Marshall reside no fato de ele atribuir ao desenvolvimento dos direitos civis, políticos e sociais a condição de universalidade. Para ele, a cidadania deve ser um *status* vivenciado pela totalidade dos membros de uma sociedade; ou, nas palavras do próprio autor, de uma sociedade composta por "direitos legais aos quais todos os homens têm direito" (Marshall, 1967, p. 62). Vale dizer, portanto, que, para ele, deve existir "uma espécie de igualdade humana básica associada ao conceito de participação integral na comunidade" (ibid., p. 62).

Segundo Marshall, os três elementos da cidadania ganharam mais substância e ampliaram sua cobertura ao longo dos séculos, em especial nos últimos 250 ou trezentos anos. Desse modo,

> os direitos políticos, inicialmente restritos à aristocracia, foram estendidos primeiramente às classes médias, em seguida, às classes trabalhadoras e, finalmente, às mulheres. Da mesma maneira, os direitos sociais, na forma da *Poor Law* [Lei dos Pobres inglesa], eram inicialmente restritos aos necessitados (posteriormente limitados aos destituídos no século XIX); com os serviços sociais, passaram a cobrir as classes

> trabalhadoras e, eventualmente, toda a população. (Mishra, 1981, p. 27; tradução nossa)

Mas essa expansão não se referia apenas à cobertura populacional; referia-se também à unidade espacial analisada, isto é, à sua universalidade. Partindo desse princípio, T. H. Marshall afirma que os direitos de cidadania passaram por dois processos distintos e opostos, essenciais ao seu progresso: um, de *fusão*, e outro, de *separação*; sendo o primeiro *geográfico* e o segundo, *funcional*.

Para confirmar sua tese, o autor afirma que os três elementos da cidadania — civil, político e social —, a princípio mesclados em um só e legislados por "instituições amalgamadas" em âmbito local, expandiram-se nacionalmente (fusão geográfica) e especializaram-se, seguindo, cada um, caminho e ritmo próprio (separação funcional). Nessa movimentação, distanciaram-se de tal forma que o avanço dos três conjuntos de direitos se deu em séculos diferentes, como visto anteriormente, e a sua reaproximação — quanto ao *status* e não ao conteúdo — só teve início em meados do século XX. Nesse século, a relação e o grau de dependência entre eles se acentuaram: os direitos civis e políticos forneceram as condições substantivas para o incremento dos direitos sociais e estes, por sua vez, garantiram as condições materiais (níveis mínimos de educação, habitação, alimentação e saúde) para o exercício dos primeiros (Mishra, 1981). A cidadania tornou-se, assim, nacional e para todos.

Esta conclusão gera outra implicação, indireta. Ao indicar que a formação dos direitos de cidadania só foi possível mediante "a emergência de quadros institucionais específicos" (Saes, 2000, p. 4), que se particularizaram, aperfeiçoaram e ocuparam territórios nacionais, T. H. Marshall sugere que tais direitos não podem existir somente no plano das ideias ou em legislações não aplicadas. Para ele, o desenvolvimento dos direitos dependeu da criação de aparato institucional, burocrático e administrativo próprio, que deverá salvaguardá-los. Eis por que os direitos civis necessitaram, segundo T. H. Marshall,

> do desenvolvimento da profissão especializada de defensor de particulares (isto é, da profissão de advogado); da capacitação financeira de toda a sociedade para arcar com as custas dos litígios (o que implica a assistência judiciária aos pobres); bem como da conquista, por parte dos magistrados, de independência diante das pressões exercidas por particulares econômica e socialmente poderosos. Já os direitos políticos só se viabilizam caso a Justiça e a Polícia criem condições concretas para o exercício dos direitos de votar e de se candidatar. Finalmente, os direitos sociais só serão concretizados caso o Estado esteja dotado de um aparato administrativo suficientemente forte, a ponto de propiciar, a todos, serviços sociais que garantam o acesso universal a um mínimo de bem-estar e segurança materiais. (Saes, 2000, p. 4-5)

Com isso, "Marshall não confunde [...] cidadania e 'letra da lei'; confusão essa que permitiria alçar qualquer republiqueta contemporânea [...] à condição de 'paraíso dos direitos'" (Saes, 2000, p. 5).

Para Marshall, ao contrário, não basta que os direitos estejam "previstos" ou "declarados" na lei. A cidadania só poderá ser consolidada mediante a materialização universal — de cobertura e de território — dos direitos civis, políticos e sociais. Essa dupla universalidade embasa-se em um sentimento de solidariedade moderno, experimentado por todos os cidadãos que se veem, ao mesmo tempo, como participantes integrais de uma comunidade, detentores de direitos e protegidos por uma lei comum (Mishra, 1981, p. 28). Esse entendimento reforça a tese central da teoria marshalliana de que a cidadania pressupõe a igualdade, que é conquistada por meio de mobilizações de classes; porém, tal conquista não resulta no acesso a uma igualdade substantiva. A igualdade defendida por T. H. Marshall é formal, de oportunidade e de *status*.

O aparente paradoxo existente no fato de o nascimento e posterior aprimoramento da cidadania (um *status* que não só pressupõe a igualdade, mas dela é dependente) se dar no seio do sistema capitalista (que não só pressupõe a desigualdade, mas dela é dependente) (Mishra, 1981) fica assim solucionado: com a qualificação da categoria igualdade como sendo de *status*, e com a defesa explícita, por parte do autor, da desigualdade social ou do sistema de classes, desde que a igualdade de cidadania (de *status*) seja reconhecida. Ao procurar responder a pergunta formulada muitos anos antes pelo economista Alfred Marshall:[2] "a igualdade básica quando enriquecida em substância e concretizada nos direitos formais de cidadania é consistente com as desigualdades das classes sociais?", T. H. Marshall assim se posiciona: "sugerirei que nossa sociedade de hoje admite que os dois ainda são compatíveis, tanto assim que a cidadania em si mesma se tem tornado, sob certos aspectos, no arcabouço da desigualdade social legitimada" (Marshall, 1967, p. 62). Contudo, afirma enfaticamente que a "igualdade básica não pode ser criada e preservada sem invadir a liberdade do mercado competitivo" (ibid., p. 62-63); e ao defender implicitamente a existência desse tipo de mercado revela certa afinidade com correntes da Matriz Residual, que privilegiam a função de integração da proteção social no capitalismo e a relevância da solidariedade entre classes sociais antagônicas.

A tese defendida por T. H. Marshall de que o Estado de Bem-Estar não era, a princípio, determinante na criação e na sustentação de uma sociedade igual substantivamente — e não formalmente — fez com que os partidários do livre mercado e do sistema capitalista refletissem sobre a importância da proteção social na manutenção do sistema. Na verdade, conforme o autor, a cidadania e, mais especificamente, os direitos sociais representados pelos serviços sociais permitem

> a criação de uma igualdade de condições em certos aspectos que serve de base sobre a qual a estrutura de desigualdade social pode ser construída com mais segurança [...]. Neste sentido, o Estado de Bem-Estar torna a desigualdade mais legitimada e aceitável. (Mishra, 1981, p. 29; tradução nossa);

---

2. Vale lembrar que o economista Alfred Marshall serviu de fonte de inspiração para o sociólogo T. H. Marshall. Foi um ensaio do primeiro, intitulado *The future of the working class*, escrito em 1873, que constituiu a principal referência do famoso ensaio do sociólogo, aqui analisado: *Citizenship and social class*. Aliás, esse ensaio de T. H. Marshall constitui o conteúdo de um conjunto de conferências suas proferidas, em 1949, na Universidade de Cambridge, Reino Unido, por ocasião de uma comemoração a Alfred Marshall.

ou, em outras palavras, a proteção social não só é compatível com o sistema capitalista, como é essencial para que a desigualdade e a estrutura de classes perdurem.

A chave da real compreensão da proteção social capitalista, contudo, reside no fato de que a sua razão de ser resulta da existência de desigualdades sociais e econômicas criadas pelo próprio sistema do capital, que reivindica dessa proteção a intervenção. Logo, pela lógica desse sistema, a sua principal tarefa seria não exatamente a de suprimir a desigual posição social de indivíduos e classes, mas sim de reduzi-la ou aliviá-la como estratégia de legitimação do sistema. E esta é uma interpretação que T. H. Marshall não se propôs a desenvolver, apesar de reconhecer no capitalismo a existência de desigualdades e de classes sociais.

Coerente com essa postura, T. H. Marshall explicita o tipo de igualdade adotada no capitalismo, adjetivada de formal/jurídica, de *status* ou de oportunidades, que remete para o reino do impossível, ou do impraticável, a igualdade substantiva. E, além disso, oculta o fato de que a "desigualdade estruturalmente imposta é a característica definidora mais importante do sistema do capital, sem a qual ele não poderia funcionar nem um só dia" (Mészáros, 2009, p. 112).

Com efeito, enquanto a igualdade formal/jurídica é desejada, ou tratada como um conceito abstrato, normativo, autoaplicável, que precisa ser acionado, e a igualdade de oportunidades é tida como uma promessa meritocrática, que só será alcançada se houver equalização de resultados, a igualdade substantiva é a única que possui caráter universal, redistributivo; e que, em vez de "ponto de partida", como as anteriores, apresenta-se como "ponto de chegada". Isso quer dizer que a igualdade substantiva representa o tipo de relação humana mais adequado para prover o bem-estar de todos, posto que ela constitui princípio orientador e pré-requisito indispensável, não só do processo de satisfação de necessidades humanas, mas da transformação da ordem estabelecida que produz iniquidades sociais.

Sendo assim, o apelo que se faz à igualdade substantiva, na atual fase expansiva do capital, como utopia ou projeto, não resulta de devaneios intelectuais, mas da necessidade imperiosa de se processar profunda reorganização das formas de sociabilidade que ainda hoje se pautam na ideia de que a desigualdade é fator de progresso. Isso porque tal ideia, que nos primórdios do capitalismo justificou objetivamente a desigualdade pela escassez de recursos, não mais se sustenta. Com o desenvolvimento crescente e acelerado das forças produtivas, incluindo fatores de produção imateriais, como a ciência e a tecnologia, o vínculo da desigualdade com a escassez tem se tornado cada vez mais obsoleto, ao mesmo tempo que menos justificável o monopólio da propriedade privada. Nesse ponto, como já dizia Ruffolo nos fins dos anos 1970,

> dois caminhos são objetivamente possíveis: uma diferenciação igualitária que traduza o afrouxamento do vínculo da escassez em maior liberdade, por um acesso mais igualitário aos recursos e à informação; ou uma diferenciação hierárquica que empenhe as novas energias em estruturas autoritárias, grandes empresas, grandes administrações, nas quais determina-se, artificialmente, uma situação de escassez, através de uma rígida correspondência entre divisões de trabalho, repartições de lucro e repartições das informações. (1979, p. 213)

Ou, conforme Mészáros (2007), ao refletir sobre o estágio contemporâneo de desenvolvimento do capitalismo,

> [...] todo o potencial produtivo é também simultaneamente potencial destrutivo ameaçador. Esse segundo caso é levado a uma perigosa realização em nosso tempo com crescente frequência e em escala progressiva, colocando em perigo não apenas a vida humana, mas também a totalidade da natureza viva sobre o nosso planeta finito. (2007, p. 235)

Daí a pertinência da máxima: "socialismo ou barbárie", proferida por Mészáros, seguindo Rosa Luxemburgo, mas logo modificada pelo mesmo autor para "socialismo ou destruição da humanidade", sabendo-se que a realização da igualdade substantiva é uma tarefa ingente, visto que a ordem social do capital é inseparável de uma cultura da desigualdade substantiva, profundamente arraigada e há muito estabelecida. Mas, para T. H. Marshall, "a cidadania social proporcionada por *uma política de bem-estar*, por exemplo, tornaria o capitalismo suficientemente civilizado para coexistir com a democracia" (Matos, 2009, p. 12). Essa argumentação tem sido uma das armas teóricas que inspiram os social-democratas a defender, na prática, a proteção social reformista, geralmente pela via parlamentar ou legal. Portanto, embora controversa, a proteção social tal como concebida por essa corrente interfere — relativamente — na liberdade absoluta do mercado, garante direitos sociais por meio de serviços sociais mínimos, o que gera e mantém um sentimento de solidariedade e de lealdade entre seus beneficiários, útil ao sistema capitalista.

Em suma, a clássica teoria marshalliana, não obstante possuir relevantes pontos positivos, já ressaltados neste tópico, não relaciona os direitos de cidadania às mudanças na estrutura social. Sua linha de reflexão segue o padrão evolucionista e dela estão ausentes os conflitos de classe e as lutas trabalhistas por liberdade como sinônimo de emancipação humana e igualdade substantiva. Esta é a ausência de complexidade teórica que limita a teoria da cidadania de T. H. Marshall e acaba por simplificar a realidade do país onde ele a situou: a Inglaterra. Apesar de poder ser generalizável, com cautela, para sociedades ocidentais industriais semelhantes à inglesa (tal como as escandinavas), essa teoria não pode ser exportada para países orientais, ou com trajetória socialista, e para a América Latina, onde os direitos de cidadania têm outra história de surgimento e realização.[3] Essa limitação induziu alguns autores[4] a questionar se essa análise pode continuar sendo considerada uma teoria da cidadania.

Ademais, a restrição do conceito de direitos sociais a serviços sociais deixa de fora outras importantes formas de prestação de

---

3. Na América Latina, onde historicamente as instituições democráticas são frágeis e as políticas sociais tornaram-se mais expressivas nos períodos de ditaduras, os assim chamados direitos sociais foram utilizados como uma espécie de compensação ao cerceamento dos direitos civis e políticos.

4. Vide Barbalet (1989).

bem-estar e de proteção social, tais como: as aposentadorias, pensões, benefícios e auxílios vários; as transferências diretas de renda; e o direito à paz, ao meio ambiente saudável, a autodeterminação dos povos, tal como posteriormente seria catalogado como direitos difusos.[5] A subsunção da cidadania e, mais especificamente, da proteção social à desigualdade de classes reflete, ademais, uma noção distorcida do que é ser protegido, pois pressupõe uma distribuição do produto social em uma sociedade competitiva e meritocrática, na qual são valorizadas e preservadas a estratificação social, a concentração de riqueza, a acumulação desenfreada e o consumo conspícuo ou supérfluo. Os defensores da social-democracia adeptos da teoria marshalliana de cidadania defendem a atuação estatal na provisão de bens e serviços sociais, a regulação — ainda que mínima e consequente — do livre mercado e a garantia de direitos universais. Todavia, endossam o individualismo, a dominância do mercado sobre as relações humanas e a autorresponsabilização dos indivíduos pelo seu próprio bem-estar (Mishra, 1981). Essa abordagem por vezes chega a aproximar-se, como observou Mishra (1981), da teoria funcionalista clássica, colocando-se como uma ponte entre o anti-intervencionismo radical de Spencer e o coletivismo altruísta de Durkheim; ou melhor, para T. H. Marshall, a proteção social é desejada apenas como auxiliar ao alcance de um *status* coletivo de civilidade e igualdade formal, *status* esse essencial para o bom funcionamento — com reduzidas chances de conflitos — do sistema capitalista.

---

5. Tais direitos são chamados de difusos porque, conforme Pisón (1998), a sua titularidade não está muito clara, assim como outros aspectos de sua natureza, tais como: quem pode requerê-los; quem é obrigado a atendê-los; qual o seu objeto; que sanções podem ser adotadas e a quem aplicá-las. Alguns dizem que os direitos difusos são desdobramentos dos direitos sociais; outros consideram que eles extrapolam os limites dos direitos sociais porque têm dimensão planetária e exigem controle também global. Seja como for, os chamados direitos difusos refletem novas realidades e profundas transformações econômicas, políticas, sociais e culturais, que derivam dos impactos dos avanços tecnológicos, da mundialização das relações econômicas, sociais e culturais e dos processos ampliados de informação. Isso tudo colabora para o surgimento de uma realidade diferente e justifica a criação de novas categorias de direitos, antes impensáveis.

IDEOLOGIA DA VIA MÉDIA

O termo Via Média, empregado no título do livro escrito pelo político do Partido Conservador britânico Harold Macmillan, em 1938,[6] ainda é, passados mais de setenta anos após sua primeira consolidação teórica, carente de conceituação clara e inequívoca. Todavia, um relativo consenso reside na caracterização desse termo como uma ideologia intermediária entre o anticoletivismo ou coletivismo residual defendido pela Nova Direita e o coletivismo universal do socialismo democrático. Distanciando-se da crença de que o mercado só pode funcionar com eficiência se for inteiramente livre e desregulado, a Via Média reconhece a necessidade da regulação econômica e da existência de um Estado provedor de bem-estar à sociedade. Por outro lado, em oposição às correntes da Matriz Teórica Marxista, essa ideologia embasa-se na convicção de que a iniciativa privada, o lucro, o individualismo, a economia de mercado e, por consequência, o sistema capitalista, devem ser protegidos e conservados, e não superados. Dessa forma, tal ideologia reúne pesquisadores e políticos em torno de uma crença comum — compartilhada pelos defensores da Teoria da Cidadania, como visto anteriormente: a proteção social é conciliável com o capitalismo e necessária à sua reprodução e preservação.

Para essa corrente, entretanto, a aceitação da presença de um Estado de Bem-Estar Social interventor no interior do capitalismo se justifica mediante o estabelecimento de uma parceria entre o Estado e o mercado, sendo que o primeiro deve atuar quando o último faltar ou falhar; e essa atuação deve ter um objetivo prático: o crescimento da economia capitalista. Assim, os adeptos da ideologia da Via Média podem ser classificados como *coletivistas relutantes*. Entre seus defensores

---

6. O político Harold Macmillan, anos após a publicação de seu livro *The Middle Way*, tornou-se primeiro ministro britânico, exercendo mandato entre os anos 1957 e 1963. O termo "Middle Way" foi tomado emprestado do livro *Sweden: the Middle Way*, escrito dois anos antes pelo jornalista estadunidense Marquis William Childs. Porém, este último centrou sua análise na descrição da sociedade sueca, enquanto Macmillan realizou um estudo mais aprofundado sobre essa estratégia política e econômica como um todo.

mais representativos, George e Wilding (1994, p. 46) listam os conservadores Harold Macmillan, Ian Gilmour e Richard Butler, além dos não conservadores John Maynard Keynes e William Beveridge.[7]

Situando-se à direita na Matriz Social-Democrata, a ideologia da Via Média sustenta-se sobre cinco pilares morais, classificados por George e Wilding (2008) como valores sociais, quais sejam: *pragmatismo, humanismo, defesa da desigualdade, individualismo* e *liberdade*.

A crença na incapacidade autorregulatória do capitalismo, associada à eleição desse sistema econômico como o mais eficaz, levou os partidários da Via Média à conclusão de que deveriam analisá-lo como é de fato, e não como deveria ser. Destarte, reconheceram que, não obstante a sua suposta superioridade econômica, as suas recorrentes "falhas" ou crises — resultantes inatas de seu funcionamento social — poderiam (e precisavam) ser corrigidas, pois, além de causarem sofrimento e apresentarem alto potencial destrutivo, constituíam sérias ameaças ao *status quo*. A ação corretiva, entretanto, deveria ser imediata, preferencialmente universal e sem muitas teorizações, já que a abstração teórica, ferramenta usual dos membros da Matriz Residual, é cabalmente repudiada pelos adeptos da ideologia da Via Média que valorizam, acima de tudo, a praticidade.

Desse modo, o esforço empregado na preservação do sistema capitalista deveria ser igualmente prático. Como já assinalado, seu objetivo primordial de preservação e desenvolvimento da economia capitalista não poderia visar à emancipação dos protegidos, mas apenas compensá-los pelas deficiências e falhas inerentes ao próprio sistema. Essa compensação, por seu turno, ocasionaria outro resultado positivo e também necessário ao alcance do objetivo supracitado:

7. Os importantes economistas J. M. Keynes e William Beveridge possuem raízes liberais, embora tivessem se apresentado como ferrenhos defensores da responsabilidade estatal na garantia de segurança social e econômica dos indivíduos. Estas são características comuns aos adeptos da Ideologia da Via Média que, por isso, também é comumente denominada de *Liberalismo Social* (Alcock, 1996). Contudo, a Via Média afasta-se da Matriz Residual, tanto teórica como politicamente, pelos motivos que serão expostos ao longo deste tópico, embora compartilhe com ela a mesma defesa do sistema capitalista.

estabilidade, coesão e ordem social, consideradas vigas mestras da vida em coletividade. Em vista disso, a garantia de proteção social, engendrada por meio de reformas consensuais, representa, ainda hoje, para os defensores das correntes componentes da Matriz Social-Democrata, uma apreciada alternativa às mudanças revolucionárias e ao socialismo. Essa ideia está claramente expressa na frase de Beer (apud George e Wilding, 1994, p. 49): "se você não der ao povo a reforma social, eles te darão a revolução social" (tradução nossa). A aceitação da ingerência do Estado na economia e nos temas sociais, portanto, "não é ideológica; é compelida pelas circunstâncias" (Galbraith apud George e Wilding, 2008, p. 45; tradução nossa).

Assim, a intervenção estatal, por meio da oferta de serviços, programas e benefícios sociais, poderia ser admitida (como de fato foi), desde que se guiasse pelo objetivo acima descrito e se ajustasse aos casos específicos, sendo conduzida pelas circunstâncias e não por teorias abstratas.[8] De acordo com George e Wilding, para a Via Média

> [O Estado de Bem-Estar Social] deve ser pragmático e não dogmático, impulsionado por nenhum ideal em particular e guiado por nenhuma teoria em particular [...]. O objetivo é simplesmente o de melhorar o mundo, e não de mudar a natureza humana ou a direção da evolução humana. Para os seguidores da Via Média, de acordo com Gilmour, "a sociedade não é um laboratório para experimentos sociais". (1994, p. 62; tradução nossa)

---

8. A importância da teoria é fortemente enfatizada por Lenin, adepto da revolução, cujo pensamento, contido em sua obra *Que fazer?* (1977), indica que "sem uma teoria revolucionária não pode haver movimento revolucionário" (p. 96). E, enfatizando ainda mais a importância da teoria para a prática transformadora radical, prossegue declarando que "um homem débil e vacilante em questões teóricas, com uma visão estreita e que justifica a sua própria debilidade [...] tal homem não é um revolucionário, senão um lamentável aficionado" (p. 97). Em compensação, a Via Média já antecipa estreita identificação com as teses *pós-modernas*, construídas no rastro da lógica cultural do capitalismo tardio de consumo ou capitalismo multinacional, conforme Jamenson (2006), segundo as quais as grandes narrações teóricas devem ser substituídas por explanações de pequeno ou médio alcances, presentistas, pragmáticas e esvaziadas do sentido de história posto que "incapazes de reter o próprio passado" (p. 44).

O suporte ao Estado de Bem-Estar se dá, portanto, na medida em que este atenda males sociais reais, sem desviar-se do que deve ser estritamente feito, pois um dos maiores temores dos defensores da Via Média é que ideologias, idealismos ou teorias abstratas incitem a tendência dos Estados socialmente interventores de "aventurarem-se" na tentativa de construção de uma sociedade ideal — o que geralmente os conduz a preocupações com a redistribuição de riquezas e a promoção da equidade, ambas radicalmente repudiadas pelos coletivistas relutantes.

Destarte, a mudança social ou econômica é considerada danosa; as reformas, por sua vez, são vistas como estratégias adequadas e necessárias para a salvaguarda do sistema capitalista. Esse pragmatismo, "que não visa estabelecer a felicidade por meios políticos, mas a eliminação de misérias concretas" (Gilmour apud George e Wilding, 1994, p. 54; tradução nossa), provoca um dilema que divide os partidários da Via Média, diante das seguintes alternativas: devem sanar apenas os males sociais já estabelecidos, evitando o desperdício de recursos humanos e materiais com atendimentos não urgentes (focalização), ou priorizar a união da sociedade, a interdependência de seus membros e, consequentemente, a unidade ordeira e a coesão social, tidas como vantagens decorrentes da proteção social universalizada? Entrementes, a focalização, conforme apregoa a Via Média, possui a desvantagem da desunião, da estratificação entre grupos sociais distintos e pode resultar em subversões, já que alimenta a comparação entre estratos. A universalidade, por seu turno, é interpretada como esbanjamento de escassos recursos públicos e pode conduzir a sociedade a um preocupante nível de equidade social. Porém, contrária que é a posicionamentos teórico-ideológicos, a solução para o dilema da focalização *versus* universalidade, na visão dessa corrente, variará de acordo com as conjunturas práticas da realidade vivenciada.

Por conseguinte, as formas e a operacionalização da proteção social para os defensores da Via Média não podem compor-se de regras rígidas e imutáveis. Ao contrário, a escolha entre métodos e técnicas de gerência e implementação de políticas sociais deve ser pragmática, partindo sempre da pergunta: o que funcionará melhor nessa determinada situação?

Por esse motivo, a Via Média não estabelece que a proteção social seja responsabilidade exclusivamente estatal. Na verdade, a parceria entre Estado, setores não mercantis da sociedade e mercado, ou, em outras palavras, a parceria público-privado, é fruto da rejeição social-democrata tanto do *laissez faire* quanto do intervencionismo estatal puro; e deriva do princípio da união de forças, de forma prática, em prol da realização de objetivos comuns, a saber: a proteção e o progresso capitalista.

Por conseguinte, a Via Média advoga em favor do *welfare mix* ou do pluralismo de bem-estar, apoiando iniciativas voluntárias (*voluntary welfare*) e privadas (*private welfare*) de provisão e de proteção social. Contudo, ao contrário da Nova Direita que defende uma variedade de fontes na oferta de bem-estar, por repelir a interferência estatal e a centralidade do Estado nessas ações, os adeptos da Via Média o fazem pela convicção de que esta é a mais eficaz forma de proteger os cidadãos. Além disso, segundo eles, a parceria entre diferentes esferas estimula o desenvolvimento de uma "boa sociedade", responsável e comprometida com o bem-estar geral e consciente da incapacidade estatal de atender à diversidade das necessidades humanas. Em linhas gerais, de acordo com George e Wilding (1994), um dos propósitos da Via Média é a oferta de bem-estar social menos "estatizada" e mais plural, promovida e sustentada pela atividade governamental, mas não reduzida e centralizada nela. As técnicas e limites práticos das ações, por outro lado, devem ser definidas *a posteriori*, já que se adaptam às diferentes conjunturas; ou seja, são decisões pragmáticas e não orientadas por princípios.

George e Wilding (2008) ressaltam ainda que, permeando esse pragmatismo radical — e, de certa forma, fortalecendo-o —, há uma considerável porção de humanismo. Para ilustrar essa afirmação trazem à tona os estudos sobre Keynes realizados pela economista britânica

Joan Robinson e pelo também economista Donald Moggridge.[9] Ambos afirmam que Keynes era sinceramente sensível e preocupado com o que ele chamava de "doenças sociais" (*social ills*), tais como a pobreza e o desemprego. Conforme Moggridge (apud George e Wilding, 2008, p. 46), "sua preocupação com as doenças sociais e sua sensibilidade ao sofrimento o levaram a questionar as convencionais ortodoxias econômicas" (tradução nossa). O humanismo de Beveridge, por seu turno, se tornava mais explícito em sua defesa do pleno emprego. Para ele, o maior perigo do desemprego não residia nas perdas materiais resultantes do problema, mas nas "catástrofes pessoais"; isto é, segundo Beveridge, "o desemprego faz com que os homens pareçam inúteis, rejeitados, sem um país" (apud George e Wilding, 2008, p. 46; tradução nossa).

Porém, para além desses dois expressivos economistas representantes da Via Média, citados como exemplos, sucedem-se outros. A literatura especializada indica que a simples atenção dispensada aos problemas socioeconômicos, oriundos do modo capitalista de produção, e o repúdio ao *laissez-faire* tinham sido, por si sós, considerados indícios fortes de sensibilidade social e preocupação humanista, na visão dos seguidores e simpatizantes de teorias e ideologias da Matriz Social-Democrata.

Entretanto, contrariando George e Wilding (2008), essa pesquisa não considera o humanismo como valor social intrínseco da ideologia da Via Média, a despeito do que alegam seus partidários. Ao ultrapassar as aparências, essa investigação endossa a conclusão marxiana de que a defesa do capitalismo e da economia de mercado — mesmo que esta se dê mediante o reconhecimento de seus defeitos e a busca por estratégias para corrigi-los — é inconciliável com a defesa do ser humano e de seus direitos. Independentemente das intenções benévolas e relativa independência de seus defensores (por mais poder e

---

9. George e Wilding (1994) fazem referência aos seguintes textos dos autores citados: Robinson, Joan Violet. What has become of the Keynesian Revolution? In: Keynes, M. (Ed.). *Essays on John Maynard Keynes*. Cambridge: University Press, 1975; e Moggridge, Donald E. The influence of Keynes on the economics of his time. In: Keynes, M. (Ed.), op. cit.

status que detenham), do Estado ou de governos particulares, o sistema capitalista, atualmente global, é naturalmente destrutivo, bárbaro e injusto; e depende da corrupção, da superexploração e da acumulação desenfreada para reproduzir-se. Sobre esse ponto, Marx afirma que:

> O capital não tem [...] a menor consideração pela saúde e duração de vida do trabalhador, a não ser quando é coagido pela sociedade a ter consideração. À queixa sobre degradação física e mental, morte prematura, tortura do sobretrabalho, ele responde: deve este tormento atormentar-nos, já que ele aumenta o nosso gozo (o lucro)? *De modo geral, porém, isso também não depende da boa ou má vontade do capitalista individual. A livre-concorrência impõe a cada capitalista individualmente, como leis externas inexoráveis, as leis imanentes da produção capitalista.* (Marx, 1983, p. 215; grifos nossos)

Seguindo o mesmo raciocínio, mas detendo-se no exame dos Estados capitalistas, Immanuel Wallerstein ressalta que:

> os Estados nunca foram exatamente entidades autônomas e sim meramente um importante aspecto institucional do sistema mundial. Tinham poder, mas não era um poder ilimitado e, é claro, alguns Estados tinham mais poder que outros. Assim, era o sistema mundial como um todo, e não os Estados individualmente, que poderia ser caracterizado como tendo um modo de produção. O sistema mundial moderno era, e ainda é, um sistema capitalista, isto é, um sistema que opera com base na primazia de uma acumulação permanente de capital, por meio da transformação de tudo em mercadorias. (Wallerstein, 2003, p. 19)

Dessa maneira, mesmo o capitalista melhor intencionado e individualmente mais comprometido com causas sociais é condenado a seguir as rígidas regras do sistema do capital, a fim de preservar sua própria existência e manter sua posição de classe. Além disso, como cúmplices (e defensores) de um modo de produção que somente funciona mediante a opressão de seres humanos, esses supostos "humanistas" pecam por incoerência ou ignorância do *modus operandi* concreto do sistema ao qual apoiam.

Contudo, se o humanismo como pilar moral comum aos adeptos da Via Média entra em contradição com os princípios básicos do capitalismo, a defesa da desigualdade social e econômica, por sua vez, estabelece perfeita harmonia com esse modo de produção.

As argumentações mais utilizadas para justificar os benefícios gerados pela desigualdade ressaltam a inegável existência de heterogeneidades de toda sorte no interior das sociedades e a importância do desempenho e esforço individuais como estratégia eficaz — e teoricamente justa — de seleção social. Ao criticar o baixo diferencial de rendimentos para distintos tipos de trabalho na Grã-Bretanha, Gilmour escreve:

> Uma economia competitiva não pode funcionar corretamente se recompensas adequadas forem retidas daqueles que realizam trabalhos difíceis e responsáveis, daqueles que são preparados para assumirem riscos com seu dinheiro, e daqueles que precisam passar por longo treinamento antes de adquirir as qualificações necessárias para praticar sua profissão ou ocupação. (Gilmour, 1977, p. 179; tradução nossa)

Essa afirmação revela claramente que o *mérito* não é respeitado como mecanismo válido de estratificação apenas pelos partidários de correntes da Matriz Residual. A Via Média, apesar de avançar no reconhecimento de direitos, independentemente de empenhos pessoais, ainda se alicerça nesse mecanismo para justificar a valia da desigualdade social. O mérito, aqui tratado, não se reduz à esfera educacional (na qual assume forma mais explícita e legitimada), mas à vida comunitária de maneira geral, determinando os avanços e recompensas, as perdas e fracassos nos mais variados papéis representados pelo indivíduo.

Prisioneiro do mercado — globalmente hegemônico — e totalmente dependente das relações monetárias para suprir suas necessidades básicas e, dessa forma, garantir o seu bem-estar, o indivíduo, transformado em mero portador de uma mercadoria especial (a força de trabalho), precisa submeter seu desempenho a avaliações rotineiras e subjetivas antes de ascender na escala social (Esping-Andersen, 1991). A subjetividade dessas avaliações está presente nas palavras de Gilmour, já que, segundo ele, não há detalhamento, por exemplo, de quais são os "trabalhos difíceis e responsáveis", o que significa "assumir riscos com seu dinheiro" e o que pode ser considerado um "longo treinamento". Uma análise eivada de elitismo certamente classificaria os trabalhos ou profissões detentores de maior *status* e utilidade para o capital como os que deveriam ser os melhor recompensados, embora haja contestações sobre o seu mais elevado grau de dificuldade, importância e risco.

Abstraindo as subjetividades, Gilmour prossegue em seu raciocínio indo além do apoio à premiação de possíveis "vencedores"[10] por mérito pessoal: esse autor alerta que a busca pela equidade é fator impeditivo para o crescimento econômico e para o estabelecimento da competição saudável na economia de mercado. De acordo com Gilmour, a diminuição nas variações de rendimentos dentro de uma determinada sociedade levaria os "melhores" a buscar reconhecimento em outro lugar, onde a "inveja" dos demais não os privasse das justas retribuições pelo esforço, empenho e talentos próprios.

> O habilidoso e o ativo já estão deixando estas costas em números crescentes para as sociedades menos invejosas, onde as recompensas são mais compatíveis com o seu trabalho e habilidades. Quanto mais a igualdade for procurada [...], maior este êxodo vai se tornar. (Gilmour, 1977, p. 179; tradução nossa)

A fuga para mercados mais competitivos geraria um declínio na economia local que acabaria por prejudicar o supostamente maior beneficiado com a equidade social: o pobre. Assim, segundo Gilmour,

---

10. A sociedade americana, um dos mais característicos exemplos de meritocracia, se divide em *winners* e *losers*, sendo os primeiros os que alcançaram, por mérito próprio, os melhores salários, cargos, *status*, independência e bem-estar; e os segundos os que fracassaram em sua jornada individual de ascensão social, devido à sua própria incapacidade. Sobre isto, vide Barbosa (2003).

na tentativa de punir o rico, o uso do princípio da equidade penalizaria os mais pobres e, pior, o país por inteiro, podendo conduzir à desordem e a revoltas populares. Para esse autor, portanto, renunciar à equidade significaria, acima de tudo, "manter os membros valorosos da comunidade em casa" (1977, p. 180; tradução nossa) e, em consequência: preservar a economia de mercado; a "profícua" competição que dela advém; "o mais justo sistema de ordenação social" experimentado na prática, qual seja, o mérito; e a ordem e coesão social naturais em uma sociedade com uma economia eficaz em expansão.

Essa defesa é compartilhada por Beveridge (apud George e Wilding, 2008, p. 47), que ressalta o caráter vital da desigualdade e da distribuição de recompensas diferenciadas. Para ele, a existência de um mercado de trabalho eficiente e livre, ainda que controlado, depende do cumprimento do seguinte princípio: "recompensas econômicas para o esforço, punição econômica para o fracasso do esforço" (tradução nossa). O objetivo beveridgiano, tal como esclarece Barbosa (2003), passa longe da distribuição equânime de rendimentos, serviços e bens para todos os cidadãos; o desejável é que todos possam recebê-los de acordo com sua capacidade individual de destacar-se no mercado competitivo. Afinal, os "vencedores" — ou seja, os que alcançaram esse destaque — fazem parte de uma fração da sociedade com grandes rendimentos e elevada capacidade de consumo. Sem a desigualdade econômica e social e a consequente concentração de renda neste grupo — isto é, nos ricos —, não seria possível alavancar o desenvolvimento da economia capitalista.[11] Esse argumento foi retratado, entre outros, por Kliksberg (2001), nos seguintes termos:

11. A relevância da riqueza (ou dos ricos) vem sendo debatida ao longo dos últimos séculos e vários são os argumentos apresentados. As defesas científicas e acadêmicas procuram associar, economicamente, o potencial de acumulação e gasto desta classe com o crescimento e desenvolvimento do capitalismo. Todavia, a justificação reacionária da importância dos ricos vai além do aspecto econômico, chegando a questões de etiqueta, domínio e influência moral. Vide, como exemplo, trecho de artigo intitulado "Faltam ricos no Brasil" de Diogo Mainardi para a revista *Veja*: "Nenhum país pode viver sem ricos. Eles são insubstituíveis. Não servem apenas para ensinar boas maneiras à mesa, mas também para contrastar várias tendências deletérias da sociedade. Em primeiro lugar, rico não é consumista. Não fica comprando helicópteros para chegar mais cedo ao trabalho. Aliás, rico que é rico nem trabalha. Outra utilidade dos ricos é que eles

> A ciência econômica convencional [...] considera que a desigualdade constitui um traço característico dos processos de modernização e crescimento [...] que os impulsiona e favorece, ao possibilitar a acumulação de poupança que se transformará em investimento. Para Kaldor (1978) uma grande acumulação prévia de poupança é imprescindível para o crescimento. Se a renda se concentra num segmento limitado da população com alta propensão ao consumo, que seriam os ricos, a acumulação e o crescimento serão favorecidos. (p. 17)

Por conseguinte, para além de sua essencialidade no processo de crescimento econômico, a desigualdade, segundo Keynes (1983, p. 254), ainda carrega a faculdade psicológica de influenciar positivamente determinadas "inclinações perigosas da natureza humana para caminhos onde elas se tornem relativamente inofensivas". Em outras palavras, a ambição pelo sucesso e a riqueza, condições consideradas possivelmente alcançadas mediante empenho e dedicação individuais, ocupa os que ainda não as possuem e serve de incentivo e ânimo para que continuem se esforçando, até conquistá-las. Convencidos de localizarem-se exatamente onde merecem na escala social, os indivíduos mantêm-se focados em superar obstáculos pessoais e se tornar "vencedores" no sistema, pois, sob o domínio da meritocracia, acreditam não ter motivos para revoltar-se, a não ser contra si mesmos. A ordem e a coesão social, nessa visão, são garantidas.

Do exposto conclui-se que a prevalência dessa concepção de desenvolvimento econômico — mediante a existência da desigualdade

---

preservam o patrimônio arquitetônico e natural. Se nossos ricos fossem realmente ricos, não teriam demolido seus casarões para erguer edifícios. E não teriam deixado que se construísse uma usina nuclear em Angra dos Reis, o trecho mais bonito da nossa costa e o maior reduto de milionários pátrios. Os ricos, além disso, têm a inestimável função de esnobar a indústria do entretenimento. Os ricos de Nova York não proibiram Madonna de comprar um apartamento em seu condomínio? Duvido que os brasileiros fizessem algo semelhante com Gugu. Os dois candidatos às últimas eleições a prefeito de São Paulo, Marta Suplicy e Paulo Maluf, são considerados ricos. Fizeram tantas plásticas no rosto que acabaram ficando idênticos. Só que rico não faz plástica. E, sobretudo, não entra em política — manda nos políticos. Conclui-se que o maior problema do Brasil não é o excesso de pobres, mas a escassez de ricos". Disponível em: <http://veja.abril.com.br/151100/mainardi.html>. Acesso em: 31 ago. 2012.

— não teria consequências mais desastrosas se essa desigualdade não se impusesse como *lei natural* aos governos, tecnocratas e intelectuais subservientes, que, ao verem na satisfação das necessidades do capital a chave do progresso, acabam por acreditar que as desigualdades sociais são normais, necessárias e positivas. Assim, tal como aconteceu nos primórdios do capitalismo, sob as bênçãos de uma doutrina dominante que pregava a "utilidade da pobreza" (Gomes, 1979), agora é justamente a desigualdade, e não a igualdade, que torna os pobres laboriosos e empreendedores. Portanto, como se pode ver, não é de hoje que a utilidade da pobreza e da desigualdade é explorada teórica, doutrinária e ideologicamente pelas classes dominantes, como justificativa para o prevalecimento de um padrão de dominação em que essas classes se perpetuam no poder (Pereira-Pereira, 2012).

No entanto, em que pese a ampla consideração dispensada ao mérito e à necessidade da existência de estratos sociais[12] diferenciados, para assegurar o crescimento econômico, os adeptos da Via Média distinguem-se dos defensores da Matriz Residual por acreditarem que as desigualdades — mais especificamente, as grandes disparidades —, assim como o mercado, a competição e a busca pelo lucro, podem e devem ser controlados e minorados em seus efeitos nocivos. Para tanto, reforçam o papel central do Estado na oferta de proteção social, ainda que esta seja de um tipo específico e, frequentemente, limitado.

Conforme dito anteriormente, com o controle hegemônico dos mercados em escala global, os indivíduos perceberam-se escravizados ao trabalho, já que apenas por meio dele seria possível obter recursos para "comprar" seu bem-estar, que, por isso, se tornou em grande parte privatizado. O processo de "despojar a sociedade das camadas institucionais que garantiam a reprodução social fora do contrato de trabalho" foi chamado por Esping-Andersen (1991, p. 102) de "mercadorização das pessoas". Seguindo a mesma lógica, o processo

12. Os partidários da Via Média preferem a utilização do termo *estrato social* ao de *classe social*. Este último, defendido por autores marxistas, é considerado, nesta pesquisa, o mais correto, teórica e politicamente.

inverso, de desmercadorização, inclusive do trabalho, ocorre "quando a prestação de um serviço é vista como uma questão de direito ou quando uma pessoa pode manter-se sem depender do mercado" (ibid.). Assim, ainda segundo Esping-Andersen, os direitos sociais conquistados, em sua maioria, ao longo do último século, podem ser vistos como um "afrouxamento do *status* [adquirido pelo indivíduo] de pura mercadoria" (ibid.).

Nesse sentido, a oferta de proteção social universal, preventiva, progressiva, formulada e executada horizontalmente e fundamentada na satisfação de necessidades humanas básicas como direito do cidadão e dever do Estado, pode se constituir em um dos caminhos à emancipação da dependência do mercado. Isto porque, como enfatiza Esping-Andersen (1991), tal caminho pode enfraquecer os empregadores e fortalecer os trabalhadores e suas lutas coletivas.

Os partidários da Via Média, fiéis defensores que são do capitalismo e da competitiva economia de mercado — não obstante cientes dos males sociais causados por esse sistema —, impugnam esse tipo de proteção social. A desmercadorização dos indivíduos e do próprio trabalho não é almejada pelos seguidores dessa corrente. De acordo com eles, os governos devem, sim, proteger os cidadãos; contudo, a proteção precisa servir aos interesses do capital, sendo funcional ao crescimento econômico e à manutenção da ordem. Dessa forma, políticas sociais específicas, como assistência, previdência e saúde, não são, por princípio, automaticamente rejeitadas ou endossadas. A aprovação de determinada ação protetiva estará sujeita ao modelo de atuação prática, assumido pela política em questão:

> a assistência aos pobres pode oferecer uma rede de segurança de última instância. Mas quando os benefícios são poucos e associados a estigma social, o sistema de ajuda força todos, a não ser os mais desesperados, a participarem do mercado. (Esping-Andersen, 1991, p. 102)

Esping-Andersen (1991) reforça o entendimento aqui exposto de que mesmo o modelo beveridgiano de bem-estar, que ampliou a proteção social, universalizando-a e desvinculando-a de contribuições prévias, ou de atestados de pobreza, não trabalhou em prol da desmercadorização da proteção social; e assim procedeu porque não implementou benefícios que representassem alternativas ao mercado laboral assalariado, movido pela lógica de um trabalho que, no capitalismo, se tornou abstrato e, consequentemente, gerador de lucro para o capital.

A preocupação com a pobreza, observada nos trabalhos de Beveridge, Keynes, Gilmour, entre outros doutrinadores componentes da Via Média, não pode ser confundida, como bem ressaltam George e Wilding (2008), com a busca pela equidade. Embora a pobreza seja, conforme Alcock (1997, p. 6), "o extremo inaceitável da desigualdade" (tradução nossa), as implicações desastrosas desta são desconsideradas frente às suas supostas vantagens para a preservação do modo de produção dominante. Não é levado em conta, por exemplo, que a desigualdade é responsável por incontáveis calamidades sociais — incluindo a pobreza — que desafiam o tipo de proteção pública defendido pela Via Média, superficialmente sintetizado na oferta de uma gama variada de políticas guiadas pelo princípio da igualdade formal ou jurídica e comprometidas com as necessidades do capital. Ao contrário do que alegam seus defensores, seus efeitos são desumanos e atingem o seu clímax quando, sob a ingerência de políticas que a cultivam como um estímulo ao trabalho ou garantia de crescimento econômico, ela é irresponsavelmente multiplicada.

Segundo Pereira-Pereira (2012), no rastro da reprodução das desigualdades podem ser detectados, em âmbito mundial, limites mais ou menos invisíveis entre seres humanos *desejáveis* e *indesejáveis*. E não apenas limites, acrescenta a autora. Os indesejáveis têm sido alvo de perseguições, negligências públicas, homicídios e até genocídios camuflados, praticados inclusive por setores da sociedade movidos pela xenofobia ou pelo medo de retaliações dos explorados e rejeitados. No seio de um mesmo processo produtivo, que se modernizou e atingiu níveis refinados de sofisticação em quase todas as áreas da atividade humana, novas faces da desigualdade se manifestam. Nas últimas décadas, a fragmentação, a flexibilização e as diferenciações do mercado de trabalho para atender às necessidades do capital exacerbaram a insegurança social, que, no dizer de Castel (2005),

> não alimenta somente a pobreza. Ela age como um princípio de desmoralização, de dissociação social à maneira de um vírus que impregna a vida cotidiana. Dissolve os laços sociais e mina as estruturas psíquicas dos indivíduos [...]. Estar numa insegurança permanente é não poder nem controlar o presente, nem antecipar positivamente o futuro. É a famosa "imprevidência" das classes populares, incansavelmente denunciada pelos moralistas do século XIX. Mas como poderia aquele que é corroído todos os dias pela insegurança projetar-se no futuro e planejar sua vida? A insegurança social faz desta vida um combate pela sobrevivência dia após dia, cuja saída é cada vez mais incerta. (P. 31)

Essa insegurança se torna mais dramática com o desmonte dos direitos sociais que, aceleradamente, vêm sendo suprimidos para dar lugar à prática — considerada mais saudável, tanto pelos partidários da Matriz Residual, quanto pelos adeptos da Via Média — da autorresponsabilização dos indivíduos pelo seu próprio destino.

O individualismo, associado à liberdade — inclusive de mercado —, figura, portanto, como um valor social basilar para a Via Média, na medida em que fortalece o sistema capitalista e contribui para a propagação e legitimação da desigualdade. Para Keynes (apud George e Wilding, 2008), por exemplo, é a partir do individualismo e de seus resultantes — como a iniciativa privada e a "autoajuda" (*self-help*) — que as liberdades individuais, as escolhas pessoais e a "variedade da vida" — em oposição à conjecturada homogeneidade dos Estados totalitários — são eficazmente salvaguardadas. Em adição, e ainda segundo esse economista, é por meio da liberdade individualizada que as mentes privadas podem inovar e contribuir criativamente para o avanço da economia do capital. E Beveridge (George e Wilding, 2008), seguindo o mesmo raciocínio, alega que são os indivíduos e suas associações os responsáveis pela construção da "boa sociedade", e não o Estado.

O predomínio desse entendimento, cujas raízes encontram-se nos Estados Unidos, criou e institucionalizou novas formas de abandono público e diferentes modalidades de segregação social que se multiplicam e atingem destinatários particulares, dos quais fazem parte mulheres, grupos étnicos e etários, migrantes, homossexuais, dentre outros. Estudos especializados demonstram que tais segmentos sociais, embora consigam ampliar suas conquistas no âmbito da igualdade formal, continuam sendo substantivamente discriminados e tendo que despender esforços redobrados para se fazerem respeitar nas diferentes esferas da vida social. Alguns desses segmentos se tornam alvo de segregação espacial, sendo, por isso, obrigados a viver e a trabalhar em zonas de confinamento urbano, que geralmente se situam em bairros mais pobres e violentos das grandes cidades (Dubet, 2003).

Nesse caso, observa-se que, tais quais os termos *humanismo* e *igualdade*, a noção de liberdade defendida pela maioria dos adeptos da Via Média é relativizada. A liberdade apregoada também se reduz à esfera formal, jurídica, dos direitos civis. A liberdade substantiva, por sua vez, pode ser mais adequadamente traduzida na palavra *libertação*, já que é apenas por meio da superação das opressões e explorações de toda sorte que os cidadãos podem ser considerados livres.

• Diferenças centrais entre a Ideologia da Via Média e as correntes da Matriz Residual

A ideologia da Via Média, apesar de compartilhar determinadas crenças e princípios com as correntes componentes da Matriz Residual, distingue-se destas, principalmente por sair em defesa radical da oferta de proteção social pública à sociedade e da primazia do Estado na regulação social. Suas semelhanças com a Nova Direita, por exemplo, são estruturais e merecem ser relembradas. Contudo, para cada uma delas, os adeptos da Via Média delineiam ao menos uma ressalva, justificando seus posicionamentos, formalmente (e não substancialmente) antagônicos.[13]

A convicção de que o capitalismo é o melhor sistema possível e a fé na eficácia de suas estratégias econômicas para garantir o crescimento, a estabilidade e os lucros — benéficos, em teoria, para todos — são advertidas pelo perigo resultante de um mercado inteiramente livre e desregulado. O reconhecimento de que esse modo de produção provoca, naturalmente, consequências socialmente nocivas aos indivíduos e, até mesmo, às nações, e de que essas consequências podem e devem ser corrigidas e/ou atenuadas, é um dos limites que separa os adeptos da Via Média dos integrantes da Matriz Residual.

Esse reconhecimento, por conseguinte, impõe ações retificadoras que, para a Via Média, podem ser efetivadas por meio do fornecimento de proteção social, até mesmo universal, executado pragmaticamente sob a autoridade estatal. A aproximação dessa corrente com os preceitos da Matriz Residual fica evidente neste ponto, já que a provisão de bem-estar e o atendimento de necessidades humanas são aceitos, restritivamente, como mecanismos úteis ao alcance de determinado fim, neste caso, a preservação e expansão do capitalismo. Entretanto, como já indicado, os defensores da Via Média, apesar de apoiarem-se na meritocracia e em suas recompensas aos melhores desempenhos, dispensam um mínimo de atenção aos direitos sociais que, consensualmente, devem ser assegurados aos cidadãos. Cabe ressaltar, porém, que o receio da expansão infinita desses direitos, do aumento crescente de demandas sociais e do desprezo aos deveres de cada um e da sociedade como um todo perante o Estado é presente e real para os adeptos dessa corrente (George e Wilding, 1994).

---

13. George e Wilding (2008) trazem à tona a admiração que Keynes passou a nutrir por Hayek após a leitura do livro *O caminho da servidão*, de autoria deste último. Em carta endereçada a Hayek, Keynes afirmava: "moral e filosoficamente eu me encontro em acordo com praticamente tudo, e não apenas de acordo, mas em um acordo profundamente comovido" (apud George e Wilding, 2008, p. 46; tradução nossa). Todavia, os autores ressaltam que Keynes terminou por afastar-se das visões de Hayek sobre planejamento e prática de suas ideias.

A defesa da desigualdade, da autorresponsabilização dos indivíduos, das iniciativas privadas e das liberdades individuais segue a cartilha direitista dos adeptos da Matriz Residual. A maior preocupação, tanto destes quanto dos partidários da Via Média, é com a possibilidade de a provisão pública de bem-estar minar as ambições pessoais e a capacidade de autossustentação do público protegido. Além disso, o incentivo à criação de Estados de Bem-Estar que ofereçam políticas, programas, projetos e benefícios às sociedades pode ser interpretado como iniciativa redistributiva e busca pela equidade, ambas veementemente repudiadas pela Via Média e pela Matriz Residual. Essa preocupação é, apesar disso, sufocada pelos primeiros que procuram acreditar que uma sociedade protegida socialmente irá manter-se unida, solidarizando-se na luta para atingir objetivos comuns e colaborando, em parceria com a esfera estatal e com o mercado, para o desenvolvimento social e econômico (George e Wilding, 1994).

O intento, assim, da Via Média, é o de "melhorar e tornar bom, e não mudar" (George e Wilding, 1994, p. 54; tradução nossa); ou, em outras palavras, "trabalhar para a eliminação de males concretos em vez de visar à realização de bens abstratos" (Popper apud George e Wilding, 1994, p. 54; tradução nossa). A proteção social, nesse sentido, é útil e bem-vinda, desde que se limite a corrigir ou sanar as "falhas" capitalistas e regular, por meio do consenso, conflitos de interesses, sem expandir-se em demasia; sem servir aos interesses dos trabalhadores na construção de nova ordem, ideal; sem emancipar — ou libertar — os oprimidos, essenciais ao bom funcionamento do sistema; sem apoiar-se em teorias ou ideologias abstratas. Os adeptos da Via Média, ao contrário dos partidários das correntes componentes da Matriz Residual, repudiam, como já informado, as teorizações e as justificações ideológicas, pautando suas ações políticas e sociais pragmaticamente, de acordo com as circunstâncias conjunturais.

Em suma, segundo George e Wilding (1994, p. 61), os adeptos da Via Média, tais quais os partidários da Matriz Residual, são "pessoas do mercado" (*market people*) em vez de "pessoas do Estado de Bem-Estar Social" (*welfare state people*), porém, ao contrário destes últimos, são cônscios de que a proteção social favorece a unidade nacional, a responsabilidade individual e o aprimoramento social; e, dessa forma, tal proteção é "inevitável, apropriada, rica em possibilidades, mas requer controle e revisão contínuos" (ibid.; tradução nossa).

ADMINISTRAÇÃO SOCIAL

Política e substancialmente próxima da Ideologia da Via Média, a Administração Social (*Social Administration*) compartilha, além disso, da mesma nacionalidade daquela, visto que ambas tiveram origem e desenvolvimento na Inglaterra, entre o século XIX e meados da segunda metade do século XX. Porém, não obstante a estreita ligação doutrinária entre elas, a história de suas origens, o perfil de seus adeptos e os resultados de suas ações práticas divergem por completo. Mishra (1981) elenca cinco atributos da Administração Social que, combinados, a caracterizam e conferem a ela o *status* de "abordagem de proteção social" merecedora de atenção e estudo. *Empirista*; *intervencionista e prescritiva*; *preocupada com problemas e políticas nacionais*; *supradisciplinar* e *defensora da oferta de bem-estar estatal* são alguns dos predicados dessa corrente, que se desenvolveram historicamente; portanto, para serem compreendidos, devem ser contextualizados e traduzidos. O nascimento da Administração Social, no seio da luta contra as *Poor Laws* e contra a opressão brutal dos trabalhadores ingleses, é fator determinante para a sua formação ideológica.

No Reino Unido, em 14 de agosto de 1834, um ato do Parlamento foi aprovado com o intuito de reformar a legislação de atendimento aos pobres vigente desde 1601. Conhecido como *Poor Law Amendment Act*, ou Nova Lei dos Pobres, esse ato seguiu as prescrições da teoria normativa presente na economia, na filosofia e na sociologia dominantes no período, por meio, principalmente, dos estudos de David Ricardo, Thomas Malthus e Jeremy Bentham.

A influência de Ricardo assentou-se, sobretudo, em sua pesquisa em torno da "Lei de Ferro dos Salários", a qual preconizava que os salários reais destinados aos trabalhadores tenderiam, em longo prazo, a permanecer fixos em níveis mínimos, permitindo apenas a sobrevivência física dos que o recebessem: se o valor dos rendimentos aumentasse, a população trabalhadora também cresceria, gerando um total *per capita* menor; caso o valor fosse inferior ao necessário para a subsistência, a reprodução populacional seria contida, o que forçaria a elevação dos salários ao nível equilibrado. Com a imposição natural da Lei Férrea dos Salários, Ricardo concluiu que as políticas de transferência de renda, entre elas a *Speenhamland Law*, Lei que antecedeu a *Poor Law Amendment Act*, seriam sempre necessariamente ineficazes (Fonseca, 2004).

Malthus, por sua vez, em seu famoso *Ensaio sobre a população* (1983), desenvolveu a teoria segundo a qual a miséria seria o fim da espécie humana, já que a produção de alimentos aumentaria em progressão aritmética e a população, em progressão geométrica, conforme já apontado anteriormente. A partir dessa constatação, o autor analisou as Leis dos Pobres inglesas existentes no período e concluiu que, da forma como eram executadas, elas tornavam-se corresponsáveis pela pobreza geral. Isso porque, segundo ele, o consumo de alimentos nas instituições de albergamento dos pobres, considerados "inúteis" e "parasitas", diminuiria o total de comida destinada à parcela "útil" e "trabalhadora" da sociedade. Além disso, essas legislações estimulavam o relacionamento e o casamento entre pessoas miseráveis, que, ao contar com o auxílio governamental e o atendimento assistencial, não tinham, conforme Malthus, preocupações com o futuro, reproduzindo-se irresponsavelmente. Por fim, reduziriam a mobilidade dos trabalhadores, resultando na diminuição de oferta de mão de obra disponível em localidades mais necessitadas e no desemprego das massas que, inevitavelmente, viveriam à custa da Lei dos Pobres, financiada pelas classes "dignas" e "esforçadas", por meio de impostos.

A redistribuição de rendimentos também era criticada por Malthus. Para ele, a oferta de benefícios em dinheiro para os pobres era uma prática que penalizaria a sociedade como um todo, já que, ao ser "recompensado" pelo seu desemprego e inatividade, o pobre escolheria trabalhar menos. Além disso, gastaria o recurso recebido na compra de alimentos cuja produção não tinha sido aumentada, contribuindo para o aumento do preço desses produtos, cada vez mais escassos. Considerados por Malthus como imprevidentes, insensatos e impulsivos, os pobres, de acordo com esse autor, acabariam por dilapidar o auxílio governamental na satisfação de suas necessidades imediatas e na bebida, sendo incapazes de poupar para o futuro.

Jeremy Bentham (1979) endossou a teoria malthusiana, afirmando, por meio do seu "Princípio da Utilidade" ou "Princípio da Maior Felicidade", que toda ação racional humana é permeada por um cálculo de utilidade relativo aos seus resultados, vencendo a escolha que gerará maior bem-estar, vantagem ou prazer para os envolvidos. A partir dessa reflexão, deduziu-se que os pobres iriam preferir o alívio e a felicidade imediata aos sofrimentos do trabalho. Seguindo os preceitos utilitaristas, afirmava que seria justo sacrificar um grupo em benefício da coletividade; todavia, essa teoria foi utilizada para justificar o sacrifício das classes empobrecidas — maioria populacional ainda hoje — em prol do grupo mais influente e economicamente poderoso.

Subsidiada pelas três teorias normativas acima resumidas, a Nova Lei dos Pobres, de 1834, foi implementada em todo o Reino Unido, guiando-se pelos seguintes preceitos: a) estabelecimento de *workhouses* — ou *bastilhas*, como passaram a ser chamadas — como única opção para internação dos pobres "válidos" (aptos ao trabalho). Nessas instituições, os abrigados eram forçados a trabalhar e recebiam punições severas caso se esquivassem das tarefas que lhes eram impostas ou se comportassem de maneira considerada imprópria;[14] b) instauração do

---

14. O escritor inglês Charles Dickens, em seu livro *Oliver Twist* (2002, p. 35), exemplifica uma situação de "mau comportamento" em uma instituição destinada à internação de crianças pobres, ao descrever o seguinte episódio: "A fome exasperava o pobre Oliver, e o excesso de miséria tinha-lhe tirado os cuidados; deixou seu lugar e, caminhando com a tigela e a colher na mão, disse com voz trêmula e assustada: 'eu queria mais um bocado de mingau'. O cozinheiro

princípio da menor elegibilidade, segundo o qual as condições nas *workhouses* deveriam ser piores do que a pior condição proporcionada pelo pior emprego; c) permissão de prestação de assistência externa às *workhouses* apenas aos pobres "inválidos" (inaptos ao trabalho); d) segregação dos pobres por "tipos", tais como "válidos", "inválidos", homens, mulheres, crianças, dentre outros. Esse princípio previa também a separação de membros familiares e de casais internados em *workhouses*, que só poderiam se reencontrar se saíssem da instituição; e e) abolição das transferências de renda complementares aos salários.

Declaradamente criada para ser uma alternativa ao modelo de proteção social anterior (*Speenhamland Law*), tido como assistencialista e filantrópico, a *Poor Law Amendment Act*, na verdade, empenhou-se em realizar ações corretivas de supostas más tendências e caracteres desviantes dos pobres; e, ao assim proceder, configurou-se em uma das mais rígidas e cruéis legislações já instituídas no Ocidente, em vista da legitimação do castigo do miserável pela sua condição social e econômica. Além disso, essa Lei serviu aos interesses do capital, em sua versão liberal, já que

> representou um verdadeiro ato abolicionista para a emergente economia de mercado, pois a libertava das rédeas do protecionismo estatal. Nesse processo, a tradição paternalista de controle da pobreza, herdada da época medieval, foi execrada, não apenas pelas suas limitações, mas, principalmente, pela necessidade imperiosa do credo liberal se implantar sem restrições. Foi esse credo [...] que constituiu a mola propulsora das reformas das velhas *Poor Laws*. E também foi ele [...] que, fanaticamente maximizou "os sofrimentos a serem infligidos a pessoas inocentes" — antes mal ou bem amparadas pelo sistema de abonos da *Speenhamland*. (Pereira-Pereira, 2011a, p. 70)

[...] ficou pálido como um defunto. 'O que diz?', perguntou com voz alterada. 'Eu queria mais um bocadinho', respondeu Oliver. O cozinheiro deu com a colher de pau na cabeça do menino, apertou-o nos braços e chamou o bedel em altos gritos. [...] 'Pediu mais? — disse o bedel — pediu mais comida depois de ter recebido a ceia marcada pelo regulamento?'"

Entretanto, essa modalidade de atendimento aos pobres, apesar de ter persistido por décadas, encontrou claros opositores, provenientes de diferentes segmentos sociais, que se organizaram em torno de movimentos e ações específicos. Pereira-Pereira (2011) distingue alguns grupos contrários à *Poor Law Amendment Act*, entre eles o movimento cartista,[15] os socialistas utópicos[16] e os fabianos. O desenvolvimento político deste último esteve intrinsecamente ligado à concepção e aperfeiçoamento da ideologia e da prática da Administração Social.

A Sociedade Fabiana[17] foi fundada na Grã-Bretanha, em 1884, por políticos e acadêmicos contrários à forma punitiva e residual com que atuava o Estado perante os problemas sociais oriundos da nova dinâmica da relação capital-trabalho estabelecida com a expansão da Revolução Industrial na Europa, em especial, por meio da instituição das Leis dos Pobres. Entre seus fundadores e primeiros integrantes figuravam ilustres pensadores e intelectuais britânicos como Beatrice e Sydney Webb, George Bernard Shaw, Charles Booth, Seebohn Rowntree, Edward Pease, Sydney Olivier e Graham Wallas e, em um período posterior, T. H. Marshall, William Beveridge e Richard Titmuss.

---

15. O cartismo foi o primeiro movimento operário nacional do Reino Unido, iniciado na década de 1830, que, por meio de uma carta enviada ao Parlamento e assinada por mais de 1 milhão de pessoas (*Carta do Povo*), demandou sufrágio universal masculino, voto secreto, participação dos proletários no Parlamento, entre outras reivindicações. Com a recusa do Parlamento em aprovar a Carta, os operários deflagraram greves e organizaram diversas manifestações e abaixo-assinados. Suas exigências foram pouco a pouco aceitas e agregadas às legislações inglesas.

16. O termo "socialistas utópicos" foi cunhado por Karl Marx e Friedrich Engels para designar os primeiros grupos de pensadores críticos do capitalismo que defendiam a construção de uma sociedade socialista idealizada, embora não apresentassem formas efetivas de alcançá-la. Os principais representantes desse movimento são Saint-Simon, Charles Fourier, Louis Blanc, Pierre-Joseph Proudhon e Robert Owen.

17. A Sociedade Fabiana adotou essa denominação em homenagem ao general romano Quintus Fabius Maximus Verrucosus, conhecido como Fabius Cunctator ou Fábio "Retardador" (*Delayer*), que atrasou ataques e evitou embates diretos contra os cartagianos durante as Guerras Púnicas (264 a.C. a 146 a.C.), a fim de ganhar tempo para que Roma organizasse suas forças e preparasse seu exército. O fabianismo, portanto, era adepto das reformas e não das revoluções.

Radicalmente avessos ao utilitarismo, às medidas punitivas e ao *laissez-faire* da Nova Lei dos Pobres, os fabianos defendiam a criação de políticas de bem-estar, comprometidas com o atendimento de necessidades sociais, e a transição democrática e reformista para uma sociedade socialista ideal, livre dos males produzidos pelo capitalismo inerentemente antissocial. Esse objetivo, de acordo com eles, poderia ser paulatinamente alcançado mediante a utilização de análises sociais e estudos científicos, capazes de influenciar de maneira positiva as políticas governamentais (Alcock, 1996). Booth e Rowntree, por exemplo, realizaram, ainda no século XIX, extensa pesquisa sobre as causas e a dimensão da pobreza na Inglaterra, chegando à conclusão de que esta não era resultante de fraquezas individuais ou patologias comportamentais, como se acreditava, mas fruto de causas econômicas e estruturais, o que exigia do Estado medidas protetivas, mesmo que mínimas (Pereira-Pereira, 2011).

A importância dada pelos fabianos às investigações acadêmicas era tal que motivou quatro de seus principais representantes (Beatrice e Sidney Webb, Graham Wallas e George Bernard Shaw) a fundar, em 1895, a *London School of Economics* (LSE), ainda hoje uma das principais e mais prestigiadas universidades especializadas em ciências sociais da Europa. Em 1912, uma associação entre a LSE e a escola de sociologia da *Charity Organisation Society* inglesa (Sociedade de Organização da Caridade)[18] resultou na criação do Departamento de Ciências Sociais e Administração, na *London School*. Nessa unidade acadêmica, pela primeira vez, no Reino Unido, a política social foi amplamente estudada e debatida como campo de estudo universitário (Alcock, 1996).

18. Conforme visto no capítulo anterior, a *Charity Organization Society* (COS) foi uma sociedade criada em Londres em 1869 que organizou as múltiplas instituições que ofereciam assistência aos pobres e aplicou uma nova forma de caridade conhecida como *scientific charity* (ou caridade científica) que defendia o estudo da pobreza a fim de conhecer suas causas e formas mais efetivas de combatê-la. Essa ênfase no caráter científico combinada com a convicção de que o trabalho voluntário era o mais adequado para lidar com o problema da pobreza, já que qualquer ajuda estatal era vista como fator provocador de dependência, cooperou para a legitimidade da COS, que evoluiu influenciando campos de estudos e profissões sociais. A COS se desenvolveu, posteriormente, em outros países como os Estados Unidos.

Todavia, por meio de patrocínios e suportes financeiros significativos, concedidos desde a sua fundação, esse Departamento lentamente afastou-se das densas discussões teóricas e se empenhou em realizar pesquisas empíricas, especialmente com objetivo de propor ações políticas voltadas para o alívio da pobreza e a redução da desigualdade e, em seguida, averiguar o impacto social dessas medidas. Assim, a despeito de sua estreia, comprometida com os politizados e sistemicamente críticos ideais fabianos, esse campo de estudo se tornou, em pouco tempo, essencialmente "preocupado com questões pragmáticas da educação para a prática e com a pesquisa empírica sobre problemas sociais estabelecidos" (Alcock, 1996, p. 7; tradução nossa). Destarte, a utilização do conhecimento acadêmico como instrumento de pressão para a instituição de reformas que, de forma progressiva, erigissem um Estado de Bem-Estar, associada ao esforço de apresentação de soluções simples e objetivas para o problema da pobreza, converteu o teórico e prático campo da *política social* no pragmático reduto da *administração social*.

Essa transição foi fortalecida pela publicação, em 1942, do Relatório Beveridge, produto de pesquisa empírica coordenada por William Beveridge, diretor da LSE no período entre guerras, que expôs a precária situação das políticas de saúde, assistência e previdência social na Inglaterra e propôs um novo modelo de seguridade social, a ser garantido por um Estado de Bem-Estar forte e atuante. Com o avanço das reformas sugeridas por esse relatório, acreditou-se que o principal objetivo dos fabianos tinha sido atingido: a instituição de um sistema de proteção social público, capaz de satisfazer as necessidades sociais da população inglesa. De acordo com Alcock,

> o Serviço Nacional de Saúde, a educação assumida pelo Estado até os quinze anos, o regime nacional de seguro, a habitação pública e a instituição de departamentos de atenção às crianças a cargo das autoridades locais surgiram para abarcar a provisão social do Estado com vista à prevenção de privações produzidas pela economia capitalista, tão eloquentemente demandada por acadêmicos e pesquisadores. (1996, p. 7-8; tradução nossa)

A introdução das reformas defendidas pelos fabianos foi generalizadamente aceita, extrapolando os muros da academia e conquistando até mesmo os membros do Partido Conservador inglês — dentre os quais se destaca Harold Mcmillan, autor do livro *The Middle Way*, já citado neste capítulo —, que, ao alcançarem democraticamente o poder, em 1951, mantiveram as melhorias em prol do bem-estar da sociedade. O consenso de que a existência de um Estado de Bem-Estar no capitalismo não só era possível, como desejável, reinou na Inglaterra a partir desse momento.[19] Os resultados imediatos dessa aparente harmonia foram a relativa acomodação em torno do pensamento conservador e o consequente abandono da luta pela superação do sistema capitalista, sobretudo de forma revolucionária. Além disso, a instituição do Estado de Bem-Estar Social inglês, encarada como vitória, desestimulou a realização de novos estudos, pesquisas e debates ideológicos sobre as políticas sociais: pois, se o objetivo já tinha sido alcançado, o que mais deveria ser discutido? (ibid.). Sobre isso, Alcock afirma que, após a concepção do Estado de Bem-Estar, as profissões que atuavam em seu benefício tornaram-se

> mais e mais preocupadas com a abordagem individualista, psicanalítica dos problemas sociais [...] e a pesquisa sobre política social ficou restrita ao papel limitado de recolher dados para apoiar a expansão gradual e a maior efetividade das agências estabelecidas do Estado de Bem-Estar. (1996, p. 8-9; tradução nossa)

Nesse contexto, apesar da presença ainda forte dos fabianos no estabelecimento dos rumos da política social, essa Sociedade foi deixando de representar os ideais políticos e a crítica intelectual de outrora; suas ações visavam apenas à melhoria do sistema de proteção social instituído, e a pesquisa acadêmica era usada só como ferramenta

19. Alcock (1996, p. 8) afirma que uma palavra foi criada para designar esse consenso: *Butskellism*. Esse termo é um acrônimo, isto é, a junção de sílabas dos nomes do membro do Partido Trabalhista e chanceler do Tesouro, Gaitskell, e seu sucessor, o conservador Butler.

para prover o Estado de Bem-Estar de informações empíricas que o auxiliassem na melhoria da gestão dos problemas sociais.

No entanto, alguns pensadores não hesitaram em criticar esse "destino" da política social. Peter Townsend, juntamente com Brian Abel-Smith, questionou o discurso dominante de que o Relatório Beveridge havia conseguido eliminar os "cinco gigantes do mal social",[20] comprovando, por meio de pesquisas, que, apesar das reformas de bem-estar, a pobreza, o desemprego, a doença, ainda eram experimentados por muitas pessoas no Reino Unido. Richard Titmuss,[21] que sucedeu a T. H. Marshall na chefia do Departamento de Ciências Sociais e Administração da *London School of Economics* (LSE), demonstrou, por sua vez, que a concepção de Estado de Bem-Estar assumida pelos acadêmicos era distorcida e idealizada, já que essa instituição também protegia as classes dominantes; a equidade, portanto, não era uma consequência natural dos Estados socialmente interventores. Contudo, apesar das questões levantadas pelos pensadores críticos da política social pragmática, todos eram defensores do sistema de proteção social britânico e teciam críticas a este apenas com o intuito de pressioná-lo a se aperfeiçoar, e não para revolucionar suas estruturas ou pôr em cheque a sua necessária e consensualmente desejável existência (Alcock, 1996).

---

20. Beveridge (1943) defendia que o Estado deveria ter como sua responsabilidade o combate a cinco gigantes do mal social: a ignorância, a enfermidade, a ociosidade, a insalubridade e a miséria. Para cada um desses gigantes uma ação política foi instituída: por meio da educação gratuita até os quinze anos de idade, a *ignorância* foi combatida; para combater a *enfermidade*, criou-se o Serviço Nacional de Saúde (NHS) gratuito; o compromisso com o pleno emprego lutou contra a *ociosidade*; a oferta de habitação pública universal foi utilizada para combater a *insalubridade*; e a distribuição de benefícios sociais para todos os cidadãos batalhou contra a *miséria*.

21. Um fato curioso para os padrões acadêmicos dominantes é que Titmuss, quando se tornou professor de Administração Social da LSE aos 43 anos de idade, não tinha diploma de curso superior. Conforme elucida Blakemore (1998), esse pensador precisou, aos catorze anos, abandonar os estudos e começar a trabalhar para auxiliar sua família. Seu emprego como escriturário e, posteriormente, inspetor sênior em uma companhia seguradora lhe trouxe conhecimentos práticos sobre proteção social, desigualdade e pobreza. Assim, após o serviço e nos fins de semana, Titmuss dedicou-se a estudar os dados que continha sobre taxas de natalidade, pobreza e índice de doenças. Em pouco tempo passou a redigir artigos e livros que se tornaram referência no campo da Política Social.

De fato, Titmuss se tornou um dos mais influentes pesquisadores no campo da Administração Social. Seus estudos tornaram-se referência fundamental para a compreensão dessa corrente de ação social e exerceram o importante papel, até então subestimado e relegado a segundo plano, de diferenciar dois conceitos irmãos, confundidos e utilizados indiscriminadamente, até no âmbito universitário: *política social* e *administração social*. De acordo com esse autor,

> a "Política Social" se refere, sobretudo, a *eleições* entre objetivos e fins políticos em conflito e sua formulação; analisa aquilo que constitui uma boa sociedade ou aquela parte da boa sociedade que distingue, culturalmente, as necessidades e aspirações do homem social em contradição com as do homem econômico. O estudo da "Administração Social" se dedica, principalmente, à análise de certas organizações e estruturas formais humanas [...] que fornecem ou prestam o que denominamos "serviços sociais". (Titmuss, 1981, p. 65-66; grifo no original, tradução nossa)

A partir dessa definição, é possível deduzir que o propósito da Administração Social é a preocupação em desvendar a natureza, as dimensões e as causas de determinado problema social, com vista à sua solução ou à elaboração de uma base teórica sólida sobre as instituições e organizações que atuam em favor do bem-estar. Todavia, ao analisar os trabalhos de Titmuss, Mishra (1981) aponta que estas não eram preocupações recorrentes e conclui que seu objetivo primeiro era guiado pela abordagem direta e prática, para recomendar ações ou tornar claras as opções de ações disponíveis frente às diversas questões que faziam parte da vida em sociedade. E essas recomendações diversas não pertenceriam a uma área do conhecimento em específico, mas à sociologia, à economia, à psicologia, ao direito, ao serviço social, à arquitetura e urbanismo, à saúde, entre outras, o que foi chamado por Mishra (1981) de "supradisciplinaridade". Esse caráter supradisciplinar, todavia, acrescenta o autor, não "proporciona um terreno intelectual suficientemente amplo para a investigação das questões-chave envolvidas" (ibid., p. 23; tradução nossa). Ao contrário, limita-se a uma análise unitária, a-teórica e funcional do Estado de Bem-Estar e das demais instituições que fornecem serviços sociais: Titmuss, segundo Mishra (1981), era muito mais preocupado com as funções, consequências, causas e fins das políticas sociais do que com seus efeitos em um sentido mais abstrato e filosófico. Sobre isto, Taylor-Gooby (1981, p. 7) assim se expressa:

> uma vez que nenhuma teoria explicita as preocupações deste tema, a única força unificadora possível vem de pressupostos compartilhados e não investigados sobre a área específica. Não investigados, porque se estes se tornarem sujeitos ao escrutínio, os limites do campo se tornariam uma questão que só poderia ser resolvida por meio de teoria. Compartilhados, porque o consenso encoberto é a única base dessa temática. (Tradução nossa)

Assim, embora não se limite a um campo particular do conhecimento, a Administração Social não intenta tecer generalizações teóricas sobre a proteção social, o Estado de Bem-Estar Social ou o capitalismo, mas se concentra nos "problemas práticos da política social" e busca extrair informações confiáveis e científicas a partir de análises empíricas específicas para corrigi-los. Pinker (apud Mishra, 1981, p. 4) explica o empirismo, o intervencionismo e o pragmatismo, característicos dessa corrente,

> em termos das origens da administração social como uma *atividade social* — o seu desenvolvimento como uma ação de retaguarda improvisada contra as prescrições autoritárias de certas formas de teoria normativa, que procurou explicar e justificar um novo tipo de ordem social, competitiva e industrial. (Grifo nosso, tradução nossa)

Dessa forma, os adeptos dessa corrente armaram-se com fatos contra as teorias normativas, especialmente as mencionadas neste capítulo, presentes no trabalho de Ricardo, Malthus e Bentham, que subsidiaram as rígidas e cruéis ações políticas e sociais das Leis dos Pobres no Reino Unido. Pelo trauma resultante da utilização negativa dessas teorias, uma resistência crescente a estas, de maneira geral, tomou conta dos adeptos da Administração Social, que passaram a rejeitá-la, ao mesmo tempo que glorificavam as evidências empíricas.

Entretanto, apesar do histórico e das origens da Administração Social corroborarem essa opinião, Mishra (1981), em análise mais aprofundada e crítica, defende que a oposição ao *laissez-faire* da teoria econômica ou à Nova Lei dos Pobres não foi responsável pelo repúdio às teorizações, mas sim, a natureza reformista da Administração Social, que busca a melhoria das condições de vida no capitalismo, amparada na defesa moral da neutralidade política e imparcialidade ideológica. O apelo aos fatos e sua "revelação dramática que choca a opinião púbica" (ibid., p. 18; tradução nossa) instiga sentimentos de solidariedade, senso de coletividade, compaixão e humanidade frente aos problemas sociais; e, ao abstrair a realidade, elimina, por completo, as análises críticas e totalizantes, capazes de demonstrar que as raízes desses problemas são concretas, estruturais e mais complexas do que parecem. De acordo com Mishra,

> "problemas" *ad hoc* que, dadas a boa vontade e a compaixão, podem ser totalmente solucionados mediante técnicas administrativas (segurança social como uma solução para a pobreza, por exemplo) não questionam, e muito menos atacam, a legitimidade dos valores e instituições dominantes. (Ibid., p. 19; tradução nossa)

Com efeito, conforme aponta ainda esse autor, a despeito da profusão de novas formas de comunicação e da quantidade de dados coletados e disponibilizados para consulta, as informações relativas à estrutura de poder e privilégio, assim como às ambiguidades e corrupções inatas ao sistema capitalista, não foram divulgadas pelos administradores sociais.

É importante destacar, porém, que os estudos empíricos, a coleta de dados e a análise de estatísticas, por si sós, não são nocivos aos estudos humanos e sociais. A importância dada a essas técnicas de pesquisa pelos adeptos da Administração Social trouxe, sem dúvida, contribuições profícuas para a compreensão da vida em sociedade, em todas as suas esferas; e, mais especificamente, para o entendimento do significado, alcance e consequências dos diferentes tipos de proteção social implementados no capitalismo ao longo da história.

Porém, a centralidade ocupada pela empiria como metodologia acadêmica, em detrimento das fundamentações teóricas, e, sobretudo, da contextualização dos dados coletados no interior da estrutura social, torna esse tipo de análise problemática. A estatística isolada não é capaz de oferecer respostas aos acontecimentos, problemas e sucessos no interior das estruturas sociais. Facilmente manipuláveis e dotados da capacidade de mascarar verdades, os dados coletados cientificamente devem, necessariamente, ser interpretados à luz de teorias totalizantes, histórica e socialmente situadas para que se tornem úteis à compreensão da realidade. Do contrário, servirão aos interesses do pesquisador ou assumirão o papel de ludibriadores, tal como ilustra Daiana Ruttul em sua célebre citação: "pelas estatísticas, o lugar mais perigoso do mundo é a cama, pois é o lugar onde mais se morre" (apud Dantas, 2009, p. 15). Em outras palavras,

> deliberadamente ou não, os tecnocratas ou *especialistas em dados sociais* apresentam tais indicadores de uma forma tal e com uma matemática tão particular, que a realidade termina sendo representada em fatias, em pequenas fotografias coloridas que escondem ou mistificam uma realidade social cinzenta. [...] Como os autores dessas "fotografias da pobreza" habitualmente não se preocupam ativamente em contextualizar seus dados na crise concreta, real e dinâmica do capitalismo local e mundial, como não pretendem tomar conhecimento do conteúdo de classe no qual se apoia tal concentração de renda ou nível de pobreza, terminam levando água para o moinho ideológico dos políticos bem ou mal-intencionados que acreditam em "outro" capitalismo ou até na "humanização" do capitalismo. Funcionam, em última instância, como otimistas e apologistas da ordem. (Dantas, 2009, p. 15; grifos no original)

O repúdio à teoria de uma maneira geral e a utilização indiscriminada de dados quantitativos desprovidos de embasamento ou conteúdo são sinais de um posicionamento ideológico claro. Ao investigar e analisar os problemas sociais isoladamente, a oferta de soluções também é desconectada do todo, especialmente dos fatores estruturantes que os determinaram. O resultado imediato dessa prática é o ataque aos sintomas, aos efeitos, e não às causas, o que implica ações meramente administrativas de controle — e não combate — da pobreza e da desigualdade. Essa opção metodológica da Administração Social demanda, concomitantemente, a opção pelo capitalismo, pois, ao manter os problemas e suas soluções nos limites desse sistema, ela aceita suas contradições intrínsecas e contribui, apenas, para amenizar, via reformas amparadas por valores morais e gerenciais, os seus efeitos mais deletérios (Mishra, 1981). Assim, a Administração Social seria "a ciência do reformismo, da engenharia social fragmentada, sustentada pelos valores da compaixão e da justiça, bem como da eficiência" (ibid., p. 5; tradução nossa).

Em regra geral, os adeptos dessa corrente e das abordagens teóricas e ideológicas descritas ao longo deste capítulo (Teoria da Cidadania e Via Média) alegam que seus modelos de proteção social operam entre a provisão mínima, residual, compensatória, estigmatizante, totalmente orientada pelas regras do mercado (tal como operavam as Leis dos Pobres e como defende o neoliberalismo) e a provisão institucional, universal, constante, orientada pela lógica dos direitos e voltada para a satisfação de necessidades humanas. Porém, nenhuma delas leva em consideração um terceiro modelo de oferta de bem-estar, baseado na análise sistêmica do capitalismo e na possibilidade de superação deste, que defende a institucionalização do bem-estar como um valor social central e emancipatório, mas não acredita que isto seja plenamente possível no interior do modo de produção capitalista (Mishra, 1981).

A Administração Social, em especial, ao descartar a teoria e, sobretudo, fragmentar a investigação da realidade e as respostas políticas e sociais aos problemas reais, acaba por ignorar a existência desse terceiro modelo, diminuindo a radical dicotomia entre "residual *versus* universal e emancipatório" para o nível simplório e menos antagônico do "residual *versus* institucional". Ou seja, a polarização central é a da intervenção estatal máxima ou mínima *dentro do capitalismo* e não da proteção social capitalista, de um lado, e da não capitalista, de outro (Taylor-Gooby, 1981). A negação de um modelo de proteção fora do capitalismo, de acordo com Mishra (1981), traz consequências prejudiciais para o próprio significado e caracterização da Administração Social como corrente teórica, pois, sem a noção de oposição entre o residualismo e uma abordagem universal e emancipatória, a real natureza do modelo institucional é obscurecida.

Contudo, apesar de "carecer de um corpo teórico coerente, de um conjunto de pressupostos normativos explícitos" (Pinker apud Mishra, 1981, p. 14; tradução nossa) e de analisar a realidade por recortes fragmentados da totalidade, essa corrente pode ser erroneamente considerada estrutural devido à sua característica tendência de generalização dos problemas e de suas formas de enfrentamento, por meio de políticas sociais, para o âmbito nacional. Mas a nacionalização dos problemas sociais e de suas opções de enfrentamento, além de não ser atributo suficiente para classificar a Administração Social como teoria totalizante, apresenta deficiências graves.

Em primeiro lugar, o estudo acadêmico da proteção social no Reino Unido nos anos 1950-1960 — fortemente orientado pelos preceitos dessa corrente — situava-se quase inteiramente em seu próprio território nacional. Isso gerou, segundo Mishra (1981), uma falsa consciência de que a existência de um Estado de Bem-Estar, de pagamento de impostos elevados que o financiavam e de serviços sociais universais era exclusividade britânica. Sobre isto, Wedderburn (apud Mishra, 1981, p. 9) afirma que o Reino Unido, ao inserir-se no Mercado Comum Europeu, descobriu, com muita surpresa, que, antes de Beveridge escrever seu relatório em 1942, outros países da Europa, ou mesmo orientais, já possuíam serviços sociais específicos ou instituições de bem-estar solidamente estabelecidas.[22] Apesar dessa

22. Apesar de grande parte da literatura especializada já associar o surgimento da proteção social à Alemanha, Baldwin (1992) informa que essa espécie de proteção tem existência milenar,

descoberta, a associação da proteção social com a Grã-Bretanha se propagou de tal maneira que ainda hoje, na maioria das universidades do Ocidente, a investigação nesse campo parte de sua origem em solo inglês.

Esse entendimento provoca um segundo problema. A nacionalização inglesa da proteção social pública e estatal impede — ou, ao menos, dificulta — a comparação internacional. Se a existência dessa proteção não ultrapassa os limites geográficos e territoriais da insular britânica, não há o que ser comparado e não é possível tecer generalizações a respeito do bem-estar e das formas políticas para sua garantia e preservação. No entanto, a Administração Social, conforme ressalta Mishra (1981), não deixa de generalizar suas descobertas e conclusões, mas o faz de forma metodologicamente inadequada: a partir da realidade local do Reino Unido. Assim, muito do que se acredita ser predicado do Estado de Bem-Estar em geral e da relação entre este e a sociedade, na verdade, é apenas característica do Estado de Bem-Estar e da história social ingleses, generalizada para outras nações, a despeito da divergência entre as realidades históricas, sociais e econômicas.

Para ilustrar esse ponto, Mishra (1981) afirma, por exemplo, que os estudos de Titmuss sobre a relação entre a guerra e as políticas

---

remontando aos esquemas de prestação da Babilônia. Além disso, Kuhnle (1981) instrui que, antes da Alemanha, a Suécia já vinha desenvolvendo a prática dos seguros sociais; e Rimlinger (1971), por seu turno, afirma, com base em suas próprias pesquisas, que, "da perspectiva do século XVIII, a Alemanha era uma candidata pouco provável a essa inovação" (p. 2). A esse respeito, ver, em especial, o capítulo 4 do famoso livro de Rimlinger (1971), no qual o autor compara o processo de industrialização da França e da Inglaterra para dizer que: "a Alemanha se diferenciava, em vários aspectos, da Inglaterra e da França. Não apenas ela se industrializou bem depois desses dois pioneiros industriais, mas era mais atrasada economicamente às vésperas de sua industrialização e teve mais rápida transformação depois que sua economia decolou [...]. No início do século XIX, instituições econômicas feudais tais como a servidão, deveres e serviços feudais, e grêmios de artesãos ainda eram característicos dos estados germânicos" (p. 89-90). Além disso, o próprio termo seguridade social não teve origem na Europa, mas sim nos Estados Unidos, nos anos 1930, durante o governo de Franklin Delano Roosevelt, e foi traduzido literalmente por outros países, a saber: *soziale Sicherheit* (Alemanha), *sécurité sociale* (França), *seguridad social* (Espanha). A Rússia também usou um termo equivalente (Rimlinger, 1971).

sociais nunca foram examinados fora do contexto britânico, fato que tem duas consequências possíveis, ambas negativas: ou o papel das guerras na promoção ou não de políticas sociais fora do Reino Unido ainda é desconhecido, ou subentende-se que a realidade inglesa é regra e pode ser importada para outras conjunturas. Esta última foi a opção tomada historicamente pelos adeptos da Administração Social. Convém ressaltar, porém, que este não é um erro privativo dessa corrente de pensamento; a Teoria da Cidadania desenvolvida por Marshall peca da mesma forma, como visto anteriormente neste capítulo.

Em resumo, a Administração Social, não obstante suas raízes política e ideologicamente posicionadas, passou a se caracterizar, sobretudo, por um empiricismo acrítico, em grande parte determinante para o desenvolvimento dos demais atributos dessa abordagem, dentre eles, o nacionalismo endógeno britânico, o intervencionismo pragmático estatal, a "supradisciplinaridade" e a aversão à teoria. Todavia, mais do que isso, esse empiricismo levou à "persistente tendência de analisar os problemas e as necessidades sociais de uma maneira que dá como certas as limitações da intervenção estatal na sociedade capitalista" (Taylor-Gooby, 1981, p. 7; tradução nossa). Em outras palavras, a Administração Social compartilha a crença das correntes da Matriz Residual e das demais abordagens da Matriz Social-Democrata de que o sistema capitalista é o único possível. Assim sendo, o Estado de Bem-Estar, necessário para a preservação desse modo de produção, tem sua ação bem delimitada, confinada às fronteiras desse sistema e restrita à decisão de aumentar ou reduzir sua intervenção e sua oferta de proteção social; a necessidade e a natureza de sua existência não são questionadas.

Essa visão, segundo Taylor-Gooby (1981), é um exemplo da demolição da perspectiva crítica no estudo da proteção social que, com o avanço da Administração Social como campo de estudo, se tornou hegemônica. Desde 1930, em nações espalhadas por vários continentes ao redor do globo, unidades acadêmicas nas áreas de ciências sociais e humanas de diferentes universidades tiveram acrescentados aos seus nomes a terminologia *Administração Social*, algumas delas em uso ainda hoje.[23] Todavia, é difícil compreender "por que uma prática que tende a rejeitar os desafios da crítica teórica deve ser dominante no estudo do bem-estar social" (ibid., p. 9; tradução nossa).

O repúdio à teoria e o consequente empiricismo acrítico característico dessa corrente engendram um tipo específico de proteção social, apolítico, calcado na administração e na gestão — e não na superação das causas — de problemas sociais coletivos. Destarte, a racionalidade e a eficiência esperadas das ações governamentais encontram respaldo na Administração Social que se associa aos governos subsidiando suas práticas por meio da oferta constante de dados e indicadores coletados empiricamente. George e Wilding (apud Taylor-Gooby, 1981, p. 10) advertem sobre os riscos dessa associação ao enfatizar que "o administrador social pode se tornar um propagandista oficial pago pelos governos para encontrar soluções aceitáveis [e consensuais] para problemas sociais vigentes" (tradução nossa).

O trabalho pró-governos desempenhado por adeptos dessa abordagem acaba por desconsiderar o real significado das necessidades básicas, já que, para a Administração Social, não são as necessidades existentes que criam as demandas por respostas políticas. Ao contrário, é o montante de recursos humanos e financeiros, o tempo de governo disponível para as ações, a capacidade de controle e avaliação das políticas públicas, os fins ideológicos perseguidos que determinam quais são as necessidades concretas e quais merecem atenção estatal; as necessidades são identificadas e assim definidas a partir da ótica do governo. Ou seja,

---

23. Alguns exemplos são: Escola de Serviço Social e Administração Social da Universidade de Chicago (EUA); Escola de Administração Social da Universidade de Temple (EUA); Departamento de Serviço Social e Administração Social da Universidade de Makerere (Uganda); Faculdade de Administração Social da Universidade de Thammasat (Tailândia); Departamento de Serviço Social e Administração Social da Universidade de Hong Kong (China); Departamento de Administração Social da Universidade de Thrace (Grécia). E até a segunda metade do século XX, os Departamentos de Política Social das universidades inglesas eram denominados de *Social Administration*.

> a discussão de necessidade como prioridade nas reivindicações concorrentes diante de recursos escassos reduz o problema a uma questão administrativa de racionamento, que é precisamente o que ela se torna para um Estado de Bem-Estar Social consensual. O conceito fica subtraído de todo conteúdo subversivo — a possibilidade de que as necessidades humanas possam ser tais que esta forma de sociedade não possa atendê-las torna-se impensável, assim como a possibilidade de os valores dominantes do capitalismo democrático de bem-estar poderem produzir necessidades impossíveis de serem satisfeitas [pelo capitalismo]. (Taylor-Gooby, 1981, p. 16; tradução nossa)

Desprovida de análises críticas, a Administração Social tende a ignorar os conflitos entre classes sociais e reduz o bem-estar humano à intervenção estatal por meio de políticas sociais ditadas pelos governos (ibid.). A classe trabalhadora, convencida de que o máximo que pode conquistar é a proteção social pública institucionalizada no Estado de Bem-Estar, abandona, em face dessa conquista, os embates políticos, e ignora, ludibriada, que a política social é um campo de conflitos de interesse no qual pode obter ganhos sociais proporcionais à intensidade de sua luta política e que a emancipação e a satisfação plena da maioria de suas necessidades básicas são impossíveis no seio do capitalismo. Por isso, Taylor-Gooby (1981) afirma que o *habitat* natural da Administração Social é em democracias que carecem de uma classe trabalhadora forte, aguerrida e politizada.

A EXPERIÊNCIA ESCANDINAVA DE PROTEÇÃO SOCIAL-DEMOCRATA: UM CASO EMBLEMÁTICO

Em 1936, o jornalista americano Marquis William Childs publicou um *best-seller* internacional que transformou a forma de encarar e enfrentar os problemas econômicos, políticos e sociais oriundos do modo capitalista de produção. Seu livro *Sweden: The Middle Way* (livremente traduzido neste trabalho como "Suécia: a Via Média") inspirou os países do Ocidente, em especial os Estados Unidos, ao apontar estratégias pragmáticas para o crescimento da economia e avanço do sistema político. Tais estratégias foram muito bem-vindas naquele período histórico específico porque, menos de seis anos antes, os países capitalistas industrializados defrontavam-se com o início da Grande Depressão.

A tese central desse livro, calcada em vários dados sociais, é de que a Suécia, ao adotar um caminho do meio entre o socialismo e suas supostas limitações (tendo como exemplo, à época, a experiência da União Soviética) e o capitalismo sem controle e concentrador de riquezas (visível em sua forma mais explícita nos Estados Unidos), havia alcançado alto grau de progresso e estabilidade (Ohlsson, 2006). Ou seja, aquele país escandinavo parecia ter resolvido seus mais graves problemas sociais sem prejudicar sua economia — alavancada por indústrias privadas internacionalmente competitivas — e sem recorrer a ideologias ou teorizações. Apenas permitiu, pragmaticamente, a coexistência pacífica entre um Estado presente e interventor, sindicatos fortes e empresas mercantis. Segundo Childs, esse processo poderia ser caracterizado como um "compromisso histórico entre capital e trabalho" (Childs apud Ohlsson, 2006, p. 4; tradução nossa), invejado por diversas nações que conheceram sérios prejuízos econômicos e sociais com a crise capitalista de 1929.

O sucesso sueco, publicizado pela obra de Childs, ganhou notoriedade em vários países e impressionou o então presidente estadunidense, Franklin Delano Roosevelt, que criou uma comissão especial para ir à Suécia estudar essa Via Média e descobrir quais ações poderiam ser importadas para os Estados Unidos. Naquela ocasião Roosevelt declarou:

> Tornei-me um grande interessado no desenvolvimento cooperativo com países no exterior, especialmente a Suécia. Um livro muito interessante foi lançado alguns meses atrás — Suécia: a Via Média. Eu estava tremendamente interessado no que eles haviam feito na Escandinávia, descrito ao longo destas linhas. Na Suécia, por exemplo, você tem uma

> família real, um governo socialista e um sistema capitalista, todos trabalhando felizes lado a lado. É claro que é um país menor do que o nosso; mas eles têm realizado algumas experiências muito interessantes e, até agora, muito bem-sucedidas. Eles têm esses movimentos cooperativos existindo, felizes e com sucesso, ao lado da indústria privada [...], ambos ganhando dinheiro. Eu acreditei que, do nosso ponto de vista, era, no mínimo, digno de estudo. (Roosevelt apud Baker, 2011, p. 2; tradução nossa)

Contudo, conforme esclarece Ohlsson (2006), a visão da Suécia como um país politicamente neutro, posicionado entre extremos opostos e com um "dom natural" ao compromisso público e ao consenso como forma de mediar conflitos de interesses, é mais antiga do que supôs Marquis Childs. Desde meados do século XIX, políticos influentes, como o ministro das Finanças, entre 1856 e 1864, Johan August Gripenstedt, reconheciam que o caminho do meio era o mais sensato e o mais certo para o sucesso. Seguindo esse princípio, a Suécia percorreu uma trajetória vitoriosa rumo à riqueza nacional, retratada nas estatísticas econômicas. No período que vai de 1870 a 1964, por exemplo, o Produto Interno Bruto sueco apresentou o mais rápido crescimento mundial, ficando atrás apenas do Japão (Ohlsson, 2006). Embora, em regra geral, a riqueza socialmente produzida no capitalismo concentre-se em poucas mãos, a Suécia estabeleceu uma tradição de regulação da economia e um sistema de proteção social complexo, nos quais o Estado atua com primazia, em prol da equidade.

Essa parceria entre as esferas pública e privada era — e ainda é — bem vista, tanto por social-democratas, quanto por políticos e pensadores escandinavos conservadores. Isso porque, acreditam eles, o progresso só se dá com a garantia da proteção econômica, intervenção política, estabilidade e coesão social. A sugestão dada por Gripenstedt (ainda no século XIX), e endossada por políticos de correntes ideológicas distintas, da criação de uma rede ferroviária estatizada como impulso para a aceleração do desenvolvimento econômico ilustra bem essa estratégia (Ohlsson, 2006). Assim, as particularidades políticas, econômicas e sociais da Suécia tornaram-na globalmente conhecida como *folkhemmet*, ou "casa do povo", termo que se popularizou, em especial entre os progressistas, em 1928, apesar de já vir sendo utilizado por conservadores desde muito antes.

Importante ressaltar que, não obstante a celebração da Suécia como um modelo a ser seguido desde a década de 1930, a construção do *folkhemmet* foi um processo moroso, que se estendeu por cerca de cinquenta anos. De acordo com Baker (2011), apenas em 1967 o primeiro-ministro sueco Tage Erlander considerou o projeto concluído. Para o mundo, o *folkhemmet* era a prova cabal de que um sistema intermediário entre o capitalismo e o socialismo poderia funcionar melhor do que economias orientadas pela lógica exclusiva do mercado (ibid., p. 6). Os políticos suecos, orgulhosos de seu modelo e deslumbrados com a repentina fama internacional, passaram a enxergá-lo não como outro caminho, uma Via Média, mas como o único caminho possível. Caminho este que também vinha sendo percorrido por nações geograficamente próximas.

Com efeito, a despeito de ter centrado sua pesquisa na Suécia, Childs não deixou de reconhecer que, mesmo com menor alcance, outros países escandinavos ou da Europa do Norte — como a Dinamarca e a Noruega — também compartilhavam a mesma estratégia pragmática, cooperativa, mediadora e pública, de modificação da economia capitalista. Posteriormente, semelhantes estratégias foram observadas na Finlândia e na Islândia, que, juntamente com os três países previamente citados, passaram a compor o que ficou conhecido como Modelo Escandinavo de Proteção Social.[24] Esse modelo possui características análogas à Ideologia da Via Média — já descrita neste capítulo — e será tratado como uma de suas mais emblemáticas ramificações práticas. Antes de descrevê-lo, porém, faz-se necessário tecer considerações a respeito de sua classificação tipológica.

---

24. É comum encontrar na literatura especializada outras terminologias que se referem a esse mesmo Modelo de Proteção Social: nórdico, social-democrata, Institucional, entre outros. No presente trabalho, optou-se pela utilização alternada dos termos "escandinavo" e "nórdico", ressaltando-se seu sentido comum.

Apesar das limitações inerentes a qualquer tipologia, uma gama de autores dedicou-se a agrupar as nações (sobretudo as europeias) em conjuntos maiores, separando-as por tipos de proteção social e bem-estar. Nessas categorizações, os cinco países escandinavos (Suécia, Dinamarca, Noruega, Finlândia e Islândia) ora aparecem unidos sob o mesmo guarda-chuva teórico, ora isolados em dois ou três arranjos diferenciados. Esping-Andersen (1990), por exemplo, autor de uma das mais conhecidas tipologias do bem-estar, afirma que Suécia, Noruega, Dinamarca e, em parte, Finlândia representam a categoria Social-democrata.[25] Por outro lado, Korpi e Palme (1994) classificam Finlândia, Noruega e Suécia como componentes do modelo Abrangente (*Encompassing*), enquanto a Dinamarca integra o modelo de Segurança Básica (*Basic Security*), juntamente com Canadá, Nova Zelândia, Irlanda, Estados Unidos, Reino Unido, Holanda e Suíça.[26] De acordo com Abrahamson (1999), outras distintas categorizações podem ser encontradas em Castles e Mitchell (1990), Leibfried (1992), Bislev e Hansen (1990) e Kastrougalos (1994).

Disso se conclui que a tipologização das nações escandinavas em um único padrão protetivo é mais arriscada do que parece. Para Abrahamson (1999), ainda que compartilhem similaridades significativas, os países nórdicos diferem entre si em vários aspectos e, em outros, acabam assemelhando-se a alguns dos demais Estados componentes da Europa. Além disso, no que se refere à sua situação política e econômica atual, Suécia e Finlândia, de um lado, e Dinamarca e Noruega, de outro, compõem dois blocos diferenciados.[27] Seguindo o mesmo raciocínio, Eklund (2011) afirma que os países nórdicos possuem histórias distintas e respondem aos desafios econômicos com estratégias específicas a cada realidade local. Para

---

25. Esping-Andersen (1990) divide os modelos de bem-estar em três categorias: liberal, conservador e social-democrata.

26. Korpi e Palme (1994) classificam as nações por tipos de instituições de segurança social. De acordo com eles, esses tipos são: abrangente (*encompassing*), corporativista (*corporatist*), segurança básica (*basic security*) e focalizado (*targeted*).

27. Nesta análise, Abrahamson (1999) não incluiu a Islândia.

embasar seu argumento, cita que os quatro principais países escandinavos (Suécia, Dinamarca, Noruega e Finlândia) relacionam-se com a moeda adotada pela União Europeia, nos anos 1990 — o euro —, de quatro maneiras diversas entre si: a Finlândia é membro da União Europeia e adotou o euro como moeda. A Dinamarca, por sua vez, é também membro da União Europeia, mas manteve a coroa dinamarquesa como moeda nacional, embora indexada ao euro. A Suécia, país membro da União Europeia, também não adotou o euro, mas, ao contrário da Dinamarca, possui uma moeda própria (coroa sueca) flutuante. Por fim, a Noruega não faz parte da União Europeia e não integra a zona do euro.[28]

A despeito das discrepâncias destacadas, os países escandinavos possuem características comuns e, mais importante, específicas à Escandinávia, não observadas, conjuntamente, em nenhum outro lugar do globo. Abrahamson as reconhece da seguinte forma:

> Considero justificado o fato de continuarmos a nos referir a um modelo escandinavo de prestação de bem-estar, se este significar uma sociedade onde o setor público assume responsabilidade pelo financiamento e prestação de serviços de cuidado social para todos os cidadãos a um nível elevado, tanto quantitativamente quanto qualitativamente. (2009, p. 36)

Abrahamson (2012) afirma ainda que o modelo escandinavo, construído com esse significado, apresenta as seguintes características: realiza-se sob o signo da social-democracia como ideologia política dominante; ancora-se nos direitos constitucionais como critério para o acesso à proteção social, em oposição à contribuição ou seleção subjetiva de necessidades; delega ao Estado a primazia na gestão, na oferta e no financiamento dessa proteção — sendo que esse financiamento provém, majoritariamente, de impostos; universaliza a

---

28. A Eurozona é constituída de dezessete países — dentre os 27 que integram a União Europeia — que adotaram o euro como moeda oficial.

cobertura dos benefícios, serviços e programas sociais; eleva os níveis de compensação de déficits sociais; e, finalmente, conta com alto grau de participação de ambos os sexos no mercado de trabalho.

As particularidades escandinavas, todavia, não se resumem a essas características, posto que também englobam, de acordo com Berggren e Trägårdh (2011): crescimento econômico relativamente constante; estabilidade política de longo prazo; instituições públicas transparentes e baixo nível de corrupção — fatores determinantes para a alta confiança da sociedade no aparato público estatal; adaptabilidade tecnológica; mercados de trabalho flexíveis aliados à proteção social universal do "berço ao túmulo"; economias abertas; excelentes níveis de educação; e amplo respeito às leis. Os autores supraindicados observam que esses fatores ranqueiam os países escandinavos no topo de avaliações econômicas e de qualidade de vida.[29]

Entretanto, as justificativas apresentadas para a existência dessa realidade unicamente experimentada pelos países escandinavos variam conforme os pesquisadores, passando por análises de todo tipo, desde as psicológicas e culturais até as estruturais, políticas e sociais.

Em tom irônico e crítico, Berggren e Trägårdh referem-se à argumentação — infelizmente ainda usual, sobretudo em meio ao senso comum — baseada em uma suposta "superioridade civilizatória do povo nórdico" para tentar explicar o sucesso escandinavo em um mundo globalizado. De acordo com esses autores,

> uma possibilidade é que os nórdicos, por natureza, são extraordinariamente cooperativos, racionais e menos propensos a sucumbir à tentação do egoísmo do mercado do que outras pessoas. Se for esse o caso, não há muito a ser aprendido do exterior — além de que o mundo poderia ser um lugar mais razoável, mas também, possivelmente, mais maçante, se fosse habitado exclusivamente por suecos, dinamarqueses, noruegueses e finlandeses. (2011, p. 13; tradução nossa)

29. De acordo com o *World Happiness Report* (Relatório Mundial de Felicidade — Sachs, Helliwell e Layard, 2012), por exemplo, os países nórdicos destacam-se como os mais felizes do globo, sendo que a Dinamarca lidera esse quesito.

Descartada essa possibilidade, prosseguem afirmando:

> No entanto, se assumirmos que os cidadãos dos países nórdicos são, no geral, semelhantes a outros seres humanos em suas paixões, boas ou más, outros fatores entram em jogo: as práticas sociais, as instituições de longo prazo e as experiências históricas que sustentam o capitalismo nórdico. (Ibid.; tradução nossa)

Abrahamson (2007; 2012) ressalta que os fatores históricos e culturais são determinantes. Para ele, três características dos países escandinavos podem ser destacadas como decisivas para a construção do Modelo Nórdico de Proteção Social. A primeira refere-se ao tamanho dessas nações: são geograficamente pequenas e possuem uma população total que não chega a 25 milhões de habitantes.[30] A segunda diz respeito ao fato de a Escandinávia ser homogênea do ponto de vista étnico e religioso. Quanto a isso, Christiansen e Markkola (apud Abrahamson, 2007, p. 7) pontuam que

> durante muitos anos a versão luterana manteve um *status* hegemônico em todos os países nórdicos. Quem sabe, se argumenta, seja esta a explicação mais importante para as semelhanças entre os estados nórdicos e, em particular, entre os tipos de bem-estar social. (Tradução nossa)

Por fim, todos os países escandinavos passaram por um processo de industrialização tardio, fator que, somado ao primeiro, é considerado decisivo para o desenvolvimento de um sistema socialmente protetivo. Em regra geral, os países tardiamente industrializados tenderam a apresentar Estados mais interventores e a criar políticas públicas mais cedo do que as nações que se industrializaram antes

---

30. Dado referente à soma do número total de habitantes da Dinamarca, Noruega, Finlândia, Suécia e Islândia, tendo como parâmetro os indicadores de julho de 2011. O número exato da população desses países é 24.930.624. Disponível em: <http://www.indexmundi.com>. Acesso em: 14 out. 2012.

(Abrahamson, 2007). Isso porque o atraso na industrialização retarda também — ou mesmo impede — a formação de uma burguesia industrial forte e influente e produz uma classe trabalhadora insurgente, descolada do proletariado fabril. Na Dinamarca, por exemplo, o núcleo da classe trabalhadora foi composto, até o início da Primeira Guerra Mundial, por agricultores e artesãos pós-feudais, empregados em uma estrutura econômica simples de pequenas unidades, seja no âmbito comercial, seja no industrial: o número de trabalhadores em cada posto variava entre cinco e vinte indivíduos. Esse cenário contribuiu para instituir o paternalismo na relação trabalhador-proprietário desse país (Christiansen, 1996). O processo de transição da filantropia e do paternalismo aos direitos sociais se deu mediante a organização desses trabalhadores em torno de lutas comuns e de pesados conflitos entre classes.

> Vindos da terra, esses trabalhadores traziam consigo a influência cultural e política dos agricultores. Assim, um dos objetivos do Partido Social-Democrata e dos movimentos sindicais foi transformar uma mentalidade pequeno-burguesa numa consciência de classe trabalhadora, que transcenderia as características individualistas e centradas na propriedade, típicas da ideologia agrária, preservando, porém, seu potencial democrático para fortalecer a posição reformista do partido. [...] Esse ímpeto organizacional esteve estreitamente ligado a uma intensa luta de classes que alcançou seu clímax no grande *lockout* de 1899 — uma das mais longas e mais abrangentes disputas dos trabalhadores na história da Segunda Internacional. O acordo que pôs fim a essa disputa — o acordo de setembro de 1899[31] — lançou as bases para a

31. Em 1899, a disputa entre empregados e empregadores culminou na mais séria luta entre classes da história dinamarquesa: o mercado de trabalho da Dinamarca sofreu um *lockout* geral que durou aproximadamente três meses, equivalendo a cerca de 3 milhões de dias de trabalho perdidos, e resultou na demissão de 40 mil trabalhadores. Em setembro desse mesmo ano, confederações sindicais e de empregadores (ambas criadas no ano anterior com o objetivo de fortalecer institucionalmente as disputas cada vez mais intensas entre trabalhadores e patrões) firmaram um acordo formal e público que passou a ser conhecido como "Acordo de Setembro" (*September Compromise*). Seus principais termos dispunham sobre o direito de greve aos trabalhadores, o direito de gestão aos empregadores (gerir e distribuir o trabalho), aviso prévio a

> dialética do conflito e da cooperação de classes que persiste até hoje na Dinamarca. (Christiansen, 1996, p. 261-262)

É preciso, portanto, rever a tese, amplamente sustentada, mesmo entre acadêmicos e pesquisadores especialistas no estudo dos países escandinavos, de que o sistema de proteção social atualmente em voga nessas nações é fruto simplesmente de acordos políticos e concessões. No final do século XIX, a maioria das sociedades escandinavas já era dividida por classes sociais antagônicas e, embora cada uma delas fosse representada por partidos políticos cujas estratégias de ação eram historicamente marcadas pelo consenso, a população, de maneira geral, não era e ainda não é tão pacífica. Para ilustrar essa afirmação, vale lembrar que uma das marcas registradas do Modelo Nórdico de Proteção Social — e motivo de orgulho para o povo escandinavo —, que é a situação equânime da mulher no mercado de trabalho e na esfera doméstica, foi uma conquista do aguerrido movimento feminista dinamarquês; e que, em 1925, por meio do *The Marriage Act*, obteve sucesso na luta por direitos iguais para homens e mulheres no casamento. Antes disso, porém, em 1871, a Sociedade Dinamarquesa de Mulheres batalhava pela equidade entre os sexos na política, no trabalho e no âmbito legal, alcançando vitórias importantes.[32] Hoje a participação feminina no governo e nas assembleias parlamentares varia entre um terço e 50%; e mais de 70% das mulheres na Escandinávia estão empregadas (Abrahamson, 2012).

Em anos recentes, a proteção social escandinava, com todas as suas particularidades, tem demonstrado ser combativamente defendida pela sociedade. Em 1982, por exemplo,

---

disputas e criação de um sistema de negociação coletiva com obrigação de paz durante os acordos. Ambas as partes se consideraram vitoriosas e essa data marcou o fim dessa batalha e deu início à tradição do consenso, do compromisso e do respeito mútuo frente aos conflitos, comum em todos os países nórdicos. Contudo, é importante frisar que as disputas de classes, reivindicações, lutas sociais, paralisações e protestos não são raros na Escandinávia. Disponível em: <http://www.lo.dk/>. Acesso em: 12 set. 2012, e Museu Nacional de Copenhague/Dinamarca.

32. *Fonte*: Museu Nacional de Copenhague.

> o governo conservador-liberal [dinamarquês] anunciou um congelamento salarial e cortes no auxílio-desemprego, e lançou um enorme programa de deflação, desregulamentação e privatização. Confrontada com a ofensiva sem rebuços contra os assalariados, a social-democracia não soube como reagir. [...] A classe trabalhadora e o movimento sindical dinamarqueses foram menos passivos. Uma onda de paralisações varreu o país, e algumas das maiores demonstrações políticas desde a guerra protestaram contra a intervenção do governo na negociação salarial, tradicionalmente livre. (Christiansen, 1996, p. 275)

Em 1996, a Suécia, por sua vez, já figurava como o país capitalista com mais alto índice de sindicalização, ultrapassando os 85% (Pontusson, 1996).

A luta da população nórdica, no entanto, é historicamente marcada pelo mesmo pragmatismo da Via Média, que procura moldar suas ações e princípios de acordo com as circunstâncias da realidade prática. Dessa forma, a defesa da sociedade politicamente organizada não é da social-democracia ou de um caminho ideologicamente situado entre o capitalismo e o comunismo, mas do sistema de proteção social em si, coletivamente construído, independentemente do partido político que o execute ou da ideologia que o embase. Na Suécia, a vitória do primeiro-ministro Fredrik Reinfeldt, de centro-direita, sobre os candidatos social-democratas nas eleições de 2006 e de 2010, só foi possível pela promessa de que gastaria mais em saúde e em educação e não modificaria a essência do *folkhemmet* (Ohlsson, 2006). Em outras palavras,

> é simplesmente impossível vencer as eleições na Suécia com uma política radical de redução de impostos e cortes em programas sociais como o é para vencer as eleições nos Estados Unidos com uma política de elevação de impostos e aumento dos gastos com programas sociais. (Ibid., p. 5; tradução nossa)

Essa afirmação pode ser estendida para os demais países da Escandinávia.

Contudo, é preciso recordar que

> desde *A ideologia alemã*, de Marx/Engels (1846), até o *Conhecimento e interesse*, de J. Habermas (1968 e 1973), sabemos que *por detrás de todo conhecimento e de toda prática humana age uma ideologia latente*. Resumidamente, podemos dizer que a ideologia é o discurso do interesse. E todo conhecimento, mesmo o que pretende ser o mais objetivo possível, vem impregnado de interesses. (Boff, 2012; grifos nossos)

Desse modo, seguindo os mesmos preceitos da Ideologia da Via Média, a defesa da proteção social nos países nórdicos serve a interesses maiores. O Modelo Escandinavo, como já foi ressaltado, não pretende superar o capitalismo, mas, ao contrário, protegê-lo contra conflitos, disputas e ameaças. Seus partidários, mais do que acreditarem na superioridade do sistema capitalista, têm convicção de que o socialismo não é eficiente e, por isso, também não é desejável. A suposta neutralidade nórdica,[33] propagada durante a Guerra Fria, foi superada a partir dos anos 1990, com o fim da divisão da Europa em dois blocos distintos; com a adesão da Suécia e da Finlândia (e candidatura da Islândia)[34] à União Europeia; e com o início do fim da homogeneidade étnica, religiosa e cultural nos países escandinavos, com a entrada crescente de imigrantes[35] (Ohlsson, 2006). Atualmente, as cinco nações componentes da Escandinávia experimentam, assumidamente, uma variedade única de capitalismo, conhecida em todo o globo como *Capitalismo Nórdico*. Isso quer dizer que, a despeito de

---

33. Embora declaradamente neutros, os países nórdicos sempre estiveram ao lado do bloco ocidental dominante. Dinamarca, Islândia e Noruega fizeram parte dos países fundadores da Organização do Tratado do Atlântico Norte (OTAN), ao lado da Bélgica, Canadá, Holanda, Luxemburgo, França, Itália, Grã-Bretanha, Portugal e Estados Unidos. Suécia, apesar de não ter se tornado membro formal, esteve, silenciosamente, ao lado da OTAN desde sua criação (Ohlsson, 2006).

34. Dinamarca já era membro da União Europeia (UE) desde 1973 e Noruega, ainda hoje, não é país membro da UE.

35. No ano de 2004, por exemplo, os imigrantes representavam aproximadamente 12% da população sueca (Ohlsson, 2006). Na Noruega, o número de imigrantes aumentou 210% entre 1995 e 2011. Disponívvel em: < http://www.ssb.no>. Acesso em: 12 set. 2012.

suas características aparentemente benéficas aos trabalhadores e classes mais empobrecidas, em essência o Modelo Escandinavo de Proteção Social, embora pautado nos direitos de cidadania social, funciona com vistas à conservação do modo capitalista de produção. Conforme será visto a seguir, o pragmatismo, o compromisso com a equidade, o universalismo, a parceria entre sociedade, mercado e Estado e a utilização do consenso como melhor estratégia para a solução de conflitos sociais são atributos que possuem dualidades e contradições; e que podem servir aos propósitos de quem historicamente detém mais poder — sejam os exploradores, sejam os explorados.

Tal como a Via Média, o Modelo Nórdico procurou afastar-se, desde sua origem, de posicionamentos teóricos de grande alcance, guiando-se mais pelo pragmatismo radical: se o Estado é útil para o avanço do mercado, que seja interventor. O Estado de Bem-Estar Social, por sua vez, é visto como produto natural entre sociedade e governos nas democracias ocidentais, fruto de uma relação na qual cada parte luta pelos seus interesses próprios: os governos precisam de legitimidade, de votos e de eleitores simpáticos; e a população precisa de mecanismos certos que garantam a satisfação contínua de suas necessidades sociais, não necessariamente básicas (George e Wilding, 1994). Assim, para os defensores da Via Média e, consequentemente, para o Modelo Nórdico, a proteção social institucionalizada por meio dos Estados de Bem-Estar figura como mecanismo de troca, instrumento eficaz na manutenção da ordem e da paz e no alcance de consensos entre grupos antagônicos.

Além disso, o modelo protetivo da Escandinávia atende aos intentos da região de reconstruir a homogeneidade nórdica, já que essa região do planeta une cinco nações diferenciadas em torno de práticas sociais comuns, às quais o acesso se dá mediante o *status* de cidadania, obtido apenas por residentes legais. A solidariedade, o senso de comunidade e a tradição de Nação Única (*One Nation*) — virtudes essenciais à Via Média (George e Wilding, 1994) e extremamente valorizadas na Escandinávia — só podem ser atingidos plenamente em sociedades uniformes, harmoniosas, muito bem organizadas e que tenham, por tradição, o respeito às regras e leis.

Sendo assim, o processo crescente de imigração para os países nórdicos, especialmente provenientes de sociedades não ocidentais (árabes, turcos, africanos e asiáticos), é visto, pela maioria conservadora, como ameaça, não só à cultura escandinava, mas ao seu próprio sistema de proteção social como um todo. Efetivamente, os países do Norte da Europa afirmam ser alvo de um novo tipo de "turista", *o social*, que busca unicamente obter vantagens de modelos protetivos mais generosos, tal como o Modelo Escandinavo. De acordo com eles, esse "turista social" cruza fronteiras em busca de residência definitiva, se apresentando como refugiado ou disposto ao trabalho, e, ao conquistar essa condição legal, beneficia-se, adquirindo moradia, salário, transferências monetárias e acesso a serviços sociais universais. Ademais, carrega consigo suas práticas culturais, hábitos e costumes próprios, gerando conflitos multiculturais e multiétnicos nas sociedades nórdicas que não apenas se orgulham de sua homogeneidade, como lutam para mantê-la, já que, para elas, a homogeneidade é o fator essencial para o estabelecimento do consenso nas tomadas de decisão.

O "turismo social" vem desencadeando ações contrárias extremistas e despertando sentimentos de xenofobia em toda Escandinávia, especialmente na Dinamarca, considerada porta de entrada para as demais nações nórdicas. São comuns, nesse país, os embates entre dinamarqueses e não dinamarqueses — ou mais especificamente, entre dinamarqueses e não ocidentais —, visto que, de acordo com os primeiros, os últimos não pagam impostos; não se adéquam ao modo de vida europeu; e impõem sua cultura, não aprendendo o idioma dinamarquês, vestindo-se de forma diferenciada (usando burcas ou véus, por exemplo), ou comportando-se de maneira distinta do culturalmente aceitável nessa região. Para ilustrar esse sentimento, reproduz-se aqui as opiniões de dois dinamarqueses sobre a imigração, colhidas por Richard Jenkins para o seu livro *Being Danish: paradoxes of identity in everyday life* (Ser dinamarquês: paradoxos de identidade na vida cotidiana):

> Na Dinamarca, não estamos acostumados a ter estranhos vivendo aqui. Nós olhamos para eles e perguntamos o que eles estão fazendo aqui, o que eles são? Nós não sabemos o que fazer. [...] As pessoas dizem para si mesmas: pagamos muitos impostos e esse dinheiro vai para o cuidado de idosos, crianças. Temos de ir trabalhar para pagar por tudo isso, e aí aparecem todos esses refugiados. [...] Eu fui criada aqui, nós somos especiais, este é um país especial, comparado com outros lugares. E nós não queremos ser perturbados por pessoas que não são daqui. Para nós é claro que eles vêm para serem protegidos. [...] E nossa atitude é de que nós vamos ajudá-los, sim, nós vamos dar um pouco do dinheiro de nossos impostos para ajudar. Mas, por que não ajudá-los no lugar de onde eles vieram? Por que eles não podem se estabelecer em terras vizinhas? Ajudem eles onde eles estão, mas não aqui na Dinamarca. (Depoimento anônimo. Jenkins, 2011, p. 265; tradução nossa)
>
> Nós somos simplesmente felizes. Felizes porque somos livres, nós não temos nenhum Alá para rezar. Nosso sistema de bem-estar é tão generoso de algumas formas: todos os imigrantes estão pegando um monte de dinheiro, e nós temos que pagar 50% de nossos salários, porque os impostos são muito altos. Se nós não tivéssemos tantos imigrantes, eu acho que não teríamos que pagar impostos tão caros. (Depoimento anônimo. Jenkins, 2011, p. 278; tradução nossa)

Esses posicionamentos radicais saíram da esfera do senso comum, mas tornaram-se bandeira de alguns partidos de centro e extrema direita, em ascensão nos países nórdicos. A argumentação típica assenta-se na ideia de que a sociedade em seu conjunto é de vital importância para a formação dos caracteres individuais, sendo cada indivíduo peça-chave para a manutenção da ordem e da estabilidade, valores estes considerados, concomitantemente, base e finalidade do Estado de Bem-Estar Social. Uma sociedade heterogênea, multicultural e multiétnica é, de acordo com os adeptos desses partidos, mais propensa a conflitos, disputas de interesses, pobreza, desigualdades sociais, corrupção e crime.

A proteção social, portanto, assume, na Escandinávia, a *função* de agente pacificador e harmonizador. Com a limitação do critério eletivo à proteção social a apenas residentes legais, e com o consequente arrocho na concessão de vistos de permanência e autorizações para entrada de imigrantes não europeus, esses partidos acreditam estar agindo com vistas a resguardar o seu sistema protetivo contra "parasitas", "pragas" ou "invasores". E no rastro dessas restrições a xenofobia e o racismo, produtos do intenso choque cultural, vêm ganhando corpo nessa região do planeta.

Do exposto, depreende-se que o apreço pela equidade, característica notória do Modelo Escandinavo, não é um fim em si mesmo, mas, na verdade, a busca pela homogeneidade ameaçada e uma tática de redução de conflitos. Todavia, apesar da defesa calorosa da equidade, as desigualdades sociais, desde que não sejam profundas, são aceitas e consideradas naturais. E não poderia ser de outra forma, já que o Modelo Escandinavo se realiza, consensualmente, no interior do capitalismo.

De fato, pode-se afirmar que, mais do que assegurar o bem-estar geral, o papel do sistema de proteção social da Europa do Norte é garantir a *segurança social*. Pesquisa realizada pela *European Union Survey*, no início da década de 1990, descobriu que a grande maioria dos europeus acredita que, mais do que condições iguais e uniformidade nos patamares de renda dos indivíduos e famílias, é a proteção contra o desemprego, a pobreza e a deficiência que é considerada fundamental. Para eles, os governos não podem e não devem abandonar nenhum de *seus cidadãos* à sua própria sorte (Ferrera apud Abrahamson, 1999). Nesse sentido, equidade não é o valor central desse modelo, mas sim, segurança social (Martinussen apud Abrahamson, 1999).

Para os adeptos da Via Média e, dentre eles, os defensores do Modelo Escandinavo, o risco imposto pela pobreza e pela desigualdade social acentuada vai além da desarmonia social e da ruína da homogeneidade como uma característica nórdica. E, por isso, a proteção social não deve propender para a construção de uma nova sociedade, mas reduzir e tratar os males visíveis do capitalismo visando preservá-lo e mantê-lo equilibrado, em segurança. O termo *segurança*, tido como valor central dessa ideologia, não deve ser interpretado apenas como *segurança social* aos cidadãos de determinada sociedade, mas também, e com igual importância, como segurança ao sistema como um todo; isto é, ao mercado e às suas atividades, ao modo de produção e à reprodução do capital.

Outro fator que contribui para a equidade e, em decorrência, para a segurança é o universalismo. As conquistas protetivas, apesar de terem sido fruto de um processo contraditório envolvendo lutas trabalhistas, pressões sociais e acordos políticos, não visam beneficiar apenas uma classe ou grupo específico. A legitimidade estatal na oferta desse tipo de proteção aos cidadãos nórdicos é resultado de sua habilidade de atender à sociedade como um todo, satisfazendo universalmente demandas variadas.

Cientes de que todos usufruirão do Estado de Bem-Estar e do atendimento do conjunto de suas necessidades e em todas as fases de suas vidas — "do berço ao túmulo" —, os cidadãos nórdicos defendem esse Estado e aceitam arcar com seu custo, considerado alto.[36] Isso também se deve à crença de que esse sistema de bem-estar é altamente desmercadorizado, já que, em tese — e não de fato —, possibilita que os habitantes dessas nações sobrevivam sem necessariamente precisar vender sua força de trabalho ao mercado. Os serviços sociais universais, em conjunto com os benefícios destinados a diferentes parcelas da população, são citados como exemplo disso. Nas palavras de Abrahamson,

> o que é importante lembrar é que os Estados de Bem-Estar Social escandinavos não tratam de, quantitativamente falando, apoio ao pobre e/ou ao desempregado através de medidas direcionadas, mas sim de apoiar a população como um todo através de serviços universais como assistência médica de alta qualidade gratuita, educação, incluindo ensino superior gratuito, creche fortemente subsidiada, ampla assistência aos idosos (também gratuita), pensões familiares para todas as famílias com filhos, independente de renda, e pensão

36. Nos países escandinavos é comum pagar cerca de 50% dos salários em imposto para financiamento do Estado de Bem-Estar Social.

por velhice para todos os idosos, independentemente de sua renda e riqueza. (2012, p. 31)

Contudo, segundo Berggren e Trägårdh (2011), essa imagem construída do sistema de bem-estar nórdico é uma meia verdade. É certo que os escandinavos são mundialmente conhecidos pelo exercício contínuo de uma *solidariedade social* ou, em outras palavras, "da habilidade de subordinar interesses pessoais à racionalidade coletiva" (Berggren e Trägårdh, 2011, p. 14; tradução nossa). Porém, análises mais aprofundadas demonstram o contrário. Na verdade, o que faz com que o Capitalismo Nórdico apresente vitalidade, resistência perante crises e tenha se tornado um suposto exemplo de sucesso perante outras nações capitalistas é precisamente o individualismo exacerbado que permeia todas as relações humanas e institucionais nessa parte do globo. As nações escandinavas podem ser consideradas mercadorizadas, não somente pela imposição da inserção dos indivíduos no mercado de trabalho — que, ao contrário do que é propagado, é real e será descrita mais adiante —, mas porque o *modus operandi* do Modelo Escandinavo segue o princípio fundamental da lógica mercantil: "o de que a unidade básica da sociedade é o indivíduo e o propósito central das políticas sociais deve ser a maximização da autonomia individual e da mobilidade social" (ibid., p. 14; tradução nossa).

Os referidos autores também afirmam que o Estado de Bem-Estar nórdico possui uma lógica moral que orienta suas ações e as suas políticas sociais, qual seja: a de libertar o indivíduo de todas as formas de subordinação e dependência, seja no âmbito familiar, seja no âmbito civil. Seguindo essa concepção de vida, os pobres devem ser libertos da caridade; os trabalhadores, dos patrões; as mulheres, de seus maridos; as crianças, dos seus pais; os pais idosos, de seus filhos e de demais membros familiares (ibid., p. 14). A estratégia para alcançar esse objetivo é garantir uma proteção social universal, publicamente financiada e executada, e que responda às necessidades humanas em seu complexo conjunto: não se limitando apenas a proporcionar segurança financeira aos cidadãos, mas também saúde, educação e qualificação profissional, trabalho, habitação e transporte coletivo de qualidade, participação política, entre outros. Pode-se dizer que tal estratégia trata-se de uma fiel aplicação do princípio da liberdade negativa, e da emancipação política, que prevê mais limites entre liberdades individuais do que conexões entre elas.

Dessa forma, a dependência familiar foi minimizada com: a taxação individual de cada membro; a revogação da obrigação imposta às famílias de cuidar dos seus integrantes idosos; a oferta de creche gratuita durante o dia para todas as crianças, independentemente do rendimento de seus pais; as transferências de renda a estudantes e jovens adultos, sem testes de meios em relação à renda de seus pais ou cônjuges; a proibição de castigos corporais às crianças e a ênfase nos direitos de pessoas menores de idade. Essas ações "transformaram os países escandinavos nas nações menos dependentes da família e mais individualizadas da face da Terra" (Berggren e Trägårdh, 2011, p. 15; tradução nossa). Daí a baixa incidência do familismo[37] no seu processo de proteção social.

Contudo, a valorização radical da emancipação individual e da autonomia pessoal produziu uma consequência prevista e esperada pelos governos nórdicos, qual seja: a maior disposição da população escandinava a aceitar a economia de mercado e colaborar com ela, atuando como consumidores e produtores. Vivendo em uma sociedade capitalista sob a ilusão do *status* de liberdade materializado na ausência de compromissos morais com a família e concomitante proteção social individual, total e universal, os cidadãos nórdicos assumiram um perfil benquisto pela economia de mercado e suas instituições privadas. Daí a prevalência de consumidores solitários, que passam a buscar em mercadorias e serviços mercantis a satisfação

---

37. Isso não significa o descarte da família, mas sim a liberação desta dos cuidados com proteção social de seus membros. Tal fato destoa do que acontece no Sul da Europa, por exemplo, onde, em países como Espanha, Portugal, Grécia e sul da Itália, prevalece um modelo de proteção social denominado *latino* ou *mediterrâneo*, no qual a participação protetora da família (leia-se familização) revela-se superior à do Estado.

de desejos e carências, anteriormente satisfeitos no âmbito familiar e comunitário solidário. E ao tornaram-se mais polivalentes, adaptáveis, destemidos e ousados — já que protegidos contra o desemprego, as doenças, a velhice e na paternidade/maternidade —, os escandinavos criam as condições perfeitas para a implementação de um mercado de trabalho flexível (ibid.). O mais puro — e reverenciado — exemplo dessa nova modalidade de trabalho compõe uma estratégia dinamarquesa denominada *flexicurity*, ou *flexisegurança*, como é traduzida nas línguas espanhola e portuguesa (como exemplo, ver Weller, 2009).

O termo *flexicurity*, cunhado por Poul Nyrup Rasmussen, primeiro-ministro da Dinamarca no período compreendido entre 1993 e 2001 e líder do Partido Social-Democrata entre 1992 e 2002, nasceu da junção das palavras *flexibility* (flexibilidade) e *security* (segurança). Representada por um "triângulo de ouro", a *flexicurity* tornou-se sinônimo de sucesso para nações capitalistas. Seus três pilares são fruto da combinação da flexibilidade no mercado de trabalho — considerada vital para a garantia da competitividade em economias dinâmicas mundializadas — com um sistema de proteção social eficaz, tanto na oferta de segurança para trabalhadores, quanto para desempregados, por meio de políticas de ativação para o trabalho, ilustrados na Figura 5. Nesta, as setas simbolizam o fluxo de pessoas que, sob esse sistema protetivo, invariavelmente acabam integrando-se ao mercado de trabalho flexível. Os que dele são excluídos podem retornar ao trabalho após um curto período de tempo — no qual são integralmente protegidos por políticas assistenciais públicas — ou por meio de "incentivos" dos programas de ativação, gerenciados e executados pelo Estado de Bem-Estar Social.

O "triângulo de ouro" da *flexicurity*, apesar de idealizado por social-democratas, é exemplo inquestionável da influência neoliberal na Dinamarca. Em defesa de um sistema híbrido no qual "dialogam" — embora notadamente de forma desigual — mercado, Estado e trabalhadores, esse país aproximou-se dos Estados Unidos ao oferecer indicadores mínimos de proteção e legislação trabalhistas, o que possibilita aos empregadores, entre outras ações, determinar, por meio de

Figura 5. "O triângulo de ouro" da *flexicurity* dinamarquesa

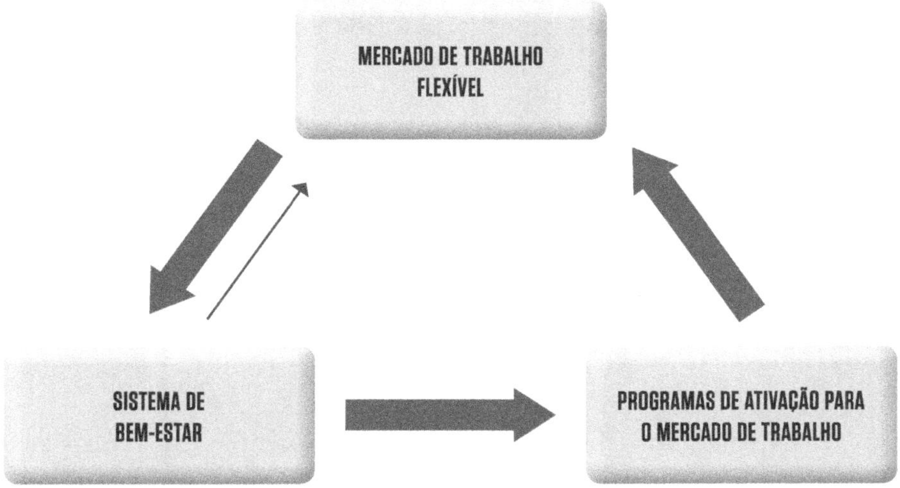

Fonte: Figura elaborada a partir de Madsen (2002, p. 246; tradução nossa).

acordos com os sindicatos, o valor da remuneração paga aos empregados. Além disso, as contratações e demissões de funcionários se dão sem entraves legais: às empresas é permitido o ajustamento quase diário de sua mão de obra, de acordo com as flutuações, demandas e "necessidades" da economia e do perfil de consumidores; e os trabalhadores, manipulados pelo discurso positivo da flexibilidade e da segurança social incondicional, em tese garantida pelo "generoso" Estado de Bem-Estar, não percebem, no geral, as consequências nefastas desse sistema à sua sociabilidade e emancipação humana.

A centralidade ocupada pelo trabalho nas sociedades define a forma como a vida dos indivíduos irá se estruturar. Ao permitir a criação de identidades, o planejamento futuro, a satisfação de necessidades imediatas e — a depender de sua forma e objetivos — o crescimento humano, intelectual e profissional, a ocupação laboral figura como eixo fundante na história particular de cada cidadão.

Contudo, ao se tornar mercadorizado, alienado e flexível, o trabalho perde seu caráter protetivo e social. A flexibilidade individualiza, já que coage, mascaradamente, os indivíduos a buscar ganhos próprios e não coletivos; ou seja,

> cada trabalhador procura a sua realização pessoal, melhorar o seu desempenho e aumentar as suas qualificações, conseguindo gerir melhor o seu tempo. Os valores sociais e a negociação de interesses coletivos enfraquecem, deixando assim os trabalhadores menos qualificados e os grupos sociais mais frágeis (jovens, mulheres e idosos) expostos a condições de trabalho mais instáveis e a situações de exclusão social. (Paulos, 2007, p. 12)

Festejada como "boa mobilidade no trabalho", as demissões e contratações frequentes impedem: a construção de uma carreira; a identificação do trabalhador com uma equipe e um ambiente de trabalho; a socialização com colegas, chefes e clientes. Além disso, dificultam a criação de empatia com o serviço prestado ou, em outros casos, destroem a empatia estabelecida, obrigando os empregados a abandonarem trabalhos com os quais se identificavam para iniciar empregos novos, muitas vezes bastante diferentes dos que desempenhavam anteriormente. E essa "mobilidade" tem alcançado números assustadores: anualmente 25% a 30% dos trabalhadores dinamarqueses são demitidos e reempregados em novas ocupações (Bingley apud Madsen, 2007), mediante políticas de ativação para o mercado de trabalho nem sempre isentas de coação. A precariedade, o aumento da carga de trabalho e a incerteza — grande responsável por doenças e ansiedades na classe trabalhadora — são resultados da flexibilidade, mesmo que esta esteja, em tese, sob o controle regulador do Estado de Bem-Estar Social.

Contudo, esse controle é limitado; a princípio porque não está inscrito no conceito de trabalho, mas no de emprego. Isso quer dizer que ao trabalhador é garantida simplesmente a permanência no mercado de trabalho, porque ele é obrigado a migrar para várias empresas diferentes ao longo de sua vida profissional. Essa ideia foi bem colocada pelo comissário da União Europeia Vladimir Spidla, em discurso na conferência "Os desafios centrais da flexigurança", realizada em Lisboa, em setembro de 2007. Segundo ele,

> a filosofia que está por trás da flexigurança é a de que os trabalhadores estão mais preparados para fazer essas mudanças se existir uma boa rede de segurança. Deixam de existir empregos para toda a vida, mas passam a existir mais oportunidades para todas as pessoas encontrarem um emprego com maiores apoios no desemprego. (Spidla apud Paulos, 2007, p. 10)

Em segundo lugar, os programas de ativação para o mercado de trabalho, por serem condicionalidades impostas aos beneficiários de auxílios-desemprego, incorrem nos mesmos problemas das condicionalidades ou contrapartidas, já discutidos no capítulo precedente deste livro. Em adição, o Estado força os indivíduos a aceitarem as ofertas de emprego que se lhes apresentam, assim como os seus consequentes treinamentos e capacitações, independentemente das condições oferecidas e da adequação destas ao seu perfil profissional.

Para além das políticas ativas, os demais benefícios prestados pelo Estado de Bem-Estar Social na Dinamarca, e em todos os demais países nórdicos, têm se tornado menos generosos ao longo do tempo, em especial a partir dos anos 1990. Abrahamson (2012) apresenta diversos dados que comprovam a queda no valor e na cobertura de benefícios para crianças, idosos e famílias de baixa renda nas duas últimas décadas.

Do exposto, deduz-se que o Modelo Escandinavo de Proteção Social, apesar de possuir diferenças nacionais sensíveis, compartilha a maioria dos princípios e orientações das correntes trabalhadas neste capítulo; alguns deles são aplicados nas cinco nações em sua forma mais pura e radical: o pragmatismo, o suposto humanismo, o individualismo exacerbado e o apreço pela liberdade negativa. Embora o Estado de Bem-Estar Social nesses países seja forte e intervencionista, inclusive regulando a economia e o mercado — o que contraria os coletivistas relutantes —, essa intervenção ocorre da seguinte forma: com o objetivo primeiro de proteger e preservar o modo de produção capitalista, seja garantindo mão de obra qualificada, flexível e disponível para as ocupações mais funcionais ao sistema e adaptável às flutuações do mercado de trabalho, seja controlando conflitos de interesses e ameaças sociais, por meio da busca pela equidade e pela manutenção da homogeneidade étnica, religiosa, de classe e cultural. O Estado, nesse processo, torna-se um aliado do mercado e dos indivíduos, e não da classe trabalhadora.

CONCLUINDO

Em vista do que foi analisado neste capítulo, é possível notar que, apesar de se localizarem em Matrizes teóricas diferenciadas, as correntes da Social-democracia compartilham práticas e preceitos comuns às correntes da Matriz Residual. Não é demais repetir que toda forma de tipologia, principalmente nas ciências humanas e sociais, carrega consigo contradições significativas, devido, sobretudo, à complexidade e ao caráter dialético dos temas investigados nessas ciências. Dessa maneira, a classificação de abordagens a respeito da proteção social é um esforço intelectual imperfeito, passível de críticas variadas, além de um exercício por natureza inacabado, que deve ser questionado e revisto periodicamente.

Contudo, a despeito da óbvia "contaminação" de elementos entre matrizes e correntes distintas, a categorização dessas matrizes em torno de traços centrais, comuns e predominantes tornou-se útil e defensável e propiciou uma tarefa analiticamente enriquecedora. Isso porque ela poderá clarear divergentes entendimentos acadêmicos e posicionamentos políticos, econômicos e teóricos sobre o conceito de proteção social — erroneamente tomado como unívoco e, por isso, aparentemente defendido por todos. Este é o divisor de águas que, neste livro, separa as variantes de proteção social em matrizes distintas. E embora estas possam figurar lado a lado, assumem arranjos diferentes ao serem analisadas sob óticas que trazem à tona os quesitos que interessam a esta pesquisa: o significado e o alcance da proteção social em cada abordagem com as suas concepções e práticas particulares.

Assim, a Teoria da Cidadania, a Ideologia da Via Média e a Administração Social dividem características comuns que as posicionam em matriz diversa das correntes tratadas no capítulo anterior, quando pesquisadas sob o ponto de vista da proteção social. Ainda que se guiem, de maneira geral, pelos princípios do individualismo, da liberdade, da autorresponsabilização, da defesa da desigualdade e, mormente, da fé no capitalismo — atributos comuns à Matriz Residual —, as correntes descritas neste capítulo diferem desta em, pelo menos, três frentes.

a) Do ponto de vista político, a Matriz Social-Democrata caracteriza-se por guiar-se por uma direção política que, em tese, privilegia a democracia ampliada que engloba o social e a regulação política estatal do bem-estar coletivo;

b) Do ponto de vista econômico porque, também em tese, admite o controle das livres forças do mercado pelo Estado e pelas organizações trabalhistas; e

c) Do ponto de vista teórico, por, em primeiro lugar, priorizar a ação pragmática em detrimento da ação pautada e influenciada por teorias sociais. Além disso, guia-se por um paradigma que, embora preveja a manutenção do sistema capitalista, possui caráter reformista.

Entretanto, ao ampliar a análise das matrizes Residual e Social-democrata para além do campo da proteção social, as semelhanças entre elas sobrepõem-se às diferenças.

A Matriz Social-Democrata e suas correntes teóricas e ideológicas distintas, sobretudo as tratadas neste livro, têm sido, tradicionalmente, situadas entre extremos opostos, no geral reconhecidos pelos seus posicionamentos políticos antagônicos de "direita" e "esquerda". Neste trabalho esses extremos foram classificados com base no seu arcabouço teórico ou doutrinário, na sua lógica, metodologia e ideologia, comprometidos ou não com as demandas do capital e, consequentemente, responsáveis pela existência de tipos contrários de proteção social. Hipoteticamente isenta de "radicalismos" e detentora de uma sabedoria pacífica capaz de extrair da oposição e da adversidade o que ela tem de melhor, a matriz trabalhada neste capítulo desponta no meio-termo.

Em outras palavras, traçada uma linha reta na qual figuram em suas extremidades a Matriz Residual, de um lado, e a Matriz Socialista, de outro, um ponto central entre elas abrigaria a Matriz Social-Democrata, representando uma alternativa equilibrada entre o capitalismo e o comunismo, o *status quo* e a revolução, o capital e o trabalho, o mérito e o direito.

Essa compreensão da localização intermediária ocupada pela Matriz Social-Democrata no terreno do pensamento teórico e político contemporâneo vem sendo aceita, também, por pesquisadores componentes das duas matrizes antagônicas, acima mencionadas. Contudo, após o estudo de correntes supostamente medianeiras, tais como a Teoria da Cidadania, a Ideologia da Via Média e a Administração Social e a análise da experiência nórdica de proteção social, conclui-se que, de fato, frente ao sistema capitalista, não há outra localização possível a não ser ao seu lado, ou em oposição a ele.

Todas as abordagens descritas, teorias ou ideologias, não hesitam em defender (abertamente ou não) esse modo de produção. Mesmo reconhecendo suas "limitações", graves consequências e idiossincrasias sociais, as alternativas apresentadas na ampla variedade de discursos mediadores não passam de estratégias pragmáticas para diminuição de conflitos, aplacação de ameaças e manutenção da ordem e da coesão na sociedade do capital. Apesar de muitas vezes afastadas das correntes mais radicais da Matriz Residual, a essência dessas alternativas medianeiras, quando se trata especificamente da proteção social, é análoga à das abordagens social-democratas, pró-capitalistas. E, assim sendo, a proteção social defendida e aplicada por todas elas não possui outro objetivo senão servir de instrumento efetivo a favor da conservação do estado atual das coisas, embora minimizando os efeitos mais severos inerentes ao funcionamento natural do capitalismo. Nas palavras de Mészáros (2002a), a social-democracia representa o

> "socialismo Mickey Mouse", porque abandonou tudo que tinha a ver com socialismo. Antes eles [os social-democratas] diziam que com pequenos passos chegariam ao socialismo. É uma fantasia. Hoje, já nem se fala em pequenos passos. Eles abandonaram também a ideia da reforma. Não se questionam reformas estruturais em nenhum partido social-democrata europeu. Só posso chamar isso de "socialismo Mickey Mouse", porque eles — inclusive o novo Partido Trabalhista inglês — se denominam partidos socialistas. Socialista? Meu pé é muito mais socialista que o Partido Trabalhista inglês. É preciso haver critérios para julgar isso. Mickey Mouse pode se comportar assim. Quando dei essa entrevista estava sendo inaugurada, na França, o equivalente à Disneylândia [Disneyland Paris]. O Mickey Mouse estava em evidência e os partidos social-democratas estavam aplaudindo esse tipo de desenvolvimento como solução para os problemas da humanidade. Para mim, é um insulto à humanidade pensar nesses termos. (Mészáros, 2002b)

Assim, se a social-democracia não é como apregoa, um caminho do meio entre o capitalismo e o comunismo, a proteção social defendida por ela também não representa mecanismo mágico, capaz de emancipar coletividades ao mesmo tempo que contribui para a sustentação de uma economia mundializada competitiva. Mesmo nas abordagens que aceitam a ideia da "proteção integral, universalizada e gratuita", coexiste, assumidamente, a proibição da colaboração da proteção social para a construção de nova ordem, fato que torna os princípios e diretrizes social-democratas insustentáveis, visto que caem em contradição.

Inerente ao pleno desempenho do capitalismo, a exploração, a manipulação, o engano, a ausência de ética, a corrupção em âmbito mundial e o extermínio consciente de contingentes humanos são características desconsideradas pelos adeptos da Matriz Social-Democrata, que, por isso, tornam-se cúmplices ao defenderem esse sistema, ainda que intentem minorar ou prevenir seus efeitos destrutivos mais cruéis e visíveis. A proteção social surge como agente quase mítica nesse processo, já que é capaz, de acordo com a fé destas correntes, não só de suportar, sozinha, crises e pressões, mas de servir de sustentáculo inabalável para um sistema insensível e devastador.

Em suma, não há caminho do meio. O que existe são modelos gestores e administrativos que buscam soluções diferenciadas, embora definitivas, para a permanência do capitalismo como único sistema econômico, político e social digno de fé. A proteção social, oculta sob o véu do humanismo e da preocupação com o bem-estar geral, é gerida com esse propósito; e, por isso, trata de fornecer qualidade de vida mínima aos indivíduos que podem ser aproveitados e sobrevivência pacífica, ordeira e controlada aos que não podem contribuir para o crescimento desse modo de produção.

Portanto, não há linha reta, com extremidades bem delineadas e a possibilidade de uma infinidade de pontos entre esses dois extremos. Há dois pontos opostos que se repelem em sua essência e, ao lado de cada um deles, aliados com estratégias de combate, poder e influência diversificados. Disto não se conclui que a Matriz Social-Democrata e suas correntes poderiam integrar a Matriz Residual, mas que ambas estão do mesmo lado do jogo. No próximo capítulo, a Matriz Socialista será discutida.

CAPÍTULO 4

Matriz Socialista

O termo *socialismo* tem sido utilizado para qualificar sistemas sociais e econômicos baseados, principalmente, na posse coletiva dos meios de produção e na gestão cooperativa da economia. Contudo, essa ideologia pode representar distintos modelos societários afinados ou não com essa definição genérica e possuidores de características que vão além dela. De fato, conforme Woronoff (2006), o socialismo tem sido uma das mais flexíveis ideologias sociopolíticas modernas que ganha espaço, inclusive, quando o comunismo é atacado. Isso se deve não apenas ao fato de ela se confundir, com frequência, com a social-democracia ou com praticamente qualquer ação reformista mais progressista; mas, principalmente, e em primeiro lugar, porque, diante de crises, as explicações e soluções apresentadas por correntes socialistas são sempre reavivadas; e, em segundo lugar, graças à sua multiplicidade de ramificações e subclassificações.

Esse último ponto pode causar estranheza já que, rotineiramente, o socialismo é associado apenas à teoria científica elaborada por Marx e Engels. Contudo, sabe-se que, além do socialismo histórico ou científico (marxista), existem outras subdivisões que, amiúde, não possuem qualquer afinidade com aquela. Entre as mais comuns podem ser citadas: *socialismo utópico, socialismo cristão, ecossocialismo* ou *socialismo verde, socialismo libertário* ou *anarquismo social, socialismo de mercado, socialismo pós-industrial, socialismo democrático*, entre outros. Assim, não é possível falar em um socialismo, mas em *socialismos*.

Entretanto, não obstante a diversidade de abordagens socialistas existentes, optou-se, neste livro, pela análise aprofundada de apenas duas delas: o *Socialismo Democrático* e o *Marxismo*. Essa decisão se deu, em parte, em nome da manutenção da coerência metodológica deste estudo: para o seu desenvolvimento foram eleitas as tipologias elaboradas por Mishra (1981) e George e Wilding (1994), e em ambas figura o Marxismo. O Socialismo Democrático, por seu turno, compõe a categorização de George e Wilding como uma das mais expressivas ideologias de bem-estar. Ademais, as duas correntes mencionadas influenciaram, ao longo dos anos, um número considerável de pesquisadores, políticos e gestores sociais, e, apesar dos constantes ataques de que têm sido alvo, permanecem relevantes e atuais. Cabe informar ainda que os postulados e princípios teóricos de ambas as abordagens constituem contrapontos essenciais à compreensão da proteção social e do bem-estar humano, cada qual com as suas particularidades que merecem ser reconhecidas e diferenciadas. É o que será feito a seguir.

IDEOLOGIA DO SOCIALISMO DEMOCRÁTICO

"É o socialismo compatível com a democracia ou a instauração do primeiro supõe a superação da segunda?" "Na transição do capitalismo para o socialismo pode-se considerar, sem problemas, a supressão das liberdades democráticas ou a sua eliminação inviabilizaria inteiramente a construção do socialismo?" Com esses questionamentos, que abrem o capítulo "Socialismo e Democracia" de seu livro *Democracia ou liberdade?*, Ivo Tonet (2004, p. 129) resgata uma das mais fundamentais preocupações comum ao conjunto dos socialistas, desde o início histórico dessa corrente teórica e ideológica.

De acordo com esse autor, as reflexões originadas dessa inquietação geraram, pelo menos, dois posicionamentos diferentes. O primeiro deles enfrentou a questão mediante a oposição frontal do socialismo e da democracia. Ao partirem do pressuposto de que o ordenamento democrático — incluindo suas instituições e os direitos delas derivados — é criação burguesa para assegurar os interesses dessa classe, alguns socialistas advogaram pela sua supressão durante o processo de tomada de poder pela classe trabalhadora revolucionária. Além disso, para eles, após o estabelecimento da ditadura do proletariado, um Estado socialista fortemente interventor e, em tese, onisciente das necessidades humanas individuais e coletivas seria capaz de estabelecer, com justiça e pulso firme, um novo conjunto de tarefas, direitos e comportamentos universais. Essa opção política guiou a Revolução Russa de 1917 e a Revolução Chinesa de 1949.

O segundo posicionamento baseia-se na convicção de que a emancipação humana só se dará se, ao lado da equidade e da justiça social, as liberdades individuais e políticas também forem garantidas. Desse modo, as alternativas democráticas não podem ser eliminadas em prol da igualdade ou de progressos na esfera econômica. Ao contrário, de acordo com essa visão, a superação do sistema capitalista e a construção de um novo modelo, ético e justo, dependem da criação de uma nova concepção de democracia, da busca coletiva pela sua construção sólida e da certeza de sua permanência estável no socialismo.

Essa postura foi propalada, em um primeiro momento, pela social-democracia genuína, em seu início no século XIX. Com raízes marxistas, os teóricos pioneiros dessa corrente advogavam em favor do fim do capitalismo, porém de forma gradual e democrática, amparada por reformas que paulatinamente promovessem mudanças legislativas e melhorias sociais. Protegidos socialmente, os trabalhadores se fortaleceriam, conscientizariam e capacitariam para articular a transição para o socialismo (de maneira revolucionária ou parlamentar). A força propulsora dessa postura foi a reforma iniciada no plano teórico, no processo de revisão de conceitos-chave como *Estado*, *sociedade civil* e *democracia*. Conforme Tonet (2004, p. 129), o Estado não era mais visto como "o comitê executivo da burguesia", tal qual o concebiam Marx e Engels,[1] mas como uma esfera contraditória, multifacetada e diretamente afetada pelos conflitos de interesses que emergem de uma nova sociedade civil, mais complexa e heterogênea.

A sociedade civil, por seu turno, não era mais encarada como "todo o intercâmbio material dos indivíduos no interior de uma fase determinada de desenvolvimento das forças produtivas", de acordo com a interpretação de Marx, mas como "o conjunto dos organismos não estatais criados pelos indivíduos para lutar por seus interesses e direitos" (Tonet, 2004, p. 130). Assim, a conscientização, a organização e a atuação política desses indivíduos seriam os meios pelos quais essa sociedade poderia acessar e orientar o Estado na direção do atendimento dos interesses dos grupos que conquistaram espaço hegemônico (ibid.).

E a democracia, concebida inicialmente como um valor essencialmente burguês, passou a ser valor universal, ou, conforme Tonet (2004, p. 130), um "instrumento capaz de contribuir para o enriquecimento do gênero humano". Diante disso, na segunda metade do século XIX vários partidos e agremiações de tradição socialista — e marxista — passaram a se autodenominar social-democratas. Uma cisão, porém, marcou esse movimento desde seu início: a ruptura entre os *social-democratas revolucionários* e os *social-democratas reformistas*.

Em linhas gerais, os social-democratas revolucionários não eram contrários às reformas, mas as enxergavam apenas como ferramenta útil à conquista do objetivo máximo dos socialistas: o sobrepujamento do capitalismo. Em resposta a Eduard Bernstein — um dos primeiros revisionistas da obra marxiana e um dos líderes do socialismo reformista, ao lado de Karl Kautsky —, a militante revolucionária

1. Mishra (1981) ressalta que essa visão marxiana de Estado compõe a obra *Manifesto do Partido Comunista*, com primeira publicação em 1948. Em suas obras posteriores, contudo, Marx e Engels apresentam outra visão, na qual o Estado possui natureza contraditória e certo grau de autonomia em relação à classe dominante.

da social-democracia polonesa e do Partido Social-Democrata da Alemanha, Rosa Luxemburgo, afirmou que:

> A luta prática cotidiana por reformas sociais, pela melhoria da condição do povo trabalhador dentro da ordem social existente, em favor das instituições democráticas, constitui [...] o único caminho capaz de guiar a luta de classe proletária e de trabalhar rumo ao objetivo final, à tomada de poder político e à superação do trabalho assalariado. Para a social-democracia, há um nexo inseparável entre a reforma social e a revolução social, na medida em que a luta pela reforma social é *um meio*, enquanto a transformação social é *um fim*. (Luxemburgo, 2011, p. 2; grifo no original)

Os social-democratas reformistas, por outro lado, retiraram das reformas o seu caráter de mediação instrumental para um fim revolucionário, transformando-as, as reformas em si, no *fim* mesmo a ser perseguido. Na opinião de Luxemburgo (2011, p. 2), "na prática, toda essa teoria [social-democracia reformista] desemboca em nada mais do que o conselho de desistir do objetivo final da social-democracia, ou seja, *a transformação social*" (grifos nossos). E mais, segundo ela, tal teoria rompe com

> o único fator decisivo a distinguir o movimento social-democrata da democracia burguesa, elemento esse que transmutou o movimento trabalhador de um ocioso trabalho de remendo pela salvação da ordem capitalista em uma luta de classes *contra* essa ordem, pela superação dessa ordem. (Ibid., p. 2; grifo no original)

Classificados por Luxemburgo como a "corrente oportunista no movimento operário" que deveria ser combatida, os reformistas e revisionistas de Marx que compunham os partidos social-democratas foram, aos poucos, ganhando mais espaço. Contudo, uma nova cisão, dessa vez no interior da social-democracia reformista, fez surgir duas abordagens antagônicas que podem ser classificadas, sucintamente, do seguinte modo: aqueles que, tal qual previu Luxemburgo, se afastaram do objetivo da transição para o socialismo, passando a apoiar o modo de produção capitalista, formaram a social-democracia moderna, já debatida no capítulo anterior. Os que ainda perseguiam o socialismo como *fim*, embora de maneira lenta, gradual, por vias pacíficas e, em essência, parlamentares, fundaram o que ficou conhecido como *Socialismo Democrático*.

A adoção desse termo para qualificar os socialistas graduais, reformistas e parlamentares, no entanto, não é consensual. A expressão vocabular *socialismo democrático* passou a ser indiscriminadamente utilizada por diversas organizações, movimentos e partidos ao redor do globo, inclusive por aqueles simpáticos ao capitalismo e à economia de mercado, com o objetivo de ressaltar o suposto caráter social de suas ações. Também passou a ser utilizado por marxistas, que creditam à via democrática o único caminho revolucionário possível. Tonet (2004, p. 129) afirma que "à frente desta reformulação estavam os comunistas italianos, baseados na sua leitura de Gramsci [...] e, aqui no Brasil, vários autores de expressão, entre eles [...] Carlos Nelson Coutinho e Francisco Weffort". Esse termo passou, igualmente, a caracterizar qualquer socialista (inclusive marxistas revolucionários) contrário à rigidez política das experiências chinesa e soviética. Enfim, devido à sua definição ainda vaga e ampla, Tonet (2004, p. 129) conclui que "hoje esta posição — com variações — é amplamente majoritária na esquerda em todo o mundo". Todavia, a origem e desenvolvimento do Socialismo Democrático como *corrente ideológica* sugerem que ele se caracteriza pelo afastamento do marxismo e da possibilidade revolucionária em qualquer contexto histórico e social.

Disto advém outro problema inerente ao termo. Como se pode notar do exposto até o momento, a separação teórica dos conceitos *democracia* versus *comunismo*, *reforma* versus *revolução* ou ainda *democracia* versus *marxismo* é passível de críticas. De acordo com Ginsburg (1998), a distinção entre o socialismo, democrático e reformista *versus* o marxismo, comunista e revolucionário, parte do pressuposto, errôneo, de que marxistas não podem ser favoráveis ao processo democrático e os associa diretamente às experiências revolucionárias de

Josef Stalin, na Rússia, e de Mao Tsé-tung, na China. Além disso, segundo Ginsburg, é possível combinar medidas gradualistas e reformistas com ações revolucionárias e radicais visando forjar a construção do socialismo, como defendia Luxemburgo, Gramsci e outros importantes marxistas.

Entretanto, a adoção de ambas as terminologias (*socialismo democrático* e *marxismo*) para nomear correntes teóricas e ideológicas distintas se tornou clássica, sobretudo na literatura especializada em política social. Isto porque, ainda que o socialismo gradual e parlamentar derivado da social-democracia clássica (que ficou conhecido como Socialismo Democrático) e o marxismo revolucionário possuam pontos de encontros e fusões, possuem também diferenças significativas que merecem ser destacadas. Em especial se o entendimento de Socialismo Democrático for o mesmo de notáveis pesquisadores sociais como Vic George e Paul Wilding, ou seja, o de uma abordagem não revolucionária, reformista e pragmática. Portanto, optou-se, neste livro, por seguir a concepção desses autores (1994), que distingue ambas as correntes, e tratá-las separadamente.

Partindo dessa compreensão, tem-se que o Socialismo Democrático é uma corrente ideológica que ganhou notoriedade entre a segunda metade do século XIX e o início do século XX, com raízes na social-democracia reformista, mas que possuía, como horizonte, a implantação do sistema socialista. Mais do que a influência marxista — largamente revisada e mesmo rejeitada por muitos socialistas democráticos —, essa corrente formou-se a partir dos valores e práticas propagados pelo cristianismo, pelo fabianismo e pelo owenismo.[2]

2. Originada de Robert Owen, socialista utópico e um bem-sucedido industrial galês inconformado com "a grande atenção dada a máquinas inanimadas e o descaso e desprezo com que se tratavam as 'máquinas vivas'" (Wilson, 1986, p. 88). Em suas indústrias, especialmente na usina de *New Lanark* (que contava com mais de 1.800 trabalhadores, destes aproximadamente quinhentas crianças), Owen promoveu uma série de experiências sociais. Entre as mais relevantes podem ser citadas: criação de cooperativas; proibição de trabalho para crianças menores de dez anos; implantação de escolas para adultos e crianças e de creches para filhos pequenos de mães operárias; assistência médica gratuita aos trabalhadores; redução da jornada de trabalho para dez horas (o usual no período era trabalhar por catorze a dezesseis horas

Da tradição cristã, resgatou as virtudes do altruísmo, da empatia, do coletivismo, do humanismo, da ética moral e da busca pela igualdade. Da Sociedade Fabiana (já explicitada no capítulo anterior), manteve a defesa da proteção pública, o uso de estudos científicos e de estatísticas para compreensão dos problemas sociais e o propósito de construir, lenta, gradual e, sobretudo, pacificamente, as condições necessárias para a superação do sistema capitalista. Por fim, retomou do owenismo o pragmatismo, a valorização da educação como principal agente emancipador e a vertente cooperativista.

A mescla dos atributos das três abordagens mencionadas resultou em uma ideologia que, segundo Bilgrami (1965), sintetiza a essência de equidade presente tanto na democracia quanto no socialismo. A equidade democrática, atada à noção de liberdade política e civil e de dignidade individual, soma-se à equidade socialista, relacionada à justiça social e à distribuição equânime da riqueza socialmente produzida. A construção coletiva dessa equidade, fruto da junção da democracia com o socialismo, é a motivação primeira dos adeptos dessa corrente.

Para tanto, os socialistas democratas só admitem um caminho: a pacífica e paulatina via parlamentar. Segundo eles, é somente por meio do processo constitucional e da eleição livre e direta de governos democráticos que a transição política e econômica para o socialismo pode se dar sem prejuízos à liberdade, à fraternidade e à igualdade

---

diárias) e incentivo ao lazer com a promoção de atividades culturais, concertos e festas. Em 1825 inaugurou, em Indiana/EUA, a *New Harmony*, uma pequena vila autossustentável habitada por cerca de novecentas pessoas. Nela Owen colocou em prática o seu tipo ideal de socialismo: instituiu a "comunidade da perfeita igualdade" (Petitfils, 1977), na qual todos receberiam, de acordo com suas necessidades, as mesmas provisões de alimentos, vestuário, habitação e educação e, em contrapartida, ofereceriam, de acordo com suas capacidades, horas de serviço útil à coletividade. Além disso, os casamentos eram desestimulados e as crianças eram retiradas dos pais aos três anos e educadas por educadores especiais. Apesar do fracasso dessa experiência menos de três anos após sua inauguração (e de outras experiências alternativas posteriores que acabaram por levá-lo à falência), Owen manteve-se, até o final de sua vida, convicto de que o socialismo deveria ser efetivado por meio de ações pragmáticas com respaldo na educação popular. De acordo com Petitfils (1977), devido às suas experiências práticas, Owen adquiriu notoriedade e reputação internacional, inclusive no meio acadêmico.

humanas, valores que constituem a base ética dessa corrente ideológica e que, por isso, merecem ser brevemente comentados.

Por igualdade, explicam George e Wilding (1994), o Socialismo Democrático não entende a padronização e a uniformização social, acepção do termo comumente — e erroneamente — atribuída a socialistas e comunistas de maneira geral. Da mesma forma, não se limita à noção de igualdade formal ou jurídica, já debatida neste livro. Ao contrário, para eles, o vocábulo significa que, respeitadas as diferenças nas habilidades, necessidades e gostos individuais, as discrepâncias socioeconômicas "exageradas" e "injustificadas" devem ser drasticamente reduzidas. Assim, uma sociedade igual ou equânime seria aquela que "não só garantiria que ninguém viva abaixo de um determinado nível, mas que também tentaria aumentar a igualdade de oportunidades para todos e especialmente para aqueles com desvantagens, de modo a reduzir as desigualdades em seu conjunto" (ibid., p. 97; tradução nossa). Essa compreensão prevê a discriminação positiva[3] como ferramenta justa e a adoção de políticas de renda mínima, salário mínimo (e máximo) e tributação redistributiva (ibid.).

A liberdade, por seu turno, desmembra-se em dois sentidos que se complementam: a que se relaciona aos direitos civis e políticos e a que se relaciona aos direitos sociais. Para os socialistas democráticos, as liberdades de pensamento, de ação, de escolha, de votar e ser votado, de expressão, de ir e vir, só podem ser garantidas se o indivíduo for igualmente livre da privação material, da pobreza, do desemprego, da fome e da subjugação e exploração no trabalho. Conforme George e Wilding (1994), os partidários dessa corrente distanciam-se dos neodireitistas, nesse ponto, por não acreditarem em diferenças substantivas entre os direitos sociais e os demais direitos humanos.

3. A discriminação positiva prevê a seleção de grupos desprivilegiados dentro da sociedade e oferta específica de tratamento especial, com o objetivo de proporcionar-lhes oportunidades mais justas. É um tratamento desigual em favor dos mais desfavorecidos. Um dos principais exemplos de política social orientada pelo princípio da discriminação positiva é a política de cotas raciais e para pessoas com deficiência para acesso em instituições de ensino ou em postos de trabalho.

Para os primeiros, a liberdade plena só pode existir na medida em que existam equidade e justiça social. Contudo, concordam com a argumentação liberal-conservadora de que a equidade total só pode ser alcançada mediante forte intervenção estatal, o que, em tese, prejudicaria as liberdades individuais. Assim, embora tenham a equidade (democrática e socialista) como motivação primeira, essa equidade deve respeitar certos limites para que tenha a capacidade de assegurar a liberdade de todos. A equidade, portanto, representa, para eles, o único caminho pelo qual a liberdade pode ser alcançada; o fim é a liberdade humana; o meio, a equidade social.

Já a acepção socialista democrática de fraternidade está intimamente ligada aos valores cristãos de caridade e humanismo, sem menosprezo à busca pelo bem-estar próprio de cada indivíduo. Em outras palavras, "implica amor ao próximo; auxílio gratuito a um estranho; altruísmo, bem como a ajuda a si mesmo; o bem da comunidade, bem como o interesse individual" (George e Wilding, 1994, p. 99; tradução nossa). É por meio, portanto, do fortalecimento da fraternidade, da cooperação e da beneficência que o Socialismo Democrático pretende enfraquecer a competição e o individualismo intrínsecos ao capitalismo e, assim, instituir, conforme Bilgrami (1965), uma "irmandade de seres humanos livres".

Dessa forma, esses três valores-base não podem se dar em separado; ao contrário, a existência de um determina e é determinada pela existência do outro. Ao se tomar a equidade como meio para o alcance da liberdade-fim, resta a aspiração de uma liberdade justa e ética, associada à ajuda mútua e à colaboração. Segundo Crick (apud George e Wilding, 1994, p. 99), "fraternidade sem liberdade é um pesadelo, liberdade sem fraternidade é crueldade competitiva, mas fraternidade com liberdade é o maior sonho da humanidade".

A edificação de uma sociedade equânime, livre e fraterna é, para essa corrente, tarefa coletiva, com raízes na organização política, econômica e social e produto da ação de homens e mulheres. Dessa maneira, seus adeptos rejeitam o determinismo evolutivo característico do funcionalismo e da Teoria da Convergência, segundo o qual o desenvolvimento de comunidades e de suas instituições é inevitável, apolítico e independente da práxis humana. Por outro lado, a luta entre classes sociais antagônicas e os conflitos de interesses resultantes desse embate não ocupam lugar de destaque nas análises do Socialismo Democrático; figuram apenas como coadjuvantes que influenciam o processo parlamentar, este, sim, preeminente (George e Wilding, 1994). A vitória eleitoral de partidos socialistas — em competição política democrática com partidos oponentes, que devem continuar existindo — e a participação popular constante em todas as esferas administrativas compõem o modo pelo qual se dará, lenta e gradualmente, a transição para o socialismo (Bilgrami, 1965). Essa perspectiva os afasta, também, da teoria e ideologia marxistas, como será visto no próximo tópico deste capítulo.

Destarte, para obtenção do almejado sucesso nas urnas, os defensores do Socialismo Democrático apontam a importância da persuasão, do consenso e do diálogo, estratégias que, para eles, assumem papel mais efetivo do que as pressões e os choques diretos. Reconhecem, ainda, que o processo de convencimento necessário para a obtenção de votos pode ser intensificado por meio do uso acertado de estatísticas e dados sociais que comprovem a ineficácia e a perversidade do sistema capitalista. Daí decorre o incentivo aos estudos comparativos e à pesquisa social empírica, acessível e direta, tática adotada pela Sociedade Fabiana e resgatada por essa corrente ideológica.

Outro elemento valorizado como capaz de contribuir para a eleição de governos de esquerda, comprometidos com a mudança democrática para o socialismo, é a adoção de reformas sociais e econômicas, consideradas, pelos partidários dessa corrente, positivamente úteis e necessárias. As medidas reformistas, segundo eles, trariam ganhos em curto e longo prazo para a classe trabalhadora que, com o passar do tempo, se tornaria mais emancipada, graças à ação favorável dos benefícios, programas e projetos governamentais criados.

Dessa convicção emerge a defesa radical da proteção social pública, em especial a administrada e garantida por Estados de Bem-Estar democraticamente construídos. George e Wilding (1994) elencam sete argumentos utilizados pelos socialistas democratas para justificar essa posição, contrariando algumas críticas provenientes de marxistas, que atribuíam às reformas sociais e às formas protetivas delas derivadas, caráter paliativo e, em última instância, benigno à permanência do capitalismo.

A primeira argumentação de defesa da proteção social assenta-se na vontade de eliminar (ou diminuir) o sofrimento humano. Para o Socialismo Democrático, à semelhança das correntes discutidas no capítulo anterior, a função central do Estado de Bem-Estar é aliviar necessidades, angústias e dificuldades. A pobreza e a desigualdade social, principais males do capitalismo, seriam atenuadas por medidas protetivas.

Em segundo lugar, a proteção social é vista como mecanismo aquecedor da economia, capaz de estimular investimentos no país e promover a prosperidade econômica. Essa argumentação, tipicamente neodireitista (amplamente utilizada pelo Banco Mundial em suas recomendações políticas), foi também adotada pelos socialistas democráticos, que defendem que os avanços sociais e econômicos de toda sorte trarão, mesmo que de forma colateral, benefícios à população em geral. Dentre as políticas de proteção, a educação é a melhor avaliada, já que é tida como capaz de prover o mercado de trabalho com mão de obra mais qualificada e, por consequência, aumentar a produtividade e a qualidade das mercadorias e serviços ofertados.

É na educação que o Socialismo Democrático respalda sua terceira argumentação pró-proteção social. A essa política pública é atribuído, além das competências acima descritas, um potencial transformador quase revolucionário, e, por isso, a inclusão de todas as crianças e adolescentes em um sistema escolar público, gratuito, justo e de qualidade torna-se imperativa. Essa preocupação remonta a Owen, o qual acreditava que o caráter humano era produto do meio no qual o indivíduo estava inserido. Assim, uma educação libertária, cooperativa e equânime, desde os primeiros anos de vida, teria papel central na formação de uma classe operária consciente, capacitada e feliz.

Partindo dessa crença, Owen criou para seus funcionários e suas famílias creches, escolas primárias e centros de educação para jovens e adultos. Na perspectiva do cooperativismo, incentivou os mais velhos a auxiliar o processo educacional dos mais jovens. E legou às novas gerações de críticos do capitalismo uma herança owenista que inspirou importantes socialistas democráticos, como Richard Henry Tawney, nos anos 1930, Anthony Crosland, nos anos 1950, e Michael Meacher, nos anos 1990, a adotarem a defesa da educação como o caminho para uma sociedade mais igualitária (George e Wilding, 1994).

Em quarto e quinto lugares, a proteção social é tida como capaz de incentivar o altruísmo e promover a integração na sociedade. Contudo, essa assertiva só é considerada válida pelos socialistas democráticos se os benefícios, programas e projetos implementados forem públicos, gratuitos e universais. Ao serem ofertadas para todos, as medidas protetivas eliminariam a possibilidade de surgimento de estigma e reduziriam o preconceito contra os beneficiários. Ademais, sendo gratuitas, poderiam ser acessadas pelas classes mais desfavorecidas economicamente, sem prejuízos, o que, em tese, reforçaria o seu sentimento de pertencimento social. Com o atendimento universal, a sociedade naturalmente heterogênea se tornaria mais equânime e, segundo essa corrente ideológica, a equidade encorajaria o altruísmo entre indivíduos e grupos. Vale ressaltar que, embora a integração social e o altruísmo sejam pilares da Teoria Funcionalista, as razões para que os socialistas democráticos as considerem benéficas seguem caminho significativamente diverso. Ao contrário dos primeiros, o Socialismo Democrático não teme o conflito entre classes ou grupos antagônicos e não atribui a ele caráter anômico. A integração e o altruísmo são incentivados como essenciais para o estabelecimento de uma sociedade cooperativa, na qual todos possuem as mesmas oportunidades de participação e o mesmo grau de liberdade positiva. Com o sentimento de união e de irmandade, os conflitos por interesses individuais seriam hipoteticamente diminuídos e o bem-estar comum, perseguido coletivamente. E a transição democrática e pacífica para o socialismo seria facilitada por esse processo.

A sexta argumentação baseia-se no reconhecimento de que a simples manutenção do sistema capitalista provoca, necessariamente, graves consequências sociais. Sob a orientação política e econômica de ideologias que promovam o seu progresso — tal como a Nova Direita —, as consequências são mais brutais. As políticas postas em prática no capitalismo, especialmente a partir dos anos 1970, acentuaram a miséria, as desigualdades, as explorações, as doenças, a fome. Conforme Mandel (1995, p. 116),

> do ponto de vista macroeconômico, isso se mostrou crescentemente contraprodutivo e irracional. De um ponto de vista macrossocial, é indefensável e odioso. Produz resultados crescentemente desumanos, ameaçando a própria sobrevivência física da espécie humana.

Em face dessa realidade, a proteção social defendida pelo Socialismo Democrático deveria, de maneira obrigatória, compensar a classe trabalhadora pelo mal-estar social na vida em sociedade (George e Wilding, 1994).

Por fim, em sétimo lugar, figura a crença na faculdade de a proteção social reduzir a desigualdade social. Conforme George e Wilding (1994, p. 83), os adeptos dessa crença "tinham esperanças de que a prestação de serviços sociais reduziria as diferenças nos padrões de vida entre doentes e saudáveis, empregados e desempregados, jovens e idosos" (tradução nossa). Contudo, essa expectativa, mais comum aos primeiros socialistas democráticos, foi minada pelos fatos. Como tudo o que é contraditório, a proteção social capitalista, garantida por meio de políticas públicas, favorece seus beneficiários diretos e, indiretamente, pode também favorecer as classes dominantes e o próprio sistema em si. A segunda razão pela qual o Socialismo Democrático defende as medidas protetivas, qual seja, o aquecimento e crescimento econômico, é um exemplo desse caráter conflitante. Ao fornecer mais renda e poder de compra a famílias pobres, a política social, nesse caso, também favorece a própria economia capitalista e, em última instância, pode contribuir para o endividamento da população-alvo, o que, por sua vez, beneficia bancos e demais instituições financeiras. Além disso, pesquisas realizadas por Le Grand (apud George e Wilding, 1994, p. 83), nos anos 1980, quando as políticas neoliberais e neoconservadoras ainda davam seus passos iniciais, confirmaram que "o gasto público em saúde, educação, habitação e transporte favorece sistematicamente aqueles com os rendimentos mais elevados, e contribui, assim, para a desigualdade no resultado final" (tradução nossa). E isso não se restringe aos países do capitalismo periférico. Sobre os Estados Unidos, Mandel afirmou:

> a desigualdade de rendimentos está aumentando novamente nos países imperialistas como resultado das políticas neoconservadoras. Enquanto os salários reais diminuíram entre 1968 e 1988 nos EUA, o número de pessoas com rendimento bruto anual de mais de um milhão de dólares passou de 1.122 para 65 mil; o de pessoas ganhando entre cem mil e um milhão por ano aumentou de 78.500 para mais de dois milhões. E, literalmente, nenhuma delas era um trabalhador. (Mandel, 1995, p. 118)

Enfim, devido a, principalmente, essas sete razões, os socialistas democráticos prestam apoio radical à proteção social pública, via Estado de Bem-Estar. A confiança no processo democrático e na capacidade de gestão das instituições sociais dele derivadas repercute na descrença na competência mercantil de atendimento às necessidades humanas, tão apregoada pelos integrantes das correntes componentes da Matriz Residual. Repercute, igualmente, na defesa de uma proteção social em específico, nada parecida com as implementadas por governos funcionalistas e neodireitistas, mas também diversa das medidas protetivas postas em prática em nações afinadas com as diretrizes da Teoria da Cidadania, da Via Média e da Administração Social.

Em virtude, sobretudo, da motivação de superar o sistema capitalista e do compromisso com os três valores-base apresentados anteriormente (equidade, liberdade — positiva — e fraternidade), o Socialismo Democrático advoga em favor de uma proteção social para todos: universal, pública e gratuita. Faz-se imperioso acentuar, contudo, que, a despeito da defesa de uma proteção social universal e facilmente acessível, os adeptos dessa corrente ideológica não preconizam a eliminação total de medidas protetivas seletivas (George e Wilding, 1994). A recomendação da discriminação positiva é um exemplo. Contudo, há uma clara preterição das políticas focalizadas na pobreza, baseadas em testes de meios. E isso se deve a uma variedade de motivos.

Em primeiro lugar, pelo estigma gerado por esse tipo de proteção social. Segundo George e Wilding (1994, p. 84), os programas e benefícios focalizados estigmatizam, em essência, porque "seu maior propósito é 'manter as pessoas fora'; não deixá-las entrar" (tradução nossa). Elas são tratadas como pedintes e suplicantes de ajuda estatal e não como beneficiários detentores de direitos. Além disso, como são serviços e benefícios prestados, no geral, para os mais pobres entre os pobres, tendem a ser de péssima qualidade e precários.

Outro motivo reside na alegação de que a focalização custa mais aos cofres públicos do que a universalidade (George e Wilding, 1994). Isso porque o aparato burocrático e administrativo necessário para controlar e avaliar as políticas focalizadas é praticamente inexistente em um modelo de políticas para todos.

Há, ainda, a dificuldade — ou mesmo impossibilidade — de definição de um corte de renda justo que delimite quem pode e quem não pode acessar as medidas de proteção social. Conforme George e Wilding (1994), este é um dilema de difícil solução, já que, se a linha ou corte for muito baixo, o governo poupará recursos, mas muitos indivíduos e famílias necessitados ficarão desprotegidos. Por outro lado, se a linha for muito alta, muitos serão incluídos nas medidas socialmente protetivas, mas o gasto público será elevado. Ademais, conforme já discutido no segundo capítulo do presente livro, cortes de renda inevitavelmente contribuem para o aprisionamento da população beneficiada em armadilhas de pobreza.

Finalmente, os socialistas democráticos acreditam que programas, serviços e benefícios universais têm mais chance de sobrevivência do que os de caráter focalizado, utilizados apenas pela parcela mais pobre da população. George e Wilding (1994) afirmam que, se as classes média e alta acessarem a proteção social (em especial hospitais, escolas e universidades), não só a qualidade do serviço oferecido será melhor, mas, também, serão mais duradouros.

Essa adesão fiel à universalidade é, ao mesmo tempo, uma opção inequívoca pela proteção social pública, de responsabilidade estatal. De fato, os serviços sociais privados são, no geral, malvistos pelos socialistas democráticos, já que sua oferta paralela à provisão pública acentuaria as diferenças sociais e as desigualdades na sociedade; dualizaria a proteção social entre quem pode e quem não pode pagar por ela; e resultaria na precarização do que é público e gratuito e na valorização do que é particular e pago. Mishra, em referência a esse processo, cita uma "sociedade de duas nações", onde coexiste um "núcleo duro" e uma "periferia" desiguais:

> À medida que [...] se deixa deteriorar os serviços públicos, os que pertencem ao núcleo duro — a população com emprego a tempo inteiro, bons rendimentos e regalias relacionadas com o trabalho — terão como perspectiva a compra de serviços no mercado privado. A periferia consistirá numa minoria [no sentido social] de pobres, com ou sem trabalho, que tem de se apoiar em serviços públicos cada vez mais marginalizados e guetizados. Nestes pobres estarão certamente incluídos os grupos socialmente desfavorecidos, como as minorias étnicas, os agregados familiares dirigidos por mulheres, os desempregados de longa duração, os sem-abrigo, e os idosos e deficientes sem pensões ocupacionais. (Mishra, 1995, p. 43)

A dualização da política social é ao mesmo tempo causa e consequência de uma economia dualizada, com setores altamente especializados e bem pagos, de um lado, e setores com baixa especialização e má remuneração, de outro. Essa polarização da economia, da sociedade e das políticas sociais, provocada pelo próprio capitalismo, pela economia de mercado competitiva e pela influência e pressão das elites no poder, servem, ironicamente, como crítica neodireitista contra o Estado, em particular, e o socialismo, em geral. Ao atribuir ao modelo socialista e à esfera pública caráter precário, o mercado se fortalece e sobressai como opção única, efetiva e qualificada para o atendimento de necessidades sociais.

Dessa forma, o posicionamento favorável do Socialismo Democrático pela proteção social estatal é uma opção política contra, em primeiro lugar, a propagação do credo capitalista mistificador que rebaixa e desacredita a esfera pública, suas instituições e as alternativas ao modo de produção capitalista. É também um repúdio ao ataque à igualdade (substantiva e de oportunidades), à liberdade (civil e positiva) e à fraternidade (à integração social e à solidariedade humana), que está embutido nesse processo de depreciação. E mais, é resistência contra a propagação dessa ideia inverídica, já absorvida por segmentos significativos da sociedade civil.

Assim, fica claro que, nesse caso, a atitude pró-Estado e pró-universalidade não parte, como partiria em outras abordagens pertencentes a matrizes distintas, de argumentações ancoradas meramente em esquemas matemáticos, estatísticos ou econométricos. Na verdade, deriva dos valores morais e políticos compartilhados pelos adeptos dessa corrente ideológica. É mais uma questão de ética do que de técnica.

Não se pode inferir, contudo, que o Socialismo Democrático se coloca em oposição à existência do mercado. No geral, seus partidários mais fiéis e coesos com os princípios originais dessa corrente aceitam sua existência com reservas: mediante o planejamento central da economia (pelo Estado), a posse estatal dos meios de produção e o controle da distribuição. Essa forma de organização política e econômica é denominada por George e Wilding de *Centralismo Burocrático* e por Little (1998) de *Socialismo com mercados*. Contudo, alguns adeptos dessa abordagem ideológica revisitaram suas posições e as reformularam, migrando para a defesa de outros tipos de socialismo, como o *Socialismo de Mercado*.[4] Esse movimento, iniciado, segundo George e Wilding, a partir de 1990, tem múltiplas causas:

4. Para uma análise mais aprofundada sobre o socialismo de mercado, ver Pierson (1995).

> a fragmentação da classe trabalhadora, a recente recessão econômica prolongada na maioria das sociedades industriais avançadas, a expansão das necessidades sociais, a crescente onda de expectativas do público, a demanda pública evidente para a escolha e participação na prestação de serviços sociais e a falta de vontade de muitos grupos de pagar altas taxas de impostos diretos, [...] forçaram socialistas democratas a repensar suas atitudes em relação tanto ao Estado de Bem-Estar quanto ao Socialismo Democrático. (George e Wilding, 1994, p. 97-98; tradução nossa)

Para esses autores, até 1990, os socialistas democráticos admitiam, no geral, que os fins mínimos a serem alcançados pelas suas ações políticas e econômicas deveriam ser a eliminação da pobreza extrema, a redução das desigualdades sociais e a melhoria das condições de vida (de habitação, de saúde, de educação); todos alcançados mediante proteção social pública, gratuita e universal e controle estatal da produção e da distribuição de mercadorias (ibid.). Após os anos 1990, os adeptos dessa corrente continuaram concordando com os mesmos fins, em especial o da redução das desigualdades sociais e "de poder". Entretanto, passaram a defender novos meios de alcançá-los. Os meios de produção deixariam de ser propriedade do Estado e passariam a pertencer a cooperativas. A distribuição e a comercialização de bens e serviços permaneceriam similares às características da economia de mercado capitalista; todavia, passariam por controle popular e estatal e os lucros advindos do comércio retornariam aos empregados ou ao conjunto da sociedade. Iniciativas econômicas privadas também seriam permitidas, desde que em áreas de relevância e interesse coletivo.

Do exposto, é possível depreender que os partidários dessa concepção de socialismo — que passou a ser conhecida como *socialismo de mercado* — não consideram o mercado uma exclusividade capitalista. E mais, algumas de suas "virtudes", como a eficiência, a "viabilidade" e o pragmatismo, poderiam ser aproveitadas em uma sociedade social e economicamente mais justa (Little, 1998). Desse entendimento, sobressai a perspectiva de que o mercado é mecanismo naturalmente neutro, que pode ser apropriado pelo capitalismo e seus valores egoístas, individualistas e competitivos e, assim, incentivar, ele próprio, o egoísmo, o individualismo e a competitividade. Por outro lado, se esse mercado for captado pelo socialismo e seus valores solidários, equânimes e justos, poderá funcionar em prol da solidariedade, da equidade e da justiça social. Em suma, para os socialistas de mercado, "o capitalismo não existe sem mercados, mas mercados podem funcionar sem o capitalismo" (Vincent apud Little, 1998; tradução nossa).

Entretanto, essa compreensão ignora o fato de que "mercados podem ter sua própria racionalidade econômica, mesmo se eles estiverem liberados de agir para fins capitalistas" (Gorz apud Little, 1998, p. 24; tradução nossa). A despeito da possibilidade de existência de *mercados* sem necessariamente existir uma *economia de mercado* — ou seja, uma economia que depende, primordialmente, das relações de trocas mercantis —, é preciso levar em conta que o próprio funcionamento daqueles, em todas as suas potencialidades, pressupõe certo nível de competitividade, de usura, de alienação e de dissimulação. Assim, a superação do capitalismo aliada à manutenção de um mercado que não seja rigidamente controlado está fadada ao fracasso.

Essa assertiva encontra respaldo na diferenciação entre capital e capitalismo realizada, de maneira clara e direta, por Mandel (1975b) e por Mészáros (1997; 2002a). Ao tomar o capital como uma relação social na qual "um valor se incrementa com a mais-valia, seja na circulação de mercadorias [...], seja na produção, como acontece no regime capitalista" (Mandel, 1975b, p. 45; tradução nossa), é possível inferir que ele não só antecede o capitalismo como pode permanecer após a supressão desse sistema. O capital, para Mandel (1975b, p. 45), "é muito mais antigo que o modo de produção capitalista. Provavelmente existia capital há cerca de 3 mil anos, ao passo que o modo de produção capitalista tem apenas duzentos anos" (tradução nossa). Da mesma forma, mesmo que se rompa com o Estado burguês, com a economia de mercado capitalista e com o mercado de trabalho assalariado, se continuar ocorrendo a criação de mais-valia (mesmo que apenas na circulação), a superação do capitalismo torna-se impraticável (Mészáros, 2002a).

Daí a crítica de Mészáros (1997) ao socialismo de mercado que, para ele, é uma fantasia da *perestroika*.[5] A aceitação socialista da perenidade do lucro, da mais-valia, da competição, da exploração do trabalho assalariado e das empresas privadas, mesmo que cada um funcione em vista de um fim coletivo, constitui o abandono completo dos valores socialistas, sobre o qual se ergue sua estrutura lógica e se garante sua coesão ética e argumentativa. A migração de parte dos socialistas democráticos para o socialismo de mercado é um exemplo disso. De acordo com Little (1998), de maneira geral, os socialistas de mercado renunciaram ao objetivo de supressão do capitalismo, substituindo-o pela humanização e regulação desse modelo econômico, prevenindo seus excessos. Conforme George e Wilding, os "socialistas podem ter mudado o capitalismo em alguns aspectos menores ao longo dos anos, mas o capitalismo mudou a eles e ao seu credo ainda mais" (1994, p. 101; tradução nossa).

No entanto, apesar das baixas sofridas pelo socialismo democrático, essa corrente ideológica ainda encontra adeptos, especialmente, entre os partidos de esquerda em todo o globo. Mandel (1995), por exemplo, incentivou a renúncia ao *tertium non datur*[6] ao defender que entre o "despotismo estatal" soviético e o "despotismo do mercado" capitalista existe uma terceira opção alternativa que, para ele, se caracteriza pelo

> poder do povo para impor, por meio de processos democráticos estritamente pluralistas e multipartidários, a alocação *a priori* dos recursos existentes para atender a um dado número de necessidades sociais que sejam consideradas prioritárias. (Mandel, 1995, p. 122)

---

5. Reabertura econômica. Juntamente com a *Glasnost* (reabertura política), configura uma das políticas implementadas por Mikhail Gorbachev na ex-URSS, em 1985.

6. Lei do Terceiro Excluído. Em tradução literal do latim, significa "a terceira não é dada". Embasa-se no princípio de que uma coisa só pode ser real ou verdadeira se não for falsa e só pode ser falsa se não for real ou verdadeira, não existindo uma terceira opção: ou sou Camila, ou não sou.

Há, contudo, um porém. O afã destrutivo do capitalismo, que, segundo Mészáros (1997), foi o único sistema a dominar, hegemonicamente, todo o mundo, guiado e amparado pelas teorias e ideologias que o fortalecem, vem causando estragos mesmo no interior de escolas de esquerda, que acabaram aderindo ao "fim da história". De fato, "em todo o mundo [...] os partidos dos trabalhadores abandonam a reivindicação socialista, enquanto os partidos comunistas mudam de nome e revelam a sua natureza liberal burguesa" (ibid., p. 144). Ou, conforme Wood (2003, p. 13),

> os intelectuais de esquerda, quando não abraçam o capitalismo como o melhor dos mundos possíveis, limitam-se a sonhar com pouco mais que um espaço nos seus interstícios e prescrevem apenas resistências locais e particulares.

A proteção social, embutida nesse processo, sofre as consequências da virada de jogo: aos poucos deixa de ser universal, pública e gratuita e transforma-se (novamente), no bojo do abandono dos ideais socialistas, em mercadoria.

Aqui cabe a afirmativa de Mandel, reformulada: entre a "mitologia da direita", que tudo consome, e as iniciativas teóricas e práticas que se esforçam por conciliar pacífica e democraticamente o bem-estar humano com o bem-estar do capital, há alternativa? "*Tertium datur!*"[7] A teoria e ideologia marxista, que será apresentada a seguir, traz avanços a essas questões.

TEORIA E IDEOLOGIA MARXISTA

A incursão na abordagem marxista para nela detectar a definição dos determinantes básicos e superestruturais da proteção social no

7. Em tradução literal do latim: "a terceira é dada".

capitalismo exige, preliminarmente, a indicação das categorias-chave que constituem o alicerce da reflexão de Karl Marx, fundador dessa nova escola teórica. Para tanto, é preciso reconhecer que Marx não partiu do zero; ao contrário, encontrou em três grandes tradições intelectuais, com as quais teve contato em diferentes épocas e tempos históricos, as suas fontes inspiradoras. Delas absorveu ensinamentos que, devidamente criticados e submetidos a um trato sintético superior, constituíram referências centrais à construção de sua própria teoria.

A primeira fonte inspiradora de Marx foi a *filosofia alemã*, portadora do mais elevado nível de reflexão no contexto burguês, sob a forma da *dialética* sistematizada por Hegel, mas ainda guiada pela perspectiva idealista que Marx rejeitou. A essa fonte pode-se acrescentar a filosofia *materialista* de Feuerbach — integrante crítico da esquerda hegeliana, da qual Marx pertenceu — e que legou à dialética marxiana o caráter materialista. Contudo, Marx, assim como fez com o idealismo de Hegel, rejeitou o mecanicismo do materialismo feuerbachiano, que chamou de *materialismo vulgar*, substituindo-o pelo movimento dialético (qualitativo e na essência das coisas) e histórico (datado e situado). A esse respeito, vale ilustrar, com dois esquemas comparativos entre *materialismo* e *idealismo* (Figura 6 e Figura 7, a seguir), de um lado, e *materialismo vulgar* e *dialético ou histórico*, de outro, elaborados por Basbaum (1978), o resumo do que, em linhas gerais, Marx apreendeu da filosofia alemã e a reinterpretou.

Nessa reinterpretação percebe-se que Marx não apenas inverteu o que em Hegel e em Feuerbach estava fora de eixo e de sentido, mas os confrontou com novos e inéditos posicionamentos teóricos, filosóficos e políticos. Dentre estes, vale ressaltar os que passaram a embasar toda a sua obra: mostrou que a raiz do homem é o próprio homem; colocou a história no centro da vida social, revelando que a sua criação é obra do homem mediante o trabalho; reconheceu a importância e a indissociabilidade da teoria, empiria e práxis transformadora; acreditou na capacidade humana de recriar-se pelo trabalho e de, pela luta de classe contra classe, transpor coletivamente o reino das necessidades rumo à liberdade; percebeu a intencionalidade

Figura 6. Materialismo *versus* Idealismo

Materialismo	Idealismo
1) Existe um mundo exterior independente de nossa consciência.	1) O mundo exterior existe apenas como representação da nossa consciência que é, por sua vez, uma manifestação divina ou do Espírito Absoluto.
2) É possível para a inteligência humana chegar a um conhecimento do mundo cada vez mais exato. Se conhecemos o objeto pelos nossos sentidos, pela nossa atividade, pelas suas relações com as outras coisas, conhecemos igualmente "a coisa em si".	2) Os dados da consciência são relativos. Conhecemos apenas os fenômenos que impressionam os nossos sentidos, mas não conhecemos "a coisa em si". Conhecemos apenas imagens e sensações.
3) Só é possível edificar uma ciência ou uma filosofia, que dê a realidade do mundo, pela experiência.	3) Só a especulação metafísica ou a fé revelada pode dar-nos uma ideia do mundo. A experiência não nos dá senão uma ideia parcial e incompleta da realidade.
4) O universo rege-se por leis oriundas da própria essência do Universo. Não há nenhuma força extrafísica, inteligente ou não, a guiar o Universo. Não pode haver milagres.	4) Uma Inteligência Superior, um poder ou força suprassensível dirige o Universo. Os milagres são uma interrupção das leis físicas ou uma exceção a elas possível pela intervenção desse poder suprassensível.
5) A verdade não existe feita. Nós a elaboramos dia a dia. O erro não é o contrário da verdade, mas um dos instrumentos para edificá-la. Uma coisa pode ser e não ser ao mesmo tempo. A verdade é, ao mesmo tempo, absoluta e relativa.	5) A verdade já existe e só podemos descobri-la pela fé ou pela especulação filosófica. O erro é o contrário da verdade. Uma coisa é ou não é: não pode ser e não ser ao mesmo tempo. As verdades são relativas (agnosticismo) ou absolutas (metafísica).

Fonte: Basbaum (1978, p. 71).

Figura 7. Materialismo Vulgar *versus* Materialismo Dialético ou Histórico

Materialismo Vulgar	Materialismo Dialético
1) O homem conhece o mundo pelos sentidos.	1) O homem conhece o mundo não apenas sentindo-o, mas agindo sobre ele.
2) O homem somente conhece o mundo sensível.	2) O mundo sensível é o mundo real.
3) Os fenômenos vitais reduzem-se a fenômenos mecânicos, físicos ou químicos.	3) Os fenômenos vitais são fenômenos de ordem particular qualitativamente diferentes dos fenômenos mecânicos, físicos ou químicos.
4) O mundo transforma-se numa sucessão de causa e efeito (evolução).	4) O mundo vive um processo dialético que se desenvolve através da afirmação, negação e negação da negação (evolução dialética).
5) A consciência é determinada pelo mundo.	5) A consciência humana é determinada pelo mundo, mas, ao mesmo tempo, age sobre ele determinando-o igualmente.
6) Não há livre-arbítrio.	6) O livre-arbítrio depende do conhecimento maior ou menor das leis físicas do Universo. A liberdade é a consciência da necessidade dos fenômenos.

Fonte: Basbaum (1978, p. 210).

humana como um elemento essencial ao processo de conhecimento, de trabalho e de transformação da realidade; entendeu o socialismo não como um fim em si, mas como uma aproximação à sociedade verdadeiramente humana; por fim, teve sempre em mente as premissas dialéticas de que tudo se relaciona, se contradita internamente e se transforma e de que os saltos qualitativos não são resultado do acaso ou da magia.

A segunda fonte foi o *socialismo francês*, posteriormente chamado de *utópico*, por Marx, mas que propiciou a ele importante aproximação com as principais correntes socialistas de então, abraçadas pelo movimento operário em luta contra o capitalismo. Seus principais expoentes — Saint Simon, Fourier, Proudhon, Blanqui e o inglês Robert Owen —, independentemente de sua maior ou menor radicalidade, transmitiram a Marx o germe de sua futura concepção socialista revolucionária. Esta, por seu turno, se configurou *científica* porque esteve ontologicamente orientada, isto é, pautada pela realidade "enquanto critério último do ser ou não ser social de um fenômeno" (Lukács, 1979, p. 13).

Por fim, a *Economia Política Clássica*, capitaneada pelos pensadores liberais Adam Smith e David Ricardo, que, "ao ser a primeira a analisar a sociedade capitalista, havia lançado os fundamentos da economia como ciência" (Coggiola, 1998, p. 9). E essa fonte constituiu uma base fecunda a partir da qual Marx realizou um longo e profícuo estudo crítico sobre o *trabalho* no capitalismo e sobre as leis de funcionamento e superação desse modo de produção, colocando em xeque os pilares científicos da economia política liberal clássica.

Portanto, é na crítica marxiana da Economia Política Clássica que pode ser detectada a confluência mais elaborada das análises filosóficas e políticas de Marx com os seus estudos econômicos; ou, conforme Lukács (1979), o ponto de inflexão de ideias inovadoras do jovem Marx que, desde 1843, com os *Manuscritos econômicos e filosóficos*, vem inscrevendo, na história da filosofia, categorias econômicas que possibilitam a compreensão "ontológica do ser social sobre bases materialistas" (p. 15). Mas essa inflexão, de acordo com Lukács (id.), não significa, absolutamente, economicismo. Pelo contrário, é possível extrair dela princípios, contidos na ampla obra de Marx, que serviram de subsídios à análise crítica da proteção social. De fato, os preceitos difundidos pela Economia Política Clássica foram de fundamental importância para a construção da teoria marxista como um todo e, por isso, essa fonte merece maior explicitação.

Em 1776, Adam Smith publicava pela primeira vez sua principal obra, intitulada *Uma investigação sobre a natureza e as causas da riqueza das nações*", ou simplesmente *A riqueza das nações*. Classificado por Fritsch (1983, p. XI-XII) como "o marco do início do enfoque científico dos fenômenos econômicos ou a Bíblia da irresistível vaga livre-cambista do século XIX", esse livro, de fato, lançou nova luz às questões econômicas e revolucionou o pensamento social daquela época. Apenas 41 anos depois, em 1817, David Ricardo lançou sua reconhecida obra *Os princípios da economia política e tributação*, que o tornou, "ao ver dos seus contemporâneos e dos pósteros, o legítimo sucessor de Adam Smith como o grande mestre da Economia Política" (Singer, 1982, p. X).

Com efeito, os estudos sistêmicos de Smith e Ricardo sobre o capitalismo, com especial ênfase nas teorias do conflito e harmonia social, do lucro, do valor e valor-trabalho, do livre mercado e do bem-estar, formaram o fundamento sobre o qual se ergueu a teoria social científica da Economia Política Clássica. Ao lado desses autores, despontaram, nesse campo multidisciplinar, Robert Malthus, John Stuart-Mill, Jean-Baptiste Say e Jean Charles Léonard Simonde de Sismondi como "autoridades representativas". Em comum, eles possuíam a convicção de que o sistema capitalista, suas instituições e categorias econômicas inerentes — como mercadoria, lucro, capital, propriedade privada, entre outros — eram, em sua essência, naturais, perenes e inevitáveis (Netto e Braz, 2010). Tais pensadores compartilhavam, também, o gosto pela investigação científica das esferas econômica e social, desenvolvidas mediante análise da *produção* de mercadorias, em detrimento da *distribuição* destas; além disso, inovaram ao adotar a noção de que "o *valor* é produto do trabalho" (ibid., p. 21), ou seja, de que a riqueza é socialmente produzida e não constitui privilégio ou "'direito divino' de reis e nobres" (Coggiola, 1998, p. 10).

Os preceitos econômicos defendidos e divulgados pela Economia Política Clássica possuíam um claro posicionamento político e indicavam o caráter engajado e interventor dessa nova ciência que não pretendia limitar-se à compreensão do modo de produção estudado. Por isso, rapidamente, essa teoria se transformou em arma intelectual da burguesia revolucionária, que lutava contra a nobreza fundiária e a Igreja católica. Com a vitória burguesa e o seu estabelecimento como classe dominante, seu "gênio" vanguardista transmutou-se em conservadorismo, com o consequente abandono dos ideais iluministas de *liberdade*, *fraternidade* e *igualdade* — herdados da Revolução Francesa — que foram substituídos pelos de *liberdade negativa*, *caridade filantrópica* e *igualdade de oportunidades*. Em meados do século XIX, o conflito entre burguesia e nobreza, responsável por muitos levantes históricos, se transformou no conflito entre burguesia e classe trabalhadora, ou melhor, entre "a burguesia conservadora e o proletariado revolucionário" (Netto e Braz, 2010, p. 20).

De acordo com Netto e Braz (id.), foi nesse contexto que ocorreu a crise da Economia Política Clássica e o surgimento da *Economia* ou, segundo Marx, da *Economia Vulgar*. Esta, segundo os referidos autores, caracteriza-se como uma disciplina acadêmica técnica, restritamente especializada em questões econômicas e dissociada de preocupações sociais, históricas e políticas, que passaram a ser objeto de novas ciências em formação (ibid.). Além disso, a mencionada Economia

> renuncia a qualquer pretensão de fornecer as bases para a compreensão do conjunto da vida social e, principalmente, deixa de lado procedimentos analíticos que partem da produção — analisa preferencialmente a superfície imediata da vida econômica (os fenômenos da *circulação*), privilegiando o estudo da *distribuição* dos bens produzidos entre os agentes econômicos. (Ibid., p. 22; grifo no original)

Por conseguinte, essa ciência econômica, de feição tecnicista e pragmática, foi, desde o seu nascimento, responsável pela formação e capacitação de gestores de empresas privadas e instituições da administração pública capitalista (Netto e Braz, 2010). Não obstante, embora se distancie, cada vez mais, da Economia Política Clássica, mantém com ela afinidade ideológica, especialmente no que concerne à admissibilidade da naturalização do capitalismo e de suas categorias, previamente citadas: para essa disciplina, "*propriedade privada, capital, salário, lucro etc.* fazem parte, natural e necessariamente, de qualquer forma de organização social 'normal', 'civilizada', e devem sempre ser preservadas" (ibid., p. 23; grifos no original).

Todavia, um movimento em outra direção pôde ser observado concomitantemente ao nascimento da *economia vulgar*. Noções da Economia Política Clássica foram apropriadas e reformuladas por pensadores vinculados aos segmentos revolucionários da classe trabalhadora que, de acordo com Netto e Braz (2010, p. 21), "passaram a extrair dela[s] consequências socialistas". A proeminência das análises da *produção* de bens materiais e a teoria do valor-trabalho, de filiação clássica ou liberal, foram resgatadas e convertidas em explicação densa sobre a exploração capitalista e em estímulo para a superação desse modo de produção em busca da emancipação humana.[8] Nesse contexto e com esse intuito motivador, Marx, com a contribuição indispensável de seu amigo e parceiro intelectual Engels, formulou a crítica da Economia Política ou *Economia Política Crítica*. E, como não poderia deixar de ser, esta se constituiu em uma teoria totalizante, ancorada no movimento real da exploração do trabalho e da acumulação do capital, partindo da Economia Política Clássica como fonte

8. Marx, em sua obra *A questão judaica*, faz relevante distinção entre emancipação política e emancipação humana. Para ele, a primeira trata-se de uma emancipação parcial, burguesa: significa a "dissolução da velha sociedade em que repousa o Estado alienador e a dissolução do poder senhorial", do feudalismo (s/d., p. 35). Essa emancipação é necessária, já que não pode haver emancipação humana sem o seu alcance prévio. Nas palavras de Marx (id., p. 21-22), a emancipação política "representa um grande progresso. Embora não seja a última etapa da emancipação humana em geral, ela se caracteriza como a derradeira etapa de emancipação humana *dentro* do contexto do mundo atual" (grifo no original). A emancipação humana, por seu turno, representa a emancipação real, prática, universal. É a superação da sociedade de classes, do dinheiro, da propriedade privada, da existência alienada. É essa forma de emancipação que comporá as análises realizadas neste capítulo.

que lhe forneceu os elementos críticos para a sua superação. Foi graças a essa empresa intelectual que Marx e Engels tiveram condições de esclarecer em seus estudos

> o surgimento, o processo de consolidação, o desenvolvimento e as condições de crise da sociedade burguesa (capitalista). [...] [Disso resultou a constatação de que] a sociedade burguesa não é uma organização "natural", destinada a constituir o ponto final da evolução humana; resultou, antes, que é uma forma de organização social *histórica, transitória*, que contém no seu próprio interior contradições e tendências que possibilitam a sua superação, dando lugar a outro tipo de sociedade — precisamente a sociedade *comunista*, que também não marca o "fim da história", mas apenas o ponto inicial de uma nova história, aquela a ser construída pela humanidade *emancipada*. (Netto e Braz, 2010, p. 24; grifo no original)

Nesse processo de "historicização" de categorias, instituições e sistemas, uma nova teoria social, política e econômica, que passou a ser conhecida como *marxismo*, foi articulada. A herança recebida da Economia Política Clássica, da filosofia alemã e do socialismo utópico, vale reiterar, estimulou o pensamento de Marx e foi por ele reformulada (Netto e Braz, 2010; Coggiola, 1998; McLellan, 1979; Gough, 1982; Sell, 2013). Foi com base nesse legado que Marx concebeu princípios, categorias e método próprios, tais como: a *concepção materialista dialética da história*, considerada, conforme McLellan (1979), o fio condutor de todas as reflexões marxianas posteriores e cuja construção derivou da síntese inovadora da dialética hegeliana com o materialismo feuerbachiano; o *método dialético*, tido como a principal contribuição de Hegel, sem a qual, depois de ressignificada, o pensamento marxiano não teria a coerência e a consistência teórica que o mantêm em constante renascimento; o sentido de *história*, como *devir* (em contínua transformação, em oposição ao absolutismo metafísico) e como fruto do trabalho humano, ou seja, como processo desencadeado pela interação de homens e mulheres em busca de satisfação de suas necessidades; e o *princípio da contradição* que, associado ao *devir* contínuo (Sell, 2013), move a história. Trata-se, mais exatamente, da unidade dialética de contrários que, não obstante lutarem entre si, se supõem mutuamente (Cheptulin, 1982).

Todos esses conceitos constituíram os principais pressupostos do conteúdo estruturado por Marx, acerca do processo de formação, desenvolvimento e extinção do modo de produção capitalista, e dos ganhos sociais arrancados do seu próprio seio, cujos traços mais importantes, correspondentes a cada fonte mencionada, foram amalgamados no que Lukács (1979) considera o problema central dos estudos marxianos: a produção e a reprodução da vida humana no capitalismo, problema este que fez "surgir tanto no próprio homem como em todos os seus objetos, relações, vínculos etc., a dupla determinação de uma insuperável base natural e de uma ininterrupta transformação social dessa base" (p. 16).

Em suma, o saldo resultante do intenso estudo do legado recebido (que vai além das três principais fontes mencionadas) e de suas revisões, adaptações e suplantações foi uma teoria totalmente inédita; teoria esta que reuniu movimento dialético, materialismo, historicidade e compromisso social revolucionário, em uma base científica crítica de análise do sistema capitalista. O método criado e adotado por Marx e Engels, que, posteriormente, passou a ser chamado de *materialismo histórico*,[9] resume, em seu próprio conceito, os pilares da teoria marxista:

> É *materialista* porque explica o mundo social em termos da integração dos seres humanos e a natureza inanimada no processo de produção de bens que satisfaçam suas necessidades materiais. [...] É *histórico* porque, de forma distinta à da Economia Política Clássica, a sociedade capitalista é entendida e analisada como uma etapa no processo de desenvolvimento histórico. (Gough, 1982, p. 54; tradução nossa)

O movimento dialético "da natureza, da sociedade e do pensamento" (Coggiola, 1998, p. 12), contrário à linearidade e ao evolucionismo

---

9. Marx e Engels nunca utilizaram esse termo para nomear seu método científico, embora se referissem a ele como "concepção materialista da história".

simples, se dá por meio da *contradição*, motor que habita o interior de todas as coisas e que afiança a sua própria negação, responsável pelo seu desaparecimento e pela passagem a outro estágio de existência (ibid.). Em face do caráter mutável e efêmero de tudo que o cerca, e, obviamente, do próprio modo de produção capitalista, Marx, em *O capital*, assevera que "mais do que fazer uma radiografia do capital, [pretendia dar-lhe] um certificado de óbito antecipado" (ibid., p. 12). E embora tenha se detido mais na exposição do *modus operandi* desse sistema e na crítica para a sua supressão, Marx, conforme já explicitado pelas palavras de Netto e Braz (2010), preocupou-se com o fim das mazelas humanas e o alcance de uma emancipação total, possível somente em um estágio histórico pós-capitalista.

Entretanto, se, para Marx e Engels, o bem-estar de fato é inconciliável com o capitalismo, o que dizer da proteção social posta em prática nesse sistema? É partindo dessa preocupação, central no marxismo, com a emancipação e o bem-estar humanos, que Gough questiona a respeito da proteção social, no geral, e do Estado de Bem-Estar, em particular, nos seguintes termos:

> É [a proteção social] um meio de repressão ou um sistema para aumentar [a satisfação das] necessidades humanas e mitigar a brutalidade da economia de livre mercado?, Uma ajuda para a acumulação de capital e os lucros capitalistas, ou um "salário social" que deve ser defendido e ampliado da mesma forma que o salário que o trabalhador recebe?, Um engano capitalista ou uma vitória da classe trabalhadora? (Gough, 1982, p. 62; tradução nossa)

Esta breve, mas necessária introdução às influências sobre o posicionamento teórico e político de Marx e Engels servirá de parâmetro analítico à compreensão da noção marxiana e marxista de proteção e de bem-estar social.

As respostas aos questionamentos levantados por Gough edificam-se sobre as noções de *contradição, dialética, luta de classes, exploração, história* e *capitalismo*. Mesmo diante do fato de que nem Marx e Engels, nem tampouco a maioria dos mais conhecidos intérpretes do pensamento marxiano (como Luxemburgo, Lukács, Poulantzas, Gramsci, dentre outros), tenham se dedicado a oferecer respostas a essas questões ou realizado análise circunstanciada da proteção social no capitalismo e fora dele; e a despeito das possíveis polêmicas que poderão surgir a partir das conclusões que serão apresentadas ao longo deste tópico, acredita-se, em concordância com Mishra (1975), que é possível extrair da vasta produção intelectual marxista, em especial da obra de Marx e Engels, referências relevantes ao bem-estar humano e às formas de alcançá-lo.

Alguns pensadores da área da Política Social, como George e Wilding (1994), Midgley (1997) e Manning (1999), vão além: defendem que existe uma influente corrente marxista que se dedica ao estudo crítico da proteção social no capitalismo e, orientados por essa convicção, apresentam um conjunto de valores e crenças homogêneo, supostamente característico dessa abordagem, sem, em alguns casos, citar nomes de seus representantes mais significativos. Nesse sentido, pecam pela generalização ao ignorarem a existência de uma variedade de "marxismos".

Esta, aliás, é uma das consequências negativas da utilização de tipologias, já ressaltada neste livro. A concentração de enfoques diferenciados sob o mesmo guarda-chuva conceitual ou teórico pode induzir a interpretações errôneas das ideias-chave de cada um deles individualmente. Nesse caso, atribuir ao "marxismo" uma única explicação a respeito da origem, do desenvolvimento e da importância da proteção social é tarefa fadada ao fracasso, dada a multiplicidade de concepções que podem ser encontradas na literatura especializada.

De qualquer maneira, mesmo ciente dessas e de outras limitações das categorizações tipológicas, serão explicitadas, para fins didáticos, as particularidades da abordagem marxista de proteção social, de acordo com o entendimento dos três autores supracitados. Vale lembrar, porém, que as propriedades atribuídas a essa corrente são, conforme afirmam os autores, observáveis em parcela significativa dos teóricos e ideólogos afinados com o marxismo e, devido a isso, foram generalizadas. Porém, a leitura das características dessa abordagem deve levar em consideração que, certamente, estas não representam os marxistas em sua totalidade.

Para George e Wilding (1994) e Midgley (1997), os marxistas, especialmente os mais ligados à tradição clássica de Marx e Engels, atribuem o desenvolvimento da proteção social, gerida e executada pelo Estado de Bem-Estar, a três razões basilares inter-relacionadas:

a) como uma resposta ao conflito de classes;

b) como uma ação preventiva do Estado para impedir ou enfraquecer ações revolucionárias ou radicais provenientes da classe trabalhadora; e

c) como uma ação estatal para satisfazer as necessidades ou atender às requisições do capital.

Cada um desses fatores causais, em particular, e os três coletivamente, embasam-se na constatação — compartilhada também por correntes pertencentes a outras matrizes teóricas e ideológicas já tratadas neste livro — de que é preciso administrar ou corrigir os problemas sociais, obrigatoriamente criados pelo capitalismo, a fim de garantir sua manutenção e reprodução. Para assegurar uma alta produtividade e lucros crescentes, esse modo de produção gera desemprego, miséria, superprodução, destruição de recursos naturais e crises que, se não forem remediados, podem levar à destruição. Esse papel cabe ao Estado, que, colocando-se a favor da preservação do *status quo*, opera de forma a conservar a estrutura de dominação de classe.

Isto porque a legitimada exploração de uma classe pela outra e os bárbaros males oriundos do processo de expansão do capitalismo provocam insatisfações e revoltas entre os trabalhadores, convertidos, nesse sistema, em meras mercadorias cujas necessidades "são reduzidas às necessidades de mantê-los durante o trabalho" (Mishra, 1975, p. 5). Destituído de direitos e, em última instância, de humanidade, o trabalhador "coisificado" tem duas opções: torna-se "ascético, mas produtivo escravo" (ibid., p. 6), ou insurgente a favor da vida e da emancipação humana do jugo do capital. As revoluções consequentes convertem-se em engenho da mudança, da superação do capitalismo, desse sistema histórico, finito e transitório, como todos que o precederam. Para evitar levantes ameaçadores à ordem, e pressionado pelas forças combativas da classe trabalhadora organizada, o Estado age, implementando medidas preventivas/*ex-ante* ou remediadoras/*ex-post*. E, assim procedendo, afiança a reprodução do capitalismo, da exploração, do sistema de classes, da acomodação e mansidão dos explorados e, por acréscimo, atende preferencialmente as necessidades do capital.

Do exposto depreende-se, em concordância com George e Wilding (1994), que, para os marxistas em geral, a intervenção estatal com vista à oferta de proteção social pública se dá sempre em prol dos interesses da classe hegemônica detentora do poder político e econômico. Essa concepção repousa na compreensão do Estado, se não como o "comitê executivo da burguesia", na famosa formulação de Marx e Engels (2005), ao menos como composto por um poderoso corpo diretor solidário à classe capitalista. Isso porque, conforme ressaltam George e Wilding (1994), em primeiro lugar, os dirigentes máximos dos órgãos governamentais são provenientes, de modo geral, da mesma classe social, a burguesa: frequentaram os mesmos círculos sociais, escolas e universidades de nível equiparável e possuem condições econômicas e níveis de consumo assemelhados. Em consequência, atuarão em favor dos seus próprios interesses de classe.

Em segundo lugar porque o poder da classe economicamente dominante ultrapassa barreiras físicas e abarca parcela significativa da população de um dado território nacional e internacional; e isso graças à posse das mídias de toda sorte, dos meios de comunicação de massa, das multinacionais e corporações privadas que detêm, por vezes monopolicamente, concessões para provimento de bens e serviços a toda nação.

Por fim, alguns marxistas creem que o capitalismo "tem sua própria racionalidade sobre o que é e o que não é desejável, o que deve ou não ser feito na esfera econômica, o que, inevitavelmente, influencia as decisões governamentais em favor do capital" (George e Wilding, 1994, p. 111-112; tradução nossa). Essa racionalidade é, por vezes, confundida com orientações e determinações ditadas por

Organismos Internacionais Multilaterais, como o Banco Mundial (BIRD) e o Fundo Monetário Internacional (FMI), que devem ser seguidas, sob a pena de sanções econômicas e políticas ou de perda de credibilidade no mercado competitivo internacional.

Disso, concluem George e Wilding: "a classe capitalista não é mais um grupo de pressão entre vários, mas um grupo muito especial com mais poder e potencialmente maior influência sobre os governos do que qualquer outro" (1994, p. 112-113; tradução nossa). Mas, embora os referidos autores reconheçam essa autoridade, frisam que a palavra "influência" difere da palavra "comando" ou "direção". Para eles, todas as evidências comprovam o influxo (não obstante desigual) da classe dominante sobre o Estado e os governos em geral; porém, isso não quer dizer que esse grupo, altamente competitivo entre seus componentes, governe ou dirija, sozinho, o poder governamental. Pensar assim, como procedem alguns marxistas, é incorrer no equívoco funcionalista de encarar o Estado como um mero instrumento a serviço exclusivo da burguesia. Ou, conforme George e Wilding (1994), é atribuir poder praticamente irrestrito de dominação política às classes capitalistas, subestimando as pressões da classe trabalhadora ou de outros grupos de interesse diversos, o que leva a uma concepção limitada de Estado como um bloco monolítico e homogêneo, que se firma apenas mediante a força bruta ou coerção. Além disso, ainda segundo George e Wilding (1994), essa visão menospreza a importância de instituições intermediárias, como os partidos, os sindicatos, as organizações e movimentos sociais de esquerda, e desconsidera as oportunidades de mudanças — mesmo pequenas — da ordem estabelecida, via processos democráticos. "O resultado é a criação de uma noção de Estado onipotente e onipresente que efetivamente bloqueia todos os caminhos para a transição socialista" (ibid., p. 113; tradução nossa).

Entretanto, não se pode ignorar, concordando com Mascaro (2013), que o estabelecimento de uma sociedade preponderantemente baseada na produção e na troca de mercadorias, como a contemporânea, exige a ação intermediária de uma instância política socialmente legitimada, capaz de regular as relações derivadas desse processo. Para tanto, o Estado moderno surge como "um aparato necessário à reprodução capitalista, assegurando a troca das mercadorias e a própria exploração da força de trabalho sob a forma assalariada" (ibid., p. 18). Respaldado pelas instituições jurídicas — também parte da esfera da reprodução capitalista — que regulam e delimitam os termos formais dessas relações, o Estado moderno, ao lado da circulação mercantil e da exploração do trabalho humano, configura-se um *terceiro* em relação à dinâmica entre capital e trabalho, necessário à manutenção domesticada do antagonismo entre esses dois termos: "sem ele, o domínio do capital sobre o trabalho assalariado seria domínio direto — portanto, escravidão ou servidão" (ibid., p. 18). Isto é, seria a repetição do domínio verificado nos modos de produção pré-capitalistas (escravista e feudal), nos quais a exploração do trabalho era direta e óbvia e, portanto, sem subterfúgios, e onde não havia separação nítida entre poder econômico e poder político. Entretanto, no capitalismo, esse *terceiro*, conforme ressalta Mascaro (id., p. 18), "não é um adendo ou um complemento, mas parte necessária da própria reprodução capitalista".

Destarte, para assegurar o movimento contínuo dessa dinâmica na qual se inscreve como parte integral e endógena, o Estado capitalista não pode ser apenas burguês: contraditoriamente "no capitalismo [...] abre-se a separação entre o domínio econômico e o domínio político. O burguês não é necessariamente o agente estatal" (ibid., p. 18). E o Estado, por sua vez, não é uma entidade neutra à espera de comandos de uma classe que a domine *tout court*; a burguesia, embora confira ao Estado o seu caráter de classe, não se apropriou dele como um ente imparcial, sem contradições internas, e nem o moldou à própria imagem e semelhança. Ou ainda, o Estado não se reduz "à dominação política no sentido em que cada classe dominante produziria seu próprio Estado, à sua medida e à sua conveniência, e manipulá-lo-ia à sua vontade, segundo seus interesses" (Poulantzas, 1980, p. 14). Pelo contrário, a instância estatal, embora tenha origem na dinâmica das trocas do sistema capitalista, aparta-se relativamente dos agentes econômicos individuais e isso "constitui a chave da possibilidade da própria reprodução do capital: o aparato estatal é a garantia da mercadoria, da propriedade privada e dos vínculos jurídicos de exploração que jungem o capital e o trabalho" (Mascaro, 2013, p. 18). Sua razão de ser é a reprodução do capitalismo, uma vez que este "não tem um núcleo de inteligibilidade funcional e lógico que possa presumir um sujeito coletivo dirigente talhando a ereção das formas sociais" (ibid., p. 24); mas sem que essa razão de ser implique atrelamento linear a uma única classe. Por ser também dialeticamente contraditório, e visar a sua própria legitimação, o Estado pode, em determinadas circunstâncias, atender mais as demandas do trabalho do que do capital; e, por possuir a característica de *terceiro* entre a dinâmica do capital e trabalho, ele pode desenvolver ações que não se restrinjam à pura coerção. A proteção social é uma delas.

Eis por que se defende, em consonância com Gramsci e Poulantzas, que o Estado capitalista não possui apenas natureza coercitiva, repressora. De acordo com Mascaro (2013), esse aparato institucional tem, também, capacidade de constituição social. A apartação entre Estado e a esfera econômica permite que ele constitua subjetividades, crie mecanismos jurídicos que as protejam e legisle politicamente de maneira a garantir a circulação de mercadorias, a exploração da força de trabalho humana e a manutenção dos papéis sociais de burguês e de trabalhador ou explorador e explorado (ibid.). O Estado constitui também, segundo o autor, o próprio território no qual essa relação entre capital e trabalho se dá, o qual pode se converter em nação sob um único regime político, unificado. Contudo, embora essa interpretação seja comum, o Estado não dá origem ao capitalismo e nem constitui o centro ou o dirigente máximo desse modo de produção, mas, ao contrário, o capitalismo demanda a existência do Estado e confere-lhe poder de regular e validar sua dinâmica de funcionamento, em um processo eminentemente contraditório (ibid.). Como exemplo dessa contradição, Mascaro (2013, p. 20) cita: "as lutas dos trabalhadores, engolfadas pela lógica da mercadoria, ao pleitearem aumentos salariais, chancelam a própria reprodução contínua do capitalismo".

Por outro lado, se o Estado capitalista não é uma instância dirigida exclusivamente pela burguesia e unicamente em prol de seus interesses específicos, não significa que não seja "classista", ou melhor, um "Estado de classe". De acordo com Poulantzas, esse Estado

> representa e organiza o interesse político a longo prazo do *bloco no poder*, composto de várias frações de classe burguesas (pois a burguesia é dividida em frações de classe), do qual participam em certas circunstâncias as classes dominantes provenientes de outros modos de produção, presentes na formação social capitalista [como, por exemplo, os latifundiários e ruralistas]. [...] O Estado constitui, portanto, a unidade política das classes dominantes. (Poulantzas, 1980, p. 145; grifo no original)

Com base nesse raciocínio é possível extrair, pelo menos, três conclusões relevantes. Em primeiro lugar, a ação estatal nem sempre beneficia, de maneira imediata, as classes dominantes, mas procura oferecer a elas vantagens, regalias e melhorias *em longo prazo*. Poulantzas refere-se à representação e organização dos interesses das frações da classe burguesa como *fim* e não, necessariamente, como *meio*. Algumas medidas socialmente protetivas, por exemplo, podem, em curto e médio prazo, trazer avanços à qualidade de vida da classe trabalhadora beneficiada, porém, *em longo prazo*, podem contribuir para a reprodução do capital, o que não significa, absolutamente, que não sejam desejáveis ou necessárias. Essa característica estatal reforça a contradição inerente aos processos sociais.

Em segundo lugar, conforme já explicitado, embora as frações da classe burguesa, em parceria política e ideológica com outros grupos de poder, encontrem apoio estatal na perpetuação da estrutura de dominação classista, o Estado sofre pressões de variados setores sociais, inclusive de parcelas organizadas da classe trabalhadora, às quais deve ceder a fim de asseverar sua legitimidade. Assim, além de preencher os requisitos necessários para permitir a *acumulação* (a produtividade, o lucro, a extração de mais-valia), o aparato estatal também precisa ser socialmente aceito, ou seja, precisa de *legitimação*, caso contrário terá ameaçada sua própria sobrevivência e a do sistema o qual ajuda a se reproduzir (O'Connor, 1977). Embora mutuamente contraditórios, tanto a acumulação quanto a legitimação devem ser alcançadas por meio da oferta de serviços e benefícios estatais em compasso com o objetivo final de manter, ou melhor, fortalecer o capitalismo (ibid.).

Daí deduz-se a terceira conclusão: *o Estado é a unidade política das classes dominantes*, mas isso só é possível porque detém uma autonomia relativa, "um certo grau de independência de sua infraestrutura econômica" (Mishra, 1975, p. 12). E é graças a essa autonomia, a essa "separação relativa das relações de produção" que a esfera estatal pode organizar e unificar as classes dominantes e, em certo nível, decidir a qual das frações burguesas privilegiará atendimento, em que momento e em que grau de dedicação (Poulantzas, 1980). Essas "decisões" são diretamente influenciadas e moldadas pelas pressões da classe trabalhadora e de grupos menos influentes. O Estado capitalista, portanto, pode ser entendido como um *lócus* de conflito de interesses antagônicos, mas que procura salvaguardar a lógica do capital e, assim, alimentar a dinâmica de produção de mais-valia (Mascaro, 2013). Em suma,

> o Estado é, na verdade, um momento de condensação de relações sociais específicas, a partir das próprias formas dessa sociabilidade. [...] Mas esse aparato só se implanta e funciona em uma relação necessária com as estruturas de valorização do capital. Nessa rede de relações na qual se condensa o Estado, é no capital que reside a chave de sua existência. (Mascaro, 2013, p. 19)

Ou, nas palavras de Poulantzas (1980, p. 147): o Estado deve ser considerado como "uma relação, mais exatamente como a condensação material [e específica] de uma relação de forças entre classes e frações de classe".

Esse entendimento, no entanto, apesar de ter sido eleito, no presente livro, como a melhor abordagem explicativa do Estado capitalista, é uma entre várias outras interpretações desenvolvidas por pensadores marxistas. De qualquer maneira, independentemente do entendimento que se tenha a respeito do aparato estatal, é certo que, para a grande maioria dos marxistas, esta é uma esfera socialmente construída, contraditória, sujeita a pressões antagônicas e que "tem como função assegurar e conservar a dominação e a exploração de classe" (Bottomore, 1988, p. 133). E é a partir dessa noção de Estado que os pensadores afinados com essa corrente teórica e ideológica irão desenvolver suas análises críticas sobre a proteção social e o bem-estar humano.

No tocante a essas análises, é interessante salientar que, graças a duas principais concepções de Estado capitalista, dois momentos distintos caracterizaram os estudos marxistas sobre medidas protetivas (George e Wilding, 1994). Até 1970, a maioria dos pesquisadores sintonizados com a teoria de Marx e Engels definia a esfera estatal como aparelho burguês a serviço quase exclusivo dos interesses dessa classe. Assim, o Estado de Bem-Estar e a proteção social, de maneira geral, eram, por consequência, entendidos como essencialmente benéficos à reprodução do capital e à manutenção do capitalismo, e pouco ou nada favoráveis à classe trabalhadora. A partir da década de 1970, todavia, avaliações mais ampliadas do Estado e da proteção social passaram a defender a ideia de que ações protetivas implementadas publicamente e respaldadas na cidadania poderiam, também, contribuir para colocar limites ao despotismo do capital. A esse respeito tornou-se conhecida uma frase de Claus Offe (1991), ao avaliar as vicissitudes do Estado Social no contexto das análises dos setores de direita. O dilema dos conservadores, dizia ele, ressaltando o caráter contraditório das políticas de bem-estar, reside no fato de que "o capitalismo *não* pode coexistir com o Estado social nem continuar existindo sem ele" (p. 122).

Essa concepção, partilhada por O'Connor (1977) e por outros influentes autores marxistas, como Ian Gough, e o já mencionado Claus Offe,[10] enfatiza, portanto, o caráter contraditório do Estado

10. Embora, atualmente, Offe tenha se afastado teórica e ideologicamente do marxismo, e Gough e O'Connor tenham perdido o élan revolucionário da juventude, esses três intelectuais

Social e de suas políticas, que não era levado em conta nas reflexões unilaterais realizadas, seja pela direita, seja pela maioria da esquerda. Nesse sentido, o Estado de Bem-Estar, principal prestador de medidas protetivas no modo de produção capitalista, "não é simplesmente um guardião confiável, mas também um adversário estrutural do capitalismo" (George e Wilding, 1994, p. 116; tradução nossa). As medidas de proteção social podem, em verdade, fortalecer a economia capitalista, assegurar a reprodução do capital, a extração da mais-valia e a exploração do trabalho assalariado; mas, ao mesmo tempo, podem fornecer melhorias às condições de vida da classe trabalhadora que, aproveitando-as, terá chances de se conscientizar de sua condição de explorada e de lutar pela sua emancipação. Isto é especialmente verdadeiro se a proteção social envolver políticas habitacionais, de saúde, educação, transporte, assistência social e legislações reguladoras do trabalho humano. Afinal, não se pode esquecer que:

> O Estado social é historicamente, a combinação resultante de uma série de fatores, cuja composição varia de país para país. O reformismo social-democrático, o socialismo cristão, as elites esclarecidas da política conservadora, da economia e dos grandes sindicatos na indústria eram as forças mais importantes que lutaram por sistemas cada vez mais amplos de seguro social obrigatório, leis de proteção ao trabalho, salários-mínimos, ampliação de instituições de saúde e de educação e a construção habitacional subvencionada pelo Estado, assim como pelo reconhecimento de sindicatos como representantes políticos e econômicos legítimos dos trabalhadores. (Offe, 1991, p. 114)

Além disso, muitas dessas conquistas foram obtidas em momentos historicamente conturbados, seja em decorrência de conflitos sociais agudos, seja devido à emergência de crises próprias do capitalismo

foram, por muitos anos, referências acadêmicas nessa abordagem. Prova disso foi a criação de Rudolf Klein: em tom de crítica, Klein (1993) cunhou um acrônimo formado com as primeiras sílabas dos sobrenomes dos respectivos autores — O'Goffe — para indicar a presença marcante deles na crítica marxista à política social (Gough, 1999; Pereira-Pereira, 2008a).

ou engendradas por guerras — o que demonstra que a proteção social é um processo complexo.

Contudo, apesar da possibilidade de atender demandas e necessidades sociais, graças à sua natureza contraditória, a proteção social capitalista é estruturalmente limitada. Ao não atingir as causas das desigualdades e dos males sociais, as medidas protetivas deixam intactas as estruturas de dominação e as relações de propriedade que preservam, no âmbito da produção, o antagonismo de classe. Assim, não passam de ações paliativas, incapazes de eliminar a pobreza ou reduzir drasticamente as desigualdades econômicas (George e Wilding, 1994). Destarte, as características residuais neodireitistas adquiridas pela proteção social sob o capitalismo, já debatidas no segundo capítulo deste livro, acentuam sua ineficiência na prestação de bem-estar.

Daí Marx ter feito a distinção entre um bem-estar total, possível apenas em uma sociedade pós-capitalista, e um bem-estar parcial que, "por meio de uma ampla ação das classes trabalhadoras [...] pode começar a ser instituído no capitalismo" (Mishra, 1975, p. 4-5). Mishra (1975), em suas pioneiras pesquisas sobre o bem-estar em Marx, afirma que esse autor considerou o verdadeiro bem-estar social como uma regulação firmada sobre dois valores básicos — a *cooperação* e a *solidariedade* — que se revela por meio da identificação das necessidades humanas e de seu atendimento via distribuição justa do produto social, colhido de acordo com as capacidades individuais de cada membro da sociedade. Dessa maneira, para Marx, o bem-estar total, verdadeiro, só pode ser alcançado quando o capitalismo e seus valores de *coerção* e *competição*, antagônicos aos de bem-estar, forem abolidos; quando a exploração do trabalho assalariado for extinta; e quando todos contribuírem de acordo com suas forças e receberem de acordo com o que necessitarem. Em suma,

> quando tiver sido eliminada a subordinação escravizadora dos indivíduos à divisão do trabalho e, com ela, a oposição entre trabalho intelectual e manual; quando o trabalho tiver deixado de ser mero meio de vida e tiver se tornado a primeira necessidade vital; quando, juntamente

> com o desenvolvimento multifacetado dos indivíduos, suas forças produtivas também tiverem crescido e todas as fontes da riqueza coletiva jorrarem em abundância, apenas então o estreito horizonte jurídico burguês poderá ser plenamente superado e a sociedade poderá escrever em sua bandeira: "*De cada um segundo suas capacidades, a cada um segundo suas necessidades!*". (Marx, 2012, p. 32; grifos nossos)

Ou, nas palavras de Mishra:

> Para Marx, portanto, o bem-estar social não pode existir até que um controle público sobre as condições de trabalho e a vida das classes não possuidoras se estabeleça; até que o mercado, a propriedade privada e a produção para o lucro sejam abolidos e substituídos por um sistema social de produção e de distribuição coletiva. Só assim, o bem-estar como um valor social central pode ser institucionalizado e totalmente usufruído por todos. (1975, p. 4)

A concepção marxiana de bem-estar, portanto, não é seletiva, mas sim totalizante e universal. Essa condição só pode ser alcançada coletivamente, com a libertação de *todos* das amarras do capital e de seus valores desumanos, conquista esta possível já que, conforme explicitado anteriormente, o sistema capitalista, por ser histórico, transitório e naturalmente contraditório, carrega em seu interior a sua própria negação. E uma vez superado, uma classe trabalhadora organizada, unida e, sobretudo, consciente de si e para si construirá, segundo Marx e Engels, um novo sistema econômico e político no qual a distribuição da riqueza socialmente produzida não será apropriada privadamente; não se pautará pelos preceitos do lucro e do da troca mercantil; as necessidades humanas serão identificadas e atendidas; a posse dos meios de produção será coletiva; a concorrência será substituída pela associação dos produtores; a sociedade será cooperativa e solidária; e a divisão social do trabalho se extinguirá (Marx, 2012; Marx e Engels, 1975, 2005, s/d.).

Essa visão marxiana da sociedade comunista tem sido por vezes associada à utopia e ao romantismo que Marx e Engels tanto combateram. No entanto, entende-se que, para esses autores, a supressão não apenas do capitalismo, mas, principalmente, de sua unidade molecular, o capital, e a sequencial instauração do comunismo não são uma certeza determinista e nem serão fruto de uma evolução biológica natural e inevitável, mas sim, de um longo, árduo e combativo processo. Para tanto, serão necessárias mais do que condições subjetivas, materializadas pela ação coletiva e transformadora da classe trabalhadora organizada, mas também a existência de condições objetivas (econômicas e sociais) favoráveis.[11] Isso porque, embora a teoria marxiana professe que homens e mulheres constroem a sua própria história, conclui que "não a fazem como querem; não a fazem sob circunstâncias de sua escolha e sim sob aquelas com que se defrontam diretamente, legadas e transmitidas pelo passado" (Marx, 1977, p. 17).

Dessa maneira, de acordo com Engels,

> As revoluções não são feitas propositada nem arbitrariamente, mas [...], em qualquer tempo e em qualquer lugar, elas foram a consequência necessária de circunstâncias inteiramente independentes da vontade e da direção deste ou daquele partido e de classes inteiras. (1982, p. n/d.)

As transformações sociais, assim, não se dão de um só golpe; são gestadas historicamente, em contextos propícios, impulsionadas pelas contradições inerentes ao capitalismo e pela conscientização das classes exploradas; aproximam-se pouco a pouco, sendo paulatinamente forjadas pelas condições materiais concretas e pela ação humana intencional e progressiva (Engels, 1982, p. n/d.). E ciente de que as condições não eram favoráveis, Marx propôs a perseguição dessa meta, que se lhe afigurava concretamente possível, para que fosse atingida em um futuro, infelizmente, não muito próximo (Mishra,

11. Umas das condições objetivas mais importantes é o desenvolvimento total das forças produtivas no capitalismo, especialmente no âmbito tecnológico, com acúmulo de riquezas que possam ser redistribuídas após a sua superação. Além disso, a classe trabalhadora precisa atingir maturidade e sofisticação política antes de liderar a transição para outra forma social.

1975). Daí o constante esforço marxiano em prol do esclarecimento do proletariado e de sua organização política: sua emancipação e seu bem-estar total só seriam alcançados ao final desse processo subjetivo. Contudo, é imperioso frisar que, não obstante as revoluções dependam de um momento histórico oportuno para serem bem-sucedidas, a espera pelas condições adequadas não é, em absoluto, inerte ou passiva. Ao contrário, a ocasião propícia é socialmente edificada; as classes trabalhadoras erguem-na, "fazendo o caminho ao caminhar" (Harnecker, 1996).

Com esse propósito em mente, Marx e Engels, em uma das mais famosas obras da sua juventude, *O Manifesto Comunista*, sugeriram dez medidas que, postas em prática gradualmente, poderiam enfraquecer a dominação burguesa e fortalecer a classe trabalhadora. São elas:

1. Expropriação da propriedade latifundiária e emprego da renda da terra para despesas do Estado;
2. Imposto fortemente progressivo;
3. Abolição do direito de herança;
4. Confisco da propriedade de todos os emigrados e rebeldes;
5. Centralização do crédito nas mãos do Estado por meio de um banco nacional com capital do Estado e com o monopólio exclusivo;
6. Centralização de todos os meios de comunicação e transporte nas mãos do Estado;
7. Multiplicação das fábricas nacionais e dos instrumentos de produção, arroteamento das terras incultas e melhoramento das terras cultivadas, segundo um plano geral;
8. Unificação do trabalho obrigatório para todos, organização de exércitos industriais, particularmente para a agricultura;
9. Unificação dos trabalhos agrícola e industrial; abolição gradual da distinção entre a cidade e o campo por meio de uma distribuição mais igualitária da população pelo país;
10. Educação pública e gratuita a todas as crianças, abolição do trabalho das crianças nas fábricas, tal como é praticado hoje. Combinação da educação com a produção material etc. (Marx e Engels, 2005, p. 58)

Essas medidas práticas, caracterizadas por Mishra (1975, p. 15) como "uma agenda racional para a reconstrução radical da sociedade", referem-se, diretamente, à proteção social e à busca de bem-estar. Nesse programa socialista estão explícitas, além do propósito de concentrar toda a produção, comunicação e controle político na esfera estatal pública, também ações de regulação do trabalho humano e infantil, de universalização da educação de crianças, de taxação progressiva, de incentivos agrários e de redistribuição de renda. Inseridas no escopo de edificação de um sistema social distinto, essas medidas não configuram "uma demanda reformista dentro de uma sociedade burguesa" (ibid., p. 15) e diferenciam-se das políticas públicas capitalistas exatamente por se tratarem de meios para a concepção do comunismo — "quando tiverem desaparecido por completo as contradições da sociedade burguesa" (Pereira-Pereira, 2013, p. 40), e estabelecida uma nova ordem mundial, verdadeiramente equânime, livre e justa.

Conforme indicado anteriormente, mesmo não tendo sido objeto de pesquisas minuciosas, o bem-estar humano foi o *fim* perseguido por Marx e Engels — e também pelos marxistas de maneira geral. O desinteresse desses autores em aprofundar-se na compreensão e explicitação das características do bem-estar não pode ser interpretado como desprezo ou ignorância pelo tema. Longe disso, essa aparente falta de preocupação com essa questão repousa na conclusão marxiana de que "o sistema capitalista é antitético ao bem-estar" (Mishra, 1975, p. 8), o que justifica o "empenho moral e intelectual de Marx em explicar os determinantes do mal-estar social, engendrado pelo capitalismo, e de conceber uma alternativa definitiva para esse mal-estar" (Pereira-Pereira, 2013, p. 45). Para ele, só a partir da compreensão e da crítica qualificada do capitalismo, este poderia ser suprimido, dando lugar a uma nova sociedade. Assim, "prevendo a extinção do Estado, Marx não via como se daria o bem-estar no marco das atividades da organização estatal prioritariamente comprometida com os interesses das classes dominantes" (ibid., p. 42).

Entretanto, embora Marx não tenha escondido sua descrença no potencial transformador das políticas e instituições capitalistas criadas para proteger socialmente os oprimidos e, assim, garantir-lhes bem-estar, ele não rejeitou o "desenvolvimento *parcial* do bem-estar, o reconhecimento das necessidades humanas, e o crescimento de instituições voltadas para a satisfação dessas necessidades no interior da estrutura capitalista" (Mishra, 1975, p. 8; grifo nosso); tudo isto poderia ser erigido mediante ampla e organizada ação das classes exploradas.

Tal fato pode ser comprovado em sua pesquisa sobre as legislações fabris, publicada na obra *O capital* (1984). Nesse tópico Marx analisa as leis que, na segunda metade do século XIX, regulavam a jornada e as condições de trabalho nas fábricas da Inglaterra e, em certo ponto, restringiram a exploração capitalista e reconheceram a humanidade do proletário, até então considerado apenas "um acessório consciente de uma máquina parcelar" (Marx, 1984, p. 87). Esses avanços, para ele, não configuraram concessões de uma burguesia surpreendida pela denúncia dos horrores experimentados por homens, mulheres e crianças no sistema fabril; mas, ao contrário, foram fruto de "uma luta multissecular entre capitalista e trabalhador", ou melhor, foram "produto de uma guerra civil de longa duração, mais ou menos oculta, entre a classe capitalista e a classe trabalhadora" (Marx, 1983, p. 215 e 236). Embora outras classes e frações de classes — como a aristocracia agrária —, e outras forças sociais — como a "opinião pública" —, também tenham tido papel significativo nesse processo, sua importância se deve, em maior medida, pelo apoio prestado aos trabalhadores, estes sim sujeitos centrais de mudança (Mishra, 1975).

No entanto, ao não subestimar a relevância da união de forças de diferentes atores à causa proletária, Marx admite a existência de múltiplos grupos sociais propensos a enfrentar a hegemonia da burguesia como classe dominante no sistema capitalista; e, ao mesmo tempo, desmonta a argumentação de críticos que o acusam de dividir a sociedade, rigidamente, em apenas duas classes sociais. Ademais, a solidariedade pontual entre classes e frações de classes essencialmente antagônicas, observada por Marx durante a luta pela instauração das legislações fabris, comprova que, em prol da preservação do modo de produção capitalista em funcionamento saudável e de ganhos em longo prazo, camadas sociais dominantes podem não apenas admitir, mas contribuir para conquistas que beneficiem as classes exploradas em curto e médio prazos. Do mesmo modo e com o mesmo objetivo, o Estado, aliado primeiro das classes capitalistas e relativamente autônomo, pode ceder às pressões populares e intervir de modo a garantir medidas socialmente protetivas que forneçam bem-estar parcial (Mishra, 1975).

Porém, ainda que em última instância favoráveis ao capitalismo, Marx reconheceu a importância dos avanços sociais que trouxeram reconhecidas melhorias às condições de vida do proletariado e "escreveu sobre os imensos benefícios físicos, morais e intelectuais advindos dessa medida para os trabalhadores" (Mishra, 1975, p. 10). Disto pode-se precipitadamente concluir que Marx acatou a reforma como mecanismo legítimo de transformação social pacífica e gradual. Contudo, contrariando essa conclusão, impõe-se a evidência de que esse pensador não ignorou as consequências das contradições inerentes ao processo de generalização das legislações fabris:

> Se a generalização da legislação fabril se tornou inevitável como meio de proteção física e espiritual da classe operária, ela, por outro lado, generaliza e acelera [...] a metamorfose de processos de trabalho esparsos realizados em pequena escala, em processos de trabalho combinados e em larga escala social, portanto, [generaliza] a concentração do capital e o domínio exclusivo do regime de fábrica. Ela destrói todas as formas antiquadas e transitórias, atrás das quais a dominação do capital ainda se esconde em parte, e as substitui por sua dominação direta, indisfarçada. Generaliza, com isso, também a luta direta contra essa dominação. Enquanto impõe, nas oficinas individuais, uniformidade, regularidade, ordem e economia, aumenta, por meio do imenso estímulo que a limitação e a regulamentação da jornada de trabalho impõe à técnica, a anarquia e as catástrofes da produção capitalista em seu conjunto, a intensidade do trabalho e a concorrência da maquinaria com o trabalhador. (Marx, 1984, p. 100)

Para ilustrar o conteúdo dessa citação, vale lembrar que é comum, ainda nos dias atuais, a redução da jornada de trabalho ser acompanhada da intensificação das tarefas a serem realizadas: trabalha-se menos horas, porém mais intensamente.

Assim, de acordo com a visão marxiana, a legislação fabril representou um sucesso prático e deve ser comemorada, a despeito de não ter transformado a realidade da exploração capitalista na esfera fabril. Para Marx, trata-se, acima de tudo, da "vitória de um princípio", já que "pela primeira vez e em plena luz do dia, a política econômica da classe proprietária sucumbiu à política econômica da classe operária" (Marx e Engels, 1985, p. 11). Por meio dessas e outras legislações socialmente protetivas, os sofrimentos dos oprimidos têm sido aliviados, mas não há ilusões a respeito de sua incapacidade transformadora em longo prazo. Marx e os marxistas sempre estiveram cientes, em primeiro lugar, de que, diante de ganhos da classe trabalhadora, o capitalismo se reinventa e se reorganiza, de modo a assegurar seus lucros e reprodução finais. Segundo, as políticas sociais de assistência, educação, habitação, transporte, entre outras, não podem eliminar a pobreza e a desigualdade social, indispensáveis para a "produção capitalista e o desenvolvimento das riquezas" (Mishra, 1975, p. 13). E mais, os encargos financeiros gerados para custeio dessas políticas geralmente recaem sobre os ombros das próprias classes exploradas por elas beneficiadas. Dessa forma, as conquistas proletárias referentes à proteção social e à oferta pública de bem-estar parcial de qualquer sorte devem inscrever-se no bojo de uma luta maior, contínua, pela busca do bem-estar total, o único humanamente emancipador.

Ficam claras, assim, tanto a convicção marxiana de que o bem-estar em seu sentido pleno só poderá ser alcançado em um contexto pós-capitalista, quanto a certeza de Marx de que esse processo será liderado pela força social e política da classe trabalhadora. Segundo Mishra (1975), não é à toa que os piores índices de proteção social pertençam aos Estados Unidos, país de capitalismo avançado no qual inexistem ou são insignificantes os partidos socialistas e muito baixos os níveis de organização e conscientização das classes exploradas. Definitivamente, outros grupos de interesses, outras classes ou frações de classes, e mesmo o Estado capitalista, podem oferecer relevante contribuição nesse processo, como já visto; mas se assim o fazem é para evitar estragos maiores ao capitalismo como sistema hegemônico. Nas palavras de Mishra,

> é verdade que o Estado burguês criou o sistema de bem-estar, mas, para tanto, levou mais de meio século de lutas da classe operária e duas guerras mundiais — guerras estas que foram suportadas pelo sacrifício das massas — para a criação de um modesto programa de bem-estar [...], um "Estado mínimo de provisão de vida civilizada". (1975, p. 24)

Ainda que em alguns países europeus, em especial na Escandinávia, seja possível encontrar formas mais ampliadas de proteção social materializadas em programas, serviços e benefícios públicos, gratuitos e universais, o objetivo primordial dessas ações, no seio do capitalismo, é o de preservar esse sistema e garantir a sua reprodução longeva. Para Marx e os marxistas, todavia, a proteção social defendida possui as mesmas características de publicidade, gratuidade e universalidade, mas um princípio oposto: a proteção social possível, graças à sua natureza contraditória, mesmo que engendrada no sistema capitalista, pode e deve contribuir para a conscientização da classe oprimida beneficiária, emancipando-a gradualmente, permitindo sua maior participação política e social, educando-a e armando-a para que se fortaleça e se qualifique para a luta coletiva a favor de uma nova ordem mundial. Engels, em seu discurso diante da tumba de Marx, ressaltou que este constituiu o objetivo de vida de Marx:

> Cooperar [...] pela derrocada da sociedade capitalista e das instituições políticas criadas por ela, contribuir para a emancipação do proletariado moderno, a quem ele havia injetado, pela primeira vez, a consciência de sua própria situação e das suas necessidades, a consciência das condições de sua emancipação: tal era a verdadeira missão de sua vida. (Engels, 1975, p. 166)

Daí a incompatibilidade substancial do pensamento marxiano e marxista com a defesa de formas residuais de proteção social; com a focalização; com rígidos e excludentes critérios de elegibilidade; com programas, serviços e benefícios estigmatizantes; com condicionalidades ou contrapartidas que infantilizam ou humilham o beneficiário; com políticas de ativação para a simples inserção no mercado de trabalho assalariado capitalista; com programas de geração de renda ou educacionais alienantes; enfim, com programas integrativos, funcionais ao capitalismo e ao mercado, baseados em seus valores individualistas, coercitivos e competitivos. Daí também a defesa (nada ingênua) de Marx, Engels e outros marxistas como James O'Connor, Ian Gough, o primeiro Claus Offe (componentes da "lenda O'Goffe europeia") e John Saville, para citar os mais reconhecidos, da expansão do contraditório processo de proteção social na perspectiva dos direitos de cidadania devidos pelo Estado.

CONCLUINDO

Ao contrário das correntes da Matriz Residual — que partiram da preocupação com a manutenção da ordem em prol da garantia de reprodução do sistema capitalista, considerado inevitável e "fim da história" —, e em oposição às correntes da Matriz Social-Democrata — que fincaram seu eixo teórico e ideológico sobre a administração de conflitos, a gestão da pobreza e dos pobres e o humanismo interesseiro, a fim de preservar o presente modo de produção —, as correntes Socialista Democrática e Marxista perseguem outro propósito: a superação do capitalismo e a edificação de uma nova ordem mundial, equânime, cooperativa, livre e humana. Uma ordem na qual os seres humanos teriam precedência sobre as coisas e, portanto, deixariam de ser dominados pela riqueza que produzem, mas não usufruem.

A proteção social nesse processo adquire diferentes configurações, a variar de acordo com a perspectiva teórica ou ideológica que a preside. Para os socialistas democráticos, por exemplo, as medidas socialmente protetivas, em especial as efetivadas por Estados de Bem-Estar, representam, se não o próprio socialismo em construção, pelo menos boa parte do caminho para sua conquista. E isto graças à convicção — otimista, vale salientar — de que as políticas sociais de saúde pública, transporte, habitação, trabalho, assistência e previdência social e, sobretudo, de educação transformaram, para melhor, a vida das classes historicamente oprimidas e regularam, em certa medida, o ímpeto mercantil pelo lucro. Para Crosland (2006), um dos mais influentes defensores do Socialismo Democrático, a proteção social reformou de tal forma o capitalismo que o tornou praticamente irreconhecível.[12]

Porém, o maior triunfo das reformas, para essa corrente ideológica, não reside na metamorfose do sistema capitalista, mas na maneira pacífica e democrática com que essas mutações foram levadas a cabo. Radicalmente contrários às revoluções e aos modelos socialistas insurretos implementados em diversos países ao redor do globo (China, União Soviética, Cuba, Vietnã e Coreia do Norte), os adeptos do Socialismo Democrático acreditam, como ponto consensual, que se deve buscar "um método político, social e econômico que nos faça todos mais iguais sem ferir nem restringir as liberdades" (Ferrer e Ferrandis, 1998, p. 57; tradução nossa). Assim, o Estado de Bem-Estar surge como "o instrumento perfeito para intervir na consecução deste fim" (ibid., p. 57; tradução nossa). Por sua vez, a construção de um Estado socialmente comprometido se dará, para eles, mediante a

---

12. De fato, Crosland em seu clássico livro *The future of socialism* (2006), publicado pela primeira vez em 1956, defende que a Inglaterra não pode mais ser considerada um país capitalista, já que, para ele, medidas de proteção social e de regulação do livre mercado tinham: reduzido o hiato entre ricos e pobres; permitido o controle da produção e das condições de trabalho por meio da criação de sindicatos; substituído os valores de competição e individualismo exacerbado pela colaboração e solidariedade, especialmente devido à atuação universal do Estado de Bem-Estar inglês; e, por fim, reduzido a insatisfação popular, comprovada pela diminuição na ocorrência de levantes, manifestações e greves. Diante dessas transformações, Crosland conclui que as características do que ficou conhecido como *capitalismo* não se aplicavam mais à realidade dessa nação.

eleição democrática de lideranças políticas socialistas que, uma vez no poder, executarão mudanças favoráveis à melhoria das condições de vida e de cidadania dos segmentos sociais economicamente destituídos e desativarão "a consolidação e perpetuação das elites" (ibid., p. 57; tradução nossa).

Influenciados em grande parte pelo pragmatismo do fabianismo inglês, pela consciência social dos socialistas utópicos e pelos valores humanísticos do cristianismo, alguns adeptos do Socialismo Democrático procuraram dissociar-se da teoria marxista, distorcidamente entendida como uma doutrina dogmática e determinista, além de comprovadamente equivocada. Crosland, por exemplo, chegou a fazer a seguinte afirmação:

> Na minha opinião, Marx tem pouco ou nada a oferecer para o socialismo contemporâneo, tanto no que diz respeito a políticas práticas, quanto no que se refere à correta análise de nossa sociedade, ou ainda com relação às ferramentas conceituais ou ao seu quadro de referência. Suas profecias foram, praticamente sem exceção, falsas e suas ferramentas conceituais são agora inapropriadas. (Crosland, 2006, p. 4; tradução nossa)

A principal crítica dos socialistas democráticos ao marxismo assenta-se no suposto caráter antidemocrático dessa vertente teórica e política. Efetivamente, a descrença marxista no potencial transformador da proteção social pública, gratuita e universal, colocada em prática no capitalismo, alimentada pela crença de que o alcance de um bem-estar total está, necessariamente, condicionado à supressão desse modo de produção, conduz os marxistas a concentrarem suas lutas na abolição desse sistema de mal-estar social. Contudo, ao contrário do que prega Crosland, entre outros, Marx e Engels não negaram a transição pacífica e democrática. De acordo com George e Wilding (1994, p. 121), "sua sociedade ideal poderia vir tanto por meio de pacíficos métodos parlamentares da classe trabalhadora, quanto pela revolução liderada por essa classe, dependendo da correlação de forças políticas [em presença] na sociedade" (tradução nossa).

Tanto isso é verdade que, em resposta a um questionamento sobre a possibilidade de abolição da propriedade privada por vias pacíficas, Engels chegou a afirmar: "seria de desejar que isso pudesse acontecer, e os comunistas seriam certamente os últimos que contra tal se insurgiriam. Os comunistas sabem muitíssimo bem que todas as conspirações são não apenas inúteis, como mesmo prejudiciais" (Engels, 1982, p. n/d.). No entanto, é preciso salientar que Marx, Engels e a maioria dos marxistas não definem democracia apenas como o restrito processo político de eleição de candidatos a cargos públicos, mas sim, como a soberania popular, ou seja, "a condição pela qual o conjunto dos cidadãos, efetivamente, [decide] sobre os rumos da política" (Buonicore, 2013, p. n/d.).

E essa condição tem raízes fincadas na produção material das sociedades. Isto é, na democratização das relações de produção e distribuição do produto do trabalho humano coletivo. Segundo Mishra (1981), uma premissa socialista central relacionada à noção de democracia plena, identificada com os conceitos de igualdade substantiva e liberdade real, é aquela que propugna o atendimento de cada um segundo as suas necessidades. Vale dizer, a despeito da variedade de interpretações a que essa premissa esteve (ou possa estar) sujeita, em diferentes experiências socialistas, a ideia de distribuição baseada nas necessidades sociais e voltada para o consumo coletivo universal é central na teoria marxiana; mas, para tanto, é imprescindível abolir a propriedade privada dos meios de produção e submeter tanto a produção quanto a distribuição do produto social ao controle comunal. Estas são importantes lições extraídas do pouco que, de forma direta, Marx escreveu a respeito da futura sociedade socialista e de suas formas de organização. Seu principal texto sobre esse tema é *Crítica ao Programa de Gotha* (2012).

Aí, como diz Mishra (1981), ao contrário de um enfoque meramente *institucional* ou pragmático, concernente à atenção das necessidades sociais, Marx defende um enfoque *estrutural*, a saber: essa atenção, materializada em prestação de serviços sociais, expressa valores básicos da sociedade (e não apenas uma conveniente resposta política); e, por isso, ocupa papel central na estrutura social. Os que são atendidos por esses serviços não são indivíduos intitulados cidadãos para poderem ter acesso a um mínimo de vida civilizada (como mais tarde entendeu T. H. Marshall), mas membros de uma comunidade socialista cujas necessidades devem ser satisfeitas o mais amplamente possível. Só assim ter-se-ia uma sociedade de bem-estar de fato em que os serviços sociais não seriam um adendo do mercado.

Estas eram predições analíticas dificilmente encontradas no período histórico em que Marx e Engels produziam suas obras. Nesse período, o direito ao voto era praticamente inexistente ou limitado a uma pequena elite socioeconômica privilegiada. Frente a este fato, os referidos autores deram maior ênfase ao processo revolucionário para alcance de uma sociedade sem classe. Nas palavras de Engels,

> [Os comunistas] veem que o desenvolvimento do proletariado em quase todos os países civilizados é violentamente reprimido e que, deste modo, os adversários dos comunistas estão a contribuir com toda a força para uma revolução. Acabando assim o proletariado oprimido por ser empurrado para uma revolução, nós, os comunistas, defenderemos nos atos, tão bem como agora com as palavras, a causa dos proletários. (1982, p. n/d.)

Em vista disso, e a despeito dessa constatação, cabe sublinhar que

> Marx e Engels sempre defenderam que a melhor — e mais curta — via para a conquista e construção do socialismo era a democrática. [Mas] não negavam a possibilidade de que a transição [...] em alguns (poucos) países pudesse prescindir de violência revolucionária. (Buonicore, 2013, p. n/d.)

Enfim, não obstante as evidentes diferenças entre o Socialismo Democrático e o Marxismo, ambas as correntes possuem em comum a perspectiva de superação do capitalismo. Além disso, defendem, embora com algumas divergências, a proteção social pública, gratuita e universal: para os socialistas democráticos, medidas protetivas possuem, sempre, caráter benéfico, positivo e, por isso, desejável. Para os marxistas, ao contrário, a proteção social é contraditória, podendo servir simultaneamente aos interesses do capital e do trabalho, fortalecendo, no que concerne a este, o processo de conscientização das classes oprimidas e de suas lutas. Assim, os progressos nessa área, conforme exemplificou Marx em suas análises sobre a legislação fabril inglesa, devem ser comemorados.

Essa comemoração, contudo, não pode encerrar-se em si mesma. Deve servir de incentivo à declaração de uma "revolução permanente" (Marx, s/d.), do combate inflexível à exploração capitalista e à lógica do capital. De fato, a contribuição marxista à compreensão da proteção social e do bem-estar humano pode não ter se dado mediante um estudo aprofundado e direto dessas categorias, mas representou avanço imensurável à crítica teórica dos fundamentos, das falsas ideologias e das práticas instrumentais da proteção social. Foi a partir dessa crítica que as medidas protetivas passaram a ser examinadas em essência, inseridas em uma totalidade contraditória, histórica, dialética e inter-relacionada. E o principal: representou uma alternativa real, teoricamente embasada, às políticas protetivas implementadas até o momento em todo o globo. Conforme Mandel,

> a questão que se coloca é: não precisaríamos de uma alternativa fundamental, não só às políticas neoconservadoras/pseudoliberais [neodireitistas], mas ao conjunto do sistema capitalista, em todas as suas variantes, a fim de conquistar um mundo quantitativamente melhor do que o de hoje? Minha resposta é sim. É disso que precisamos. É por isso que eu sou, e permaneci mais do que nunca, um socialista. (Mandel, 1995, p. 119-120)

CONCLUSÃO

O dilema explicativo da Proteção Social

As tipologias analisadas neste livro não se referem a sistemas de proteção social na prática ou a modelos protetivos experimentados em países diferenciados, mas a escolas teóricas e ideológicas conhecidas e sistematicamente estudadas por pesquisadores sociais.[1] Assim, embora ciente das limitações das classificações nesse campo, "que remetem à posição positivista de criação de tipos ideais, que não expressam o real em suas múltiplas determinações e particularidades"

1. Uma particularidade marcante da maioria desses pesquisadores é que eles, não obstante possuírem formação básica nos tradicionais ramos das ciências humanas e sociais, como economia, sociologia, ciência política, serviço social, direito, entre outros, se especializaram em *política social*. Ou seja, tornaram-se membros ativos de uma nova e pouco convencional disciplina que, com essa denominação, vem apresentando características próprias em relação às demais disciplinas sociais, com as quais mantém entrosamento. Trata-se, a política social, no dizer de especialistas contemporâneos como Alcock, Dean, Coffey, Blackmore, entre vários, de algo difícil de ser definido, mas que existe, com todas as suas antilinearidades, contradições e multiconfigurações. Para eles, ela é, ao mesmo tempo, pelo menos três coisas: uma *disciplina acadêmica*, que vem ocupando assento em universidades e centros de pesquisa pelo mundo afora e, portanto, criando seus próprios quadros teóricos e conceituais; um *campo* de pesquisa e ação, que carreia a atenção e participação de várias disciplinas; um *conjunto de políticas e práticas* movidas por interesses em confronto. Enfim, a política social é algo em movimento e em franca reconceituação que só pode ser entendida no contexto global das mudanças e transformações sociais.

(Boschetti, 2012, p. 759), o objeto desse estudo (as concepções idealizadas ou concretamente pensadas sobre a proteção social capitalista, contidas em oito teorias e ideologias diferenciadas e competitivas) só poderia ser investigado em sua complexidade mediante o exame de correntes particulares, selecionadas em meio a uma gama variada e muitas vezes miscigenada, como representantes mais expressivas de três matrizes teóricas clássicas: a *residual*, a *social-democrata* ou *institucional* e a *socialista*.

A apresentação, neste livro, de experiências de proteção social, como a estadunidense e a escandinava, ao final dos capítulos referentes às Matrizes Residual e Social-democrata, respectivamente, foi concebida como exercício reflexivo sobre a materialização dos princípios reitores das referidas matrizes em modelos de proteção social consumados na prática. Todavia, reconhece-se que não existem, nem nunca existiram, esquemas puros, perfeitos, fiéis a teorias ou ideologias unívocas. No contexto social, político, econômico e histórico dos Estados Unidos, coexistem, contraditoriamente, ações e medidas social-democratas e de orientação socialista. Da mesma maneira, nos países nórdicos, a proteção social social-democrata é tensionada por pleitos e processos com características residuais e socialistas. Essas experiências foram destacadas neste estudo como os mais paradigmáticos exemplos práticos existentes de predominância dos atributos contidos nas duas matrizes supracitadas.

A notada ausência de exemplificação prática dos princípios e ideais defendidos pelas correntes componentes da Matriz Socialista se deu em virtude da convicção de que ainda não foram perpetradas, em nenhuma parte do globo, experiências concretas fiéis às proposições socialistas democráticas e, menos ainda, marxistas. Compartilha-se, neste livro, a opinião de Mészáros (1997, 2002a), Mandel (1975b) e Wood (2003) de que uma vivência genuinamente socialista deve, além de suprimir o modo capitalista de produção, romper com a lógica do capital em todas as esferas. Do contrário, apenas se substituirá o capitalista por outro agente opressor — tal qual a burocracia, no caso da ex-URSS — e se preservará formas inaceitáveis de exploração humana, comparáveis à extorsão de mais-valia. Embora se reconheça a importância política e a parcial "vitória de princípios", como diria Marx, contida nas revoluções chinesa, vietnamita, norte-coreana, russa e cubana, em nenhuma dessas experiências a lógica do capital foi eliminada. Além disso, as nações que, ainda hoje, resistem ao capitalismo, como Vietnã, Coreia do Norte e Cuba, precisam concentrar suas forças na resistência às investidas hostis desse modo de produção mundialmente hegemônico. A preocupação em sobreviver, conforme elucida Mészáros (2002b), inviabiliza maiores esforços na aplicação de medidas efetivamente socialistas e de bem-estar humano.

Ademais, neste livro não foram apresentadas exemplificações de cada uma das oito correntes, individualmente, e nem discutidas em profundidade as aplicações de suas características específicas, metodologias ou técnicas na realidade de nações, modelos de proteção social ou modos de produção contraditórios. Na verdade, buscou-se manter a coerência com os objetivos propostos neste estudo, atendo-se ao exame de teorias e ideologias conflitantes, criadas, como já visto, sob a influência de determinações econômicas.

Ao longo deste trabalho, procurou-se prioritariamente apreender o significado e alcance do termo *proteção social* para as três matrizes e as oito correntes teóricas e ideológicas componentes destas, na tentativa de aclarar sua acepção, diferenciando-a de conceitos correspondentes; identificar suas variantes no capitalismo; descobrir sua natureza gnosiológica, seja como conceito, designação nominal ou simples constructo (construção mental); e contribuir para o debate qualificado em torno do sentido de proteção social, oferecendo informações ampliadas e mais precisas à luz de diferentes abordagens intelectuais.

Após o extenso trabalho de análise e contextualização histórica das oito abordagens mencionadas, concluiu-se, adaptando as palavras de Pereira-Pereira (2011a, p. 165) ao se referir à política social, que "não é fácil conceituar e definir [*proteção social*] — porque existem tantas definições quantos autores ou atores que tentam compreendê-la e colocá-la em prática" (grifo nosso). Neste livro, embora tenham sido identificadas ao menos oito diferentes concepções sobre o tema, optou-se, conforme já informado, pela agregação de correntes teóricas e ideológicas com características predominantemente semelhantes, em uma mesma matriz. Dessa forma, acredita-se que, embora não tenha sido possível ignorar disparidades existentes entre suas abordagens — e, por isso, elas foram examinadas individualmente —, cada matriz agrega particularidades que podem resumir pontos de vista teóricos e práticos específicos; e, dessa maneira, podem representar três amplos entendimentos diferenciados de proteção social.

A Matriz Residual traduz a proteção social relutante, admitida desde que seja pontual, emergencial, condicional, focalizada e mínima, a fim de garantir a coesão, a ordem e a harmonia sociais indispensáveis para o bom funcionamento da sociedade capitalista. O mercado e outras instituições privadas não mercantis (como a família, as associações de vizinhos, as ONGs, entre outras) assumem papel primordial na oferta de proteção social, legitimados pela suposta valorização dos princípios liberais de direito à escolha, liberdade negativa e do mérito associado à competição. Para essa matriz, o consenso deve ser perseguido como a principal forma de pacto político, mas, caso este não seja alcançado, utiliza-se, sem escrúpulos, da cooptação e do conflito velado para fazer valer seus códigos e suas práticas políticas. A defesa desse padrão protetivo assenta-se em teorias e ideologias que emergiram das academias francesas e austríacas e das renomadas instituições de ensino superior estadunidenses como o *City College* de Nova York e as Universidades de Columbia, Harvard e Chicago, onde lecionaram os baluartes do pensamento funcionalista Robert Merton e Talcott Parsons e os neodireitistas Irving Kristol e Milton Friedman.

A Matriz Social-Democrata, por seu turno, embora compartilhe a mesma intenção socialmente integradora, avança ao reconhecer a proteção social como direito a ser garantido ampliadamente. A universalidade, para essa matriz, ainda não é inteiramente bem-vinda, mas já é compreendida como estratégia segura a ser adotada na prevenção de crises ou solução de problemas sociais pela maioria dos estudiosos, gestores e políticos ligados às correntes componentes que a compõem. Nela, o Estado assume papel essencial, não obstante compartilhe a gestão e a provisão social com o mercado e com outras instâncias sociais privadas não mercantis (pluralismo de bem-estar). As ações políticas, econômicas e sociais são, preferencialmente, fruto de decisões coletivas, democráticas e consensuais e são executadas pragmaticamente, a variar de acordo com as circunstâncias.

Por fim, a Matriz Socialista apresenta a defesa da proteção social pública, gratuita e universal, comprometida com a satisfação de necessidades humanas e a resolução (ou, ao menos, alívio) dos males sociais causados e perpetuados pelo capitalismo. No entanto, por ser constituída por duas correntes diversas entre si, a Matriz Socialista comporta duas visões de proteção social. A primeira, afinada com a ideologia do Socialismo Democrático, encara as medidas protetivas como sendo sempre benéficas à sociedade como um todo, já que supostamente contribui para a melhoria da qualidade de vida de seus destinatários e favorece a construção da equidade, o que, por consequência, estimula a fraternidade e reprime os conflitos entre classes. Antagonistas do conflito radical, os socialistas democráticos pleiteiam transições e reformas pacíficas, graduais nos marcos da democracia burguesa. Para o marxismo, contudo, a proteção social é contraditória e pode, como já visto, tanto ser vantajosa às classes oprimidas e contribuir para o alcance da emancipação humana, quanto, ao mesmo tempo, ser útil ao capital e à sua reprodução. E ainda que a transição democrática seja desejável, essa teoria entende que o conflito de classes é inerente ao sistema capitalista, sendo seu fim apenas possível com a extinção desse modo de produção.

No entanto, a despeito de suas diferenças, ambas as correntes reconhecem que a proteção social plena, como direito de todos, associada às necessidades humanas, à equidade e à liberdade positiva, só pode ser concretamente implementada em sociedades diversas das atuais, regidas por outro conjunto de valores. E, até o estabelecimento de uma nova ordem mundial (comunista, para os marxistas), o Estado deve se responsabilizar pela sua gestão e execução.

As características dessas três matrizes e de suas oito correntes componentes foram sintetizadas no Quadro 3 a seguir.

Quadro 3. Quadro comparativo das matrizes teóricas e ideológicas conflitantes

Características	Matriz Residual			Matriz Social-Democrata			Matriz Socialista	
	Funcionalismo	Teoria da Convergência	Nova Direita	Teoria da Cidadania	Via Média	Administração Social	Socialismo Democrática	Teoria e Ideologia Marxista
Importância dada à teoria	Valorização da teoria	Valorização da teoria	Valorização da teoria	Valorização da teoria	Pragmatismo	Pragmatismo	Pragmatismo	Valorização da teoria
Tipo de Proteção Social	Mínima e residual	Mínima e residual	Mínima e residual	Proteção Social ampla. Pode ser universal ou focalizada	Proteção Social ampla. Pode ser universal ou focalizada	Proteção Social ampla. Pode ser universal ou focalizada	Proteção Social universal	Proteção Social universal
Principais instâmncias	Estado e mercado	Estado e mercado	Mercado e outras instâncias privadas não mercantis (família ONGs)	Estado	*Pluralismo e Bem-Estar* (Estado, mercado e outras instâncias não mercantis)	Estado	Estado	Estado
Status de direito	Proteção Social não é direito	Proteção Social não é direito	Proteção Social não é direito	Proteção Social não é direito	Proteção Social não é direito	Proteção Social não é direito	Proteção Social não É direito	Proteção Social é e não é direito. É contraditória
Objetivo primeiro da Proteção Social	Preservação do capitalismo	Preservação do capitalismo	Preservação do capitalismo	Preservação do capitalismo	Preservação do capitalismo	Preservação do capitalismo	Superação do capitalismo e emancipação humana	Pode contribuir para a superação do capitalismo e emancipação humana E para a conservação do capitalismo e da alienação humana. É contraditória

Fonte: Elaboração própria.

Do exposto, é possível afirmar que a hipótese de trabalho que balizou os estudos que redundaram neste livro foi confirmada. De fato, *o termo proteção social encerra em si um ardil ideológico, a ser teoricamente desmontado, visto que ele falseia a realidade por se expressar semanticamente como sendo sempre positivo*. Esse termo (proteção social) tem sido utilizado com essa forma vocabular por todas as correntes estudadas e ocupa lugar central no campo de estudo e de atuação das três matrizes. Contudo, em cada uma delas assume características diferentes e adquire distintas — e até adversas — significações. Isto porque, ainda em concordância com a hipótese de trabalho, *a proteção social, onde quer que tenha sido empregada, sempre foi alvo de interesses discordantes entre os seus estudiosos, executores e destinatários*. Nas sociedades pré-capitalistas, por exemplo, a proteção social, mais do que necessidades sociais, atendia objetivos de controle político, legitimação ou manutenção de prestígio e privilégios.

No capitalismo o choque de interesses contrários entre destinatários e sujeitos da proteção social se tornou mais sofisticado e ideologicamente ardiloso. Nesse modo de produção, desde os seus primórdios até sua fase contemporânea, o recurso à proteção social sempre expressou um compromisso político estratégico entre forças de diferentes filiações: ao mercado e às instâncias políticas da sociedade, incluindo o mundo do trabalho. Como visto, nas fases mais avançadas do capitalismo o Estado constituiu o grande suporte da proteção social devido à crescente necessidade de regulação das relações sociais e econômicas, que se tornaram mais complexas, e à intensificação dos conflitos de classe. Mesmo na atual fase capitalista, de franca internacionalização imperialista, a proteção social joga um papel importante, que extrapola a tradicional regulação de conflitos: ela constitui também uma força produtiva, à medida que diminui os custos da carga improdutiva do Estado com criminalidade, pobreza extrema, doenças generalizadas e melhora a competitividade entre nações.

Assim, ao mesmo tempo que se volta para o atendimento de necessidades do capital, a proteção social não pode descurar das necessidades sociais, visto que o capitalismo não funciona isento da contradição de ter que atender demandas do trabalho, que podem reverter em benefícios para o capital. Nesse caso, a proteção social contemporânea também contempla as necessidades sociais.

Dessa maneira, é possível afirmar que coexistem, na atualidade, visões discrepantes sobre proteção social que competem entre si pela conquista de espaço hegemônico nas universidades, nas instituições gestoras e executoras de políticas sociais e nas esferas mais básicas da sociedade, em busca de legitimação. Para alguns — especialmente os residualistas —, a proteção social não passa de uma ferramenta, uma estratégia indesejável, mas eficaz, de controle e integração social. Para outros — como os social-democratas —, ela constitui quase uma instituição essencial, embora pragmática, capaz de manter, reproduzir e melhorar a vida humana no capitalismo. Outros, ainda — os socialistas democráticos —, a entendem como *meio*, caminho a ser obrigatoriamente trilhado para o alcance de uma nova sociedade, fraterna, equânime e livre. Em verdade, nenhuma dessas concepções é aparentemente falsa. Em virtude de seu caráter contraditório, o termo *proteção social* pode abrigar, concomitantemente, várias significações e intenções; daí a necessidade de ser sucedido por predicados que a classifiquem e a situem no contexto de discursos e ações carregados de juízos de valor.

Esse termo, portanto, não constitui uma categoria teórica, já que não possui um significado ontologicamente sustentado; e não se coloca como síntese explicativa que possa ser traduzida em conceito resultante da compreensão o mais ampla possível de um acontecimento complexo, real, vivo, dotado de dinamicidade, que não pode ser captado apenas pelos sentidos ou por vontades políticas (Ianni, 1986). Pelo contrário, proteção social tem sido majoritariamente nominada como ideia-força, palavra de ordem, carente de teorização, embora rica de conteúdos morais. E, por esse motivo, constitui-se ainda em um enigma para o conhecimento. Ou como muito bem disse Ianni (1986), recorrendo a Hegel, a propósito de fatos desfalcados de construções categoriais ou conceituais: trata-se de um fato ainda perdido para o conhecimento, solto no espaço explicativo, geralmente colocado entre aspas, e, como tal, sujeito a especulações variadas. Por isso, o termo proteção social, para ter um mínimo de inteligibilidade e capacidade comunicativa, deve apresentar-se quase sempre adjetivado: *capitalista, socialista, residual, social-democrata, pública, privada, focalizada, universal, parcial, total*, entre outras qualificações.

Porém, conquanto seja ainda utilizado à exaustão por correntes e matrizes competitivas, esse termo, ao longo da história capitalista, e em especial nos últimos cinquenta anos, tem adquirido atributos residuais, sobretudo neodireitistas. Mesmo em nações social-democratas e, até mesmo, socialistas, historicamente comprometidas com o aprimoramento das formas de garantia de bem-estar, a proteção social tem retrocedido; os avanços e os direitos sociais, arduamente conquistados, têm sido desmantelados. Nas palavras de Mishra,

> o Estado-Providência [Estado de Bem-Estar Social] está *de fato* a revelar-se reversível. E mais: a reversibilidade parece ser perfeitamente compatível com a democracia liberal e, além disso, com a continuada popularidade eleitoral da Nova Direita! (Mishra, 1995, p. 43)

A hegemonia neodireitista em praticamente todo o planeta tem moldado as medidas socialmente protetivas à sua imagem e semelhança. Seus valores individualistas e seu moralismo meritocrático/hedonista, ancorado na concepção de *welbeing* como sinônimo de felicidade pessoal, estimulam a competição; a aceitação (e glorificação) das desigualdades e da exploração; a busca alucinada pelo sucesso a qualquer preço; a valorização da prosperidade, das riquezas, das elites, da ostentação; a exaltação do espetáculo, do aparente, do imediato; o servilismo ao trabalho assalariado e o temor (quase religioso) ao empregador; e a submissão passiva às punições pelos pecados (fracassos) sociais, sempre considerados *faltas* individuais. Diante dessas evidências, arrisca-se dizer, em concordância com Walter Benjamin (2013, p. 21), que o capitalismo, de fato, pode ser encarado como uma religião, já que "está essencialmente a serviço da resolução das mesmas preocupações, aflições e inquietações a que outrora as assim chamadas religiões quiseram oferecer resposta". Seu culto é mundial, permanente, provavelmente o mais extremado que já existiu e, pioneiramente, culpabilizador (ibid.). Para Benjamin (2013, p. 22), "nesse aspecto, tal sistema religioso é decorrente de um movimento monstruoso. Uma monstruosa consciência de culpa que não sabendo como expiar lança mão do culto, não para expiar essa culpa, mas para torná-la universal, para martelá-la na consciência".

Convencido de que é o único responsável pela sua derrota social e econômica, o indivíduo cede às pressões do sistema e se sujeita à penitência da miséria; do desemprego ou do trabalho degradante; da fome; do castigo no transporte público precário, na habitação de risco, na desassistência completa. Mas prossegue no culto ao capital. Conforme Benjamin (2013, p. 22), "faz parte da essência desse movimento religioso que é o capitalismo aguentar até o fim". O capitalismo como religião, assim, não representa mais "a reforma [íntima] do ser, mas seu esfacelamento. Ela é a expansão do desespero ao estado religioso universal" (ibid., p. 22).

Por conseguinte, a evidente incompatibilidade do capitalismo com a emancipação e o bem-estar humanos, com a democracia (como soberania popular) e com uma proteção social plena e libertária, já descrita por Marx e Engels, remete ao desafio de sua superação. Nas palavras de Wood (2003, p. 8):

> O capitalismo é estruturalmente antitético à democracia [e ao bem-estar] não somente pela razão óbvia de que nunca houve uma sociedade capitalista em que a riqueza não tivesse acesso privilegiado ao poder, mas também, e principalmente, porque a condição insuperável de existência do capitalismo é o fato de a mais básica das condições de vida, as exigências mais básicas de reprodução social, ter de se submeter aos ditames da acumulação de capital e às "leis" do mercado. [...] Toda prática humana que é transformada em mercadoria deixa de ser acessível ao poder democrático [e ao bem-estar]. Isso significa que a democratização [e a emancipação humana] deve seguir *pari passu* com

a "destransformação em mercadoria". Mas tal destransformação significa o fim do capitalismo.

A supressão desse modo de produção é a única via pela qual a humanidade pode passar do "reino das necessidades para o reino da liberdade" (Engels, 1975). A proteção social, histórica e contraditória, como bandeira de luta consciente e crítica contra o despotismo do capital, pode contribuir nesse processo.

REFERÊNCIAS

ABRAHAMSON, Peter. Regímenes europeos del bienestar y políticas sociales. In: SARASA, Sebastià; MORENO, Luis (Comp.). *El Estado del Bienestar en la Europa del Sur*. Madrid: Consejo Superior de Investigaciones Científicas, 1995.

______. *The Scandinavian Model of Welfare*: comparing social welfare systems in Nordic Europe and France. Paris: MIRE, 1999.

______. Neoliberalismo, pluralismo de bem-estar e configuração das políticas sociais. In: BOSCHETTI, Ivanete et al. *Política social*: alternativas ao neoliberalismo. Brasília: Programa de Pós-Graduação em Política Social, Departamento de Serviço Social, 2004.

______. Política fiscal y protección social en Estados pequeños: comparando Escandinavia y Centroamérica. *Boletín de Estudios Fiscales*, Instituto ICEFI, Instituto Centroamericano de Estudios Fiscales, Guatemala, 2007.

______. O retorno das medidas de ativação na política de bem-estar dinamarquesa: emprego e proteção social na Dinamarca. *Ser Social*, revista do Programa de Pós-Graduação em Política Social, do Departamento de Serviço Social da Universidade de Brasília, v. 11, n. 25, jul./dez. 2009.

______. O modelo escandinavo de proteção social. *Argumentum*, Vitória, v. 4, n. 1, p. 7-36, 2012.

ADELANTADO, José; NOGUERA, José; RAMBLA, Xavier. El marco de análisis: las relaciones complejas entre estructura social y políticas sociales. In: ADELANTADO (Coord.). *Cambios en el Estado del Bienestar*. Barcelona: Icaria/Universidad Autónoma de Barcelona, 2000.

AFONSO, Almerindo Janela. *Políticas educativas e avaliação educacional*. Braga: Universidade do Minho, 1998.

______. Estado, mercado, comunidade e avaliação: esboço para uma rearticulação crítica. *Educação & Sociedade*, ano XX, n. 69, dez. 1999.

______. *Avaliação educacional*: regulação e emancipação. São Paulo: Cortez, 2000.

______. Estado, políticas educacionais e obsessão avaliativa. *Contrapontos*, Itajaí, v. 7, n. 1, jan./abr. 2007.

ALBER, Jens. *Dalla carità allo stato sociale*. Il Mulino: Bologna, 1987.

ALCOCK, Pete. *Social Policy in Britain*. London: Macmillan, 1996.

______. *Understanding Poverty*. 2. ed. London: Macmillan, 1997.

ALCOCK, Pete; ERSKINE, Angus; MAY, Margaret (Ed.). *The student's companion to social policy*. Malden, Massachussetts: Blackwell Publishers, 1998.

______. *The Blackwell dictionary of social policy*. Oxford, UK: Blackweel Publishers; Maden, Massachusetts: Blackwell Publishers, 2002.

ALVES, Maria Teresa Gonzaga. Estado, mercado, comunidade e avaliação: esboço para uma rearticulação crítica. *Educação & Sociedade*, n. 69, p. 139-164, 1999.

______. Conteúdos ideológicos da Nova Direita no Município de São Paulo: análise de *surveys*. *Opinião Pública*, Campinas, v. VI, n. 2, p. 187-225, 2000a.

______. *Avaliação educacional*: regulação e emancipação. São Paulo: Cortez, 2000b.

______. Estado, políticas educacionais e obsessão avaliativa. *Contrapontos*, Itajaí, v. 7, n. 1, p. 11-22, jan./abr. 2007.

ANDERSON, Perry. Balanço do neoliberalismo. In: SADER, Emir; GENTILLI, Pablo. *Pós-neoliberalismo*: as políticas sociais e o Estado democrático. Rio de Janeiro: Paz e Terra, 1995.

ANTTONEN, Anneli; SIPILÄ, Jorma. *Five regimes of social care services*. Tampere: Department of Social Policy and Social Work, University of Tampere, 1995.

ARCARY, Valério. Marxismo e natureza humana. *Vírus Planetário*, 9 mar. 2013. Disponível em: <www.virusplanetario.net/>. Acesso em: 15 abr. 2013.

ARIENTI, Wagner L. Uma análise regulacionista das reformas do Estado capitalista: rumo ao Estado pós-fordista? *Textos de Economia*, v. 8, n. 1, p. 1-36, 2002.

ATTALI, Jacques. *Karl Marx ou o espírito do mundo*. Rio de Janeiro/São Paulo: Record, 2007.

AURELIANO, Liana; DRAIBE, Sônia Miriam. Teorias e tipologias sobre a emergência e desenvolvimento do Welfare State. In: Ministério da Previdência e Assistência Social (MPAS); Comissão Econômica para América Latina e Caribe (Cepal). *Economia e Desenvolvimento*. Projeto: A política social em tempo de crise: articulação institucional e descentralização — reflexões sobre a natureza do bem-estar, Brasília, Convênio MPAS/Cepal, n. 3, 1989.

BAER, Monica; LICHTENSZTEJN, Samuel. *Fundo Monetário Internacional e Banco Mundial*. São Paulo: Brasiliense, 1987.

BAKER, Josiah R. *Constructing the People's Home*: the Political and Economic Origins and Early Development of the "Swedish Model" (1879-1976). Dissertation (Doctorate in Philosophy) — Department of Politics, School of Arts and Sciences, University of Columbia, Washington, DC, 2011.

BALDWIN, Peter. *La politica de solidaridad social*: bases sociales del Estado de Bienestar europeo 1875-1975. Madrid: Ministerio de Trabajo y Seguridad Social, 1992.

BARBALET, Jack M. *A cidadania*. Lisboa: Editorial Estampa, 1989.

BARBIER, Jean-Claude. L' "activación" de la protection sociale: existe-t-il un modèle français? In: GUILLEMARD, Anne-Marie (Org.). *Où va la protection social?* Paris: PUF, 2008.

BARBOSA, Lívia. *Igualdade e meritocracia*: a ética do desempenho nas sociedades modernas. 4. ed. Rio de Janeiro: Fundação Getúlio Vargas: Editora FGV, 2003.

BARROS, Flávia. *Banco mundial e ONGs ambientalistas internacionais*: ambiente, desenvolvimento, governança global e participação da sociedade civil. Tese (Doutorado em Sociologia) — Universidade de Brasília, Brasília, 2005.

BASBAUM, Leôncio. *Sociologia do materialismo*: introdução à história da filosofia. São Paulo: Edições Símbolo, 1978. (Col. Ensaio e Memória, n. 3.)

BECKER, Gary S. *Human capital*: a theoretical and empirical analysis, with special reference to education. Chicago: University of Chicago Press, 1964.

BENDFELDT, Juan F. A dimensão desconhecida do capital: o capital humano. In: BENDFELDT, M. T. I. B.; FUENTES, M. C. A. de. *Educação em crise*. Porto Alegre: Ortiz: IEE, 1994.

BENJAMIN, Walter. *O capitalismo como religião*. São Paulo: Boitempo, 2013.

BENTHAM, Jeremy. *Uma introdução aos princípios da moral e da legislação/MILL, John Stuart. Sistema de lógica dedutiva e indutiva e outros textos*. São Paulo: Abril Cultural, 1979. (Col. os Pensadores.)

BERGGREN, Henrik; TRÄGÅRDH, Lars. Social trust and radical individualism: the paradox at the heart of Nordic capitalism. In: WORLD ECONOMIC FORUM. *The Nordic Way*. Shared Norms for the New Reality. Davos, 2011.

BEVERIDGE, William. *O Plano Beveridge*: Relatório sobre o Seguro Social e Serviços Afins. Rio de Janeiro: José Olympio Editora, 1943.

BILGRAMI, S. Jafar Raza. Problems of Democratic Socialism. *The Indian Journal of Political Science*, v. 26, n. 4, Conference Number: XXVII Indian Political Science Conference: Mysore, 28th, 29th & 30th December, 1965.

BISLEV, Sven; HANSEN, Henning. The Nordic Welfare States and the European single market. In: LYCK, Lise (Ed.). *The Nordic countries in the internal market of the EC*. Copenhagen: Handelshøjskolens förlag, 1990.

BLAKEMORE, Ken. *Social policy*: an introduction. Buckingham, Philadelphia: Open University Press, 1998.

BOBBIO, Norberto. *Direita e esquerda*: razões e significados de uma distinção política. São Paulo: Unesp, 1995.

BOFF, Leonardo. A espetacularização e a ideologização do Judiciário. Revista *Carta Maior*, São Paulo, 4 out. 2012. Disponível em: <http://www.cartamaior.

com.br/templates/colunaMostrar.cfm?coluna_id=5801>. Acesso em: 10 out. 2012.

BOSCHETTI, Ivanete. *Seguridade Social*: a armadilha dos conceitos. Texto preparado originalmente como item do projeto de pesquisa intitulado "A seguridade social dilapidada: elementos determinantes de sua fragmentação no Brasil", apresentado ao CNPq em julho de 2002. Material didático para a disciplina "Seguridade Social I — Previdência e Assistência". Brasília: SER/UnB, 2003.

______. *Seguridade social e trabalho*: paradoxo na construção das políticas de previdência e Assistência social no Brasil. Brasília: Letras Livres, 2006.

______. A insidiosa Corrosão dos Sistemas de Proteção Social Europeus. *Serviço Social & Sociedade*, São Paulo, n. 112, p. 754-803, out./dez. 2012.

BOTTOMORE, Tom (Ed.). *Dicionário do pensamento marxista*. Rio de Janeiro: Jorge Zahar Editor, 1988.

BOUDON, Raymond; BOURRICAUD, François. *Dicionário crítico de sociologia*. São Paulo: Ática, 2001.

BRAGE, Luis Ballester. *Las necesidades sociales*: teorías y conceptos básicos. Madrid: Editorial Síntesis, 1999.

BREMNER, Robert. Shifting Attitudes. In: WEINBERGER, Paul E. *Perspectives on Social Welfare*: an introductory anthology. New York: The Macmillan Company, 1969a.

______. A note on the role of social workers in the reform movement. In: WEINBERGER, Paul E. *Perspectives on Social Welfare*: an introductory anthology. New York: The Macmillan Company, 1969b.

BRENER, Jayme. *Jornal do Século XX*. São Paulo: Moderna, 1998.

BRESS, Ludwig. Acumulación. In: KERNING, C. D. (Org.). *Marxismo y democracia*. Enciclopedia de conceptos básicos. [Economía 1]. Madrid: Ediciones Rioduero, 1975.

BRUNO, Frank J. The English Poor Law in America. In: WEINBERGER, Paul E. *Perspectives on Social Welfare*: an introductory anthology. New York: The Macmillan Company, 1969.

BRUYNE, Paul de et al. *Dinâmica da pesquisa em ciências sociais*: os polos da prática metodológica. Rio de Janeiro: Francisco Alves, 1977.

BRYM, Robert J. et al. *Sociologia*: sua bússola para um novo mundo. São Paulo: Cengage Learning, 2010.

BUONICORE, Augusto. *Marx e Engels e a Tradição Democrática*. 9 jun. 2013. Disponível em: <http://www.vermelho.org.br/noticia.php?id_noticia=215547&id_ secao=9.. Acesso em: 31 out. 2013.

BURKE, Peter. *História e Teoria Social*. São Paulo: Editora Unesp, 2012.

CABRAL, Augusto. A sociologia funcionalista nos estudos organizacionais: foco em Durkheim. *Cadernos Ebape*, Rio de Janeiro, v. 2, n. 2, 2004. Disponível em: <http://www.scielo.br/scielo.php?pid=S1679-39512004000200002&script=sci_arttext>. Acesso em: 7 jul. 2013.

CABRERO, Gregório Rodríguez. Prólogo a la edición española. In: DOYAL, Len; GOUGH, Ian. *Teoria de las necesidades humanas*. Barcelona: Icaria: Fuhem D. L., 1994.

CARVALHO, Mónica. Aspectos éticos em torno da questão dos riscos. In: CONGRESSO PORTUGUÊS DE SOCIOLOGIA — SOCIEDADE, CRISE E RECONFIGURAÇÕES, 7., Porto, 2012.

CASTEL, Robert. *As metamorfoses da questão social*. Petrópolis: Vozes, 1998.

______. *A insegurança social*: o que é ser protegido? Petrópolis: Vozes, 2005.

CASTLES, Francis Geoffrey; MITCHELL, Deborah. *Three Worlds of Welfare capitalism or four?* Australian National University, graduate program in public policy, Discussion paper N. 21, 1990.

CASTRO, Luciana Carnicero de. Políticas de desenvolvimento e desenvolvimento rural: evolução das ideias e políticas do Banco Mundial. In: *DOSSIÊ*: Banco Mundial e Estados Unidos, momentos de uma história de tensões. São Paulo: INCT-INEU, 2009. Disponível em: <http://www.inct-ineu.org.br/documents/Luiza_texto_1.pdf>. Acesso em: 14 maio 2013.

CECCHINI, Simone; MADARIAGA, Aldo. Programas de Transferencias Condicionadas: balance de la experiencia reciente en América Latina y el Caribe. *Cuadernos de la Cepal*, Santiago de Chile, Naciones Unidas, n. 95, jun. 2011. Disponível em: <http://www.cepal.org/publicaciones/xml/6/44126/Programas-transferencias-Condicionadas-ALC-95.pdf>. Acesso em: 24 fev. 2013.

CHALHOUB, Sidney. *Cidade febril*: cortiços e epidemias na Corte Imperial. São Paulo: Companhia das Letras, 2006.

CHAMBERS, Clarke A. A historical perspective on political action *Vs*. Individualized treatment. In: WEINBERGER, Paul E. *Perspectives on Social Welfare*: an Introductory Anthology. New York: The Macmillan Company, 1969.

CHAUI, Marilena. Em defesa da liberdade de expressão e por uma Ley de Medios. Palestra realizada no Sindicato dos Jornalistas de São Paulo, em 10 set. 2012.

CHENERY, Hollis et al. *Redistribución con crecimiento*. Madrid: Tecnos, 1974.

CHEPTULIN, Alexandre. *A dialética materialista*: categorias e leis. São Paulo: Alfa-Ômega, 1982.

CHILDS, Marquis William. *Sweden*: the Middle Way. New Haven: Yale University Press, 1936.

CHOSSUDOVSKY, Michel. *A globalização da pobreza*: impactos das reformas do FMI e do Banco Mundial. São Paulo: Moderna, 1999.

CHRISTIANSEN, Niels Finn. Dinamarca: fim de um idílio? In: ANDERSEN, Perry; CAMILLER, Patrick (Org.). *Um mapa da esquerda na Europa Ocidental*. Rio de Janeiro: Contraponto, 1996.

COGGIOLA, Osvaldo. *Introdução à teoria econômica marxista*. São Paulo: Viramundo, 1998.

COIMBRA, Marcos Antônio. Abordagens teóricas ao estudo das políticas sociais. In: ABRANCHES, Sérgio Henrique; SANTOS, Wanderley Guilherme; COIMBRA, Marcos Antônio. *Política social e combate à pobreza*. Rio de Janeiro: Jorge Zahar Editor, 1987.

CONWAY, Tim; NORTON, Andy. Nets, Ropes, Ladders and Trampolines: the place of social protection within current debate on poverty reduction. *Development Policy Review*, v. 20, n. 5, p. 533-540, 2002. Disponível em: <http://africacsp.org/wahenga/site s/default/files/library/conway02_dpr_v20n5.pdf>. Acesso em: 25 nov. 2012.

COUTINHO, Carlos Nelson. Cidadania e modernidade. *Perspectivas*, São Paulo, v. 22, p. 41-59, 1999.

CROSLAND, Anthony. *The future of socialism*. London: Constable, 2006.

CRUZ FILHO, Abdias Pinto et al. Acesso e permanência na universidade: uma questão de mérito? In: SILVA, Jailson de Souza; BARBOSA, Jorge Luiz; SOUZA, Ana Inês. *Práticas pedagógicas e a lógica meritocrática na universidade*. Rio de Janeiro: UFRJ, Pró-reitoria de extensão, 2006.

DANTAS, Gilson. *Estados Unidos, militarismo e economia da destruição*: belicismo norte-americano e crise do capitalismo contemporâneo. Rio de Janeiro: Achiamé, 2007.

______ (Org.). *A estatística da miséria e a miséria da estatística*. Rio de Janeiro: Achiamé, 2009.

DAVIS, Mike. *Planeta favela*. São Paulo: Boitempo, 2006.

DEAN, Hartley. *Social Policy*. Cambridge: Polity Press, 2006.

DICKENS, Charles. *Oliver Twist*. São Paulo: Hedra, 2002.

DINITTO, Diana M.; CUMMINS, Linda K. *Social Welfare*: politics and public policy. Boston, MA: Pearson, 2007.

DOMINGUES, José Maurício. *A sociologia de Talcott Parsons*. Coimbra: Imprensa da Universidade de Coimbra; Annablume Editora, 2012.

DOYAL, Len; GOUGH, Ian. *A theory of human need*. London: Macmillan, 1991.

DUBET, François. *As desigualdades multiplicadas*. Ijuí: Ed. da Unijuí, 2003.

DURKHEIM, Émile. *As regras do método sociológico*. 6. ed. São Paulo: Companhia Editora Nacional, 1974.

______. *Da divisão do trabalho social; As regras do método sociológico; O suicídio; As formas elementares da vida religiosa*. São Paulo: Abril Cultural, 1978. (Col. Os Pensadores.)

EHRMAN, John. Neoconservatism. *First principles*. ISI Web Journal, 2011. Disponível em: <http://www.firstprinciplesjournal.com/articles.aspx?article=601&theme>. Acesso em: 24 dez. 2012.

EKLUND, Klas. Nordic Capitalism: Lessons Learned. In: World Economic Forum. *The Nordic Way*. Shared Norms for the New Reality. Davos, 2011.

ENGELS, Friedrich. Princípios básicos do comunismo. In: MARX, Karl; ENGELS, Friedrich. *Obras escolhidas*. Lisboa/Moscou: Editorial Avante!/ Edições Progresso, 1982. t. I. Disponível em: <http://www.marxists.org/portugues/marx/1847/11/principios.htm>. Acesso em: 23 out. 2013.

ENGELS, Friedrich. *Do socialismo utópico ao socialismo científico*. 2. ed. São Paulo: Centauro, 2005.

______. Discurso ante la tumba de Marx. In: MARX, Karl; ENGELS, Friedrich. *Obras escogidas*. Madrid: Editorial Ayuso, 1975. t. II

ESPING-ANDERSEN, Gøsta. *The Three Worlds of Welfare Regimes*. Cambridge: Polity Press, 1990.

______. As três economias políticas do *Welfare State*. *Lua Nova*, São Paulo: Cedec, n. 24, set. 1991.

FERNANDES, Florestan. *Fundamentos empíricos da explicação sociológica*. São Paulo: Companhia Editora Nacional, 1959.

FERRER, Jorge Garcés; FERRANDIS, Estrella Durá. Ideología y Política Social. In: BRACHO, Carmen Alemán; FERRER, Jorge Garcés. *Política social*. Madrid: McGraw-Hill, 1998.

FLEISCHER, Helmut. *Concepção marxista da história*. Lisboa: Edições 70, 1978.

FIANI, Ronaldo. Uma crítica dos mecanismos de variação e seleção no conceito de ordem espontânea de Hayek. *Revista de Economia Contemporânea*, Rio de Janeiro: Instituto de Economia, UFRJ, v. 6, n. 2, p. 7-35, jul./dez. 2002.

FILHO, Raimundo Portela. Funcionalismo e estados mentais. *Ciências Humanas em Revista*, São Luís, v. 3, número especial, jun. 2005.

FINNEMORE, Martha. Redefining Development at the World Bank. In: COOPER, Frederick; PACKARD, Randall. *International development and the social sciences*. Essays on the history and politics of knowledge. Berkeley: University of California Press, 1997.

FONSECA, Pedro Cezar Dutra. Desenvolvimento econômico e distribuição de renda. In: SALVO, Mauro; PORTO JR., Sabino da Silva. *Uma nova relação entre Estado, sociedade e economia no Brasil*. Santa Cruz do Sul: EDUNISC, 2004. v. 1, p. 269-292.

FRITSCH, Winston. Apresentação. In: SMITH, Adam. *A riqueza das nações*. São Paulo: Abril Cultural, 1983. (Col. Os Economistas.)

GAMBLE, Andrew. *The free economy and the strong State*. 2. ed. London: Macmillan, 1994.

GEORGE, Vic; WILDING, Paul. *Welfare and ideology*. New York/London/Toronto/Sidney/Tokyo/Singapore: Harvester/Wheatsheaf, 1994.

______. *Ideology and Social Welfare*. New York/London: Routledge Taylor/Francis Group, 2008.

GILMOUR, Ian. *Inside right*: a study of conservatism. Great Britain: Hutchinson of London, 1977.

GINSBURG, Norman. The Socialist Perspective. In: ALCOCK, Pete; ERSKINE, Angus; MAY, Margaret (Ed.). *The Student's companion to social policy*. Oxford; Massachussetts: Blackwell, 1998.

GOMES, Ângela de Castro. *Burguesia e trabalho*: política e legislação social no Brasil 1917-1937. Rio de Janeiro: Campus, 1979.

GOUGH, Ian. Theories of the Welfare State: a Critique. *International Journal of Health Services*, n. 8.1, 1978.

______. *Economía política del Estado del Bienestar*. Madrid: Blume Ediciones, 1982.

______. *The need of capital and the needs of people*: can the Welfare State reconcile the Two? Inaugural lecture at the University of Bath. 21 January 1999.

______. From Welfare to Workfare: Social Integration or Forced Labour? *Conference on "Politics and instruments of fighting against poverty in Europen Community*: the guarantee of minimun income. Almansil. Algarve: 1st and 2nd February, 2000.

______. *Capital global, necesidades básicas y políticas sociales*. Madrid/Buenos Aires: Miño y Dávila, 2003.

______. Welfare Regimes in Development Contexts: a Global and Regional Analysis. In: GOUGH, Ian; WOOD, Geof. *Insecurity and Welfare Regimes in Asia, Africa and Latin America*: Social Policy in development contexts. Cambridge: University Press, 2006.

GOUGH, Ian; WOOD, G. *Insecurity and Welfare Regimes in Asia, Africa and Latin America*: Social Policy in development contexts. Cambridge: Cambridge University Press, 2004.

GOUGH, Ian; McGREGOR, Allister. *Wellbeing in developing countries*: from theory to research. Cambridge: University Press, 2008.

GOULDNER, Alvin. *La crisis de la sociologia occidental*. Buenos Aires: Amorrortu, 1970.

HARNECKER, Marta. *Fazendo caminho ao caminhar*. Brasília: Thesaurus, 1996.

______. *La izquierda en el umbral del siglo XXI*. La Habana: Editorial de Ciencias Sociales, 1999.

HARVEY, David. *O Novo Imperialismo*. 2. ed. São Paulo: Edições Loyola, 2005.

______. *Neoliberalismo*: história e implicações. São Paulo: Edições Loyola, 2008.

HOLZMANN, Robert; JØRGENSEN, Steen. Social Risk Management: A New Conceptual Framework for Social Protection, and Beyond. *Social Protection Discussion Paper*, World Bank, n. 0006, February 2000. Disponível em: <http://info.worldbank.org/etools/docs/library/80363/conceptfram.pdf>. Acesso em: 23 fev. 2013.

HOPPE, Hans-Hermann. *Uma teoria do socialismo e do capitalismo*. São Paulo: Instituto Ludwig von Mises Brasil, 2013.

IANNI, Otávio. Construção de categorias. Transcrição de aula no Curso de Pós-Graduação em Ciências Sociais da PUC-SP, proferida pelo autor no primeiro semestre de 1986.

JAMENSON, Fredric. *A virada cultural*: reflexões sobre o pós-moderno. Rio de Janeiro: Civilização Brasileira, 2006.

JENKINS, Richard. *Being Danish*: paradoxes of identity in everyday life. Denmark: Museum Tusculanum Press, 2011.

JESSOP, Bob. *The future of the capitalist State*. Cambridge/UK: Polity Press, 2002.

JESSOP, Bob; SUM, Ngai-Ling. *Beyond the regulation approach*: putting capitalism economies in their place. UK: Edward Elgar Publishing Limited; USA: Edward Elgar Publishing, 2006.

JOHNSON, Norman. *El Estado de Bienestar en transición*: la teoría y la practica del pluralismo de bienestar. Madrid: Ministério de Trabajo y Seguridad Social, 1990.

KAPUR, Devesh et al. *The World Bank*: its First Half Century. Washington: Brookings Institution Press, 1997.

KASTROUGALOS, Georg. *The South-European model of Welfare State and the European integration*. Roskilde: Department of Social Sciences, Roskilde University, 1994. (Mimeo.)

KATZ, Michael B. *In the shadow of the poorhouse*: a social history of Welfare in America. Tenth anniversary edition. New York: Basic Books, 1996.

KAY, Cristóbal. Rural poverty and development strategies in Latin America. *Journal of Agrarian Change*, v. 6, n. 4, Oct. 2006.

KEYNES, John Maynard. *Teoria geral do emprego, do juro e do dinheiro*: inflação e deflação. São Paulo: Abril Cultural, 1983. (Col. Os Economistas.)

KLEIN, Rudolf. O'Goffe's tale. In: JONES, Catharine (Ed.). *New perspectives on the Welfare State*. London: Routledge, 1993.

KLIKSBERG, Bernardo. *Desigualdade na América Latina*: o debate adiado. São Paulo: Cortez; Brasília: Unesco, 2001.

KORPI, Walter; PALME, Joakim. *The Paradox of Redistribution and Strategies of Equality*: Welfare State Institutions, Inequality and Poverty in the Western Countries. Stockholm, 1994. Disponível em: <http://citeseerx.ist.psu.edu/viewdoc/download?do i=10.1.1.111.2584&rep=rep1&type=pdf>. Acesso em: 20 set. 2012.

KUHNLE, S. The Growth of Social Insurence Programs in Scandinavian. In: FLORA, P.; HEIDENHEIMER, J. *The development of Welfare States in Europe and America*. New Brunswick: Transation Books, 1981.

LAVINAS, Lena. Pobreza e exclusão: traduções regionais de duas categorias da prática. *Revista Econômica*, v. 4, n. 1, p. 25-59, jun. 2002. Disponível em: <http://www.uff.br/revistaeconomica/v4n1/lavinas.pdf>. Acesso em: 7 maio 2011.

LEE, Phil; RABAN, Colin. *Welfare Theory and Social Policy*. London: Sage, 1988.

LEIBFRIED, Stephan. Towards a European Welfare State? On integrating poverty regimes into the European Community. In: FERGE, Zsuzsa; KOLBERG, Jon-Eivind (Ed.). *Social Policy in a changing Europe*. Vienna: Westview Press, 1992.

LENIN, V. Que fazer? In: ______. *Obras escolhidas*. Lisboa: Avante!, 1977. t. 1.

LIDDIARD, Mark. Social need and patterns of inequality and difference. In: BALDOCK, John et al. (Ed.). *Social Policy*. Oxford: University Press, 1999.

LITTLE, Adrian. *Post-industrial socialism*: towards a new politics of Welfare. London; New York: Routledge, 1998.

LÖWY, Michael. *Ideologias e ciência social*: elementos para uma análise marxista. São Paulo: Cortez, 1985.

LUKÁCS, György. *Ontologia do ser social*: os princípios ontológicos fundamentais de Marx. São Paulo: Livraria Editora Ciências Humanas, 1979.

LUXEMBURGO, Rosa. *Textos escolhidos*: 1899-1914. São Paulo: Unesp, 2011. v. I.

MACEDO, Alzira Verthein Tavares de. Funcionalismo. *Veredas*, revista de estudos linguísticos, Juiz de Fora, v. 2, n. 1, 1998. Disponível em: <http://www.ufjf.br/revistaveredas/files/2009/12/artigo048.pdf>. Acesso em: 7 jul. 2013.

MACMILLAN, Harold. *The Middle Way*: theories of the mixed economy. New York: Macmillan, 1938.

MACPHERSON, Crawford Brough. *Ascensão e queda da justiça econômica e outros ensaios*: o papel do Estado, das classes e da propriedade na democracia do século XX. Rio de Janeiro: Paz e Terra, 1991.

MADSEN, Per Kongshøj. The Danish Model of flexicurity: a paradise with some snakes. In: SARFATI, Hedva; BONOLI, Giuliano (Ed.). *Labour market and social protections reforms in international perspective*: parallel or converging tracks? Ashgate, 2002.

MALTHUS, Thomas Robert. Princípios de economia política; Ensaio sobre a população. In: RICARDO, David. *Notas aos princípios de economia política de Malthus*. São Paulo: Abril Cultural, 1983. (Col. Os Economistas.)

MANDEL, Ernest. *Tratado de economia marxista*. 5. ed. México: Ediciones Era 1975. (Série Popular, v. 2.)

______. *Iniciación a la economia marxista*. Madrid: Editorial Nova Terra, 1975b. (Col. Trabajo y Sociedad.)

______. *O capitalismo tardio*. São Paulo: Abril Cultural, 1982. (Col. Os Economistas.)

MANDEL, Ernest. O neoliberalismo e a alternativa socialista na atualidade. In: VV.AA. *Liberalismo e socialismo*: velhos e novos paradigmas. São Paulo: Unesp, 1995.

MANNING, Nick. Welfare, Ideology and Social Theory. In: BALDOCK, John et al. (Ed.). *Social Policy*. Oxford: University Press, 1999.

MARSHALL, Thomas Humphrey. *Cidadania, classe social e status*. Rio de Janeiro: Zahar Editores, 1967.

MARX, Karl. *O 18 Brumário e Cartas a Kugelmann*. Rio de Janeiro: Paz e Terra, 1977.

______. Manuscritos econômicos e filosóficos. Terceiro manuscrito. In: ______. *Marx*. São Paulo: Abril Cultural, 1978. (Col. Os Pensadores.)

______. *O capital*. São Paulo: Abril Cultural, 1983. v. I, t. 1. (Col. Os Economistas.)

______. *O capital*. São Paulo: Abril Cultural, 1984. v. I, t. 2. (Col. Os Economistas.)

______. *A questão judaica*. Rio de Janeiro: Achiamé, s/d.

______. *Crítica ao Programa de Gotha*. São Paulo: Boitempo, 2012.

MARX, Karl; ENGELS, Friedrich. *Obras escogidas*. Madrid: Editorial Ayuso, 1975. t. II.

______. *Obras Escolhidas*. T. II. Lisboa/Moscou: Editorial Avante!/Edições Progresso, 1985.

______. *O Manifesto Comunista*. São Paulo: Boitempo, 2005.

______. *A ideologia alemã*. Lisboa/São Paulo: Presença/Martins Fontes, s/d., v. I.

MASCARO, Alysson Leandro. *Estado e forma política*. São Paulo: Boitempo, 2013.

MASON, Edward S.; ASHER, Robert E. *The World Bank since Bretton Woods*. 1. ed. Washington: The Brookings Institution, 1973.

MATOS, Marlise. Cidadania porque, quando, para quê e para quem? Desafios contemporâneos ao Estado e à democracia inclusiva. In: MATOS, Marlise et al. *Cidadania e a luta por direitos humanos, sociais, econômicos, culturais e ambientais*. Módulo V do Programa de Formação de Conselheiros Nacionais. Belo Horizonte: Ed. da UFMG, 2009.

McLELLAN, David. A concepção materialista da história. In: HOBSBAWM, Eric. *História do marxismo*. Rio de Janeiro: Paz e Terra, 1979. v. 1.

MERTON, Robert K. *Sociologia*: teoria e estrutura. São Paulo: Mestre Jou, 1968.

MÉSZÁROS, István. Ir além do capital. In: COGGIOLA, Osvaldo (Org.). *Globalização e socialismo*. São Paulo: Xamã/Núcleo Emancipação do Trabalho, 1997.

______. *Para além do capital*. São Paulo: Boitempo; Unicamp, 2002a.

______. Entrevista ao Programa Roda Viva. *Roda Viva*. Editora-chefe: Paula Azzar. Produtor: Tomás Chiaverini. TV Cultura, 8 jul. 2002b.

______. *O desafio e o fardo do tempo histórico*. São Paulo: Boitempo, 2007.

______. *A crise estrutural do capital*. São Paulo: Boitempo, 2009.

MIDGLEY, James. *Social Welfare in global context*. Thousand Oaks/London/New Dheli: Sage Publications, 1997.

MILLER, Stewart. The Development of Social Policy. In: BALDOCK, John; MANNING, Nick; MILLER, Stewart; VICKERSTAFF, Sarah (Ed.). *Social Policy*. New York: Oxford University Press Inc., 1999.

MINCER, Jacob. Invesments in human capital and personal income distribution. *The Journal of Political Economy*, v. LXVI, n. 4, August, 1958. Disponível em: <http://www.jstor.org/discover/10.2307/1827422?uid=2&uid=4&sid=21102614397711>. Acesso em: 12 jul. 2013.

MISHRA, Ramesh. *Marx e o Bem-Estar*. 1975 [texto traduzido por Potyara A. Pereira-Pereira]. [Original: Marx and Welfare State. In: Sociological Review, New Series, v. 23 n. 2, May, 1975.]

______. *Society and Social Policy*: theories and practice of Welfare. London: The Macmillan Press, 1981.

______. *O Estado-Providência na sociedade capitalista*: estudo comparativo das políticas públicas na Europa, América do Norte e Austrália. Oeiras: Celta, 1995.

MORENO, Luis. *Ciudadanos precarios*: la "última red" de proteccíon social. Barcelona: Editorial Ariel, 2000.

MOYNIHAN, Daniel Patrick. Defining Deviancy Down: How we've Become Accustomed to Alarming Levels of Crime and Destructive Behavior. *The American Spectator*, v. 62, n. 1, 1993.

MURRAY, Douglas. A Liberal Mugged by Reality. *The Spectator*. United Kingdom, 2009. Disponível em: http://www.spectator.co.uk/2009/09/a-liberal-mugged-by-reality/. Acesso em: 12 de jul. 2013

MYERS-LIPTON, Scott. *Social Solutions to Poverty*: America's struggle to built a just society. Boulder: Paradigm Publishers, 2006.

NAVARRO, Vicenç. Neoliberalismo, desempleo, empleo y Estado del Bienestar. In: MORENO, Luis (Comp.). *Unión Europea y Estado del Bienestar*. Madrid: Consejo Superior de Investigaciones Cientificas — CSIC, 1997.

______. *Neoliberalismo y Estado del Bienestar*. 2. ed. Barcelona: Ariel Sociedad Económica, 1998.

NETTO, José Paulo; BRAZ, Marcelo. *Economia política*: uma introdução crítica. São Paulo: Cortez, 2010. (Biblioteca Básica de Serviço Social).

NUTI, Domenico M. Del "Estado del bienestar" al "Estado del trabajo". In: PENNACCHI, Laura (Comp.). *Las razones de la equidad*: principios y políticas para el futuro del estado social. Buenos Aires: Editorial Losada, 1999.

O'CONNOR, James. *USA*: a crise do Estado capitalista. Rio de Janeiro: Paz e Terra, 1977.

OFFE, Claus. Algumas contradições do Estado Social moderno. In: ______. *Trabalho e sociedade*: problemas estruturais e perspectivas para o futuro da sociedade do trabalho, Rio de Janeiro: Tempo Brasileiro, 1991. v. 2.

OFFER, John. *An intellectual history of British Social Policy*: Idealism versus Non-idealism. Bristol, Great Britain: The Policy Press, 2006.

OHLSSON, Per Torbjörn. *Sweden*: still the Middle Way? Palestra proferida na Universidade de Columbia em 28 de setembro de 2006. Disponível em: <http://www.columbia.edu/cu/swedish/events/fall06/PTOChilds92806 Web.doc>. Acesso em: 17 maio 2012.

ORLOFF, Ann Shola; SKOCPOL, Theda. Why not Equal Protection? Explaining the Politics of Public Social Spending in Britain, 1900-1911, and the United States, 1880s-1920. *American Sociological Review*, v. 49, p. 726-750, December 1984.

OSZLAK, Oscar; O'DONNELL, Guillermo. *Estado y políticas estatales en América Latina*: hacia una estrategia de investigación. Buenos Aires, Cedes/Clacso, n. 4, 1976.

OUTHWAITE, William; BOTTOMORE, Tom (Ed.). *Dicionário do pensamento social do século XX*. Rio de Janeiro: Jorge Zahar Editor, 1996.

PARSONS, Talcott. *El sistema de las sociedades modernas*. México: Editorial Trillas, 1974.

PAULOS, Margarida Ramires. *As consequências da flexibilidade*. Trabalho realizado no âmbito do mestrado em Sociologia ISCTE, ano letivo 2007/2008, disciplina: Sociologia Aplicada e Aprofundada. Dezembro de 2007. Disponível em: <http://mpra.ub.uni-muenchen.de/7043/>. Acesso em: 15 out. 2012.

PEREIRA, Camila Potyara. *Rua sem Saída*: um estudo sobre a relação entre o Estado e a população de rua de Brasília. Brasília: Ícone Gráfica e Editora, 2009.

PEREIRA, João Márcio Mendes. *O Banco Mundial como ator político, intelectual e financeiro (1944-2008)*. Rio de Janeiro: Civilização Brasileira, 2010.

PEREIRA-PEREIRA, Potyara Amazoneida. Pluralismo de bem-estar ou configuração plural da política social sob o neoliberalismo. In: BOSCHETTI, Ivanete et al. (Org.). *Política social*: alternativas ao neoliberalismo. Brasília: Programa de Pós-Graduação em Política Social, Departamento de Serviço Social, 2004.

______. *Panorama mundial da seguridade social*. Brasília: Núcleo de Estudos e Pesquisas em Política Social (Neppos/CEAM/UnB), 2005. Disponível em: <http://www.neppos.unb.br/> Acesso em: 7 maio 2011.

______. *Porque também sou contra a focalização das políticas sociais*. Brasília: Núcleo de Estudos e Pesquisas em Política Social (Neppos/Ceam/UnB), 2007. Disponível em: <http://www.neppos.unb.br/>. Acesso em: 7 maio 2011.

PEREIRA-PEREIRA, Potyara Amazoneida. *Necessidades humanas*: subsídios à crítica dos mínimos sociais. 5. ed. São Paulo: Cortez, 2008a.

______. Discussões conceituais sobre política social como política pública e direito de cidadania. In: BOSCHETTI, Ivanete et al. (Org.). *Política social no capitalismo*. São Paulo: Cortez, 2008b.

______. Concepção de bem-estar (social) em Marx. In: PEREIRA-PEREIRA, Potyara A.; PEREIRA, Camila Potyara. *Marxismo e política social*. Brasília: Ícone Gráfica e Editora, 2010.

______. *Política social*: temas & questões. São Paulo: Cortez, 2011.

______. Combater a violência no enfrentamento da desigualdade social: toda a violação de direitos é uma forma de violência. Palestra proferida em Fortaleza/CE, no encerramento da Semana do Serviço Social promovida pelo CRESS 3ª Região/Ceará no dia 16 de maio de 2012.

______. O sentido de igualdade e bem-estar em Marx. *Katálysis*, Florianópolis, v. 16, n. 1, p. 37-46, jan./jun. 2013.

PEREZ, Jose M.; VIDA, Maria. Nievis M. Política social y seguridad social. In: BRACHO, Carmen A.; FERRER, Jorge G. *Política social*. Madrid: McGraw-Hill, 1998.

PETITFILS, Jean-Christian. *Os socialismos utópicos*. São Paulo: Círculo do Livro, 1977.

PIERSON, Christopher. *Beyond the Welfare State?* Cambridge: Polity Press, 1991.

______. *O socialismo depois do comunismo*: o novo socialismo de mercado. Lisboa: Instituto Piaget, 1995.

PIERUCCI, Antônio Flávio. As bases da Nova Direita. *Novos Estudos*, n. 19, dez. 1987.

PINKER, Robert. *The idea of Welfare State*. London: Heinemann, 1979.

PISÓN, Jose M. *Políticas de bienestar*: un estudio sobre los derechos sociales. Madrid: Tecnos, 1998.

POLANYI, Karl. *A grande transformação*: as origens da nossa época. Rio de Janeiro: Campus, 1988.

PONTUSSON, Jonas. Suécia: Depois da Idade de Ouro. In: ANDERSEN, Perry; CAMILLER, Patrick (Org.). *Um mapa da esquerda na Europa Ocidental*. Rio de Janeiro: Contraponto, 1996.

POULANTZAS, Nicos. *O Estado, o poder, o socialismo*. Rio de Janeiro: Edições Graal, 1980.

QUIVY, Raymond; CAMPENHOUDT, Luc Van. *Manual de investigação em ciências sociais*. 2. ed. Lisboa: Gradiva, 1998.

RAWLS, John. *Uma teoria da justiça*. 1. ed. São Paulo: Martins Fontes, 1997.

RICHARDSON, Roberto Jarry. *Pesquisa social*: métodos e técnicas. São Paulo: Atlas, 1999.

RIMLINGER Gaston V. *Welfare Policy and Industrialism in Europe, America and Russia*. New York/London/Sidney/Toronto: John Wiley e Sons, Inc., 1971.

ROBALDO, José Carlos de Oliveira. Funcionalismo penal: algumas reflexões. *Revista Jurídica*, ano 1, n. 4, out./dez. 2008. Disponível em: <http://www.faimi.edu.br/revistajuridica/downloads/numero4/funcionalismo.pdf>. Acesso em: 7 jul. 2013.

ROBIN, Jacques. Os caminhos para uma sociedade de "plena atividade" e não mais de "pleno emprego". In: ______. *O socialismo do futuro*. Madrid/Salvador: Fundación Sistema/Instituto Pensar, n. 6, 1993.

ROCHA, Sonia. *Pobreza no Brasil*: afinal, de que se trata? Rio de Janeiro: FGV, 2003.

ROCHE, Maurice. *Rething citizenship*: welfare, ideology and change in modern society. Cambridge: Polity Press, 1992.

ROMERO, Ricardo Montoro. Fundamentos teóricos de la política social. In: BRACHO, Carmém A.; FERRER, Jorge G. *Política social*. Madrid: McGraw-Hill, 1998.

ROOM, Graham. *The Sociology of Welfare*: Social Policy, Stratification and Political Order. Oxford: Basil Blackwell; Martin Robertson, 1979.

ROSANVALLON, Pierre. O modelo da boa sociedade não é a meritocrática. Entrevista concedida a Eduardo Febbro. *Carta Maior*, 27/11/2012. Disponível em: <http://www.cartamaior.com.br/templates/materiaMostrar.cfm?materia_id=21322>. Acesso em: 4 mar. 2012.

RUFFOLO, Giorgio. Igualdade e Democracia no Projeto Socialista. In: BOBBIO, Norberto et al. *O marxismo e o Estado*. Rio de Janeiro: Graal, 1979.

SACHS, Jeffrey; HELLIWELL, John; LAYARD, Richard. *World Happiness Report*. New York: Earth Institute, Columbia University, 2012.

SAES, Décio Azevedo Marques de. Cidadania e Capitalismo: uma crítica à concepção liberal de cidadania. *Coleção Documentos*, São Paulo, Instituto de Estudos Avançados da USP, n. 8, abr. 2000. Disponível em: <http://www.unicamp.br/cemarx/criticamarxista/16saes.pdf>. Acesso em: 4 maio 2012.

SANTOS, Wanderley Guilherme dos. *Cidadania e justiça*. Rio de Janeiro: Campus, 1979.

SCHULTZ, Theodore William. *O capital humano*: investimentos em educação e pesquisa. Rio de Janeiro: Zahar, 1973.

SECRETARIA DE DIREITOS HUMANOS (SDH). *Redes de proteção social*. [Coordenação da publicação: Isa Maria F. R. Guará]. 1. ed. São Paulo: Associação Fazendo História: NECA — Associação dos Pesquisadores de Núcleos de Estudos e Pesquisas sobre a Criança e o Adolescente, 2010. (Col. Abrigos em Movimento.) Disponível em: <http://www.neca.org.br/wp-content/uploads/Livro4.pdf>. Acesso em: 12 fev. 2013.

SELL, Carlos Eduardo. *Sociologia clássica*: Marx, Durkheim e Weber. 4. ed. Petrópolis: Vozes, 2013.

SEN, Amartya. *Sobre ética e economia*. São Paulo: Companhia das Letras, 1999.

______. *Desenvolvimento como liberdade*. São Paulo: Companhia das Letras, 2000.

______. *Desigualdade reexaminada*. Rio de Janeiro: Record, 2001.

SINGER, Paulo. Apresentação. In: RICARDO, David. *Princípios de economia política e tributação*. São Paulo: Abril Cultural, 1982. (Col. Os Economistas.)

SIQUEIRA, Marcos César Alves. *A política de assistência social do governo Lula*: entre a inovação e a ortodoxia neoliberal. Dissertação (Mestrado) — Programa de Pós-Graduação em Política Social (PPGPS), Departamento de Serviço Social (SER), Instituto de Ciências Humanas (IH), Universidade de Brasília (UnB), Brasília, 2012. Disponível em: <http://repositorio.bce.unb.br/bitstream/10482/10749/1/2012_MarcosC%C3%A9sarAlvesSiqueira.pdf>. Acesso em: 19 dez. 2012.

SKIDMORE, William. *Pensamento teórico em sociologia*. Rio de Janeiro: Zahar Editores, 1976.

SOARES, Laura Tavares. *Ajuste neoliberal e desajuste social na América Latina*. Tese (Doutorado) — UFRJ, Rio de Janeiro, 1999 [1ª reimpressão revisada].

______. *Os custos sociais do ajuste neoliberal na América Latina*. São Paulo: Cortez, 2000.

SOUKI, Lea Guimarães. A atualidade de T. H. Marshall no estudo da cidadania no Brasil. *Civitas*, revista de Ciências Sociais, Rio Grande do Sul: EdiPUCRS, v. 6, n. 1, 2006.

SOUZA, Renato Santos de. O funcionalismo sistêmico nas teorias social e organizacional: evolução e crítica. *Revista Eletrônica de Administração* (REAd), edição 19, v. 7 n. 1, jan./fev. 2001. Disponível em: <http://www.read.ea.ufrgs.br/edicoes/pdf/artig o_258.pdf>. Acesso em: 28 maio 2013.

STANDING, Guy. *Conditional Cash Transfers*: Why Targeting and Conditionalities Could Fail. One Pager n. 47. Brasília: International Poverty Centre, 2007.

TAYLOR-GOOBY, Peter. The Empiricist Tradition in Social Administration. *Critical Social Policy*, v. 1, n. 2, September, 1981. Disponível em: <http://csp.sagepub.com/content/1/2/6>. Acesso em: 26 out. 2012.

TAYLOR-GOOBY, Peter; DALE, Jennifer. *Social Theory and Social Welfare*. London: Allen & Unwin, 1981.

TEIXEIRA, Carlos Gustavo Poggio. Quatro temas fundamentais do pensamento neoconservador em política externa. *Revista Brasileira de Política Internacional*, v. 50, n. 2, p. 80-96, 2007.

TELLES, Vera da Silva. *Pobreza e cidadania*. São Paulo: Editora 34, 2001.

THEODORE, Nick; PECK, Jamie. Searching for best practice in Welfare-to-Work: the Means, the Method and the Message. *Policy & Politics*, The Policy Press, v. 29, n. 1, 2000.

TITMUSS, Richard. *Commitment to Welfare*. London: Allen and Unwin, 1968.

______. *Essays on the Welfare State*. London: George Allen & Unwin, 1976.

______. *Política social*. Ariel: Barcelona, 1981.

TONET, Ivo. *Democracia ou liberdade?* 2. ed. Maceió: EDUFAL, 2004.

VALLADARES, Lícia. *Cem anos pensando a pobreza (urbana) no Brasil.* Rio de Janeiro: IUPERJ, 1990. (Mimeo.)

VAN VOORHIS, Rebecca A. Social Welfare under Advanced Capitalism: The U. S. Response. In: GILBERT, Neil; VAN VOORHIS, Rebecca A. (Ed.). *Changing Patterns of Social Protection.* New Brunswick (USA); London (UK): Transaction Publishers, 2007. (International Social Security Series, v. 9.)

VIANA, Maria José F. *Assistência social no contexto do pluralismo de bem-estar*: prevalência da proteção social plural, ou mista, porém não pública. Goiânia: Ed. da PUC de Goiás, 2012.

VIEIRA, Liszt. *Cidadania e globalização.* Rio de Janeiro: Record, 1997.

VILAS, Carlos M. De ambulancias, bomberos y policías: la política social del neoliberalismo (notas para una perspectiva macro). *Desarrollo Económico,* v. 36, n. 144, jan./mar. 1997.

WALLERSTEIN, Immanuel. *Utopística ou As decisões históricas do século vinte e um.* Petrópolis/RJ: Vozes, 2003.

WEINBERGER, Paul E. *Perspectives on Social Welfare*: an introductory anthology. New York: The Macmillan Company, 1969.

WELLER, Jürgen (Ed.). *O novo cenário laboral Latino-americano*: regulação, proteção e políticas ativas de mercado de trabalho. CEPAL, 2009.

WENGER DE LA TORRE, Maria Dolores. Estado de Bienestar, políticas sociales y vías alternativas. In: BRACHO, Carmen A.; FERRER, Jorge G. *Política social.* Madrid: McGraw-HILL, 1998.

WILENSKY, Harold. *The Welfare State and equality.* Berkeley: University of California Prees, 1975.

WILENSKY, Harold; LEBEAUX, Charles N. *Industrial Society and Social Welfare.* New York: Free Press, 1965.

WILSON, Edmund. *Rumo à Estação Finlândia.* São Paulo: Companhia da Letras, 1986.

WOOD, Ellen Meiksins. *Democracia contra o capitalismo*: a renovação do materialismo histórico. São Paulo: Boitempo, 2003.

WOODS, Ngaire. *The Globalizers*: the IMF, the World Bank and their borrowers. London: Cornell University Press, 2006.

WORONOFF, Jon. Editor's Foreword. In: LAMB, Peter; DOCHERTY, James C. *Historical Dictionary of Socialism*. Maryland/Toronto/Oxford: The Scarecrow Press, 2006.

LEIA TAMBÉM

POLÍTICA SOCIAL E DEMOCRACIA

Maria Inês Souza Bravo
Potyara A. P. Pereira (Orgs.)

5ª edição (2012)

288 páginas

ISBN 978-85-249-1855-1

Esta coletânea propõe-se a alimentar o debate e discutir estratégias sobre a democracia extensiva que, extrapolando a esfera política institucionalizada, penetre por todos os campos da vida social. Em cada um de seus onze artigos, todos assinados por autores de reconhecida inserção intelectual, as falsas verdades do neoliberalismo são rejeitadas, desmontadas e denunciadas.

LEIA TAMBÉM

POLÍTICA SOCIAL NO CAPITALISMO
tendências contemporâneas

Ivanete Boschetti
Elaine R. Behring
Silvana Mara de M. dos Santos
Regina Célia T. Mioto (Orgs.)

2ª edição (2009)

280 páginas

ISBN 978-85-249-1407-2

Este livro evidencia a tensa relação existente entre o atendimento das necessidades dos trabalhadores e do capital, o núcleo duro que perpassa o campo de todas as políticas sociais. O retrocesso dos direitos e a subtração de benefícios já conquistados se legitimam mediante a formação de uma outra cultura — não mais tendo como o objeto a crise, mas as loas ao crescimento econômico — à base da formação de consensos ideopolíticos em torno de novos mecanismos de enfrentamento da desigualdade.